U0113732

博士論文
出版項目

以圖釋禮

宋代傳世禮圖所載禮器圖研究

Illustrated by Interpreting Ritual

A Study of Illustrations From the Illustration Classics of Song Dynasty

李卿蔚　著

中国社会科学出版社

圖書在版編目（CIP）數據

以圖釋禮：宋代傳世禮圖所載禮器圖研究/李卿蔚著 . —北京：
中國社會科學出版社，2024.2
ISBN 978 – 7 – 5227 – 3234 – 3

Ⅰ.①以…　Ⅱ.①李…　Ⅲ.①禮儀—中國—宋代　Ⅳ.①K892.9

中國國家版本館 CIP 數據核字（2024）第 039342 號

出 版 人	趙劍英	
責任編輯	郭　鵬	
責任校對	劉　俊	
責任印製	李寡寡	

出　　版	中国社会科学出版社	
社　　址	北京鼓樓西大街甲 158 號	
郵　　編	100720	
網　　址	http://www.csspw.cn	
發 行 部	010 – 84083685	
門 市 部	010 – 84029450	
經　　銷	新華書店及其他書店	

印　　刷	北京君昇印刷有限公司	
裝　　訂	廊坊市廣陽區廣增裝訂廠	
版　　次	2024 年 2 月第 1 版	
印　　次	2024 年 2 月第 1 次印刷	

開　　本	710 × 1000　1/16	
印　　張	30.25	
字　　數	418 千字	
定　　價	168.00 元	

出 版 説 明

　爲進一步加大對哲學社會科學領域青年人才扶持力度，促進優秀青年學者更快更好成長，國家社科基金 2019 年起設立博士論文出版項目，重點資助學術基礎扎實、具有創新意識和發展潛力的青年學者。每年評選一次。2022 年經組織申報、專家評審、社會公示，評選出第四批博士論文項目。按照"統一標識、統一封面、統一版式、統一標準"的總體要求，現予出版，以饗讀者。

全國哲學社會科學工作辦公室

2023 年

序

　　中國古來即有左圖右書的傳統。"河出圖，洛出書，聖人則之"，雖然是神秘化的傳説，但是上古記錄從圖畫到文字的發展歷程，應該是合乎邏輯的必然。故宋楊甲《六經圖》有序云："古之學者，左圖右書，索象於圖，索理於書，故其義可陳，其數可紀，舉而厝之，如合符契。"禮是中國文化的重要表徵，號稱"禮經三百，威儀三千"。如此廣博的内容，自然需要成文記錄而備忘，但更依賴熟悉掌故與具體操作規程的耆老記憶，"文獻"一詞的含義即導源於此。禮儀實踐，主要體現於名物度數，周旋揖讓，單純的文字記錄難言其詳，相較之下，圖解則可一目了然。因此，自東漢鄭玄以下，即有《三禮圖》撰作之記載。延至宋初，聶崇義博采先儒三禮舊圖，參考六本，纂成《三禮圖集注》（傳本亦名《新定三禮圖》）。

　　宋代是禮圖文獻的興盛時期，聶書之外，尚有陳祥道《禮書》、楊甲《六經圖》、楊復《儀禮圖》以及各類禮書附圖。其中，聶書奉旨撰作，取材淵源有自，又加考訂按斷，影響最巨。但是，圍繞聶書的圖文内容，自宋儒以降，每多詬病，譏其禮器圖以意為之，與實器不符，全無來歷；宮室車服儀節圖，亦與鄭注多有違異。時至今日，基於科學的考古觀念，學界對於聶書之類傳統禮圖，依然沿襲類似的批評意見，少有進行深入研究者。

　　卿蔚博士此書試圖還原歷史語境，將宋代禮圖類文獻置於禮制復古與金石學發軔的雙重背景之下，通過審視聶崇義《新定三禮圖》的致思理路，考察宋人的禮學觀與禮器知識譜係。書中選取匏爵、尊彝、瓚器、瑞玉諸類最具代表性的禮器圖作為研究對象，分別考釋其禮儀功用與形制、定名問題。禮儀必須借助于禮器方能舉行，而使用何種禮器行禮，以及禮器如何組合，都有禮義的内涵，故古人有“藏禮於器”之説。聶書緣起於承旨摹畫郊廟標準祭器，主要通過勘定舊圖、揣摩三禮經注文義而撰作，其禮圖實際是以圖的形式，構建起禮文與禮器的橋樑，以便閲者跨越晦澀難解的文辭，直觀認識禮儀。因此，聶書的基礎是傳統禮學詮釋，屬於“尊文釋器”，故本書名之為“以圖釋禮”。

宋代金石學興起之後，多見上古器物，撰作於聶書之後的《考古圖》《博古圖》之類金石圖録，根據出土器物描摹，眼見為實，很快顛覆了宋人對禮器圖的認知，《新定三禮圖》因為於古無據，遂遭棄用。卿蔚博士研究認為，“禮器”作為“禮”外化而來的物質外殼，不能等同於一般器物。禮圖“因名圖器”，金石圖“因器定名”，存在“依義”還是“依形”的根本之别，具有各自的學術背景，二者不宜相强。書中就代表性禮器的定名與分類所進行的具體考釋，可以看出聶書基本還原了各類禮器的本質屬性，而且有禮學取義、整體觀照方面的優長。相較而言，金石圖多是見器而不見禮，分類僅據器型功用，定名除自名者外，亦不無訛誤。如“爵”“斝”等器名，即因為宋代金石圖定名的干擾，沿誤至今。卿蔚博士的這些思考，非常具有啓發意義。我們平常參觀博物館，禮器大多依據時代、功能、材質等因素分類展陳，往往是見器不見禮；如果能夠根據禮書記載的應用場景，依次佈列，或許更有利於觀衆體認古代禮儀文化。因此，時至考古科學發達的今日，傳統禮圖還不無其意義。

卿蔚博士接受過系統的古文字學與古典文獻學的培養，具有較强的問題意識和分析能力。此書注重古文字、古典文獻和考古學

的融會貫通，並付之考據實踐，而且廣泛佔有文本、圖像和出土
器物資料，顯示出新一代學人開闊的學術視野和交叉研究的能力。
雖然不無稚嫩之處，相信假以時日，定能學有所成，姑以待之。
是為序。

劉玉才
癸卯年夏書於北京大學燕歸廬

摘　　要

　　本書以宋代禮圖文獻中所載的禮器圖作為主要研究對象，選擇以其中最具代表性的聶崇義《新定三禮圖》為主體，輔以其他宋代禮圖，並結合文獻學、考古學和古文字學等學科既有研究成果，對其中著錄的若干禮器圖進行考釋。在上述研究的基礎上，再行論證宋代禮圖文獻的研究價值，及其對三禮文獻、禮學思想研究的意義。

　　首先考察與“禮”和“禮器”有關的基本概念，並梳理宋代禮圖和古器物等相關領域研究概況。“禮器”的本質是“禮”外化而來的物質外殼，因此不能等同於一般器物，也不能等同於出土“隨葬器”。宋代各種形式的禮圖層出不窮，其中以聶圖最具研究價值。但書中圖釋多被認為“未必盡如古昔”，故而不被學界接受，多年以來，對此類文獻的研究，多停留在文獻版本等方面。本書主體部分，選擇幾類器物圖進行逐條或逐類考釋。其中，《匏爵圖類釋》中論述的多件禮器，在現行的器物定名系統中存在定名錯位的現象。如“爵”應是“五爵”中地位最高的飲器，象徵使用者地位尊貴；而現稱為“爵”的三足銅器應是溫酒器。“觚”“觶”“角”“觥”等器也存在類似情況。“彝”“尊”和“瓚”類通常是各類宗廟祭禮中組合使用的器物，“瓚”可算作是“尊彝”的輔助性器物。其中“六彝”等級最高，聶圖對於“六彝”的整體形制把握較為保守，而商周時期的“彝”造型頗為繁複。“六尊”的地位整體低於“六彝”，形制應比“六彝”簡單。“瓚”屬於“挹注器”，在施行祼禮時用以潑灑鬱鬯禮神，此類器物形制差異不大，但作器材質較多。

聶圖中對玉禮器形制的把握大體無誤，值得商榷之處主要在於玉器的紋飾。聶氏多依照字面意義繪製紋飾，如"穀紋""蒲紋"等，説明當時禮學家對先秦時期的裝飾風格瞭解不多。

宋代禮圖文獻的研究價值及其中的圖釋性質，多年以來始終未得到準確評價，後世多以出土器物形制爲據，認爲禮圖屬於臆造産物，但此類觀點有失公允。據對聶崇義《新定三禮圖》的分析可知，書中禮器的形制來源大多有所依憑。通過對比金石器物與禮圖的區别可知，針對禮器的研究不應忽略"禮"，倘若"就器論器"，便不再是具有特殊意義的"禮器"。而禮圖與出土實物之間存在差異的根本原因，是由於"以圖釋禮"的本質屬性，創作禮圖的核心目的是解讀三禮文獻，不在於復原三代器物。因此，後代學者多以出土器物證禮圖之正誤，又以圖釋正誤與否來評判其書之優劣，這種思路是不正確的。

關鍵詞：禮圖文獻　《新定三禮圖》　禮器　古文字　古器物

Abstract

This dissertation chooses the illustration of rituals from the illustration classics of Song Dynasty as the research subject. The *Xin Ding San Li Tu* (*the new illustrations of the three rituals*) from *Nie Chongyi* could be the most representative one as the research object. With referring to other illustration classics, the comprehensive research could be conducted while integrating the contemporary academic achievements of Chinese Philology, Archaeology and Chinese Palaeography and to respectively examine several categories of *Nie*' s illustration. On the basis of research above, it is possible for us to objectively evaluate the research value of the illustration classics of Song Dynasty, and its significance to the *Three Rituals* (*Book of Rites*, *Rites of Zhou and Book of Etiquette and Rites*) and Ritual Studies.

The first part is the introduction, which studies the related fundamental concepts about "Ritual" and "Implements of Ritual". Meanwhile, the general condition of research about the illustration classics and ancient artifacts of Song Dynasty should be stated properly. "Implements of Ritual" is a sort of material formality of "Ritual", thus they cannot be corresponded to the ordinary implements or unearthed objects. There were various forms of the illustration classics in Song Dynasty, while the edition of *Nie Chongyi* was the most comprehensively excellent one concerning with its textual research and the layout. However, these illustrations have been claimed as "unlikely to resemble objects in ancient times" and gradually lost the acceptance. Afterwards, the relevant studies generally limited to the field of textual version.

The main part of this treatise is the specific discussions, which are discussing respectively about several categories in the illustrations of rituals. Several objects of the chapter "Illustrations of Pao Jue" exist nomenclating errors in the contemporary nomenclatures system of bronze. For instance, Jue was the most noble drinking vessel of "Wu Jue" according to *the three rituals*. Nevertheless, a three-legged giant vessel is currently nomenclated as "Jue", which is evidently inconsistent with the descriptions of the classics. The vessels "Gu", "Zhi", "Jiao", "Gong" have the similar situation. "Yi" "Zun" and "Zan" were generally in combination in the various sacrifice ceremony, while "Zan" was the auxiliary implements of "Zun Yi". "Six Yi" represented the highest level in all the vessels of Guan sacrifice. The forms of these six illustrations in Nie's edition were quite conservative, while the real forms of "Six Yi" were more complex in Shang and Zhou Dynasty. The status of "Six Zun" were relatively lower than "Six Yi", and the forms of them were correspondingly common to a large extent. "Zan" was the pouring vessel in the Guan sacrifices. Although the forms of "Zan" were quite similar, the materials were the crucial elements to distinguish them. The forms of jade ware were generally creditable in Nie's illustrations. Nevertheless, the ornamentations of jade could be deliberated. Nie chose to comprehend most of them in a conservative method, as drawing the patterns with their literal meaning, such as the patterns "Pu" and "Gu". This example demonstrated that the scholars in Song Dynasty lacked comprehension about the decorations and aesthetic methods of Pre-Qin period.

The significance of the illustration classics of song dynasty and the nature of its illustration have not been evaluated accurately. Posterity based on the forms of unearthed artifacts, and generally considered the illustration classics were fabricated and its figures were unreliable. However, these opinions are being one sided. According to the analysis of *Xin Ding San Li Tu*, the origin of figures of the implements of ritual were based on abundant evidence. Comparing with the illustration classics and the Epigraphy, the research of "Implements of Ritual" should not neglect "Ritual". If the research takes the matter on its merits, then "Implements of Ritual" is no longer contain its specific significance. The fundamental reasons that the difference between the illustrations and the unearthed artifacts, is exactly the essential attribute of "Illustrated by Interpreting Ritual". The purpose of the illustration classics was "interpreting three ritual system", not recovering the actual vessel system. Therefore, the logic that using the unearthed artifacts to prove the accuracy of the illustrations, then depends on the conclusion to evaluate the accomplishment of this illustration, cannot be established.

Key words: The Illustration Classics, *Xin Ding San Li Tu*, Implements of Ritual (Li Qi), Chinese Palaeography, Ancient Artifacts

目　　録

Contents

第 一 章

緒 論

在三禮文獻系統中，"禮"和"禮器"的關係密不可分。作為"禮"最直接的产物，"禮器"既是"禮"所衍生出的實體，同時也是藉以表達和傳播禮義思想的渠道。"禮"字的本義是祭祀儀典，在此概念的基礎上，逐漸衍生出了各類與祭禮有關的器物。"禮器"不同於一般器物，它承載了"禮"的儀式、制度、思想等多方面信息，同時又兼具必要的功用性，是"禮"的"物質外殼"。

"禮器"的概念範疇並不是一成不變的，早期階段的"禮器"範圍比較寬泛，各類儀典器具、樂器、車馬器、服飾，甚至制度、宮室，只要與"禮"相關的事物均是"禮器"。而後隨著社會制度變遷，"禮"在社會中的地位和意義也與三代時期大不相同，與此同時，"禮器"的性質開始變化，其所包含的範圍也逐漸縮小，而今學術界多以"禮器"指稱各類祭禮、儀典使用的器皿和玉器。

自漢代開始，出現專門著書"禮器"的圖釋類文獻，其多被稱為《三禮圖》，是用圖釋的形式解釋《周禮》《儀禮》《禮記》中涉及到的各類"禮器"，至後世又有專研單經或某一類器物的禮圖。古代這類解經性質的圖釋並不罕見，各類經籍的研究著作中多見不同形式的附圖，後人多稱其是"以圖解經"，屬於專為解釋經典而生的"圖"，不同於一般的圖畫。而《三禮圖》這類專研"禮"的圖釋，又與其他解經圖釋有所區別，可稱其為"以圖釋禮"。

　　禮圖文獻自漢代以來多有傳承,但早期著作大多今已亡佚,目前可以看到的最早全本為宋人聶崇義所著《新定三禮圖》。此書的内容自宋以來多有爭議,後世學者多參照金石學領域的研究成果,認為聶氏所圖"未必盡如古昔"。根據目前研究來看,《新定三禮圖》的圖釋中的確存在疏漏,但是其中同樣不乏頗有見地之處。宋代是禮圖文獻著録的高峰期,同時也是禮學全面復興的時期,而代表著"三禮名物之學"的禮圖,也是其後禮學、金石學發展的基礎之一。

　　目前存世的各本宋代禮圖大多特色鮮明,如陳祥道《禮書》、楊甲《六經圖》等本,其著述形式、内容以及對三禮的理解,與聶圖均不雷同。書中包含的内容之豐富,遠不止禮器圖本身,這些資料對我們瞭解宋代禮學思想,及宋儒對三禮的認識角度等問題有很大幫助。宋代以來學者對禮圖文獻多有批判,強調其圖釋不足為信,但卻很少從三禮文獻和"釋禮"本身的角度,去審視這類文獻的研究價值。

　　"禮"與"禮器""禮經"① 本應融為一體,相輔相成,古人治經、治器也均是以"禮"為起點。倘若今日我們時刻將"文獻""器物""文字"切割開來,不能統籌材料進行綜合研究,恐怕也很難窺得上古時期"禮"之真諦。在"禮"和"三禮"的研究領域而言,"跨學科研究"是一種非常值得借鑑的思路,不同的研究模式和方法,均有助於啟發思路,幫助我們從不同角度看待問題。而這種多角度思維的邏輯方式,對於我們推進文獻學、禮學、古文字學、器物學等各領域的研究都大有裨益。

第一節　"禮"字釋源

　　"禮"的本義是一切與"禮"相關問題的源頭,因此在研究

---

　　① 本書所論及的"禮經"或"禮經文獻"等概念均指"三禮文獻",而非傳統概念中所指的《儀禮》。

"禮器"及"禮圖"之前，有必要先行釐清。當代學者多主張"禮"是一個複合概念，是以禮治為核心，由禮義、禮儀、禮制、禮器、禮樂、禮教、禮學等諸方面的內容融匯而成的文化系統。① 據文獻所載，三代時期"禮"的概念可分為廣狹二義，廣義的"禮"是貴族統治階層各個領域的行為準則，從饗宴、祭祀、婚喪儀典，到身份等級、國家制度、刑律法典，再到思想、道德行為規範等"形而上"的層面，均是"禮"的範疇。狹義的"禮"，則表示以祭祀天地鬼神為核心的"五禮"系統。② 而這其中的祭祀鬼神之禮，也正是"禮"的初始概念。也可以説，"禮"的廣義概念，是在祭祀天地鬼神之禮的基礎上逐漸演變、擴展而來。因此，在研究"禮"字本義的問題上，主要應該參考"禮"的狹義概念，從早期各類祭禮的角度出發，探討字形產生伊始的結構及其象徵意義。

"禮"字《説文》釋為："履也，所以事神致福也。"③ 段玉裁云："履，足所依也。引伸之凡所依皆曰履。"又："禮有五經。莫重於祭。故禮字从示。豊者行禮之器。"④《爾雅·釋言》："履，禮也。注：禮可以履行，見《易》。"⑤《釋名》："履，禮也，飾足所以爲禮也。"⑥ 經籍中"禮"又多訓為"體""理"等義，但這些訓釋已帶有禮法和思想層面的意義，此類釋義均是稍晚時期產生的，已經與其字本義有很大區別。許慎所謂"事神致福"雖然和"祭祀"的概念較為接近，但也已經是"禮"發展到成熟完備階段的釋

①　殷慧、張攀利：《百年來中國禮教思想研究綜述與展望》，《東南大學學報》（哲學社會科學版）2022年第1期。

②　"在古代，'禮'字本有廣狹二義：就廣義説，凡政教刑法、超章國典，統統稱之為'禮'；就狹義説，則專指當時各級貴族（天子、諸侯、卿、大夫、士）經常舉行的祀享、喪葬、朝覲、軍旅、冠昏諸方面的典禮。"沈文倬：《古代的"五禮"包括哪些主要內容》，《菿闇文存》，商務印書館2006年版，第902頁。

③　（漢）許慎：《説文解字》，中華書局1963年版，第7頁。

④　（清）段玉裁：《説文解字注》，上海古籍出版社1981年版，第2頁。

⑤　（晉）郭璞注、（宋）邢昺疏：《爾雅注疏》，中華書局2009年版，第5614頁。

⑥　（漢）劉熙：《釋名》，中華書局2016年版，第75頁。

義，並不能準確闡釋“禮”的字形結構及其本義之間的關係。

“禮”的本字在甲金文字中多作“✦”“✦”“✦”等，即“豊”字。《說文》釋“豊”為：“行禮之器也。从豆，象形。”① 許慎認為此字本義表“禮器”，“豊”產生的時間更早，“禮”是在“豊”的基礎上產生的後起字，因此“豊”應代表著“禮”的“初始概念”。依照段玉裁所說，“禮”從“示”是因為祭禮是“禮”中最重要的一類，則“豊”的本義，應更接近於“祭禮之器”。

有關“豊”與“禮”字之本義及其源流關係，王國維的《釋禮》一文闡釋得頗為清楚，這也是最早專門研究“禮”字源流的文章。王氏認為甲骨卜辭中的“豊”作“✦”“✦”等字形，“象二玉在器之形，古者行禮以玉，故《說文》：‘豊，行禮之器’其說古矣。”至於“豊”字的結構，王氏提出《說文》將其解為象形不妥，並明確指出“豊”上半部分所盛為玉禮器：“實則豊從玨在凵中，從豆乃會意字而非象形字也。盛玉以奉神人之器謂之✦，若豊。推之而奉神人之酒醴謂之醴，又推之而奉神人之事通謂之禮。”② 據王國維的觀點，“禮”字的造字邏輯，應是遵循“✦（初文）→豊（玉器）→醴（酒醴）→禮（禮事）”這一演變過程。這一說法較為合理，上古時期酒器、玉器皆對於祭祀意義重大。“豊”的本義即指與玉器相關的“禮器”，隨後意義逐漸擴大，先演變為祭祀“酒醴”，最後發展為可指代祭禮、儀典章程甚至行為準則的“禮”。

至上世紀三十年代，郭沫若又提出，甲骨文中“豊”字下半部分這一間架，不應該是“豆”，而應該是“壴”，即“鼓”的初文，意義與祭祀時的鼓樂舞蹈有關。③ 郭氏據此認為“禮”字起源於祭祀鬼神，而後逐漸擴展為對祖先表達尊敬的儀典。這一觀點對之後

---

① （漢）許慎：《說文解字》，中華書局 1963 年版，第 102 頁。

② 王國維：《觀堂集林》，中華書局 1959 年版，第 290—291 頁。

③ 郭沫若：《卜辭通纂》，《郭沫若全集》考古編第二卷，科學出版社 1983 年版，第 321—322 頁。

的相關研究影響甚大，至今學界仍基本認可"豐"字即由"玉禮器"和"鼓"兩部分構成。

而這一問題的分析就又涉及到"豐"與"豐"二字的辨義問題。此二字古今文字均十分相像，差別主要在於上半部分，"器皿"中所盛放的東西不同。"豐"字的甲金字形作"🝛""🝜""🝝"等，此二字極易產生混淆，舊時學者多將二者混為一談。時至今日，大多數學者認可"豐"中所盛為"玉"，"豐"中所盛為"穀"，是以"豐"表用玉祭祀，"豐"表慶祝穀物豐收。最早辨別二者為不同字形的是董作賓，他不認可前人將甲骨金文中類似字形俱歸為"豐"字的看法，明確提出古文字中常見的這幾種字形不盡相同："🝞、豐、🝟、🝠非一字，乃四字也。"只不過此說未見詳述，僅在朱芳圃《甲骨學文字編》"豐"字上簡要眉批，但是董氏在當時提出此說是很有見地的。

徹底釐清"豐"與"豐"二字差別的，是林沄《豐豐辨》一文。此文對二字的分析較為詳盡，明確提出"豐""豐"二字音義迥異，"豐"字從玨從壴，是古代行禮時常用的玉器和鼓，為會意字；"豐"從屮從豆，為形聲字。並且作者認為，二字字形過於接近，早在先秦時期已有混同之可能。[①] 至此二字區別基本明確，"豐"之本義既然為祭祀之"禮器"，則字形結構與"玉器"相關是十合理的，而祭祀"玉器"又不大可能與食器"豆"合為一物，可知"豐"從"豆"是形訛；而穀物豐收意味著"倉廩實"，是以《説文》釋"豐"本義為"豆之豐滿者也"。[②] 由此可知，"豐"字與"禮"之義無關。

在"豐"字結構已經基本釐清的基礎上，"豐""豐"二字相混的源頭，便可從其文字用例中推斷。有學者對比了二字在甲骨文中

---

① 林沄:《豐豐辨》,《古文字研究》1985 年第 12 期。
② (漢) 許慎:《説文解字》, 中華書局 1963 年版, 第 103 頁。

的用例，發現用為形聲字的“豐”字幾乎未曾出現，作為會意字的“豐”出現數十條。作者認為：“似乎可以認為豐是一種更注重於祭奠祖先神，尤其是祭於時王有明確世系關系的祖神的一種宗教禮儀。”其次，“豐”的權利掌握在王的手中，而非巫：“‘豐’字初意，似乎是一種強調禮器（鼓和玉之屬）參入的以祭祖與王事為主要内容的宗教性盛典儀式。”① 據其分析，二字的混同現象大致出現在西周初期，其原因是“豐”字使用較多，再加上二字形近，由此混淆。金文中出現的“豐”大多作為地名使用（如豐京），唯見恭王時期史墙盤中有“豐年”這一用法，與後世“豐收”之義同。也許因為“豐京”的特殊地位，“豐”字開始大量使用，又由於字形相近，逐漸與“豐”混用。

　　至於“豐”“禮”二字之間的關係和演變過程，則在文獻和甲金文字中均可找到證據。殷商時期凡祭祀均需用“醴”，可見其重要性，這便可以解釋，“豐”字如何會由“酒醴”之義演變為“禮儀”這一概念。② 現有的出土銅器中，部分銘文雖有“饗醴”二字連用，但並不作自名；而另有一些器物則可見自名“醴壺”。就帶有自名的器型分析，西周時期“醴壺”的形制，與常見的青銅“壺”基本一致。“壺”類是最典型的盛“醴”之器，大部分“三酒四飲”都可用“壺”來盛放。

　　以“壺”為名的器物形式豐富，但其各自屬性卻並非完全一致。《説文》釋“醴”本義為“酒一宿孰也”，③ 這類“一宿孰”的“醴”即“五齊”中的“醴齊”。“醴齊”多用於祭祀儀典，需盛放於“六尊”，是以這類稱為“醴壺”的器物，並不一定是“尊彝器”，因“六尊”中的“壺尊”並非用於盛“醴齊”。據鄭玄所説，“醴”的味道比其他“齊”類更甜，所以也可作為“四飲”之一：

---

① 吳十洲：《兩周禮器制度研究》，商務印書館 2016 年版，第 6—7 頁。
② 周聰俊：《三禮禮器論叢》，文史哲出版社 2011 年版，第 21—27 頁。
③ （漢）許慎：《説文解字》，中華書局 1963 年版，第 312 頁。

“五齊正用醴爲飲者，取醴恬與酒味異也。其餘四齊，味皆似酒。”① 而“四飲”中的“清”，即“謂醴之沛者。”② 指過濾之後的“醴”，可以直接用作飲料。是以，這種“醴壺”的功能，很可能是盛放“四飲”之“清”，而不是“醴齊”。

　　“醴”字金文始見於西周中期，雖然個別銅器中依然採用本字“豊”表“醴”，但這種情況已經非常少見，説明“豊”“醴”之間的字形分化和交替已經基本完成。金文中常見的“醴”字大多從酉豊聲，作“䣰”（三年瘋壺）或“䣰”（觴仲多壺），又有較爲特殊的寫法作“醴”（曾伯陭壺），此字在“酉”作意符的情況下又添加了“皿”符，兩個意符疊加，強調“醴壺”的用途。而不難看出，“豊”字之形在這一階段已經分化得較爲複雜，其中最接近許書小篆的是曾伯陭壺中的字形；三年瘋壺的“醴”，則已經可以看出“豊”和“豐”相混淆的趨勢；而觴仲多壺銘文的中的“豊”已經訛變嚴重。③

　　至此，“禮”字的古文字形演變過程，及“豊”字原本的間架構成，皆以明確。此字中唯一尚且存疑之處，便在於“禮”之初文“玨”中所含“二玉”之形究竟爲何。《説文》中釋“玉”字之形爲“象三玉之連。丨，其貫也。”④ 甲金文字中多作“王”“玉”等形，各時期字形差異不大。值得注意的是，這一意象描述得非常具體，所謂“三玉”顯然不是單指普通的、原始狀態的玉石，而是明確指向某一類經過整治、可供綴連的玉禮器，更重要的是，這一

---

① （漢）鄭玄注、（唐）賈公彥疏：《周禮注疏》，上海古籍出版社 2010 年版，第 166 頁。

② （漢）鄭玄注、（唐）賈公彥疏：《周禮注疏》，上海古籍出版社 2010 年版，第 164 頁。

③ 周聰俊：《三禮禮器論叢》，文史哲出版社 2011 年版，第 22 頁。

④ 許慎：《説文解字》，中華書局 1963 年版，第 10 頁。

玉禮器之上的“三玉”之形呈均勻排布，彼此等距。早期學者辨析
“王”“玉”二字古文字形的主要依據，便是“玉”字三橫等距，而
“王”字三橫距離不等。① 可知“玉”作為產生較早的象形字，其三
橫的排布規律定然有所指，並非隨意造就。對此很多學者有不同理
解，如高田忠周認為其字象玉佩：“蓋玉之形，主於佩玉，故字依佩
玉以為此形也。”② 戴家祥根據“朋”的古文字形，提出“玉”本象
“系玉”，與貝殼同為貨幣，且“一系玉，為朋之半”。③ 類似說法雖
然有一定依據，但早期社會中“玉”的地位，更多體現在“禮”的
層面，因此探討“三玉之連”所象之形，仍應定位在幾類玉禮器中。

　　結合“玉”字“三玉之連”的形態分析，則與“玉”字之形關
係最為緊密的應屬“璧”。“璧”是出土玉器中很常見的一類，除身
份象徵之外，其功能多與祭祀禮天相關，是以玉璧通常為圓形，早
期偶爾可見方形或異形玉璧。舊時學者多認為，所謂的“三玉之連”
或為三枚玉璧以繩索相連之形，此說也有一定可能性。④ 但近年紅山
文化墓葬中出土若干造型較為獨特的玉璧，學者多稱其為“雙聯璧”
和“三聯璧”，此類玉器之形似與“三玉之連”更為接近，或與
“玉”字及“禮”字初文有關。⑤

　　綜上所述，今日所用之“禮”字為後起字，甲金文字階段常見
的“豊”字，為“禮”之本字。“豊”本義即為“禮器”，此字同
時也是“醴”的本字。“豊”字先由“禮器”的概念引申為“酒
醴”，繼而演變為“事神致福”之“禮事”。古文字中的“豊”和
“豐”多有混淆，“豊”字應從“玉”和“鼓”，表“禮器”；“豐”

---

① 據學者考證“王”字形本象“斧鉞”，而上部分兩橫象“柲上刻溝之兩沿”，
由此可知“王”的古文字形結構有明確指向。參見吳令華主編，吳其昌著《吳其昌文
集》，《金文名象梳證·兵器篇》，三晉出版社 2009 年版，第 46—47 頁。

② 李圃：《古文字詁林》（第一冊），上海教育出版社 2004 年版，第 239 頁。

③ 李圃：《古文字詁林》（第一冊），上海教育出版社 2004 年版，第 243 頁。

④ 如段注云：“貫謂如璧有紐，褖佩有組，聘圭有系，瑬有五採絲繩，茍偓以朱
絲系玉二轂之類。”段玉裁：《說文解字注》，上海古籍出版社 1981 年版，第 10 頁。

⑤ 詳細內容參見《瑞玉圖類釋》中的《蒼璧》篇，此不贅述。

字則從"穀"和"豆"，表示農作物豐收。二字甲骨文階段尚有細微差別，至金文時期字形愈加接近，在"豐"字下半部分的"鼓" 訛為"豆"形之後，其本義也逐漸難辨。

第二節　"禮器"的內涵及其概念演變

繼"禮"的本義釐清之後，"禮器"的基本概念及研究範疇，同樣是個值得探討的問題。目前學界對"禮器"概念的理解，多是基於考古學所做出的界定。考古學繼承自宋代以來的金石學傳統，多將"銅器"作為"禮器"的研究主體，並按照器物形制特徵和功能，將其大致分為食器、酒器、水器等類，每一大類之下，再按器物外型細分為不同的類目，並以作器年代排序，其餘器型相近的陶器、漆器、玉器也照此處理。而三禮文獻中對各類"禮器"的定義遵循"五禮"系統，無論是其概念範圍還是分類標準，都遠比目前所使用的分類系統更加複雜、詳盡。"五禮"系統與現行的器物分類系統不匹配，這一點對於器物學和禮學研究均有諸多影響。

一　"禮器"的本質及"禮"與"器"的關係

從"禮"的字形結構可知，玉器和器皿是組成此字的關鍵，此字的構型代表著"禮器"是儀典祭禮的必需品；同時也說明，在所用的各類器物中，器皿類和玉器類應是重中之重。而作為"禮"最直接的產物，"禮器"既是"禮"所衍生出的實體，同時也是藉以彰顯制度和傳播思想的渠道。因此"禮器"不能等同於一般器物，它承載了"禮"的思想，又兼具必要的功用性。可以認為，"禮器"的本質屬性，即為"禮"外化而來的"物質外殼"。

之所以稱其為"物質外殼"，也正是相對於"禮"的思想層面而言。此處所說的思想，並不僅指春秋之後產生的"禮義"或"儒家思想"，夏商周各個階段的統治者制禮作器，均帶有特定的思想表達。“禮器”産生的核心目的是爲了闡釋“禮”，其在承載思想的同時兼有禮儀功能，因此天然具備了特殊屬性。

《禮記·禮器》有云：“君子曰：‘無節於内者，觀物弗之察矣。欲察物而不由禮，弗之得矣。’故作事不以禮，弗之敬矣。出言不以禮，弗之信矣。故曰禮也者，物之致也。”① 有學者認爲此處所説的“物”即爲“禮”所物化出的“禮器”，這種理解並不準確。② 根據孔疏的解釋，“無禮既不爲民物敬信，故禮所爲萬物之至極也”，可知此處的“物”應是泛指“萬物”，“欲察物而不由禮”中的“物”與下句中的“事”“言”相對，分别指“萬物”“萬事”“萬言”。整句話旨在表達，“禮”是人們平時生活中，處理萬事萬物所參照的最高等級標準，因此才稱爲“物之致也”。此處所表達的思想，與《禮器》中另一句“禮也者，合於天時，設於地財，順於鬼神，合於人心，理萬物者也”異曲同工。③ 前者是從空間角度論述“禮”的“廣闊”，後者則表達“禮”之“深遠”，“禮”可用作人類社會生活中一切事物的準則，即所謂“理萬物”。

需要注意的一點是，在探討“禮器”和“禮”的本質問題時，不應該單論此二者之間的關係，“禮”和“器”均是人爲産物，所以“人”這一因素在其中所起到的作用不容忽視。正如孔子所説：“制度在禮，文爲在禮，行之，其在人乎！”疏云：“言能行其禮，全在人乎！謂人能行禮也。”④ “人”對“禮”的發展、演變所起到的作用至關重要，倘若單獨研究“器物”和“禮制”“思想”，很容易將這兩個概念看作是純粹由“内在思想”作用於“外在實物”的

---

① （漢）鄭玄注、（唐）孔穎達正義：《禮記正義》，上海古籍出版社 2008 年版，第 1000 頁。

② 吴十洲：《兩周禮器制度研究》，商務印書館 2016 年版，第 30 頁。

③ （漢）鄭玄注、（唐）孔穎達正義：《禮記正義》，上海古籍出版社 2008 年版，第 957 頁。

④ （漢）鄭玄注、（唐）孔穎達正義《禮記正義》，上海古籍出版社 2008 年版，第 1935—1936 頁。

單向關係。事實上，社會制度和人的意識形態，才是"禮"產生和變化的直接因素，是其中不可忽略的一環。有學者提出，"禮義"是"禮"的本質，"禮器"是"禮"的表象，以"人"為主體的"禮儀"則是二者之間的橋梁。①

此外，除了促進"禮"的演變之外，"人"對"禮"和"器"的傳襲，同樣是不可或缺的環節。孔子曰："殷因於夏禮，所損益，可知也；周因於殷禮，所損益，可知也。"② 由夏至商，由商至周，大量文獻和出土材料表明，三代時期的"禮"存在明確的傳承關係。這樣的傳襲過程並非自然選擇的結果，其中離不開人為干預。二里頭文化的考古證據表明，夏代王朝禮制已經基本形成，其大型宗廟建築、祭祀遺址、喪葬制度、禮器制度以及都邑劃分模式均體現出彼時以中原文明為中心的王權禮制演進格局開始形成；而夏代禮制又通過禮器、禮儀建築、墓葬和祭祀形式等等方面，對商文化甚至周文化持續產生深遠影響："以禮制而言，周禮是在商禮上有所損益而形成的，商禮則是在夏禮的基礎上有所損益而形成的。盡管三代禮制具體內容乃至儀式有很多不同，但'三代之達禮'是存在的。這說明三代時期中原先民的文化心理和文化觀念長期保持者某些共性。"③ 明確夏商周禮制根基一脈相承的特性，對於研究禮制、思想發展脈絡，尤其是禮器演變過程具有莫大幫助。

---

① "'狹義'的'禮'有本質與表象之分，本質層面講，'禮'有其所要表達的旨趣，如吉禮的'事神致福'、凶禮的'親親'、賓禮的'敬'等等，與此相類，我們把'禮'的活動所要表達的意思稱為'禮義'。表象層面講，又分兩個方面：物質方面，禮必須要有表現'禮義'的載體，比如祭祀要有神主、祭品、祭器等等，是為'禮器'（或稱'禮物'）；另一方面，禮要有文飾，單是把冷冰冰的器物放在那裡不是禮，不足以將禮的表象與本質聯繫起來，這其間必須要有一個能動性的'橋梁'，即，人的'揖讓周旋'所表現出來的儀容、動作等便是對'禮義'和'禮物'的文飾，我們稱其為'禮儀'。"陳戍國、陳雄：《從"周因殷禮"到"周文鬱鬱"——西周宗法禮樂制度的建構》，《湖南大學學報》（社會科學版）2019 年第 4 期。

② （魏）何晏注、（宋）邢昺疏：《論語注疏》，中華書局 2009 年版，第 5349 頁。

③ 湯勤福主編：《中華禮制變遷史（先秦卷）》，中華書局 2022 年版，第 46—48、62—64 頁。

　　在此過程中，又尤其以周人對商人禮制的繼承較為全面系統。顧劼剛先生認為："因為殷的文化高於岐周，典章制度比較完備，祭祀的典禮場面大的很，所以周人克殷之後就大量採用了殷的文化。《康誥》裡講到刑法，叫康叔去執行'殷罰'和'殷彝'就是一個例子，洛邑中'殷士'和'庶殷'甚多，祭祀時採用了殷的儀式本是一件很平常的事。"① 劉雨先生認為："周人幾乎全盤繼承了殷人祭祖禮儀的名稱，但周人並非照搬硬套，他們在運用時是有所改造的。"又云："周人入主中原後，面對文化上大大高出自己的殷遺民，在很長一段時間內採取大量襲用殷禮的政策，並利用殷遺民中的知識階層為其服務。"劉先生在銅器銘文中找到很多周人沿襲殷禮的佐證，例如："告祭在殷墟卜辭中多有記載，有告麥、告疾、告戰事等，所告對象多為先王，西周金文記錄了周人沿襲此禮的情景，而諸侯返國告廟之祭在文獻中多有記載，是知此禮在西周以後還延續了很長時間。"又如："嗽士卿尊所記周王在新邑的'初𤔲'，是周人襲用殷人的祭典來祭祀祖考的有力證明，從銘末族名看，嗽士卿是殷遺民，他很有可能是因為幫助周王完成這次祭祀活動而受到獎賞的。"② 上述材料充分表明，這種"禮"的傳襲體現在三代禮儀的各個層面。是以，在探討"禮器"的過程中，不應忽視器物產生的源流及其傳承關係。

　　特別是在東周"禮崩樂壞"之後，"人"的作用體現得更為明顯。"禮"之所以能在西周階段發展到頂峰，有賴於社會意識形態和貴族等級制度。東周之後"禮"的社會地位發生巨大變化。在宗法制已不存的情況下，"禮"和"器"由"制度層面"，過渡到"文化層面"，對國家制度不再具有直接影響，甚至對道德層面的約束力也逐漸減弱。缺少了社會制度的監督和保障，再加上統治階層對"禮"的態度大不相同，後世的"禮"對統治階層而言，僅僅變成象徵意

① 顧劼剛：《周公制禮的傳説和〈周官〉一書的出現》，《文史》1979 年第 6 輯。
② 劉雨：《西周金文中的祭祖禮》，《考古學報》1989 年第 4 期。

義上的符號。所以，盡管各朝帝王均沿襲基本的祭祀儀典，但其"祭禮""禮器"與三代時期早已大相逕庭。在思想層面，"禮"轉為文化教育領域關注的對象，對"禮器"的研習更變成極少數人的責任，早期相關史料、典籍十不存一。

　　"人"與"禮""器"之間，不是簡單"創造"與"被創造"的關係。自產生以來，"禮"始終是人為作用的產物，所以無論是思想還是物質，"禮"本質上始終是在服務"人"的需要。有了"人"的參與，"禮"和"器"便以"人"為橋梁，實現了雙向性的互通、循環。《禮器》："禮器，是故大備。大備，盛德也。"鄭注云："禮器，言禮使人成器，如末耜之為用也。"① 這句話看似簡單，但卻表達了"人""禮""器"之間十分微妙的互通性。首先，"禮器"體現出的"盛德"，即因"器"承載"禮"之思想；而"言禮使人成器"又意指由"禮"影響"人"，使"人"具備"器"所蘊含的禮義思想，從而被塑造成德行兼備、知禮守禮的"人"。"德"對"禮"的意義非同一般，有學者認為，周人將"德"引入了"禮"的體系，形成了全新而複雜的禮樂制度。② 另有學者提出先秦時期的玉禮器與禮制路徑發展類似，經歷了"巫玉""史玉""德玉"三個階段。③ 禮學家常以"德"來闡釋周代禮制特點，此處"德"所體現的不僅是思想和制度本身，同時也包括"器"和"人"的屬性。"德"與"禮"的融合，使"禮"的內涵更加複雜，從而也更凸顯"人"的作用。

　　此外，"器"並非始終作為"禮"的外在形式而存在，二者在

---

　　① （漢）鄭玄注、（唐）孔穎達正義：《禮記正義》，上海古籍出版社 2008 年版，第 955 頁。

　　② "西周完成了一個由原始宗教之禮到人文之禮的轉變，因為周人將'德'的觀念引入了君權神授的體系之下，形成了不同以往的全新而複雜的禮樂制度。"陳戍國、陳雄：《從"周因殷禮"到"周文鬱鬱"——西周宗法禮樂制度的建構》，《湖南大學學報》（社會科學版）2019 年第 4 期。

　　③ 孫慶偉：《禮以玉成：早期玉器與用玉制度研究》，北京大學出版社 2022 年版，第 2—12 頁。

一定程度上互為表裏，既以"禮"證"器"，又以"器"鑑"禮"。
但這種彼此雙向影響的狀態，是在"禮"發展到一定高度之後才開
始出現的，在"禮"尚未成熟、完備的階段並不存在這種情況。

　　具體來看，在初始階段，"人"治"禮"，而後根據"禮"的需
要而作"器"，"器"的影響力位於末流，它是"人"為了展現
"禮"的內涵，而創造出的"衍生品"（圖1.1）。這一時期的"禮"
和"器"單純服務於"人"的需求，"器"還不具備對"人"的反向
影響能力。而後隨著社會發展，"禮"走向成熟期，對"人"的影響
愈加顯著，此時"禮"超越"人"，成為社會高等級禮法、道德準則，
制約人的行為和思想，"禮"和"器"在無形中反作用於"人"，
"禮"的教化，使"人"具備更高的道德水準。如"言禮使人成器"
一說，用"禮器"來喻指德行完備的"人"，等於是將"器"放在比
"人"更高的位置上，通過"器"反過來衡量"人"的品德。

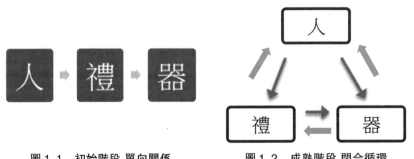

圖1.1　初始階段 單向關係　　　　圖1.2　成熟階段 閉合循環

　　這也很好地體現出"禮器"和一般器物最本質的區別，"禮器"
蘊含著"禮"的要義，它的形制設定不以"用"為目的，而是以
"禮"為標準。因此，"人"在與"器"的接觸中，自然會受其影
響，甚至還出現"器"反作用於"禮"的情況。這種以"實物"為
主體，轉而影響"思想"的典型案例，在後世並不罕見，例如宋人
對"爵""斝""角"等銅禮器定名的訛誤，使後世學者對各類禮器
概念的理解出現偏差，繼而造成對三禮文獻的誤讀，並由此對儀典

流程也出現很多理解不當之處，最終演變成對古代社會生活、思想層面的誤解。是以，在"禮"的成熟階段，"人""禮""器"三個概念，實則互相作用，構成一個巧妙的閉合循環（圖1.2）。

總體而言，成熟階段的"禮"，其本質是"人"的社會生活和精神境界的反映。"人"是"禮"的締造者和實施者，而"禮"一旦脫胎成形，便昇華為一種抽象符號，與"人"的日常生活漸行漸遠。此時，"器"則反而變成"人"和"禮"之間的媒介，"人"在造"器"的時候賦予了"禮"的概念，而後又在使用"器"的過程中，通過其感知"禮"存在的意義。"禮器"逐漸演變成一種實體化的"禮"，使"禮"擺脫了抽象化儀式的限制，在"人"和"禮"之間構建起一道橋梁，使"人"不廢"禮"，也使"禮"能教"人"。

二　"禮器"所反映出的"禮"之核心功能

"禮器"的外在形態與"禮"的思想內核是分不開的，"禮"需要表達的各類概念，都會藉由器物的形制、紋飾、材質加以強調。有學者認為，周代"禮器"具有三方面特殊功能，分別是宗教化、政治化、宗法化。[①] 其中宗教化和政治化較容易理解，即指"禮器"最常見的兩個用途：祭祀天地鬼神和區別貴族等級身份。至於宗法化則指"禮器"與宗法制度之間的關係，但這一點似乎和政治化功能大同小異。西周時期的宗法制度歸根結底也是以身份等級為依據，辨尊卑別長幼，藉以維護國家統治階層的權力，尤其當宗法制度已處於完備階段時，則基本與國家統治融為一體。

"禮器"在宗教崇拜方面的用途無庸置疑，這種功能也正是其源頭，早期的"宗教式儀典"或"祭禮"在"禮器"中保留了豐富的痕跡。比如夏、商時期盛行動物類的圖騰崇拜，夏代以"雞"為圖騰，所以夏代陶器中已經可見仿造"雞"形的"三足雞彝"。商代

---

① 吳十洲：《兩周禮器制度研究》，商務印書館2016年版，第27—30頁。

崇尚"鳥"，認為"鳥"是商人始祖，《詩·玄鳥》中有"天命玄鳥，將而生商"，在出土的商代銅器、陶器中，可見仿造鳥形所造的三足器。[①] 只不過，這種動物崇拜行為，究竟是否宗教的範疇還有待考量，東西方文化中對宗教的界定有一定區別，就夏商周時期文化背景來看，這種行為更接近於單純意義上的祖先崇拜，或未及宗教級別。

至於"禮器"的宗法、政治功能，則貫穿三禮文獻始末，其中內容可反映出當時劃分等級尊卑之嚴格。例如《禮記·禮器》："宗廟之祭，貴者獻以爵，賤者獻以散。尊者舉觶，卑者舉角。"[②] 又如《禮記·雜記》："《贊大行》曰：圭公九寸，侯伯七寸，子男五寸，博三寸，厚半寸，剡上左右各寸半，玉也。藻，三采六等。"[③] 總體而言，"禮"在宗法制度方面功能，更接近於"禮"的核心。"禮"的作用不僅在於區別等級尊卑，更重要的是，"禮"是以身份等級為依據，輔助、強化國家權力集中，從而維護貴族階層的統治和社會秩序。正如沈文倬先生所說，殷周時期貴族鞏固政治統治依靠的是"天命思想"，而這種思想需要"禮"來表達。[④] 可以認為，"禮"既是當時的行事準則，同時也是道德思想層面的支撐。在"禮"的控制之下，社會各階層秩序井然，國家正常運轉，一系列明文規定的等級制度，也保障了社會的穩定和公平。在歷朝歷代，貴族階層的權力爭鬥幾乎是不可避免的，很多王朝的覆滅都是由身份僭越開始。宗法制以人與生俱來的身份為依據，劃分明確的等級，且沒有設置其他跨越身份階層的方式，這也就在一定程度上限制了僭越的可能性。這種措施在當時社會而言，不失為一種有效的方式。"禮"

---

① 相關内容詳見《爵、玉爵》《雞彝》《鳥彝》等篇。

② （漢）鄭玄注、（唐）孔穎達正義：《禮記正義》，上海古籍出版社 2008 年版，第 971 頁。

③ （漢）鄭玄注、（唐）孔穎達正義：《禮記正義》，上海古籍出版社 2008 年版，第 1682 頁。

④ "命是天授的，因而天帝所命定的等級是不容僭越的。而這種不容僭越的等級身份，要用'禮'來表現，這樣，'禮'和天命思想就直接聯繫起來了。"沈文倬：《略論儀典的實行和〈儀禮〉書本的撰作》，《菿闇文存》，商務印書館 2006 年版，第 5 頁。

作為宗法制的輔助，借助儀典、用器等方式，強化不同階層的身份認同，同時從道德倫理層面強調尊卑、嫡庶的重要性，最大程度上保障貴族統治階層的權力。

自宗法制瓦解之後，統治者對於貴族階層的管控也逐漸減弱，到中古階段時，禮之不存，自上而下儀節不究，導致各種形式的身份僭越成為十分顯著的社會問題。如《歷代名臣奏議》中載宋元祐元年朱光廷奏文所述：

> 夫禮廢而不講久矣。今天下之人，自丱角已衣成人之服，則是何嘗有冠禮也？鄙俗雜亂，不識親迎人倫之重，則是何嘗有婚禮也？火焚水溺，陰陽拘忌，歲月無痕，死者不葬，葬者無法，五服之制，不明輕重，則是何嘗有喪禮也？春秋不知當祭之時，祭日不知早晚之節，器皿今古之或異，牲牢生熟之不同，則是何嘗有祭禮也？冠、婚、喪、祭，禮之大者，莫知所當行之法。朝廷之上，未嘗講修，但沿襲故事而已，曾未盡聖人之蘊。公卿士大夫之間，亦未曾講修，但各守家法而已，何以為天下之法？車輿、服食、器用、玩好，法禁不立，僭侈尤甚。富室擬于王公，皂隸等于卿士，風俗如此，一出于無禮而然也。①

當"禮"對各階層的約束不再，則其所強調的等級森嚴、尊卑有序也就蕩然無存。後世朝代中大多以"法"代"禮"，"法"的出現在一定程度上保障了社會各階層的公正，可以更好地促進社會生產力發展。但是在防止身份僭越這一問題上，大多數朝代的法律規章，並不如西周時期的禮法制度奏效。

事實上，在宗法制度下，"禮"在社會管理方面的作用便類似於後世的"法"，因此"禮"也常被認為是一種國家權力。三代時期

---

① （清）秦蕙田：《五禮通考》，中華書局 2020 年版，第 108 頁。

“禮”與“法”的本質是相統一且互補的，二者都屬於“社會約束”：“我們認為，禮作為國家權力，包含了刑，是法的指導原則，具有強制性和普遍性的特點，這説明中國古代的禮和法在本質上是相通的。”① 值得注意的是，此處所謂的“禮包含刑”，並非傳統意義認為的“禮”和“刑”各自適用於不同社會階層之義：“禮是適用於從天子至庶人整個社會的行為規範，不存在禮與刑二分現象。禮是普遍的社會規範，它包括刑在内。”②

今人對周代“禮”和“刑”二者關係的理解，大多來自《曲禮》中的“禮不下庶人，刑不上大夫”一説，由此以為當時的貴族階層不受刑法約束，而庶民則“無禮”，但事實上這種劃分並不準確。鄭玄云：“為其遽於事，且不能備物。”③ 所謂的“禮不下庶人”，主要是表達普通庶民由於生活條件有限，無法按照王族水準來籌備儀典，所以達不到“正禮”的標準。這種解釋非常合理，在古往今來任何時期，民衆也不可能按統治者的規格來操辦禮儀，即使沒有規章限制，大多數人的物質條件也無法支持這樣的行為。但是達不到“正禮”的級别，並不代表庶民沒有禮儀的概念。孔穎達云：“謂庶人貧，無物為禮，又分地是務，不服燕飲，故此禮不下與庶人行也。《白虎通》云：‘禮為有知制，刑為無知設。’禮，謂酬酢之禮，不及庶人，勉民使至於士也。故《士相見》禮云：‘庶人見於君，不為容，進退走’是也。張逸云：‘非是都不行禮也，但以其遽務不能備之，故不著於經文三百威儀三千耳。其有事，則假士禮行之。’”④ 這一段表達得更為清楚，庶人不能備物之“禮”主要指“燕

---

① 吳麗娛主編：《禮與中國古代社會》（先秦卷），中國社會科學出版社 2016 年版，第 299 頁。

② 吳麗娛主編：《禮與中國古代社會》（先秦卷），中國社會科學出版社 2016 年版，第 304 頁。

③ （漢）鄭玄注、（唐）孔穎達正義：《禮記正義》，上海古籍出版社 2008 年版，第 101 頁。

④ （漢）鄭玄注、（唐）孔穎達正義：《禮記正義》，上海古籍出版社 2008 年版，第 103 頁。

飲""酬酢"類性質的禮儀，其可認為是貴族階層專屬，但是一般的"婚喪嫁娶"類儀典，則是庶民也同樣具備的："庶人非無禮也，以婚則緇幣五兩，以喪則四寸之棺，五寸之槨，以葬則懸棺而窆，不為雨止，以祭則無廟而薦於寢。此亦庶人之禮也。"① 是以，"禮"對當時社會的影響，並不僅僅停留在貴族階層。庶人階層並非沒有禮儀，只不過是由於條件有限，所以大多"因陋就簡"，無法比擬貴族階層的"正禮"。

與上述情況類似，所謂"刑不上大夫"同樣只是在一定程度上而言。孔疏云："制五刑三千之科條，不設大夫犯罪之目也。所以然者，大夫必用有德，若逆設其刑，則是君不知賢也。張逸云：'謂所犯之罪，不在夏三千、周二千五百之科，不使賢者犯法也，非謂都不刑其身也，其有罪，則以八議議其輕重耳。'"② 這一說法較為通達，"刑不上大夫"並不是指貴族違法可以無條件免罪，而只是因其身份高貴，需要參照具體情況，慎重衡量罪行輕重。由於這種定罪方式的特殊性，刑書中沒有記錄大夫一級的量刑標準。高等級貴族的量刑標準與他人有異，這在一定程度上，的確可看作是貴族階層的特權，但並非默認貴族不受法律制約。"刑"和"法"的威懾與當時的"禮"一樣，以不同形式貫穿整個社會。

就"禮"在道德倫理層面的教化意義而言，三禮中的內容體現得最為直接。按儒家解釋，"禮"的本質是內外兼具的，這種"對內"更多體現的是對自己品行的修正和克制。而"內""外"又可理解為"禮"的內化與外化：

> 先王之立禮也，有本有文。忠信，禮之本也。義理，禮之文也。無本不立，無文不行。

---

① （清）孫希旦：《禮記集解》，中華書局 1989 年版，第 81 頁。

② （漢）鄭玄注、（唐）孔穎達正義：《禮記正義》，上海古籍出版社 2008 年版，第 103 頁。

注：言必外內具也。

疏：忠者內盡於心也，信者外不欺於物也。內盡於心，故與物無怨。外不欺物，故與物相諧也。義理，禮之文也。禮雖用忠信爲本，而又須義理爲文飾也。得理合宜，是其文也。無本不立，解須本也，無忠信，則禮不立也。無文不行，解須文也，行禮若不合宜得理，則禮不行也。①

此處提出的"忠信為本"，比後世對"忠信"二字的理解更為全面，後世更多強調的是對外的態度。而"內盡於心"一說，則強調對人對己的忠信同樣重要，這與《中庸》所論"君子慎其獨"的觀點異曲同工。"慎獨"強調人的修養道德不能停留在表面，需要內化到行為舉止的方方面面，在一人獨處時也不能放低行事準則。是以，若不能做到內在由衷的敬畏"禮"，僅利用表面工夫假以辭色示人，則背離了"禮之本"，是以"內盡於心"與"外不欺物"二者缺一不可。

從表面上看，這種由內而外的教化方式，十分適合當時的貴族階層，在等級分明的社會制度下，儘量維持自己的"本心"，不為惡不逾矩，這種道德教誨本身對社會發展頗有裨益。但是在宗法制度下來看，難免有制約思想之嫌。而"制度"和"思想"層面存在的矛盾也可以引申出另一個關鍵問題，即"禮義"産生的時間節點。有學者認為，"禮義"恰恰是在"禮崩與壞"的春秋階段出現。在此之前，"禮"只是純粹意義上的"儀典"，而後在禮樂制度消亡之際，"禮"伴隨著社會制度轉型，實現了精神思想層面的躍升，發展出了"禮義"的概念。這一時期的貴族階層，對思想層面的重視，逐漸超過了各類祭禮儀典。② 由此可見，"禮義"的産生明顯晚於

---

① （漢）鄭玄注、（唐）孔穎達正義：《禮記正義》，上海古籍出版社 2008 年版，第 957 頁。

② 吳麗娛主編：《禮與中國古代社會》（先秦卷），中國社會科學出版社 2016 年版，第 240—242 頁。

"儀典"和"禮制",商周早期的"禮器"和"禮法"大多仍是單純的"器"和"禮",尚不具備思想層面的意義。

上述幾類功能,最後均會落實在"禮器"的形制上,以達到"禮"外化的效果。在"禮義"產生之前,"禮器"所承載的"禮",主要可分為"辨別身份等級"和"敬鬼神"兩個功能。分辨等級之功用,是建立在以"人"為"禮器"的使用對象的前提下,而在祭祀"神"時,"禮器"的作用則變成表達統治者對"神"的尊崇。具體來說,①用"禮器"的材質、風格、形制來體現尊卑、親疏關係。如"天子以玉飾,諸侯、大夫皆以黃金飾,士以梓。"①同類器物,僅依靠材質便可區分用器人的身份等級。②依據所祭神靈的性質制定不同的"禮器"形制。其中最典型的是用陶器(如"匏爵""瓦甒"等)祭祀天地,藉以體現周人尚質、尚素的特點,彰顯天地自然之本性。這種崇尚返璞歸真的祭禮觀,與《禮記》強調的"大樂必易,大禮必簡"②和"大樂與天地同和,大禮與天地同節"③等觀點基本一致。又如宗廟祭祀用鬱鬯不用玉,祭祀外神則用玉不用鬱鬯,以體現"敬神"的區別。

是以,不同時期"禮器"的外在形態,可反映出"禮"的核心功能。宗法制度環境下,"禮"作為國家統治之本,是管理社會各階層、維護社會穩定的主要工具。早期的"禮"可用於強化身份的認知,藉以鞏固統治階級權力;在禮崩樂壞之後,"禮"轉而以道德教化的方式提高人的思想意識和自我約束力,從而促進整個社會的發展和進步。

---

① (漢)毛亨傳、(漢)鄭玄箋、(唐)孔穎達疏:《毛詩正義》,中華書局2009年版,第583頁。

② (漢)鄭玄注、(唐)孔穎達正義:《禮記正義》,上海古籍出版社2008年版,第1472頁。

③ (漢)鄭玄注、(唐)孔穎達正義:《禮記正義》,上海古籍出版社2008年版,第1474頁。

三　"禮器"的概念及其與"隨葬器"的區別

今日古器物研究中，大多以出土器物形制、材質為主要分類判斷標準。文獻皆云"禮器"尊貴，是以，多數製作精緻、象徵尊貴地位的銅器被歸入"禮器"的範疇。事實上，這些出土銅器的確尊貴，但其中大多與三代儀典中實際使用的"禮器"有本質區別。今日所見的大部分銅器和漆器，均是專用作隨葬或其他特殊目的器物，將這些器物一概定義為"禮器"並不妥當。

1. "禮器"的概念範疇及相關研究思路的變遷

"禮器"的概念範圍並不是一成不變的，其呈現為自先秦至今不斷縮小的趨勢。此概念原本泛指所有與"禮"相關器物，如器皿、玉器、樂器、服飾、宮室，甚至包括規章制度和禮經文獻，《禮記·樂記》云："簠、簋、俎、豆、制度、文章，禮之器也。"① 任何與儀禮、祭祀有關的事物，只要與"禮"相關均是"禮器"。這一定義表明當時社會對"禮"的屬性沒有限制，"五禮"所有類別的大小儀典均在其列；並且對"器"的型態也沒有限制，凡與儀典相關的物品均可囊括其中。因此，先秦階段是"禮器"概念範圍最大、最全面的時期。

三代傳襲過程中，時人所尊崇的事物一直在變動，如《表記》所言："夏道尊命，事鬼敬神而遠之，近人而忠焉，先禄而後威，先賞而後罰，親而不尊。"又云："殷人尊神，率民以事神，先鬼而後禮，先罰而後賞，尊而不親。"又："周人尊禮尚施，事鬼敬神而遠之，近人而忠焉，其賞罰用爵列，親而不尊。"② 由夏至周，其人所尊為"命""神""禮"，核心理念各不相同。這種差異勢必會折射

---

① （漢）鄭玄注、（唐）孔穎達正義：《禮記正義》，上海古籍出版社 2008 年版，第 1476 頁。

② （漢）鄭玄注、（唐）孔穎達正義：《禮記正義》，上海古籍出版社 2008 年版，第 2079—2080 頁。

在器物層面，是以，盡管在夏、商、周階段，"禮器"的概念大體不變，但是其中有些器物的地位，會伴隨著朝代更迭產生變化。這其中最典型的，即商周時期酒器和食器的地位差異，商人尚酒，各類儀典中又多以酒祭祀，是以各種酒類和酒禮器的地位很高。但周人尚食，同時厭惡商人好酒之習，所以周人對酒的態度一向節制，對商人的酒文化也未能完全繼承，這種變化趨勢在文獻和出土器物中均有體現。先秦時期"禮器"與"禮"的聯繫更為緊密，器物地位的任何變化，均能充分反應出時人對"禮"的理解，這一點與後世截然不同。

在三代之後，對"禮"的研究大多以三禮文本為核心，尤其自南北朝興起的三禮義疏學，將闡釋文本作為研究主體。針對器物和名物的專門研究興起較晚，並且此二者均可謂是禮學思想變革的產物。在唐宋之際，禮學的概念和基本研究思路出現了根本性的變化。義疏之學於隋朝走向沒落，至唐代中期，三禮文獻已不能再為"禮"提供規範性基礎："從禮學類型的視角看，中唐開始，禮的規範性基礎逐漸由經典轉向了制度和禮義。"[1] 而宋代主流的禮學觀，則由傳統意義上的"經典本位"，轉變為以金石學為代表的"制度本位"。即是指以經書作為歷史載體，不再追求僅解釋經文，要恢復周代禮制，需以"制""事"為本，廣泛徵求其他歷史文獻："漢唐人以經典記載為周代禮制權威，以解釋經典為瞭解周代禮制的首要途徑，故出土器物不入漢唐人眼。但在宋人看來，古器物和經典一樣，是先王禮制歷史遺存的一部分，有著相似的歷史價值。"這種觀點也徹底改變了宋人的研究方法："聖人制禮的實質是作器立制，聖人精義蘊於名數法象，基於這種觀念形成的，是以制度為核心、以名物考據為基本方法的禮學。"[2] 這些觀念上的變化，對宋代禮學、金石學

---

[1]　馮茜：《唐宋之際禮學思想的轉型》，生活·讀書·新知三聯書店 2020 年版，第 18—25 頁。

[2]　馮茜：《唐宋之際禮學思想的轉型》，生活·讀書·新知三聯書店 2020 年版，第 11—12 頁。

和禮圖文獻研究均產生了決定性的影響。

而後，人們對三禮文獻的態度也與先前大不相同："在隋唐以後的科舉教育中，有《三禮》、通禮、學究諸科，士人學子尚能通過誦習經典而知其説，但到北宋熙寧時，王安石廢罷《儀禮》，獨存《禮記》之科，棄經任傳，遺本宗末。當時博士諸生誦習虛文，對其中的禮儀内涵，'咸幽冥而莫知起源'，一遇到議禮之事，則'率用耳學臆斷而已'。"① 這種捨本逐末式的研習方式，極大影響了當時學者對儀典和名物的理解。一旦基礎層面出現缺漏，則對於禮義思想方面的釋讀，自然也會訛誤頻出。三禮研究主體的傾斜，在一定程度上也導致對文獻的掌握不足，是以彼時出土器物的專門研究雖多，但其説解大多有"望文生義"之嫌，理解不到位的地方頗為常見。②

彼時人們對"禮"本身和各類祭祀儀典的態度發生很大轉變，所用"禮器"也開始簡化，逐漸變成一種標誌或象徵，也不再具有嚴格的等級區分。中古階段的統治者更有意簡化或俗化各類祭器，甚至將日用器物形制加入祭器中，這一點在唐宋時期墓葬的隨葬器中皆有體現。自唐代開始，祭禮和禮器系統均有明顯的從俗傾向："唐宋以來這種國之大禮祭器隨俗從宜的傳統一直存在，它和尊法三代、氣象淳古的仿古趨勢在相當長的一段時間並行發展，成為國家禮制建設中看似矛盾又彼此融合的兩條線索。"至北宋初年時愈加俗化："北宋初太祖親視太廟祭祀禮器時，就以籩豆簠簋去今已遠而祖宗不識為由，'亟命徹去，進常膳如平生'，並援日用碗碟為祭器；後雖考慮到大禮不可廢古而恢復了簠簋之制，但加入了牙盤等日用器以示折中。"③

---

① 曹建墩：《論〈五禮通考〉與朱子禮學之關係》，《朱熹禮學基本問題研究》，中華書局 2015 年版，第 63 頁。
② 葉國良：《宋代金石學研究》，台灣書房出版有限公司 2011 年版，第 79—82 頁。
③ 袁泉：《器用宜稱：宋以降國朝禮器中的鼎制之變》，《華夏考古》2020 年第 6 期。

復古運動之後，"禮器"的概念開始明顯縮小，趨向於僅指代"器物"。而至當代，"禮器"的概念又有進一步縮小的趨勢，通常僅指古代祭禮所用的"器皿類"，並且多傾向於"青銅器"。數百年來，銅器一直是器物研究領域的重點，這種傾向性也正來源於此。而當代關於"廣義禮器"的研究內容，則多被稱為"三禮名物"研究。

2. "禮器"與"收藏器""隨葬器"的本質區別

事實上，將"青銅器"作為"禮器"研究的主體並不妥當，"禮器"的原始概念過大，銅器在其中僅占據很小的比例，二者概念範疇不匹配。並且以銅器為中心，極易令人忽視"漆木禮器""陶禮器""玉禮器"等其他材質器物的重要地位，這對我們理解三代時期龐大的禮器系統，無疑是一種障礙。三代作器材質眾多，銅製僅為其中一種，大多數儀典用器以漆器和陶器為主，因而在探討"禮器"時，絕不應僅局限於銅器。銅作為貴金屬，在當時確實有其它材質無法比擬的尊貴，但是從"禮"的角度來看，並不一定要以材質來判斷器物的價值和地位。這些不同性質的器物各自獨立，不應放在同一個標準下進行橫向比較。

當代考古學繼承了金石學的傳統，多將出土銅器作為"禮器"的主體，認為銅器即"禮器"，其餘材質的器物或為實用器。① 但事實上，墓葬中出土的銅器大多與儀典中實際使用的"標準禮器"性質不同。銅器地位尊貴，即使以高等級祭禮的標準來衡量也遠超規制，因此其的確多為"非實用器"。考古學家多認為銅器既為"非

---

① "雖然在這一時期的墓葬裡，陶器和銅器偶爾也共出，但銅器和陶器完全是兩套組合：陶器是實用器，銅器是禮器。"李零先生此處指出陶器、銅器有別是正確的，陶器或可用於祭禮，而銅器只是"擺設"，將銅器的"非實用性"與陶器的"實用性"區別開來，此理解無誤。但是將"禮器"的概念也等同於"擺設"卻不妥，各類"禮器"在儀典中均有實際用途，即便有些器物在祭禮中僅作陳設之用，也同樣是作為"禮儀符號"起到象徵尊貴作用，不能等同於一般意義上的"擺設"。李零：《論楚國銅器的類型》，《入山與出塞》，文物出版社 2004 年版，第 283 頁。

實用器"，則地位應等同於"禮器"；或者將祭祀鬼神之器和供生人飲食之器一分為二，作為"禮器"和"實用器"的區分標準。但此二説皆不成立，三代時期"禮器"雖貴重，但各有所用，並非僅供陳設之物；而五禮中本就囊括各類禮儀，"祭先祖"和"供生人"之功能差異，並不能作為判斷器物性質的依據。

如今，出土銅器即"禮器"的概念深入人心，已經開始影響學者探討相關問題時的邏輯，甚至在討論三禮記載的"禮器"時，也會習慣性地帶入出土器物形制。[①] 這種情況在古器物研究中更為常見，有些器物依照等級規範本應為漆木器或陶器，但用作隨葬器時，卻可能為銅器甚至金銀器。例如飲器"爵""觶"等均有類似情況，根據記載，饗宴所用的"五爵"應均為漆木器，而今日學者對此類器物的標誌性認知均為銅器之形。儘管從表面上看，"漆器爵"和"銅器爵"同為"爵"之形，但是二器的性質截然不同。這種情況並非僅存在於器皿類禮器中，有學者據《盤庚》中"具乃貝玉"一説，認為此處的"貝玉"並非財富之義，而是指"飯含"類的葬具。[②] 文獻中這種指代用法體現出，先秦時期人們已經將"貝玉"一類器物視為常用的隨葬品，由此可知，先秦墓葬中常見的"貝幣"很可能是一種專門的葬具，並非彼時實際使用的貨幣。

同理，很多銅器的性質也屬專門的"收藏器"或"隨葬器"，尤其是銘文中明確記載某特殊事件、紀念先祖、彰顯家族身份的器物，均屬"私人收藏器"。此類器物與祭禮中實際使用的"禮器"

---

① 如《兩周禮器制度研究》一書中著有《東周禮書所見禮器制度》一章，文中詳細引述三禮文獻中對各類禮器的記載，但作者最終在《東周禮書載主要禮器體系示意圖》中卻仍按出土器物形制、材質進行歸類。如將酒器中的"爵""斝""角""觥""觶""尊"等盡數歸入"青銅容器類"，全然忽視了《周禮》《儀禮》中對此類器物性質和地位的描述。吳十洲：《兩周禮器制度研究》，第208—214、241—242頁。

② 姚朔民：《"具乃貝玉"新説》，《中國史研究》2002年第2期。

差別甚大，不應混為一談。① 更有部分銘文中帶有賞賜慶功等紀念意義的銅器，本身又具有更為特殊的功能性，董珊先生據《周禮·典庸器》所述："庸，功也。鄭司農云：'庸器，有功者鑄器銘其功。'《春秋傳》曰：'以所得於齊之兵，作林鍾而銘魯功焉。'"② 認為此類器物應稱為"庸器"。③ 這種說法是有一定道理的，鄭注云："庸器，伐國所獲之器，若崇鼎、貫鼎及以其兵物所鑄銘也。"④ "庸器"即所謂的"戰利品"，與其他祭祀供奉所用的銅禮器又截然不同。

從根本上講，銅器和"禮器"的區別在于，"禮器"是專為儀典服務的，其器的制式及製作、保存均有專職人員負責，器型規整，且器物不歸私人所有；而"收藏器"個人色彩濃厚，器物精緻繁複，是為器主個人或家族服務的，所以只能歸入"收藏器"和"隨葬器"之列。但需要強調的是，出土漆器、陶器也並不一定等於"禮器"，其中同樣有不少"隨葬器"。很多貴族墓中出土陶器、漆器精緻程度不輸銅器，這類裝飾繁複華美，藝術色彩濃厚的器物，同樣超出儀典規格，並非彼時儀典使用的器物形制。是以，判斷"禮器"的依據既不是材質也不是器型，而是應跳過這些表象，先從器物本質屬性入手。

值得注意的是，文獻中對"禮器"的歸屬有若干記載，其內容在區分"禮器"與"隨葬器"問題上頗有幫助。以祼禮為例，此為

① 近年已陸續有學者意識到辨析器物材質的重要性，如林巳奈夫提出，先秦的"彝器"系統，除銅器系統外，還應有木器、陶器等，而銅器具有紀念品性質。林巳奈夫《殷周青銅器綜覽》（第一卷），上海古籍出版社 2017 年版，第 3—4 頁。又如："中國先秦時代考古發現的飲酒器雖多為青銅鑄造，從銘文來看大多是宗廟里供設的祭器。貴族中實用的酒杯恐怕是以漆觚為主，只是易朽而不容易保存至今。"林沄：《古代的酒杯》，《中國典籍與文化》1995 年第 4 期。

② （漢）鄭玄注、（唐）賈公彥疏：《周禮注疏》，上海古籍出版社 2010 年版，第 636 頁。

③ 董珊：《從作冊般銅黿漫說"庸器"》，北京大學震旦古代文明研究中心編《古代文明研究通訊》2005 年總第 24 期。

④ （漢）鄭玄注、（唐）賈公彥疏：《周禮注疏》，上海古籍出版社 2010 年版，第 911 頁。

高等級祭禮的代表，其尊貴程度，在文獻和金文銘文中都有記載。有學者考證認為，周代的裸禮屬於高等級貴族的祭祀特權，非一般人所能使用，金文所説的"賜某某裸"，不單指的是"裸器"，還有可能是指"賜給臣屬裸祭的資格"。① 然而這種高等級祭禮對應的禮器，本身價值卻未必非常尊貴。《周禮》中有"鬱人""鬯人""司尊彝"等職，專門負責裸禮及相關祭祀事宜。其中"鬱人"負責"掌裸器"，其職務包括："凡祭祀、賓客之裸事，和鬱鬯，以實彝而陳。凡裸玉，濯之，陳之，以贊裸事。"② "鬱人"掌管裸禮所用的各類禮器，這一工作性質決定其與裸器的關係十分緊密。而又云："及葬，共其裸器，遂貍之。"鄭注："遣奠之彝與瓚也，貍之於祖廟階閒，明奠終於此。"③ 此處明確記載，彼時祭禮中真正使用的"彝""尊""瓚"類裸器，並非直接於墓中隨葬。則各類高等級貴族墓葬中的隨葬器，自然就不可能是真正的裸器。今日墓葬中出土的器物，大多應是依據三代禮器大體形態，專門製作的私人收藏品或隨葬器，尤其是銘文中記錄了重要作器目的銅器，大多具有極為特殊的意義。

關於"鬱人"的記載也從側面説明，"禮器"的屬性與器物本身級別高低並不完全相等，即便是"尊彝"等高等級禮器，其尊貴程度也僅體現在祭禮層面，而達不到貴族隨葬器的要求。在貴族階層的概念中，"禮器"更像是一種符號，僅依託"禮"的地位起到象徵尊貴的作用，而並非等同於器物本身的價值。

是以，各類"隨葬器"中最需要審慎對待的，便是銅器。各級墓葬中雖然也多有出土漆器、陶器，但所出的金屬器皿，往往保存得最為完好，數量也最多。後人大多受到出土器物的影響，

---

① 曹建墩：《先秦古禮探研》，社會科學文獻出版社 2018 年版，第 36 頁。

② （漢）鄭玄注、（唐）賈公彥疏：《周禮注疏》，上海古籍出版社 2010 年版，第 731—732 頁。

③ （漢）鄭玄注、（唐）賈公彥疏：《周禮注疏》，上海古籍出版社 2010 年版，第 733 頁。

先入為主地將所見的出土器物理解為"禮器"的原型，甚至由此認為文獻内容與之不匹配。但事實上，"禮器"研究的目的，在於闡釋官方祭禮系統，呈現出其在三禮系統中應有的地位。若需要參考出土器物形制，有必要以審慎的態度多方核查，不應該完全以"隨葬器"為藍本。這種觀念上的錯位，也是導致我們認為出土器物與三禮文獻存在矛盾的根本原因之一。正如有學者提出，在研究禮器系統和定名問題時，考古學和禮學歷來是"不能相合的兩套體系"，自北宋以來，先秦禮經所載與金石學家的器物定名，始終呈涇渭分明之態。時至今日，兩個學科的研究標準、出發點依舊不同，儘管金石學套用了三禮系統的器物名稱，但在詮釋上難有交集。①

綜上，今日我們在探討"禮器"形制時，不應僅聚焦於銅器這一類，或習慣性地認為"禮器"的主體即銅器；且更需理解"禮器"與"隨葬器"的本質區別。出土器物固然值得重視，但是在探討"禮器"形制問題時不應照單全收，應在現有材料的基礎上，進一步細化器形分類標準，明確器物屬性。並在最大限度利用出土材料的同時，避免基礎概念的錯位和混淆。

三代階段的出土器物資源畢竟有限，且大多侷限於高等級貴族墓中，這類墓葬中隨葬的器物本就不會是真正的"行禮之器"。以出土器物作為參考，固然有助於理解禮器形制，但也應該辯證地看待，"參照器型"不能等同於"見山是山"。細數如今的器物研究領域，從定名到分類，再到性質和禮義的解讀，其中含混不清權作"約定俗成"之處未免過多。這種延續數百年的慣性思維，已經在潛移默化之間使人們對"禮器"的理解發生了質變，這對於禮學思想、三禮文獻研究而言是莫大的障礙。

---

① 鄭憲仁：《對五種（飲）酒器名稱的學術史回顧與討論》，《野人習禮——先秦名物與禮學論集》，上海古籍出版社 2017 年版，第 158—160 頁。

四 "五禮"與禮器分類系統

三禮名物研究領域對禮器的分類並不細緻，早在聶崇義、陳祥道等人所著禮圖中，禮器分類的大致模式便有所呈現，但仍欠缺系統性。數百年來，古器物的分類方式雖然歷經多次修改，但其中仍存在很多問題。如今，僅以現行分類系統並不能滿足禮器分類的需要，是以有必要重新探討禮器分類的標準。

1. 現有器物分類系統的不足

今日在論及"禮器分類"這一概念時，多依據考古學領域的分類系統。以銅器為例，考古學的分類方式，源於宋代金石學及器物學，一切研究以"器"為中心，分類系統亦注重器物的外型及其功能性。常見分為食器、酒器、水器、樂器、兵器等若干大類，每類下再根據不同形制、風格總結出不同小類，如烹飪器、盛食器等。

以器物外型出發進行分類，比較符合現代學科"歸納總結式"研究思路，這種方式總結出各類器物的共同點，便於觀察不同時期器物的演變規律，但缺點也十分明顯。第一，這套分類系統起源於宋人對銅器的研究，在銅器系統基本完善之後，便被直接套用在陶器、漆器、玉器分類上。但是漆器和銅器的地位有別，作器目的、用途也大不相同，有些看似外型相近的器物很可能在禮儀中有本質區別，而這一點在目前的分類系統中無法得到體現。李零先生曾指出銅器"同形未必同用，同用未必同形"，[①] 銅器由二里頭時期至漢代，經歷漫長演變，其本身尚且會出現前後器形對照失據的情況。此外，大部分出土銅器的象徵意義遠大於實用意義，而目前的分類

---

① "我相信，只有把類別的系統分清楚，才能更好地把握型式演變。否則，把可比的東西排除在外，不可比的東西拿來亂比，一切都亂套。這就像我們把形狀不同的茶杯當不同的器物，反而拿直筒的茶缸和筆筒排隊，非常可笑。"李零：《關於銅器分類的思考》，《入山與出塞》，文物出版社 2004 年版，第 247 頁。

標準中不存在"實用器"和"隨葬器"之別，所有漆器、銅器都被默認為是同樣性質的器物，這種"一概而論"式的做法，是造成器物性質混淆的主要原因。

第二，目前的器物分類系統完全忽視了"組合禮器"的意義及禮器本身的系統性。儀典中的絕大部分器物都不是獨立使用的，一般是由兩到三件不同類別的器物組合在一起，方可滿足禮儀的需求。較為常見的如裸禮中的"彝""尊""瓚"組合，及盥洗禮中的"匜""盤"組合等，這些類別的器物在分類時應該有針對性地進行關聯，並在分類中體現出其組合關係。目前的系統將各類器物均作為獨立個體，僅依據分類編目無法體現出其在儀典中的類屬關係。針對不同器物進行單獨研究雖是合理的，但是分類系統中不應該忽略器物的組合關係。

第三，現行的分類制度只考慮到器皿類，銅器、漆器、陶器的分類尚且有共通之處，而玉禮器中常見的"六玉"等器物，就與器皿類分屬於完全不同的系統。這種情況不僅不利於對禮儀的理解，更無法體現出祭祀所用器皿與玉器之間的組合關係。"禮器"畢竟不限於器皿類，玉器在很多高等級祭祀儀典中佔據重要地位。可以説，玉禮器對於我們理解"禮"的流程及其背後的思想，是不可或缺的重要組成部分。

第四，這也是對於禮學研究尤為關鍵的一點，現行的分類系統無法體現"禮"的尊卑等級。各目次下所有同類型的器物都處於平等地位，在排序上沒有主次、尊卑之分，僅以作器年代稍加排列，如此一來，"禮"所強調的尊卑順序就不存在了。尊卑等級制度是"禮"的核心之一，也最能體現出"禮"對古代社會制度、文化發展層面的影響。倘若無法體現這一內涵，則"禮器"所承載的制度層面屬性，便也就蕩然無存。"禮器"之所以區別於一般的器物，並不在於其工藝和材質，而是由於器物背後所蘊含的"禮"。一旦失去了"禮"的依托，這些器物就與製作精良的"工藝品"一般無二，不再是"禮器"。

2. 以"五禮"系統爲禮器分類標準

三禮文獻中所見對"禮器"的分類，可歸納爲幾種不同方式。其一、也是最基本的方式，即以"禮"本身爲核心，依據《周禮》記載的"五禮"（"吉""凶""賓""軍""嘉"），每類祭禮下羅列不同器物。這種分類系統並不側重於歸納類屬，主要強調器物性質和等級。其優點不言而喻，即可以系統地瞭解各類儀典使用的所有器物，從而更全面地認識祭禮性質。其缺點也很明顯，有些不同儀典中會使用相同的禮器，這種用器的重疊容易造成理解和記憶上的困擾。其二，按照不同器物產生的年代歸類。這一邏輯可以理解爲"縱向"的溯源性分類，將同類器物的演變、源流釐清，其在分析器物來源或相關祭禮演變時非常有用。

舉例來說，在宗廟祭禮中，行"祼祭"之禮用"祼器"類，"祼器"盛放的酒是"鬱鬯"，用於"灌地降神"之用。所以每一種"祼器"均包含"彝""舟""瓚"三件器物，此三器分別是盛酒器、承尊器和挹注器，必須要配套使用。"彝"又按照使用場合分爲"雞""鳥""斝""黃""虎""蜼"六種，分別用於四時祭和"禘祫"兩種祭禮。這便是根據"五禮"的邏輯做出的系統性分類。而《禮記·明堂位》中將各類祼器詳細列出器物演變源流："泰，有虞氏之尊也。山罍，夏后氏之尊也。著，殷尊也。犧象，周尊也。爵，夏后氏以琖，殷以斝，周以爵。灌尊，夏后氏以雞夷，殷以斝，周以黃目。其勺，夏后氏以龍勺，殷以疏勺，周以蒲勺。"[1] 這是比較典型的按"禮器"源流和產生時間來分類，方便瞭解器物產生的先後順序，還可以按照產生時代反向推論不同時期的禮儀特徵。

值得注意的是，雖然三禮文獻中對器物的分類只依照"禮"本身，並不做橫向的歸類比較，但是後代典籍中有不少學者已經

---

① （漢）鄭玄注、（唐）孔穎達正義：《禮記正義》，上海古籍出版社 2008 年版，第 1266 頁。

進行過相應的歸納總結。這種歸納，多數也會以“禮器”的等級地位為依據。《爾雅》中將“彝”類其下按照尊卑等級分為“彝”“尊”“罍”三器，其中“彝”為上，“尊”為中，“罍”為下。這些器物的功能均是盛酒器，主要區別是器物地位和尺寸不同，這便是基於禮器等級所做出的分類，本質上與考古學歸納器物功用的邏輯類似，只不過各類器物之間不是平等關係，需要嚴格辨析地位等級。

時至今日，器皿的分類系統已經固定下來，成為現代學科公認的研究模式。我們可以在現有研究成果的基礎上，將各類禮器按照三禮中的禮儀性質進行重組，使銅器、漆器、陶器、玉器根據不同場合的使用情況進行組合、分類，完整地呈現出每一類儀典中的“禮器組合”；與此同時，按照時間脈絡，繫聯出器物產生、發展的源流，作為該分類系統的補充說明。這種多維度的分類方式，會呈現為一種更具參考價值的禮器系統。跨越了材質和形制界線的組合模式，可以更好地反映出，祭禮中的各類禮器是如何各司其職。

近年來，有學者提出，禮器是“使用性與表意性的結合體”，是一種符號，可粗略分為“功能型”“精神型”“身份型”“儀式型”“混合型”等幾類。① 這種思路可理解為是在現有器物分類的基礎上，增添了“五禮”系統的元素，不再以功能或材質作為主要分類依據。又有學者提出一種“因使用場合而定名器”的方法，② 雖然其提出這一方法的目的，是為了解決禮器定名殊異問題，但是也不失為一種新的分類思路。這種思路本質上來説同樣是以“五禮”為核心，依照不同儀典場合所用禮器的性質進行分類、定名。從這個角度來看，宋人著錄的禮圖文獻，其實也大致兼有這方面的目的。

---

① 曹建墩：《先秦古禮探研》，社會科學文獻出版社 2018 年版，第 338—347 頁。
② 閻步克：《東周禮書所見玉爵辨》，《史學月刊》2020 年第 7 期。陳曉明：《裸禮用玉考》，《雞西大學學報》2011 年第 8 期。

只不過宋人的禮圖模式多有限制，所據資料有限，無法展現出橫向、縱向多角度的對比，再加上圖釋本身多有解構不當之處，所以疏漏頗多。而金石學興起之後，銅器定名深入人心，後世所作的禮圖及器物、名物分類也大都無法擺脫銅器定名系統的影響。而今，我們在掌握了傳世文獻和出土器物兩方面資料的基礎上，還可以借助很多現代科技的輔助，所以這種較為複雜的多學科、多角度分類方式，應該並不難實現。以"五禮"系統為出發點，不僅方便今人全面系統地瞭解不同器物的性質、功能、組合規律，還可幫助我們更透徹地理解"禮器"的內涵及"禮"的原貌。

第三節　禮圖文獻與古器物研究概況

一　以《新定三禮圖》為代表的宋代禮圖

《三禮圖》是解釋《周禮》《儀禮》《禮記》中涉及到的儀典名物、制度的圖釋類文獻，此類著作起自漢代，文獻皆云撰作禮圖自鄭玄始，是以禮圖基本與三禮鄭注同時產生。經類文獻大多晦澀難讀，而三禮各本尤甚，禮圖便是為闡釋各類制度器物，輔助讀者理解文本內容而誕生的產物。尤其在解釋器物形制方面，圖釋具有文字描述無法比擬的優勢。如清人陳澧云："《儀禮》難讀，昔人讀之之法，略有數端：一曰分節，二曰繪圖，三曰釋例。今人生古人後，得其法以讀之，通此經不難矣。"① 張之洞云："必分節，乃可釐析段落，疏剔經文；必有圖，乃知東西南朔之向，左右升降之節；必有例，乃知以彼例此，以同例異，以常例變。"② 宋代以前的各本禮圖均已亡佚，目前可見最早的禮圖均出宋人之手。宋代是"以圖解經"的高峰時期，而其中用以"釋禮"的著作更是層出不窮，諸如

① （清）陳澧：《東塾讀書記》，上海古籍出版社 2012 年版，第 127 頁。
② （清）張之洞：《書目答問匯補》，中華書局 2011 年版，第 81 頁。

聶崇義《新定三禮圖》、陳祥道《禮書》、楊甲《六經圖》等均各有特點。前文已述，唐宋之際的禮學觀和治學思路發生了質的變化，是以，宋代對禮學和名物制度研究的態度與前代大不相同，禮圖的興盛也正與此變革密不可分。

其中，聶崇義《新定三禮圖》為現存最早的全本禮圖，也是學界公認的集大成者。此書為聶氏奉敕命所撰，北宋初期，朝廷為一改五代以來造成的禮制混亂局面，力圖恢復"三代之典"，於是命聶崇義作禮圖，使"宗廟禮制，多所更定"。①《新定三禮圖》借鑑參考了鄭玄《三禮圖》、阮諶《三禮圖》、夏侯伏朗《三禮圖》、張鎰《二禮圖》、梁正《三禮圖》，及隋文帝敕禮部編撰的《三禮圖》六家注釋，並加案斷，書中廣集諸家之說，詳加考訂。雖然其圖釋內容自宋代以來飽受爭議，後人多認為聶氏繪製的禮圖帶有臆想成分。《三禮圖》中內容有疏漏不假，但這並不意味著聶崇義的研究思路有問題，更不代表其中圖釋沒有參考價值。聶崇義所據的典籍、史料豐富，考證頗為嚴謹，更多有引述已經亡佚的鄭圖、阮圖，是我們瞭解古代禮儀制度及相關器物的重要資料。

《宋史》載有《聶崇義傳》，但是其具體生卒年份和家世背景並無記載：

> 聶崇義，河南洛陽人。少舉《三禮》，善禮學，通經旨。漢乾祐中，累官至國子《禮記》博士，校定《公羊春秋》，刊板于國學。周顯德中，累遷國子司業兼太常博士。先是，世宗以郊廟祭器止由有司相承製造，年代浸久，無所規式，乃命崇義檢討摹畫以聞。四年，崇義上之，乃命有司別造焉。②

---

① 陳芳妹：《青銅器與宋代文化史》，臺灣大學出版中心 2016 年版，第 2 頁。
② （元）脫脫：《宋史》，中華書局 1985 年版，第 12793 頁。

　　喬輝先生據此推斷，聶崇義自幼研習三禮，是以其父輩中當有精通三禮之學者，又由其任職和升官時間等信息，判斷其應為唐末後梁之際生人，卒於969—977年之間，所處時代大致在唐末、五代宋初。① 聶崇義一生致力三禮，仕途升遷也與其精通禮學有關。據考證，聶氏官職由太常博士（正八品）至國子司業（正六品），再升至"從二品"，這既是因其出眾的學術成就，同時也説明聶氏的學識符合當時社會發展需求。② 宋初對三禮和禮器名物研究的重視程度，由此可見一斑。

　　聶圖完成之後，最初繪製於國子監講堂之壁（乾德三年），後因壁畫年久失修"不復完堵"，於至道二年"以版代壁"，遂出現了最早的刻本。③《新定三禮圖》現存最早刊本是南宋淳熙二年（公元1175）鎮江府學據蜀本重刻本，此外又有南宋淳祐七年（蒙古定宗二年，公元1247）析城鄭氏家塾刻本《重校三禮圖》、④ 清康熙年間納蘭成德通志堂叢書本、四庫全書本，及光緒鍾謙鈞刻本等，目前學界多以通志堂本的質量為優。據考證，鎮江本與鄭氏本同出一本，而通志堂本主要以鎮江本為底本，參校鄭氏本，因此通志堂本在內容和文字編排方面也更為妥當。⑤ 是以，本書對聶本禮圖的研究主要採用通志堂本，兼參閱鎮江本、鄭氏本，當各本著錄內容或圖釋有區別時，會酌情進行對校。此外，歷代各本題名不一，或題作《新

---

① 此書中又一説聶氏卒於965年。喬輝：《歷代三禮圖文獻考索》，中華書局2020年版，第162—163、173—174頁。

② 喬輝：《歷代三禮圖文獻考索》，中華書局2020年版，第165頁。

③ 喬輝：《歷代三禮圖文獻考索》，中華書局2020年版，第173—174頁。

④ 即聶崇義《析城鄭氏家塾重校三禮圖》，《四部叢刊三編》（卷二十）。據王國維考證此為蒙古定宗二年，即宋理宗淳祐七年（1247）刊本。以往學者多認為"析城"為河南淅川，但近年經學者考證，認為此書刊刻地在山西，"鄭氏"應為鄭鼎，析城為陽城縣析城山。華喆、李鳴飛：《〈析城鄭氏家塾重校三禮圖〉與鄭鼎關係略考》，《文獻》2015年第1期。

⑤ "相對而言，通志堂本的校改尚屬穩妥，若以文本合理而言，通志堂本可謂最善本。"喬秀岩、葉純芳：《聶崇義〈三禮圖〉版本印象》，《版本目錄學研究》2014年第00期。

定三禮圖》，或題作《三禮圖集注》，或題作《三禮圖》，本書採用较为通行的版本，稱之為《新定三礼图》。

從成書背景和對後世的影響力來看，《新定三禮圖》不同於宋代中後期所創作的其他禮圖，它的產生與宋代金石學的興起關係十分緊密。李零先生認為，金石學興起初期，在學術上有兩個準備，一是古文之學，二是三禮名物。①《新定三禮圖》即三禮名物的圖解之學研究，專攻古代器物，內容龐雜，包羅萬象。如容庚先生所説："圖録彝器之書，莫備於《三禮圖》。"宋代器物學的發展脈絡，在《考古圖》和《博古圖》中得以體現。二書誕生於《新定三禮圖》之後，這類器物圖録產生伊始就與禮圖的撰作目的截然不同，前者以考古資料為據，後者以經籍文獻為據："宋代的器作，有兩條主線，一條是為了制禮作樂，可以《三禮圖》為代表；一條是為了學術研究和藝術鑑賞，可以《考古圖》為代表。"② 這類客觀紀録出土器物的圖録，很快取代了《三禮圖》的地位："昔聶崇義於後周顯德四年上《三禮圖》，原因是郊廟器服，有司相承，無所規式，缺乏真正的古物作為仿製對象。現在見到真東西，而且越來越多，幾乎全都和《三禮圖》不一樣，讓他覺得崇義圖義於經無據，這才導致政和五年（1116 年）全面銷毀國子監及郡縣學堂的《三禮圖》，這是《考古圖》對《三禮圖》的勝利。"③ 此説並不誇張，在聶圖廣遭詬病的同時，更多學者也選擇放棄解經類圖釋，轉而信任金石器物研究。

自宋以來，學界對禮圖文獻的爭議，主要在於其圖釋的可信性。書中各類與後世概念不符的器物圖屢遭詬病，學界對聶圖的態度，至今仍未有根本性的變化。但事實上，這些問題背後的成因非常複雜，並非聶氏的研究本身所造成。單就《新定三禮圖》的內容而言，

---

① 李零：《鑠古鑄今》，（香港）中文大學出版社 2005 年版，第 44 頁。
② 李零：《鑠古鑄今》，（香港）中文大學出版社 2005 年版，第 53 頁。
③ 李零：《鑠古鑄今》，（香港）中文大學出版社 2005 年版，第 54 頁。

其所據材料主要為三禮經注疏，專注於"釋禮"，符合傳統意義上禮圖應有的界定標準。這一點也與其後的陳祥道《禮書》、楊甲《六經圖》等作截然不同。

《新定三禮圖》作為一本禮學著作，其價值也並不僅僅體現在器物領域。全書收錄的內容涵蓋禮儀的各個方面，在很多無法依靠出土文物的研究領域中，禮圖所記錄的名物描述及其中的分析考證，則是重要的參考資料。因此，我們不妨對此書內容詳加考釋，過濾出值得參考的信息，辨析其中謬誤，再將其理解不當之處與相關考古資料進行"二重論證"，加以訂正。

二　禮圖文獻及古器物研究概況

自秦漢至唐代針對"三禮"的研究，多是從傳統注疏的角度入手，對器物的專門研究基本至北宋金石學興起階段才初現端倪。但是在很短的時間內，此領域的研究迅速趨向成熟。尤其從清末至近代階段，伴隨著古文字學研究的成熟，學者利用更豐富的出土資料，在禮器研究、古器物學及相關領域的考古研究方面均取得長足發展，學術成果相當可觀。

聶本禮圖著錄階段，對出土器物的專門研究尚未成形，而今可用的資料比起宋人已經豐富許多。倘若要考證聶圖的正誤，釐清"禮器"形制，則出土器物和古文字方面的研究同樣不同忽視。"禮器"產生於三代時期，並伴隨著古文字的產生、發展等重要階段，其中更有很多字形本就是專為器物名稱所造，如金文銘文中的"鼎""鬲""壺""豆"等字最為典型。漢字形、音、義三者之間的關係密不可分，古人造字的早期階段通常會將其字形與本義相關連，這一點在獨體象形字中體現得尤為明顯。正如同漢語字義、詞義之間的引申和假借，通常不會是空穴來風，"禮器"的形制及功能，也不大可能發生驟變，其演變、發展大多會有章可循。如今，我們可以通過對比相關材料，按照一定的脈絡逐漸上溯，釐清其器名、形制發展的過程，嘗試找到其中的關聯性和規律性，則很多問題均可以得到更為合理的解釋。

1. 先秦至清代的相關研究

《周禮》《儀禮》和《禮記》是各類禮學研究的基礎文獻，對於考釋禮器名稱及形制而言，三禮中鄭注部分的內容更值得重視。漢代去古不遠，很多器物的用法和形制與先秦時期尚有相似之處。此外，東漢是“小學”趨向成熟的重要時期，以文字、訓詁類研究為主的“四大字書”，除解釋字詞意義之外，更可算作“名物”類研究的鼻祖。其中以《爾雅》最接近後代的名物研究，書中“釋器”和“釋樂”二章羅列諸多禮器，囊括服飾、玉器、實用器及樂器，頗具參考價值。《方言》一書的獨特之處在於，其所收錄的不同地區方言詞彙，可以在研究器名起源地域的同時，辨別同一器物在不同方言中的名稱。書中同樣收錄服飾、禮器、實用器，另有較為詳盡的車馬器和兵器類器物，但幾乎未見玉器和樂器類。《說文》對於每個單字的說解，均是從字本義角度出發，對禮器領域的名詞而言，其字本義究竟是否和所指稱的器物有直接關聯，需參考許氏的觀點。

除早期三禮研究專著外，唐宋時期一些綜合性質的著作，在禮器和禮制研究中同樣值得借鑑。如《通典》《通志》和《文獻通考》，三者系統論述上古以來的社會制度沿革，此類書籍內容雖較為龐雜，但其中包含許多與上古制度、儀典和禮器方面的史料。又如《藝文類聚》中有三卷詳述禮制及儀禮等內容，《樂部》中有一卷專論樂器，《雜器物部》論及若干禮器。《太平御覽》中有《器物部》《禮儀部》及《樂部》，其所著器物數量及引述文獻更為詳盡。

就禮圖本身而言，宋代陳祥道《禮書》是繼聶圖之後，另一部值得深入研究的禮圖。陳氏在聶圖的基礎上，進一步考據經籍，其所收錄的禮器在分類、次序方面都有不少改進。例如聶圖中的器物分為“匏爵”“鼎俎”“尊彝”三卷，但三卷中的器物排列缺乏合理次序。《禮書》則將“雞彝”“鳥彝”“斝彝”“黃彝”“虎彝”“蜼彝”均歸入“六彝”，並將“六彝”和“六尊”排為一卷，列為禮器之首。繼而録入"大罍""卣""壺"等盛酒器，其後是"爵""斝""角"等飲酒器，排序以器物的地位尊卑和重要性為依據，思路明確。是以，陳圖在目次編排方面，體現出了對儀典和禮器更為系統、清晰的認識。《禮書》中很多禮器圖的造型、風格與聶圖有別，甚至對個別器型的理解與聶氏差異甚大，因此在考據器型的過程中，可將其與聶圖對比研究。

南宋楊甲所著《六經圖考》是十分著名的解經圖，此書內容均按照典籍為序，分類較為細緻。書中禮記卷有《器用制圖》，周禮卷有《圭璧璋瓚藻藉制圖》《祭器制圖》《六尊制圖》《六彝制圖》《掌客器圖》《𨻳人制圖》。楊圖中針對器物的説解較為簡略，也鮮少引述典籍，其中對器物形制的理解與《三禮圖》、《禮書》有一定區別，且書中的器物分類方式也與聶、陳兩家截然不同。《六經圖》以"圖"為主，只為簡潔、直觀地展現器物本身，不求考證。理論上而言，這種方式對"釋禮"研究價值不大，但也具備一定的參考意義，可作為輔助資料。是以，本書將主要參照聶本禮圖，同時在有需要的情況下，兼考陳圖和楊圖。

金石學領域的著作多以古器物為主，北宋歐陽修《集古録》的問世，標誌著宋代金石學的興起，在金石研究領域意義重大。但書中著録的器物較少，僅有十餘件，其餘多為歷代碑帖。據《跋尾》記載，書中主要紀録了器物的出處、簡要考證銘文中的問題，而後摹寫銘文，並附釋文。歐氏摹寫的銘文多受小篆的影響，字形十分規整，幾乎看不出商周金文的痕跡。由此一來，很難利用銘文信息幫助斷代，甚至也無法斷定歐氏摹寫的字形正確與否。據學者考證，此書原本應有拓片圖釋，但遺憾未能傳世。趙明誠《金石録》同樣是宋代金石器物研究領域的重要著作，此書在寫作體例上仿照《集古録》。其成書時期較晚，但在《集古録》一千卷的基礎上擴展了一倍，著録數量十分可觀。《金石録》是較為典型的以記録所藏金石為目的書籍，其中僅有個別較有心得的器物會著録銘文並考據文字，對器物出處、尺寸或是斷代信息沒有進行系統考據研究。

宋代對古器物的熱衷程度非同一般，尤其是在統治階層的推動之下，從古器物收藏的數量，到金石研究發展進步的速度均令人歎為觀止。① 宋人對於青銅器的考據，多是將定名、分類、斷代和銘文一同進行研究。據前人研究可知，宋代約有六十餘位金石學家，② 有八十九部金石學著作在當時便已經散佚，③ 保存下來約有三十部。④ 由《金石學》和《宋代吉金書籍述評》中的研究可知，這些著作中僅有七部為主要研究青銅器及金文的作品，其中包括《考古圖》《宣和博古圖》《續考古圖》《歷代鐘鼎彝器款識法帖》《嘯堂集古錄》《鐘鼎款識》以及《紹興內府古器評》，其中又以前五部書的參考價值較大。這類圖錄在器物研究和金文研究領域的地位非常重要，宋人對於青銅器形制、紋飾、銘文等方面的研究相當深入，開創了諸多器物的分類方式和定名術語，這些成果均是近代考古學和古文字學發展的基礎。

在這些著作中，呂大臨《考古圖》是目前可見最早且較為完善的青銅器圖錄，書中收錄大量民間私藏及宮廷所藏青銅器，此書大體上已奠定了青銅器分類定名系統。《考古圖》中詳細描述了器物的

---

① 宋代統治者對古器物的熱衷程度，可在時人的相關敘述中窺見一斑："宣和間，內府尚古器。士大夫家所藏三代秦漢遺物，無敢隱者，悉獻於上。而好事者復爭尋求，不較重價，一器有直千緡者。利之所趨，人競搜剔山澤，發掘冢墓，無所不至。往往數千載藏，一旦皆見，不可勝數矣。吳玨爲光州固始令，先申伯之國而楚之故封也。間有異物，而以僻遠，人未之知。乃令民有罪，皆入古器自贖。既而，罷官，幾得五六十器，與余遇汴上，出以相示。其間數十器尚三代物。後余中表繼爲守，聞之微用其法，亦得十餘器，乃知此類在世間未見者尚多也。范之才爲湖北察訪，有給言澤中有鼎，不知其大小，而且見於外，其間可過六七歲小兒。亟以上聞，詔本部使者發民掘之。凡境內陂澤，悉乾之，掘數十丈，訖無有。之才尋見謫。"（宋）葉夢得：《避暑錄話》，大象出版社 2019 年版，第 79—80 頁。

② （清）李遇孫等：《金石學錄三種》，浙江人民美術出版社 2017 年版。

③ 楊殿珣、容庚：《宋代金石佚書目》，《考古》1926 年第四期，第 207—231 頁。

④ 容媛輯、容庚校：《金石書錄目》，商務印書館 1936 年。

出土地點、尺寸、紋飾風格等信息，且附加精緻的墨線圖和拓片，其著錄方式與今日考古學器物圖錄已無差別。《考古圖》中的器物圖可信度極高，直至今日，如遇原器物失傳的情況，這些圖釋仍可作為相對可靠的器型參考。書中收錄 210 件青銅器和 13 件玉器，器物年代從殷商至漢代，內容頗豐。雖然器物年代和定名存在值得商榷之處，但此書極大地推進了古器物研究。相較之下，成書稍晚，但由官方敕撰的《宣和博古圖錄》對器物分類更加詳盡，內容也在呂氏研究的基礎上進一步修改和擴充。書中總共記載 839 件器物，其中定名大多與呂氏所擬相似。近世考古和器物領域的學者大多對此二圖評價甚高，如王國維：“國朝乾嘉以後古文之學復興，輒鄙薄宋人之書，以為不屑道。竊謂《考古》《博古》二圖摹寫形制，考訂名物，用力頗鉅。所得亦多，乃至出土之地、藏器之家，苟有所知，無不畢記。後世著錄家，當奉為準則。”① 又如張光直：“這些著錄也開創了用古典文獻術語來表明器型和紋飾的傳統。這些術語有一部分使用正確，餘者則有爭議。”②

　　薛尚功《歷代鐘鼎彝器款識法帖》一書，在器物定名、斷代和銘文考釋方面均有建樹。《商周彝器通考》中解釋“款識”一詞的含義：“商周制器，每有銘文，宋人稱之為款識，如薛尚功《歷代鐘鼎彝器款識法帖》是也。《洞天清錄集》（頁十六）云：‘款識篆字以紀功，所謂銘書鐘鼎。欵乃花紋，以陽飾。古器欵居外而凸，識居內而凹。夏商器有欵有識，商器多無款有識。’是又分陽文者曰款，陰文者曰識矣。”③ 與《考》《博》二圖的區別在於，書中沒有描繪器型圖，且全部銘文均為摹寫。全書共錄五百餘件銅器，均以器物年代順序收錄，每篇銘文均附釋文，且附有器物本身的尺寸、出處紀錄，內容十分詳盡。薛氏在器物的斷代研究方面非常有心得，

---

① 王國維：《觀堂集林》，中華書局 1959 年版，第 296 頁。
② 張光直：《古代中國考古學》，生活·讀書·新知三聯書店 2013 年版，第 9 頁。
③ 容庚：《商周彝器通考》，上海人民出版社 2008 年版，第 50 頁。

書中得出的若干結論很有理據：一、銘文只有一字的器物多為夏商器；二、根據《爾雅》："夏曰歲，商曰祀，周曰年"可知言祀者為商器，言年者為周器；三、商王命名多用天干，據此類銘文可判斷為商器；四、根據出土地點亦可斷代。[①] 在彼時夏商出土資料如此匱乏的情況下，薛氏據銘文信息分析出上述結論，已經相當難得。但與同期很多金石學家相同，薛氏對古文字和器物的瞭解有限，是以其斷代和銘文釋讀多有謬誤之處。其中最為顯著的便是卷首錄入了多件"夏器"和"商器"，斷代理據是其銘文為"蟲鳥書"，而事實上這類"蟲鳥篆"均是戰國時代的產物。這一結論甚為可惜，盡管戰國文字複雜難辨，但薛氏已在銘文中發現了"單字銘文多為商器"的規律，則從邏輯上來講，他以此為據便不難推斷出，"蟲鳥書"與"單字銘文"不可能同屬一個時代。如若他當時能得出類似結論，相信在金石學歷史上將是舉足輕重的發現，甚至古文字學領域的學術史都會因此改寫。

《嘯堂集古錄》與《款識法帖》錄入銘文亦全用摹寫，未見拓片，也未見器物圖，且二書所錄器物有重合之處。但二書均未進行完整系統的排序，分類既不依斷代也不依器型，著錄方式較為混亂。每件器物只在器名前冠以年代，銘文後多附有釋文，但未加考據按斷，也沒有說明器物出處和尺寸信息。除器物外，書中還收錄 37 枚印章拓片，此為收錄印章之濫觴。

除上述著作外，宋代另有董逌所著《廣川書跋》，其內容與《集古錄》《金石錄》的形制類似，全書共計十卷，前四卷多為古器物，後為碑帖。全書未附器型圖、拓片，也沒有摹寫銘文，個別器物考釋中附加釋文。但董氏對器物的考據相比歐氏和趙氏而言要詳細、全面得多，所得結論也更加可信。其考釋多是從文獻出發，著重分析器物的器名、年代及其與文獻內容可對應之處，書中很多觀點都頗具啟發性。

① 馬曉風：《簡論薛尚功的金石學研究》，《華夏考古》2012 年第 1 期。

　　明清階段對禮圖和禮學的研究，大多是建立在宋代研究成果的基礎上。其中尤以清代出現禮學復興，相關成果頗多。據統計，這一時期的三禮之作内容、形式十分豐富。① 其中尤其以三禮、五禮類的總論類著作較多，彼時學者大多考據功力深厚，資料搜集也非常齊備。如黄以周《禮書通故》，黄氏乃治禮大家，學識豐厚，從其對一些器物名義的分析便可略窺一二。他看待問題的方式多不受固有認知的限制，很多看法超出同時代學者，十分值得參考。孫詒讓《周禮正義》中，對於各類祭禮、典章制度和器物的考釋同樣不乏高見。又如秦蕙田《五禮通考》體量龐大，徵引文獻極其豐富，是非常難得的三禮研究資料。

　　清代學者也多有著録禮圖，但是總圖之作較少。且因清人重視考據，所以多是有針對性地考據前人之作。② 一些專門類别的禮圖流傳較廣，如乾隆二十四年敕撰《皇朝禮器圖式》、戴震《考工記圖》、張惠言《儀禮圖》等。這些文獻對後世研習三禮意義重大，但明清時期的禮圖暫不作為本書研究重點。

　　清代的器物研究没有太多論著，但青銅器圖録甚多。如《西清古鑒》《西清續鑒》等官修圖録，所録内容豐富全面，同時亦有民間著録《積古齋鐘鼎彝器款識》《十六長樂堂古器款識考》等書。《西清古鑒》的主要特點在於，記録了乾隆對於諸多古器物的品評，全書共收録商周至唐代的各類銅器一千五百餘件，仿照《博古圖》的樣式進行編定。其中的各類器型名稱與宋人所擬並無本質性差異，亦無創新，多屬沿用。

　　古時專門的玉禮器研究較少，有關玉器的研究多是紀録於各類圖録中。如《新定三禮圖》《禮書》《六經圖》中均録有玉器圖，

----

　　① “數量多，成就大，而且訓詁體式多樣，或為注疏體，或為通釋體，或為章句體，或為圖解體，或為釋例體，或為總論體。”喬輝：《歷代三禮圖文獻考索》，中華書局 2020 年版，第 236—237 頁。

　　② “總之，清代三禮圖作的最大特點是較少因襲，多正舊圖之失。撰新圖，自成一說。”喬輝：《歷代三禮圖文獻考索》，中華書局 2020 年版，第 237 頁。

《考古圖》中也有著錄玉器的章節。至清人吳大澂《古玉圖考》，可以算作首部研究古玉的專著。吳大澂在序言中表示，前人所作的古玉圖錄大多著錄不精或考證不詳，而“余得一玉，必考其源流，證以經傳”。雖然同為在典籍的基礎上考據，但由於有器物可參照，因此學界多認為吳氏所圖玉禮器更為可信。此外，端方所著《陶齋古玉圖》一書與吳圖體例類似，此書收錄的玉器數量更多，且附圖描摹精美。另有清人戴震《考工記圖》中《玉人》一章涉及到玉禮器，所繪器物圖雖然不多，但考證內容較為詳實，可與上述圖錄互為參照。

2. 清末至當代古文字學、考古學領域的相關研究

近代以來對“禮器”的專門研究，主要以考古學為中心。伴隨著清末甲骨文出土和中國考古學的初步成型，出土文獻和古文字學於 19 世紀末至 20 世紀初開始蓬勃發展。近人對出土器物和古文字的研究成果甚多，但其研究思路多是據出土器物本身，對傳世文獻的重視程度較低。而傳世文獻領域的禮器研究越發鮮見，對三禮的研究多是停留在文本、思想或是文獻源流等方面。

上世紀初期，現代考古學和傳世文獻之間尚無明顯的學科壁壘，彼時從事考據、經學研究的學者多是將出土資料當作“新材料”，以佐證文獻中的內容。這一時期的“多學科融合”以及由此帶來的多元化研究思路，為學術界打破了很多塵封多年的思想桎梏，對文獻、古文字、古器物、思想史等各研究領域的飛速發展助益良多。王國維和羅振玉兩位先生，可謂早期善用出土材料進行研究的代表。《觀堂集林》中著有多篇論及青銅器形制和定名的文章，改訂了很多自宋代以來沿襲的訛誤。與此同時，這也是近代最初關於青銅器定名研究的探索，器物的分類定名自宋以來幾乎沒有變化，很多定名訛誤一直未能得到解決。又如書中的《說彝》一文，首次提出“尊彝皆禮器之總名”一說，並辨別“大共名”“小共名”的概念。

之後在青銅器研究領域中，出現很多綜合性論著，這類論著全面記述考古出土的器物、古文字資料，並綜合進行考釋研究，頗具

參考價值。如容庚先生所著《商周彝器通考》，及其同張維持先生合著的《殷周青銅器通論》等都是其中的代表。書中參考當代可見的出土資料，以系統的視角縱觀古今藏器，論證了一些古人研究中可能存在錯誤的地方。最難得之處在於，書中對於銅器的分類系統且細緻，以現代考古學的方法考釋青銅器器型及其銘文。其中有些內容不僅更定宋人定名，也對近人的研究成果提出不同意見。

又如日本學者林巳奈夫，曾出版《殷周青銅器綜覽》，其中包括《殷周時代青銅器之研究》《殷周時代青銅器紋飾之研究》《春秋戰國時代青銅器之研究》三部分。書中研究成果豐碩，且附有大量圖釋。楊曉能先生認為："林巳奈夫總結和重申了他自己以往關於青銅器紋飾與圖形文字的觀點，提供了二十例青銅器紋飾與圖形文字的比較圖。我們不妨將此書視為容庚《商周彝器通考》最具學術性、最有新意且印刷精美的大型增訂本。"① 朱鳳瀚對其評價為："其成績較為突出之處，如'禮器之類別與用法'一章，綜合考古、古文獻資料，對青銅禮器在被使用時代的分類、具體用法（主要是酒器的用法）與隨葬、祭祀、饗宴時所用器物之組合及形成等，皆提出了不少有價值的見解。"② 林巳奈夫還曾在另外一篇論文《殷、西周時代禮器の類別と用法》中對禮器的定名提出不同看法，認為酒器"三足角"的用法尚不明確，而對聶氏《三禮圖》中的附圖較為認可，認為《三禮圖》可能是依據漢以前的傳說或文獻所作。他認為"三足角"和"三足爵"相似，只是沒有流和柱，且"三足角"也存在似鳥的造型。"三足角"應多用於溫酒，但因其無流，所以用法和"三足爵"定然不同，很可能是在溫酒之後，用"小枓"酌出。③

朱鳳瀚先生《中國青銅器綜論》也屬綜合性著作，此書多結合上古史、科技考古、藝術史等領域的相關知識，較為完善地吸收了

---

① 楊曉能：《另一種古史：青銅器紋飾、圖形文字與圖像銘文的解讀》，生活·讀書·新知三聯書店 2008 年版，第 32 頁。

② 朱鳳瀚：《中國青銅器綜論》，上海古籍出版社 2009 年版，第 62 頁。

③ 林巳奈夫：《殷、西周時代禮器の類別と用法》，《東方學報》1981 年第 35 期。

近幾十年的出土發現。且作者從考古學的角度，系統地回顧了自宋代至今銅器定名的演變及其優劣。又如郭寶鈞《商周銅器群綜合研究》針對商代和周代墓葬禮器的不同地位進行研究，所得觀點頗具創見性，比如首次提出商周時期隨葬器皿的區別，是源於商人和周人對“酒”和“食”的喜好不同。這在一定程度上解釋了商周墓葬出土的器物，與三禮中記載的器型難以匹配的問題。提示我們商人和周人對祭祀、禮制的不同態度和習俗，均可能對器物產生影響。

　　除上述代表性著作之外，近些年來，學者專門考釋銅器分類定名的文章也日益增多，並且此類文章也大多兼有古文字研究領域的內容。例如徐中舒《説尊彝》、杜迺松《談青銅器定名中的一些問題》《青銅匕、勺、斗考辨》、黃盛璋《釋尊彝》、孫機《説爵》、賈洪波《爵用新考》、劉昭瑞《爵、尊、卣、盤的定名和用途杂议》、孫慶偉《周代裸禮的新證據》、張辛《器與尊彝名義説》，以及李零先生新作《商周銅禮器分類的再認識》《商周酒器的再認識——以觚、爵、觶為例》等。其中論證內容雖然各有創見，但大多未能突破舊有觀念中的定名系統。從這方面來看，近年閻步克先生所提出的一些新觀點似有突破傳統之勢，如《禮書“五爵”的稱謂原理：容量化器名》、《由〈三禮圖〉中的雀杯爵推論“爵名三遷，爵有四形”》《東周禮書所見玉爵辨》《削觚·觚名·觚棱——先秦禮器觚片論》，以及新近出版的《酒之爵與人之爵》等作。文中將宋人定名的“爵”“斝”“觚”等器，以新的研究視角進行審視，結合文獻對禮的描述和出土發現，重新考量此類禮器的形制，其研究思路頗具啟發性。

　　此外，當代另有少數學者仍堅持從傳統文獻視角考釋禮器。如周聰俊《饗禮考辨》《裸禮考辨》《三禮禮器論叢》等著作。其研究均以傳統三禮文獻中的記載為據，偶爾兼有參考器物銘文、出土器物等資料。周氏又有《禮圖考略》一書，將漢代以來的禮圖文獻按照不同朝代和類別進行論述，內容條理清晰，便於快速了解禮圖整體的發展脈絡。

　　近年又有專門研究禮器制度的著作，如吳十洲《兩周禮器制度研究》。此書按禮器發展的時間順序，依次論述了禮器制度來源、社會功能、東周禮書所見禮器制度、隨葬禮器制度及其禮器制度的衰落。書中將三禮文獻中的禮器制度與隨葬禮器制度分開研究，也是一種值得參考的做法。這種思路可以將兩套系統分開來探討，避免文本內容與出土器物之間的矛盾糾纏，但是作者本身從考古學研究角度出發，是以在解析禮書中的禮器制度時，依舊套用現行的銅器分類定名系統，導致對若干禮器的分析存在不當之處。

　　與青銅器研究的情況類似，目前玉器研究也多是考古學者關注的領域。學界通常以郭寶鈞《古玉新詮》一書作為古玉考古學起始的標誌。此書以古玉產生的時代劃分為四期進行研究，著錄大量考古數據及拓片、繪圖，並對一些有爭議的玉器定名略作考釋。據鄧淑苹所說，在 1980 年之前，古玉研究並不受重視，而後，夏鼐先生發表《商代玉器的分類、定名和用途》等作，將商代玉器分為禮玉、武器和工具、裝飾品三類，並將後兩類排除在禮器之外，此說對玉器研究影響深遠。近些年來伴隨著各類墓葬中出土玉器漸多，玉器專門的研究論著也愈發多見，例如孫慶偉《周代用玉制度研究》《禮以玉成：早期玉器與用玉制度研究》是近年來成果頗豐之作，書中較為系統全面地研究了三代不同時期、不同地域的玉器使用情況，在研究玉器形制問題上很值得參考。此外又有孫慶偉《西周玉圭及相關問題的初步探討》《周代祭祀及用玉三題》《出土資料所見的西周禮儀用玉》、杜金鵬《殷商玉璧名實考》、何景成《試論裸禮的用玉制度》、陳曉明《裸禮用玉考》等文章。除通常中原一帶的玉器研究外，近些年又有很多專門針對某一地域的玉器研究，尤其以早期玉器出土最多的紅山文化、良渚文化等地最受矚目，成果頗豐。紅山、良渚等地的玉器，也逐漸改變了從前學界對玉器定義、性質的看法。鄧淑苹《玉禮器與玉禮制初探》一文便指出，現在出土材料更加豐富，證實了早年間的研究不夠完善，學界有必要改變對夏鼐先生舊有觀點的遵從。

　　目前研究三禮名物的專著並不多見，但研究《詩經》名物的著作稍多，只不過《詩經》中的名物大多集中在“草木蟲魚”等範疇，對禮器的研究並不占主流。名物研究中較有參考價值的如錢玄《三禮名物通釋》，錢玄先生治禮一如傳統經學家，將三禮中涉及名物的內容分類摘錄，再附鄭注、孔疏及《詩》《書》等其他經籍中具參考價值的內容。錢先生認為“學《三禮》應以名物為先務”，此說甚是。曹建墩先生著有《三禮名物分類考釋》一書，書中依據飲食器與盥洗器、樂器、戎器、玉瑞、旌旗、喪葬等共分為九章，研究內容較為全面。書中引述出土資料尤其豐富，一定程度上可作為“名物手冊”。但此書內容雖全，論述卻較為減省，例如書中對既往定名分類存疑的銅器“三足爵”“青銅觚”等器均未作詳考，仍將其歸入三禮中的飲器之屬。

　　除上述器物、名物方向之外，近年對禮圖文獻本身的研究也是重要參考。針對禮圖的專門研究，大多不涉及器物，主要是對其文本源流或版本方面的考據。如喬秀岩、葉純芳《聶崇義〈三禮圖〉版本印象》、李小成《三禮圖籍考》、喬輝《阮諶〈三禮圖〉輯佚本考索》《鄭玄撰〈三禮圖〉真偽考》、王鍔《宋聶崇義〈新定三禮圖〉的價值和整理》等。也有針對禮圖中某類具體內容的論述，如喬輝《聶崇義〈三禮圖集注〉指瑕四則》《秦蕙田〈五禮通考〉引聶崇義〈三禮圖〉考論》。喬輝先生又將與禮圖研究相關的文章，輯入《歷代三禮圖文獻考索》一書，書中按由漢至清的時間順序分別研究各時期禮圖的特點，論述更具系統性。又有潘斌《宋代“三禮”詮釋研究》，書中對於宋代各本禮圖詮釋二禮的方式、角度、體例進行了系統分析，對於我們梳理宋代禮圖研究價值頗有幫助。

　　另有一些對“禮”之思想、制度方面的研究，也是我們認識“禮”和“器”的重要渠道。例如沈文倬《菿闇文存》一書，其中數篇關於《儀禮》、“五禮”系統、禮制、思想等方面的論述和分析

十分詳實。又如湯勤福主編《中華禮制變遷史》屬於禮制層面研究
著作，其中不乏利用考古資料證明早期社會和禮制形成、演變過程
的內容，有助於梳理三代禮制發展源流。類似著作又有吳麗娛主編
《禮與中國古代社會》，其中的《先秦卷》分別對商、西周、春秋、
戰國四個時期的禮制、思想發展脈絡進行詳細論述，梳理了先秦時
期"禮"由商到戰國的傳承過程，並考證了"禮"在不同時期的變
化。書中兼有論述先秦社會制度方面的問題，有助於我們瞭解"禮"
對整個上古時期社會發展的影響。又如馮茜《聶崇義〈新定三禮
圖〉與宋初禮學》《宋刻纂圖本〈周禮〉中的禮圖與禮學》，及其著
作《唐宋之際禮學思想的轉型》，此書對中古階段的禮學發展展開分
析，藉此可以從各個角度瞭解宋代禮圖產生的時代背景，對解析禮
器圖中出現訛誤的原因有很大幫助。

第四節　研究思路與研究方法

　　本書以三禮文獻為主要研究資料，並結合考古學、古文字學中
對出土器物、古文字、上古史等方面既有的研究成果，綜合考釋以
《新定三禮圖》為代表的宋代禮圖著錄的部分器物圖。論文雖以三禮
為出發點，但並不局限於文獻本身，注重運用出土器物以及相關古
文字材料，以更為立體、系統的角度對禮器展開論述。對於出土器
物中若干定名、形制存疑的器物，還將考釋其定名正誤，在確保
"名"與"器"對應無誤的前提下，再與禮圖進行對照。考釋重點
為各類禮器在儀典、祭禮中的功能、形制、定名、材質等，並注重
解讀禮器本身所承載的"禮義"，以期最大程度地考證出三禮典籍中
描述的禮器原貌。

　　全文共分為三部分，第一部分主要對若干與"禮"和"禮器"
相關的概念性、綜述性問題進行論述研究。第二部分由第二章至第
五章，分別對禮圖中的幾類器物圖進行逐條或逐類的考釋。考釋對

象主要是《三禮圖》所記載的"匏爵""尊彝""玉瑞""祭玉"幾
卷器物圖，並從中挑選出針對"禮器"核心概念而言最為重要的內
容進行研究。文章將《匏爵圖類釋》排在首位，《尊彝圖類釋》《瓚
器圖類釋》《瑞玉圖類釋》依次列於其後。如此排序的原因在於，
"匏爵（飲器）"的地位雖不及"尊彝"等器，但卻是各等級饗宴中
必備的酒禮器，此類器物較為繁雜，在三禮中涉及到的內容眾多。
再加上諸如"爵""斝"等器名由於金石學的定名訛誤，導致今日
學界對此類器物的研究仍存在概念上的錯位現象，比如現稱為"爵"
的三足銅器應是"尊彝"類的禮器，禮經中記載的"爵"應是飲
器。① 類似的訛誤，對我們理解文獻和出土器物資料都存在干擾，有
必要先行梳理清楚，否則在後續研究中極易造成名實不符的情況。
"尊彝"類和"瓚"類通常是各類宗廟祭禮中配套使用的器物，
"瓚"可算作是"尊彝"的輔助性器物，因此順序進行討論。玉禮
器圖放在最後一類，一是由於宋代金石學的興起對玉器的影響並不
大，對於玉器的專門研究興起較晚。所以相比起前面討論的器物，
這些玉器的圖釋除《三禮圖》之外，還可以多方參考《禮書》《六
經圖考》等其他禮圖文獻；二是因為玉器的地位雖然重要，但是它
無論對"人"還是對"神"，主要是作為象徵性"符號"使用，藉
以區分貴族等級身份、祭祀禮神，玉器本身鮮有"匏爵""尊器"
之類的實用價值。是以研究玉器的思路，當與上述其他類別的器物
有所區別。第三部分為總論，此章將基於前文考釋研究成果，重點
論述若干理論層面問題。其中包括宋代禮圖文獻的研究價值，以及
宋代禮圖和金石學之間的關係。並從不同角度，深入探討禮圖與出
土實物之間存在偏差的原因。
　　之所以選擇"酒禮器"和"玉禮器"兩大類作為研究對象，是

---

　　① 需要說明的一點是，分論部分所考釋的器物，在三禮中的定名、分類，多與
考古學的定義存在差異。本書以傳世文獻和禮圖研究為本，因此，文中所涉的器物圖
類屬及劃分標準，將悉數以文獻記載為據。

因為此二者是各類祭禮中最重要、且地位最高的禮器。食器類雖然也較為重要，但是大部分食器與出土實物的可對應性遠高於酒器和玉器，且青銅食器大多帶有自名，器物形制存疑較少。是以酒、玉二類禮器圖比食器圖可考釋的內容更多，值得探討的空間也更大。

　　而選擇聶崇義《新定三禮圖》作為研究主體的原因主要有三：一是因為其中著錄的禮器類圖釋最為全面；二是此書文釋、圖釋兼備，分章、分條明確，易於進行考釋；三是由於此為北宋時期著錄最早的禮圖，在金石學興起之前便已面世。因此聶圖完全以解經為本，尚未受到金石器物研究的干擾，這樣的禮圖性質更為純粹，更能代表“以圖釋禮”的理念。南宋時期禮圖中已經可見將出土器物圖和聶本圖釋並列的情況，此類著作在一定程度上，已經和《考古圖》之屬的器物圖錄出現混淆，圖釋性質已經發生改變。是以，金石學興起之後問世的禮圖，有必要與北宋初期的論著有所區別。但文中同時也會將參照陳祥道《禮書》、楊甲《六經圖》等禮圖中與之相關的圖釋，特別是當各書對同一器物的闡釋差異過大的情況下，會著重進行對比研究，尤其在玉禮器圖研究部分。金石學少見針對玉禮器的專門研究，直至南宋時期，禮圖中的玉器圖仍以禮文描述為據，可知金石學對玉禮器的影響則幾乎可以忽略。因此，本書在玉禮器部分，將注重參照陳圖、楊圖和《纂圖互注周禮》中的圖釋，並將其於聶圖對照，研究其中異同。

第 二 章

匏爵圖類釋*

　　本章所考釋的"匏爵"類屬即指"飲酒器"。"飲酒器"是酒禮器中不可或缺的一類，這類器皿由於體型小，功能單一，所以形制大體相似，不同的飲器多以材質、尺寸和紋樣加以區分。

　　聶圖中將絕大多數飲器都列入"匏爵"類，唯獨"玉爵"列"尊彝"類，因"玉爵"是宗廟祭禮所用飲器，地位與衆不同。但本章中將"玉爵"於"爵"二圖並列一節，原因有三：其一，聶崇義所繪的"爵"和"玉爵"圖幾乎如出一轍，二圖適合對比研究；其二，由於聶氏認為二器同型，所以"爵"圖下幾乎未作任何解釋，相關內容均錄入"玉爵"圖；其三，"玉爵"之名的確與"爵"有很多相關之處，二者名義的論證需互相參照。是以，"爵""玉爵"二圖不宜分開討論。

　　"五爵"在三禮儀典中的地位高於其他飲酒器，是以本章將"五爵"列於首位，"其餘飲器"排在其後。此外，考慮到目前"五爵"器物圖的"名"與"器"之間均存在爭議，而這些器物的定名也確有值得商榷之處，若不釐清這些問題，恐對後續研究多有影響。因此，本章將在研究聶圖的同時，考證出土材料中與之相關的各類器物。

---

　　* 本章稱"匏爵"為沿用聶本《三禮圖》之稱謂，實際行文順序以器物等級為依據，先以"五爵"，"其餘飲器"列於其後。

第一節　五爵、玉爵

一　爵、玉爵

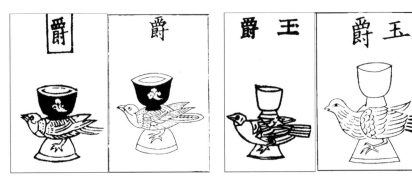

圖2.1　爵圖　《三禮圖》匏爵卷第十二、玉爵圖　《三禮圖》尊彝卷第十四①

　　文獻記載，"爵"為飲器"五爵"之首，象徵用器人地位崇高，常作為飲酒器的統稱使用。聶氏認為"爵"和"玉爵"形制基本相同，所以對於"爵"説解較為減省：

　　　　刻木為之，漆赤中。爵，盡也，足也。舊《圖》亦云："畫赤雲氣。"餘同玉爵之制。②

　　此處的"盡也，足也"很可能是指《儀禮》常見的"卒爵"一説，"足也"本應作"卒也"：

　　1. 賓西階上，北面，坐卒爵，興，坐奠爵，遂拜，執爵

————————

① 　圖2.1中左均出鎮江本，右均出通志堂本。
② 　（宋）聶崇義：《新定三禮圖》，通志堂刊本，清康熙十二年（1673），匏爵圖卷第十二。

興。主人阼階上答拜。

注：卒，盡也。於此盡酒者，明此席非專為飲食起。①

2. 執爵興，主人阼階上答拜。賓西階上北面，坐卒爵，興，坐奠爵，遂拜，執爵興。"

注：卒，盡。②

3. 坐祭，立飲，不拜既爵，授主人爵，降，復位。

注：既，盡。③

　　《禮記·玉藻》中又有："君若賜之爵，則越席再拜稽首受，登席祭之。飲，卒爵而俟，君卒爵，然後授虛爵。"注曰："不敢先君盡爵。"④ 根據《説文》的解釋："盡，器中空也。"⑤ 可知上述文例中的"盡"用為本義。"爵""盡"二義之間的關係，很可能即與"於此盡酒者，明此席非專為飲食起"有關。由於"爵"在飲器中的特殊地位，宴飲開始之時或許會用第一次"盡爵""卒爵"作為一種標誌性儀式，藉此來強調此次饗宴的特殊性質，並明示賓客宴飲的目的。而"爵"作為地位最高的飲器，足以代表"五爵"承載這種標誌性儀式。

　　盡管作"盡也，卒也"更符合"爵"的釋義，但查閱三個版本的聶圖，此處均作"足也"，則也有可能並非訛字。⑥ "足也"或許是源於《説文解字》對"爵"的説解，《説文》對"爵"的定義與

---

① （漢）鄭玄注、（唐）賈公彥疏：《儀禮注疏》，上海古籍出版社 2008 年版，第 208 頁。

② （漢）鄭玄注、（唐）賈公彥疏：《儀禮注疏》，上海古籍出版社 2008 年版，第 275 頁。

③ （漢）鄭玄注、（唐）賈公彥疏：《儀禮注疏》，上海古籍出版社 2008 年版，第 279 頁。

④ （漢）鄭玄注、（唐）孔穎達正義：《禮記正義》，上海古籍出版社 2008 年版，第 1196 頁。

⑤ （漢）許慎：《説文解字》，中華書局 1963 年版，第 104 頁

⑥ 所據三個版本聶圖分別為鎮江府學本、鄭氏本及通志堂本。

三禮無異："爵，禮器也。象爵之形，中有鬯酒，又持之也，所以飲。器象爵者，取其鳴節節足足也。"① 許慎明確表示"爵"的用途是"所以飲"，《説文解字注》中又提出，"象爵之形"應更為"象雀之形"。② 聶氏蓋據"節節足足"一説，將"足"與"卒爵"之義關聯。

據禮經記載，"爵"為飲器中"五爵"之總稱，為其中體量最小，地位最為貴重者。如《禮記·禮器》："有以小為貴者。宗廟之祭，貴者獻以爵，賤者獻以散，尊者舉觶，卑者舉角。"注曰："凡觴一升曰爵，二升曰觚，三升曰觶，四升曰角，五升曰散。"③ 而這些用於宴飲的"五爵"均為木製，並非銅器。《周禮·梓人》："梓人為飲器，勺一升，爵一升，觚三升。獻以爵而酬以觚，一獻而三酬，則一豆矣。"疏曰："今《韓詩》説：'一升曰爵，二升曰觚，三升曰觶，四升曰角，五升曰散。'古《周禮説》亦與之同。"④ "爵"的尊貴地位決定了它與其他飲器的差異，據《儀禮》所載，飲器的使用等級分明，地位最高的"主人"及其所獻賓客用"爵"，而至"大夫""公""士"則多用"觚""觶"等，不同身份的人不會混用飲器，如：

1. 獻工與笙，取爵于上篚。既獻，奠于下篚。
注：明其異器，敬也。如是，則獻大夫亦然。上篚三爵。⑤
（《鄉飲酒禮》）

2. 主人北面盥，坐取觚洗。賓少進，辭洗。主人坐奠觚于

---

① （漢）許慎：《説文解字》，中華書局 1963 年版，第 106 頁。
② （清）段玉裁：《説文解字注》，上海古籍出版社 1981 年版，第 217 頁。
③ （漢）鄭玄注、（唐）孔穎達正義：《禮記正義》，上海古籍出版社 2008 年版，第 971 頁。
④ （漢）鄭玄注、（唐）賈公彦疏：《周禮注疏》，上海古籍出版社 2010 年版，第 1645 頁。
⑤ （漢）鄭玄注、（唐）賈公彦疏：《儀禮注疏》，上海古籍出版社 2008 年版，第 257 頁。

筐，興，對。賓反位。

注：賓少進者，又辭，宜違其位也。獻不以爵，辟正主也。①（《燕禮》）

此外，"爵"的使用和放置方式也有相應的要求，更嚴格規定"爵"不可復用：

1. 獻用爵，其他用觶。
注：爵尊，不褻用之。②（《鄉飲酒禮》）
2. 主人坐取爵於上筐，以降。③
注：將獻賓也。
疏：自此至"主人阼階上答拜"，論主人獻賓之事。凡取爵于筐以降者，皆是上筐。④
3. 主人以虛爵降，奠于筐
注：不復用。⑤（《鄉射禮》）

是以，"爵"雖然體積小，但是製作精良。這類器物多用於"獻"，既能彰顯用器人的尊貴身份，也可以在儀典中體現出"尊"的意義。也正因如此，時人對"爵"的態度也十分謹慎，在不同的

---

① （漢）鄭玄注、（唐）賈公彥疏：《儀禮注疏》，上海古籍出版社 2008 年版，第 401 頁。

② （漢）鄭玄注、（唐）賈公彥疏：《儀禮注疏》，上海古籍出版社 2008 年版，第 254 頁。

③ 後文又有"主人坐，取觶於筐，以降。"鄭注云："將酬賓。"由此可知"爵""觶"用途有別。（漢）鄭玄注、（唐）賈公彥疏：《儀禮注疏》，上海古籍出版社 2008 年版，第 277 頁。

④ （漢）鄭玄注、（唐）賈公彥疏：《儀禮注疏》，上海古籍出版社 2008 年版，第 272 頁。

⑤ （漢）鄭玄注、（唐）賈公彥疏：《儀禮注疏》，上海古籍出版社 2008 年版，第 280 頁。

環節絕不混用，在所獻對象身份與爵不匹配的情況下，也會及時更換酒杯。

三禮中對"爵"的外形均未作任何描述，也未説明"爵"同其他飲器之間有何分別。聶圖中的"爵"和"玉爵"之形基本一致（圖 2.1），區別主要在於"杯"的顏色和紋飾。聶氏將"爵"描繪為下帶圈足，上有鳥雀背負一杯之形，《儀禮》中反覆提及"奠爵"這一概念，説明"爵"是方便水平放置的器型，器帶圈足頗為合理。這一圖釋長久以來備受爭議，至今仍有學者認為其形乃是書中最為荒謬者。[1] 此類觀點是由於後代學者大多受到金石學定名的影響，將銅器中的"三足爵"認作"爵"。[2] 但殊不知"三足爵"的定名有誤，這類三足銅器並非飲酒器，自然也並非三禮中記載的"爵"。因此，當抛開"三足爵"的形態概念，重新分析禮經內容和聶氏的文釋，會發現其圖並非大謬。

聶氏之所以認為"爵"呈鳥雀形態，並非憑空捏造，其在"玉爵"一節中對此類器物的形制來源著墨頗多：

《太宰職》云："享先王，贊玉爵。"[3] 後鄭云："宗廟獻用玉爵，受一升。"今以黍寸之尺校之，口徑四寸，底徑二寸，上下徑二寸二分，圓足。案梁正、阮氏《圖》云："爵尾長六寸，博二寸，傅翼，方足，漆赤中，畫赤雲氣。"此非宗廟獻尸之爵也。今見祭器內有刻木為雀形，腹下別以鐵作脚距，立在方板，一同雞彝鳥彝之狀，亦失之矣。臣崇義案《漢書·律曆志》説斛之制，口足皆圓，有兩耳，而云其狀似爵。又案《士虞禮》

---

① 馮茜：《聶崇義〈新定三禮圖〉與宋初禮學》，葉純芳、喬秀岩編《朱熹禮學基本問題研究》，中華書局 2015 年版，第 441—442 頁。

② 例如"《三禮圖》出於聶崇義，如爵作雀背承一器；犧象尊，作一器，繪牛象。而不知爵三足，有雀之彷彿而實不類雀。"（宋）趙彥衛：《雲麓漫鈔》，中華書局 1996 年版，第 57 頁。

③ 鎮江本和鄭氏本作"王爵"。

云：'賓長洗繶爵，三獻尸。'"鄭云："繶爵，口足之間有篆飾。"今取《律曆志》"嘉量"之說，原康成解繶爵之言，① 圖此爵形，近得其實。而況前代垂範觀象以制器服，義非一揆，或假名全畫其物，或取類半刻其形。則雞、鳥已下六彝，褘、褕青素二質，是全畫其物，著於服器者也。玉爵②、柄尺之類，龍勺、蒲勺之倫，是半刻其形，飾於器皿，以類取名者也③。以此而言，犧、象二尊自然畫飾，至於夏之九鼎，鑄以象物，取其名義，亦斯類也。④

"爵"圖釋文中所謂的"漆赤中"和"畫赤雲氣"的來源在此有較為完整的說明，可見此說應是承襲自前代禮圖。文中引述的《周禮·太宰》原文為："享先王亦如之，贊玉几、玉爵。"鄭注："玉几，所以依神。天子左右玉几。宗廟獻用玉爵。"⑤ 後文並無"受一升"三字，此處應是聶氏將《太宰》與《梓人》中的記載相混同所致。

聶氏在此引述《太宰》，意在強調"爵"和"玉爵"之間的區別。"爵"主要用於饗宴，"玉爵"是"宗廟獻尸之爵"，二者在禮儀層面的地位和用途有很大差別。是以聶圖將"爵"與"觚""觶"等宴飲實用禮器歸入"匏爵"類，而將"玉爵"與"六尊""六彝""瓚"等一同歸為"尊彝"類。經統計，"玉爵"在《儀禮》中未曾提及，而《太宰》中出現較多，使用"玉爵"的場合主要是"祀五帝"，可知此類禮器的規格非常之高。除聶崇義引述的內容之外，另有"大朝覲會同，贊玉幣、玉獻、玉幾、玉爵"，鄭注："玉

---

① 鎮江本和鄭氏本作"又言"。
② 鎮江本及通志堂本同，鄭氏本作"觚爵"。
③ 鎮江本和鄭氏本作"取呼"。
④ （宋）聶崇義：《新定三禮圖》，通志堂刊本，清康熙十二年（1673），尊彝圖卷第十四。
⑤ （漢）鄭玄注、（唐）賈公彥疏：《周禮注疏》，上海古籍出版社 2010 年版，第 65 頁。

爵，王禮諸侯之酢爵。"① 這一描述進一步明確了"玉爵"的屬性。綜合文獻内容來看，"玉爵"的地位明顯高於"爵"，二器性質不同，饗宴中不會使用"玉爵"，僅用於高等級祭禮。

此外，《太宰》中又提及"玉爵"和"爵"之間的外形差異："及祀之日，讚玉幣爵之事。"鄭注："爵，所以獻齊酒。不用玉爵，尚質也。"② 此處所謂的"不用玉爵，尚質也"是源於"玉爵"的外形特徵，三禮中雖然未對"玉爵"的器型多做描述，但是很多典籍中可見"玉爵"有"斝""瓚"等其他稱謂。③《説文》釋"斝"為："玉爵也。夏曰瓚，殷曰斝，周曰爵。"④ 此説應是出自《禮記·明堂位》："爵，夏后氏以瓚，殷以斝，周以爵。"注："斝，畫禾稼也。"⑤ 疏曰："此一經明魯有三代爵，並以爵為形，故並標名於其上。'夏后氏以瓚'者，夏爵名也，以玉飾之故，前云'爵用玉瓚仍雕'是也。'殷以斝'者，殷亦爵形而畫為禾稼，故名斝。斝，稼也。'周以爵'者，皇氏云：'周人但用爵形，而不畫飾。'按《周禮·太宰》：'讚玉幾玉爵。'然則周爵或以玉為之，或飾之以玉。皇氏云'周爵無飾'，失之矣。"⑥ 而"玉瓚"這一稱謂在《明堂位》中的原文則是："季夏六月，以禘禮祀周公於大廟。牲用白牡，尊用犧、象、山罍，鬱尊用黄目，灌用玉瓚大圭，薦用玉豆雕簋，爵用玉瓚仍雕，加以璧散、璧角。"⑦《音義》釋"瓚"為

---

① （漢）鄭玄注、（唐）賈公彦疏：《周禮注疏》，上海古籍出版社 2010 年版，第 65 頁。

② （漢）鄭玄注、（唐）賈公彦疏：《周禮注疏》，上海古籍出版社 2010 年版，第 64 頁。

③ 此處的"斝"亦為飲器，與銅器中常見的"三足斝"無關。

④ （漢）許慎：《説文解字》，中華書局 1963 年版，第 300 頁。

⑤ （漢）鄭玄注、（唐）孔穎達正義：《禮記正義》，上海古籍出版社 2008 年版，第 1266 頁。

⑥ （漢）鄭玄注、（唐）孔穎達正義：《禮記正義》，上海古籍出版社 2008 年版，第 1278 頁。

⑦ （漢）鄭玄注、（唐）孔穎達正義：《禮記正義》，上海古籍出版社 2008 年版，第 1264 頁。

"夏爵名，用玉飾之"，孔疏曰："'爵用玉琖仍雕'者，爵，君酌酒獻尸杯也。琖，夏后氏之爵名也，以玉飾之，故曰'玉琖'。仍，因也，因用爵形而為之飾，故曰'仍雕'。"[1] 按照文獻的解釋，"琖""斝""爵"應為不同時期所使用的同一類器物，三者最大的不同在於裝飾風格，夏代飾以玉，殷商畫以文飾，周"爵"樸素無飾，所以鄭注有"不用玉爵，尚質也"一説。"琖""斝"的器物形制可能存在區別，其他宋代禮圖中也有持類似看法者，如陳祥道將飲器"琖、斝、爵、觚、觶、角、散"皆列為一卷，其中"琖、斝、爵、觚"四器附有圖釋。可見在陳圖系統中，他認為"琖""斝"為兩件不同器物（圖2.2），其對這兩件器物制式理解為："琖象棧，爵象雀，而斝有耳焉。"[2] 這件雙耳"斝"的形制頗值得關注，其與今日發現的若干器物或可對應，此部分內容較為複雜，將於後文詳述。

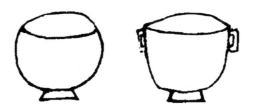

圖2.2 琖圖、斝圖《禮書》卷第九十八

是以，"斝"或"玉爵"應有較為明顯的紋樣裝飾，而"爵"則較為樸素。理解這一點之後，再看此處聶崇義所引《士虞禮》，並表示"原康成解繶爵之言，圖此爵形"就顯得有些值得商榷。《士虞禮》中原文為："賓長洗繶爵，三獻，燔從，如初儀。"注："繶爵，口足之間有篆文，又彌飾。"疏曰："云'繶爵，口足之間有篆文，又彌飾'者，案《屨人》繶是屨之牙底之間，縫中之飾，則此爵云繶

① （漢）鄭玄注、（唐）孔穎達正義：《禮記正義》，上海古籍出版社2008年版，第1271頁。

② （宋）陳祥道：《禮書》，書目文獻出版社1987年版，第376—377頁。

者，亦是爵口足之間有飾可知。云‘又彌飾’，以其主婦有足已是有
飾，今口足之間又加飾也。”① 所謂的“繶爵”在文獻中並沒有太多
解釋，此處我們可以從鄭注中的“口足之間有篆文”入手進行分析。
“篆”的本義為“引書也”，此處用為引申義，《段注》云：“其字之
本義爲引書，如彫刻圭璧曰瑑。《周禮》注：‘五采畫轂約謂之夏
篆。’”② 而“瑑”字本義為“圭璧上起兆瑑也”，③ 與“篆”的引申
義類似，均表紋飾。《周禮·典瑞》中有：“瑑圭、璋、璧、琮，繅皆
二采一就，以覜聘。”先鄭注云：“瑑有圻鄂瑑起。”④ 又《周禮·玉
人》：“瑑圭璋八寸，璧琮八寸，以覜聘。”鄭玄注：“瑑，文飾也。”⑤
　　由此可知，所謂“口足之間有篆文”蓋五彩紋飾之義，“繶爵”
應是指添加了五彩紋飾的“爵”。聶氏此處參考“繶爵”的記載，
認為“爵”應帶有明顯的紋飾。但如此處理卻與文獻內容存在偏差，
三禮中明確記載了帶有紋飾的是“繶爵”，既然添加了明確的修飾
詞，就證明其與通常的“爵”並非同一器物。前文已述，“爵”的
特點應是樸素無紋，聶崇義既然引述了《太宰》的內容，自然應該
清楚這一特點。但卻又將“爵”圖繪制得比“玉爵”更為繁複，的
確不妥。綜合分析，很可能是聶氏參照了前代流傳的實物作“爵”
圖，而梁正、阮氏圖未見描述“玉爵”，很有可能之前的舊圖均未收
錄“玉爵”，所以聶氏便在“爵”形的基礎上大略繪之，但卻忽略了
二器的區別，使得前後邏輯矛盾。就近年來的考古發現來看，文獻記
載基本無誤，此兩器外形雖然大致相近，但“玉爵”的裝飾和材質較

---

　　① （漢）鄭玄注、（唐）賈公彥疏：《儀禮注疏》，上海古籍出版社 2008 年版，
第 1292 頁。

　　② （清）段玉裁：《説文解字注》，上海古籍出版社 1981 年版，第 190 頁。

　　③ （漢）許慎：《説文解字》，中華書局 1963 年版，第 11 頁。

　　④ （漢）鄭玄注、（唐）賈公彥疏：《周禮注疏》，上海古籍出版社 2010 年版，
第 767 頁。

　　⑤ （漢）鄭玄注、（唐）賈公彥疏：《周禮注疏》，上海古籍出版社 2010 年版，
第 1628 頁。

"爵"更為尊貴。① 是以，此應為聶圖中一處較為顯著的疏失。

除上述問題之外，二圖中所繪的"鳥雀"也是歷來學者質疑的重點。很多人推斷，聶氏參照《説文》將"爵"釋為"象雀之形"，便認為"爵"的器型來源於雀。但書中明確表明"今見祭器内，有刻木爲雀形，腹下別以鐵作脚距，立在方板"，説明他參考了宋代實際使用的宗廟禮器。前人多認為這種器型並不存在，然而今日考古發現證明，聶氏圖中這類"鳥雀杯"自先秦已經存在，並且流傳甚久。閻步克先生將各個時期的"飾雀斗形器""鳥形杯"和"雀杯爵"依次羅列，證實這類飾有鳥雀的小型酒器多有出土（圖2.3），"雀杯"的造型和材質不盡相同，但器物形制特徵基本一致，且均飾有鳥雀。先秦銅器中也有若幹類似的"雀形杯"出土（圖2.4），此類器物曾被前代學者歸為"瓚""勺"等類，但其並非挹注器，這一問題將於下文探討"爵"形制時詳述。

圖2.3　戰國至清代的"鳥雀爵（杯）"　　圖2.4　先秦時期飾有鳥雀的銅"爵"②

① 例如震旦博物館藏兩件形似"伯公父爵"的玉質禮器，以前多被稱為"玉瓚"，後經學者證實其並非"瓚"類，應即為"玉爵"。孫慶偉《周代祼禮的新證據——介紹震旦藝術博物館新藏的兩件戰國玉瓚》，《中原文物》2005年第1期。閻步克《東周禮書所見玉爵辨》，《史學月刊》2020年第7期。

② 圖2.3、2.4出自閻步克《由〈三禮圖〉中的雀杯爵推論"爵有三遷，爵有四形"》，《北京大學學報》（哲學社會科學版），第56卷第6期，2019年11月。

　　近來很多考古學家開始關注此類器物，並認為其可證明聶崇義所圖"爵"和"玉爵"是古已有之，並非臆造。① 前代學者不認同這種"鳥雀杯"造型的器物為"爵"，主要還是由於"三足銅爵"的概念先入為主，導致無法接受差異如此之大的"爵"。這類器物與聶圖所繪器型十分接近，特別是初唐時期唐恭陵哀皇後墓中的陶爵杯，形制幾乎與聶圖一般無二（圖2.5）。根據器型演變規律分析，北宋初期聶氏所參照的實物"爵"，很可能與此陶杯造型非常類似。

圖2.5　唐恭陵哀皇后墓出土鳥形陶杯②

　　① "伯公父器自名為'爵'，同類斗形器上又出現了雀飾，對聶《圖》中的雀杯爵，有學者便發生了態度變化。"閻步克：《由〈三禮圖〉中的雀杯爵推論"爵有三遷，爵有四形"》，《北京大學學報》（哲學社會科學版），第 56 卷第 6 期，2019 年 11月。"上舉輝縣固圍村出土的'陶鳥彝'、薛國故城遺址出土的'鳥形杯'、故宮藏'鳥飾爵'都作雀鳥形，特別是後兩者有鳥首、鳥翼、鳥尾，並以斗形為鳥身，整體器形確如一隻展翅的雀鳥。許慎等以'雀'來說解'爵'有其合理性。這種器形或為宋人聶崇義《新定三禮圖》中所錄雀鳥背負斗形的'爵'所本，《三禮圖》中'爵'的想像圖也並非完全穿鑿附會。"嚴志斌：《薛國故城出土鳥形杯小議》，《考古》2018 年第 2 期。又如："然而這一圖形亦非憑空杜撰，因為在東周銅器中已出現過雀形爵。"孫機：《說爵》，《文物》2019 年第 5 期。
　　② 郭洪濤：《唐恭陵哀后墓部分出土文物》，《考古與文物》2002 年第 4 期。

　　據上述分析可知，三禮中記載的"爵"是一種地位尊貴的小型飲酒器，此概念顯然與青銅器中常見的"三足爵"截然不同。"三足爵"最明顯的特征是有"流""尾""鋬"及"三足""二柱"，説明這類器物明顯不爲飲酒器，而是更符合"溫酒器"的定義。目前已知的典型飲酒器，如"杯"類器物大多設計簡單，多呈對稱的圓柱體，口緣處多呈圓形或橢圓形，没有"流"和"尾"，也没有"鼎""鬲"之類烹飪器中常見的"三足"。

　　"三足爵"定名起自宋人，自宋以降，學者大多認可將"三足爵"歸爲飲器，並針對器物上的不同部件給予多種解釋，力求使其合理化。其中"流""尾""三足"等部件的用途都不難解釋，爭議較大的是"二柱"的作用。程瑶田將"三足爵"解構爲"雀鳥"造型，並就此提出"二柱"的功用是飲酒時"爵之兩柱適至於眉，首不昂而實自盡。"①《段注》中引用程氏的説法並表示贊同："古爵之存於今者驗之。兩柱拄眉而酒盡，古經立之容不能昂其首也。不昂首而實盡，取節於兩柱之拄眉。《梓人》所謂鄉衡者如是。"② 程氏和段氏的説解顯然都是建立在"三足爵"外形的基礎之上，著重解釋"流""鋬""尾""柱"所代表的意義及其功能。在解釋器物外形時盡力貼近"象雀之形"，並没有懷疑過"三足爵"與三禮中的"爵"是否同一器物。

　　這種針對"二柱"功用的解釋看似合理，實則十分牽强。清代時已有學者質疑程氏的觀點，《禮書通故》中提出四處可疑："程氏所説形制，本《博古圖》。但《博古圖》多贗器。兩柱經傳無見文，可疑一。凡酒器無用三足者，可疑二。爵得其制，其口鄉衡而實自盡，亦何待兩柱以爲準，可疑三。爵制於梓人，以木爲之。後人所傳銅器，本不署其名目，考古者題曰商爵，曰周爵，

---

　　① （清）程瑶田：《通藝錄》，黄山書社 2008 年版，第 216—217 頁。
　　② （清）段玉裁：《説文解字注》，上海古籍出版社 1981 年版，第 217—218 頁。

任臆定之，可疑四。"① 黃氏不僅指出 "二柱" 用法不合常理，而且已經意識到 "三足爵" 並不是飲器，這種見解在當時顯得尤為難得。

黃以周的質疑甚是合理，程氏提出的 "兩柱適至於眉" 這種用法未免過於理想化，在對比出土實物之後不難發現，其在實際情況下根本無法操作。首先，"三足爵" 尺寸大小不一，高度通常由十幾公分到四十餘公分不等。其中一些體型過大的銅器，本身重量已是十分可觀，絕非常人可以輕易舉起的器物。此外，根據器物的大小不同，"二柱" 的大小、長短也各不相同，無法適用於 "拄眉而酒盡" 這種標准化的飲酒方式。據統計，商代的 "三足爵" 容積範圍多在 120cc－300cc 之間浮動，而其中最大者容積可達 456cc。② 加上器物自身的高度和可觀的重量，要將其舉起來飲酒已是十分艱難。

其次，商代有單柱的 "三足爵"，在更早的二裏崗時期，器物上的 "二柱" 並非柱狀，而是呈傘帽狀，又或者附有其他裝飾（圖2.6），更有很多無柱的器型（圖2.7）。考古學家將其常見型態總結為若幹種類："有蓋作獸首形者，有無柱者。有無柱而蓋作獸首形者，有兩柱旁出蓋兩端作獸首形者。有下腹平底者，有兩柱上端合而為一者。有方者，曾見一父甲爵無鋬。"③ 如果照程氏所云，"三足爵" 上的柱在飲酒時起到介乎禮義與實用之間的功能，則 "二柱" 應該是 "三足爵" 上很重要的部分，不應隨意增減。

此外還有最重要的一點，即使不考慮禮義層面的含義，通過對比器物的尺寸可以發現，很多器型上的 "二柱" 高度都有很大差異。如果是為了 "拄眉而酒盡"，那麼在器腹深度和器型高度基本一致的

---

① （清）黃以周：《禮書通故》，中華書局 2007 年版，第 1950 頁。

② 李濟、萬家保：《中國考古報告集新編：古器物研究專刊（第二本）殷墟出土青銅爵形器之研究》，"中央研究院" 歷史語言研究所 1966 年版，第 5—7 頁。

③ 容庚：《商周彝器通考》，上海人民出版社 2008 年版，第 287 頁。

圖2.6　鳥形一柱爵①　圖2.7　魯侯爵②　圖2.8　卬爵③　圖2.9　天爵④

情況下，二柱的長短至少不能有太大差異。但是根據比較"卬爵"和"天爵"可知（圖2.8、2.9），這兩件器物基本等高，均為18.8cm，器腹深度相差不到1cm，但其"二柱"高度卻相差甚遠。在這樣的條件下，要使這兩對長短不一的"柱"同樣做到"挂眉而酒盡"，幾乎是不可能的。由此可以證明，程氏和段氏對"二柱"功能的説法不可信。

　　容庚先生曾提出另一種解釋，認為"二柱"應是溫酒時用來提起"三足爵"的把手。容先生的主要證據是，其所藏的"父乙爵"腹部下面有煙炱痕，因此推斷古人設計出這種三足形制是為方便將其作為"溫酒器"放在火上烹煮，加熱之後利用雙柱將器物從火上提起，由此斷定其為溫酒之用，並強調："角、斝、盉三器皆有足，其用同。"⑤ 此説中對於"三足爵"是溫酒器的解釋合理，但是倘若需以"二柱"為提手，則難以解釋為何會出現單柱和無柱的器型。況且，即便僅就"雙柱爵"而言，如果要將"二柱"用作提手，理應將其安放在整個器物重心點的垂直延長線上才合理。但通常"二

　　①　容庚：《商周彝器通考》，上海人民出版社2008年版，第631頁。
　　②　容庚：《商周彝器通考》，上海人民出版社2008年版，第634頁。
　　③　曹瑋主編：《陝北出土青銅器》第二卷，巴蜀書社2009年版，第124頁。
　　④　山西省考古研究所、海金樂、韓炳華編著：《靈石旌介商墓》，科學出版社2006年版，第173頁。
　　⑤　容庚：《商周彝器通考》，上海人民出版社2008年版，第287頁。

柱"所在的位置，都更接近"流"和器身相接的地方，即是説，柱的位置並不在整個器物的中心（圖2.10）。如此一來，當容器被提起時，自然也就難以保持平衡。尤其當容器內裝滿溫熱的酒液，依靠"二柱"被提至半空，前後搖擺的酒器會很容易將裏面的液體潑灑出來，頗為不妥。

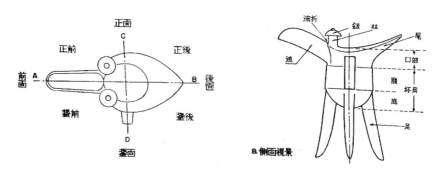

圖2.10　青銅"爵"橫縱剖面圖①

李濟曾提出"二柱"應是用來支撐蓋在器物上的布，從而起到防塵的效果："看來兩柱實際的用途，最大的可能為支撐覆蓋爵的疏布，即類似覆蓋尊的'冪'。"② 此説同樣不足為信，"三足爵"除上述"單柱""無柱"的器型外，還有一種較為特殊的器型，上附器蓋，蓋的形狀呈獸首，上半部分與青銅"觥"常見的獸首形器蓋十分相似（圖2.11、2.12）。容庚先生將二者皆歸為"爵"類，林巳奈夫將"佳壺爵"歸為"角"類，但此器帶有雙柱、雙流而無尾，這與無柱無流的"三足角"並不接近，因此這類器型還是應屬"三足爵"。而既然其上帶有器蓋，則可知"柱"的作用並非"支撐疏布"。

---

① 圖示出自李濟、萬家保《中國考古報告集新編：古器物研究專刊（第二本）殷墟出土青銅爵形器之研究》，"中央研究院"歷史語言研究所1966年版，第4頁。

② 李濟、萬家保：《中國考古報告集新編：古器物研究專刊（第二本）殷墟出土青銅爵形器之研究》，"中央研究院"歷史語言研究所1966年版，第49—50頁。

圖 2.11　亞醜父丙爵① 　　　圖 2.12　佳壺爵②

相比之下，李濟提出的另一種觀點更具合理性。"柱"應該是由陶器階段"三足爵"上必不可少的"泥絆"演變而來，它位於"流"和器身銜接處，起到加固支撑的作用，以避免"流"在燒造過程中斷裂，是製作過程中非常重要的一部分。③ 鄒衡也提出過類似的觀點。④ 這種"作器早期實用功能"的說法，遠比上述各類觀點更令人信服。"二柱"最初產生的原因蓋與禮制、裝飾等意義無關，而是這類陶器在早期燒制過程中的必然需要。它在"三足爵"的"口沿"和"流"之間起到銜接、加固的作用，起初形態是樸素的"泥餅狀"，到銅器階段，由於制作工藝改變，這種加固的作用弱化，漸漸變成器物上的裝飾性元素。這種解釋既符合"三足爵"的器型特征，也不影響其實用和禮制方面的功能，頗為通達可信。

既然"二柱"的設置是為了更好地銜接"流"，這說明"流"在"三足爵"上是非常重要的一部分，自陶器至銅器階段，始終是

① 容庚：《商周彝器通考》，上海人民出版社 2008 年版，第 628 頁。
② 容庚：《商周彝器通考》，上海人民出版社 2008 年版，第 630 頁。
③ 李濟：《俯身葬》，《李濟考古學論文選集》，文物出版社 1990 年版，第 263 頁。
④ "河南登封玉村發現的一件夏文化白陶爵，就是最早的一種形制。其特點是：流狹短而上翹，無尾，無柱，流後貼兩小泥餅，以加固流與口的交接處。稍晚的爵柱大概就是這樣產生的。"鄒衡：《夏商周考古學論文集》，文物出版社 1980 年版，第 164 頁。

不可或缺的。明確這一點，對於我們進一步確定"三足爵"的實際身份，有十分重要的作用。經研究可知，其上"二柱""流""尾""三足"，均與"三足爵"最初作器時所擬的形態關係密切。①

是以，"三足爵"各部件的設置均與飲酒器無關，其可謂是宋代以來銅器定名中最為顯著的訛誤。這一訛誤不僅對器物學研究造成阻礙，更誤導了禮學和三禮文獻相關研究。與此同時，其對古文字研究的幹擾同樣顯而易見。目前甲金文字中多以"三足爵"的象形符號為"爵"字，但實則此類符號與"爵"字無關。古文字學家之所以將其隸定為"爵"字，完全是建立在前人已經將此類器物定名為"爵"的基礎上。是以，"三足爵"象形符號的意義，以及"爵"字的本義、字形結構等問題，都有必要重新斟酌。

若要厘清"三足爵"符號的意義究竟為何，首先應該拋開"爵"字的形義概念幹擾，從其字形和文例本身入手進行研究。② 通過對比，我們可將目前常見的"三足爵"符號大致分為兩類。第一類字形多與人名連用，如"爵父癸""爵祖丙"等（圖2.13 – 2.15）。這類字形中有少數可見於其他器物銘文中，但絕大多數出現在"三足爵"上，其象形程度極高，其中有些呈現為一只"三足爵"的剖面圖，另有一些附加了"手"，添加這一間架是否具有辨義功能尚不可知。字形與"三足爵"雖有直接關聯，但其所在銘文內容大多短小，信息有限。此外還有一例，"▨"雖然也是象形結構，字形上可以清楚看出"三足爵"的流、柱和鋬，但是比上述字形規整很多（圖2.16），此器銘文也只有"宀爵"（或作"▨"）二字。這個字形的特點在於，它已經不再是單純的"隨體詰屈"，字形結構明顯變得整齊，線條清晰，相比起"▨""▨"這種"圖案化"的符號，寫法也更為簡單方

---

① 相關論證牽涉較廣，詳見《尊彝圖類釋》中的《鳥彝》篇。

② 為方便行文，本書中部分內容仍遵循舊例，將此類符號稱為"爵"，但所有"三足爵"符號均與"爵"字無關。

便。從文字源流的角度分析，"　"已經開始出現向固定文字結構演

變的趨勢。"魯侯爵"中的字形"　"則最為繁複抽象，其結構已經

不再是直白的描繪器型，而是需要結合內容深入解析（圖2.17）。

圖2.13　爵父丁卣①

圖2.14　爵寶彝爵②

圖2.15　爵丏父癸觥③

圖2.16　爵簋④

圖2.17　魯侯爵⑤

　　第二類字形同樣常見，但是不同於上述字形直白地描畫器物形

狀，"　"這類字形相對抽象，在不結合器物的情況下很難分析字

形結構，因此應當於上述字形有所區別。值得注意的是，此處所列

舉的"爵父癸卣""爵寶彝爵"和"魯侯爵"等器物均屬於西周早

---

①　王俅：《嘯堂集古錄》，明代影宋刊本，第32頁。

②　羅振玉：《三代吉金文存》，中華書局1983年版，第1696頁。

③　王俅：《嘯堂集古錄》，明代影宋刊本，第71頁。

④　林巳奈夫：《殷周青銅器綜覽》（第一卷圖版），上海古籍出版社2017年版，第137頁。

⑤　羅振玉：《三代吉金文存》，中華書局1983年版，第1736頁。

期的青銅器，因此基本可以確定，這兩種字形之間的差異，並不是由於不同時期的文字演變所造成的。綜合分析這幾個典型示例，"䂞簋"中的"䂞"更像是溝通"第一類字形"和"第二類字形"的橋梁，這個字形擺脱了"圖案化"象形符號的模式，初現文字線條的端倪，但又不至於太過抽象。

甲骨文中的"爵"常見為"䂞""䂞"等字形，其字多在"三足爵"縱剖面圖的基礎上，描畫出明顯的"鋬"以及器腹上的紋飾。可以看出，雖然甲骨文中的字形同樣象形程度較高，但是寫法明顯與金文中所見的"䂞""䂞""䂞"等"圖案化"符號不同。説明這種符號性質的字形，與"䂞""䂞"等抽象化的"爵"字之間，很可能存在表意層面的區別。因此在"三足爵"考釋符號形義時，可將"䂞""䂞""䂞"等"圖案化"的文字歸為一類，與"䂞""䂞"這類"線條化"的字形區別開來。

"三足爵"在甲骨文中出現的頻率遠不及金文，《甲骨文合集》《小屯南地甲骨》《花園莊東地甲骨》等資料中，出現"爵"字的卜辭共計二十餘條。根據現有的卜辭分析，該字大致可以表達四種意思，分別是禮器、方國名、祭名和人名：

1. 用為禮器。《合集》24506"庚戌卜，王曰貞其爵用。"（圖2.18），其字形作"䂞"。

2. 用為祭名。《合集》22184"爵于祖丁"，6589"貞：爵示。""貞：勿爵示。"，以及22067"爵于豕土"等卜辭（圖2.19）。其字形作"䂞""䂞""䂞""䂞"等。

3. 用為方國名。《合集》36537"癸未卜，貞，王旬亡畎。

在七月，王正戋商，在爵。"（圖2.20），其字形作""。

4. 用為人名。《合集》22267"乙丑卜，貞，婦爵。"（圖2.21），22324"乙丑卜，貞，婦爵子亡疾。"（圖2.22）。字形分別作""和""。

圖2.18　24506（局部）

圖2.19　22067（局部）

圖2.20　36537（局部）

圖2.21　22267

圖2.22　22324（局部）①

① 圖2.18—2.22 均出自《甲骨文合集》。中國社會科學院歷史研究所《甲骨文合集》，中華書局 1999 年版。

　　表示禮器的字形相對而言較為規整，更接近"魯侯爵"和"爵簋"中的字形；用作祭名和人名的字形差異不大，相對而言象形程度略高；差異相對較大的是用作國名的"字"，其符號化程度高，更接近"第一類字形"。《甲骨文編》中同樣收錄了"字"這個字形，並且在其後標註為"地名"。此字形最大的特點在於，左邊部分像"手"的形狀，這種添加了"手"的字形與"爵父丁卣"中的字形非常類似，在此不妨將其一同討論。

　　前文分析過的絕大多數字形都屬於獨體結構的象形字，而"字""字"這兩個字形卻可以解析為"酒器"加"手"組成的會意字，此類字形很可能與方國、族名概念有關。"字""字""字"等字形，無論是外型特徵，還是銘文中的用法，均與常見的族名金文非常類似。《殷周金文族徽研究》一書中，詳細列舉了青銅器銘文中出現過的族徽和族名，其中"字""字""字"三類字形均在其列。[1]而鑒於族名的特殊性，這類金文也理應和其他表示祭祀、禮器的字形有所區別。

　　"魯侯爵"的銘文作"魯侯乍（作）爵，字用尊字盟。"[2]此處的"爵"字顯然與酒禮器有直接關聯，最接近"器物自名"這一用法，因此也最有可能用為該字的本義。"字""字"二字結構較為特殊，歷來討論較多，各種觀點莫衷一是。有學者將二字均訓為"觴"，其中"字"為動詞，表盛放，"字"為名詞，即這類三足器

---

① 王長豐：《殷周金文族徽研究》，上海古籍出版社 2015 年版，第 450 頁。
② 馬承源主編：《商周青銅器銘文選（三）：商、西周青銅器銘文釋文及注釋》，文物出版社 1988 年版，第 32 頁。

的自名。而後更提出金文中""類字形就是"觵"的象形本字，後期為明確讀音增加了聲符"丂"或"昜"。又將《説文》收錄的籀文"觵"（）與"伯公父爵"中的"爵"（）字對比，提出""是"從象形字寫法的觵"，只因與""上部分寫法類似，所以許慎誤以為"觵"從"爵"省。① 類似觀點結合了金文"觵"的字型特點進行分析，個別論述確有啟發性。只不過作者未厘清"三足爵"和"爵"之間的關係，文中雖闡釋了"觵""爵"二字關係，但是卻始終以"三足爵"形為其依據。"觵"字的概念與"爵""觶"等飲器密切相關，如《禮記·禮器》疏云："總名曰爵，其實曰觵。觵者餉也。"② 照此説法，"觵"和"爵"分別指酒器的虛實，很可能為一體二名。又如《説文》認為"觵，實曰觵，虛曰觶。"③ 對此段玉裁的解釋較為可信，《段注》提出許慎之説並不是特指"觶"為"觵"："然投壺之請行觵，固罰爵也，凡禮經曰實者皆得曰觵，獨於觶言者，觶之用多，舉觶以該他也。"④ 此説可從，"觶"在儀典中多替代"觥"充作罰爵，這一點在《鄉射禮》和《大射》等篇中多有體現。因此"觵"並不是具體某件飲酒器的代稱，而是"五爵"統稱。典籍中對"觵"的用途描述均作飲器，與溫酒器無關。因此，若是將"魯侯爵"中的""""訓為"觵"，等於默認"三足爵"即"爵"，依然沒有擺脱舊有定名的干擾。

　　即便從文字本身來看，僅憑借"魯侯爵"中的字型結構，便將

① 李春桃：《從斗形爵的稱謂談到三足爵的命名》，《歷史語言研究所集刊》，第八十九本第一分（2018/03），第 88 頁。

② （漢）鄭玄注、（唐）孔穎達正義：《禮記正義》，上海古籍出版社 2008 年版，第 971 頁。

③ （清）許慎：《説文解字》，中華書局 1963 年版，第 94 頁。

④ （漢）段玉裁：《説文解字注》，上海古籍出版社 1981 年版，第 187 頁。

"觴"字解為三足器的自名，未免牽強。至於李春桃文中"▓"類象形符號就是"觴"之本字一説，則過於發散，二字形義均無關聯。將"觴"的本字理解為"三足爵"符號，明顯是受到定名的誤導，默認三足器即為"爵"，所以才會將"▓"類字型與"觴"之金文結構關聯。

李零先生也提出過類似觀點："三足爵的自名是象形字，這個字是否讀爵，有個重要線索，是晉公盤。晉公盤借觴為唐，觴字從爵從易，其爵旁就是三足爵的爵字，而《説文》觴字的籀文也是從爵從易，可以代表早期寫法。唐是叔虞封唐的唐。同樣寫法的字，也見於觴仲多壺和觴姬簋，觴字是氏名，相當唐氏。可見三足爵的自名仍應讀爵。叔矢方鼎的爵字，放進銘文讀，也文通字順。"[1] 文中所指"晉公盤"中的"觴"字作"▓"，確與"觴仲多壺"和"觴姬簋"中的字形一致。但是，正因其義符象"三足爵"，則恰恰證明此字未必是"觴"。

林巳奈夫曾提出，"三足爵"不僅是溫酒器，更是周代裸禮用器，在今日看來，這一觀點是非常精準的。[2] "觴姬簋蓋"和"觴仲多壺"中的"觴"字分別作"▓""▓"（圖2.23、2.24），此字顯然是形聲字，其字左邊形似"三足爵"，右為"易"聲。史獸鼎中有"▓"字，與"▓"之形符最為接近，此字又與"魯侯爵"中的"▓"字相近，應同為"三足爵"。史獸鼎銘文作"易（賜）豕鼎一、爵一"，表示與鼎並列的賞賜之物，與"三足爵"的

---

① 李零：《商周酒器的再認識——以觚、爵、觶為例》，《中國國家博物館館刊》2023年第7期。
② 林巳奈夫：《殷周青銅器綜覽》（第一卷），上海古籍出版社2017年版，第161—162頁。

地位相符。更重要的是，有一件近年新發現的"王爵"，銘文作
"王祼彝"，更加明確其身份。①

圖 2.23　觴姬簋蓋 銘文②

圖 2.24　觴仲多壺銘文③

再由"![img]""![img]"二字本身分析，其構型頗具特點，應與"祼
禮"或"祼器"之義密切相關。與上述諸多"三足爵"字形不同，
此二字在描繪"三足爵"外形之餘，格外強調了其中類似"流口"
的部分"![img]"，正象液體流出的動作。"祼"的金文字形中同樣有
類似結構，如最有代表性的是史獸鼎中"![img]"字，此與"![img]"出
自同一篇銘文，其字形異同對比最為顯著。"![img]"字上端同樣呈液
體流出之態，與"![img]"中間部分一致，證明二字都與"祼"有關。
但區別在於，"![img]"描繪的是"三足爵"之形，下有"三足"，上帶
"柱"，流出液體的部分在中間，與器型相符。而"![img]"則象手持
帶有器柄的圓形器物，"流口"在頂端，正象潑灑灌地的動作。鄭玄

① 吳鎮烽：《商周青銅器銘文暨圖像集成》，上海古籍出版社 2012 年版，08274。
② 羅振玉：《三代吉金文存》，中華書局 1983 年版，第 778 頁。
③ 羅振玉：《三代吉金文存》，中華書局 1983 年版，第 1212 頁。

云：“瓚如盤，其柄用圭，有流前注。”① 其手中所持的器物應為祼
禮所用的挹注器，但並不是“瓚”字，此字形著重表達的是“灌
地”的動作，且從“手”的字本義多為動詞，所以釋為“祼”字最
為合適。② 由上述分析可知，“𣪘”與“𣪘”同樣為“三足爵”符
號所衍生出的“抽象化”字形，字義與“祼禮”或“祼器”之義有
關，但並非“祼”字，應表特定的高等級“祼器”或“彝器”。結
合“三足爵”的功能和地位，此義也是最為通達的。雖然暫時無法
確定其所對應的今文字，但是字形結構及所表達的意思已較為明朗。

　　既然此字與“𣪘”“𣪘”所從義符一致，可知其也與“祼
器”有關。此類字形發現較少，其在“觴仲多壺”和“觴姬簋”銘
文中的用法與“晉公盤”一致，文例無法提供更多參考，但結合字
形，很可能為“瑒”之本字。“瑒”本義即“祼玉”，③《說文》云：
“圭，尺二寸，有瓚，以祠宗廟者也。”④《段注》云：“《玉人》曰：
‘祼圭尺有二寸，有瓚，以祀廟。’祼圭謂之瑒圭，瑒讀如暢。《魯
語》謂之‘鬯圭’，用以灌鬯者也。”⑤ 學界多將此字釋作“觴”，
便是因為字形義符象“三足爵”，但這層邏輯存在矛盾。“觴”是
“五爵”之別稱，既然“𣪘”“𣪘”所從為“三足爵”而非“五
爵”，即證明其並非“觴”字。

────────────

① （漢）鄭玄注、（唐）賈公彥疏：《周禮注疏》，上海古籍出版社 2010 年版，
第 1625 頁。
② 李零先生認為史獸鼎中這兩個字都讀作“爵”，“𣪘”為飲器“爵”，“𣪘”為
“三足爵”。後者所說應無誤，但“𣪘”仍應作“祼”更合理。史獸鼎銘文作：“尹賞
史獸𣪘（祼），易（賜）豕鼎一、爵一。”飲器的地位遠遠低於“鼎”和“三足爵”之
類的重器，若此處將“祼”釋為飲器“爵”，與文意無法匹配。李零：《商周酒器的再
認識——以觚、爵、觶為例》，《中國國家博物館館刊》2023 年第 7 期。
③ 周聰俊認為“瑒”即為“瓚”，但其說值得商榷。詳見《瓚器圖類釋》一章
中的《圭瓚》篇。
④ （漢）許慎：《說文解字》，中華書局 1963 年版，第 11 頁。
⑤ （清）段玉裁：《說文解字注》，上海古籍出版社 1981 年版，第 12—13 頁。

　　經過上述分析，大致可以得出以下結論：（1）甲金文字中常見的"三足爵"應該分為兩類，其中一類呈"圖案化"，另一類則"線條化"趨勢明顯，兩類字形在表意上存在區別；（2）其中較為抽象的"線條化"字形可表示高等級禮器，應與"裸禮"有直接關係，此即"三足爵"字形之本義，用作祭名和人名的字形差異不大；（3）"圖案化"類字形與方國、族名等概念有關。

　　由於器物定名的錯位，學者多將"三足爵"符號與"爵"字混為一談，這種情況至今仍未有根本性的變化。除前文所舉"爵""觶"問題外，近年還有很多類似的論證邏輯："從字形上看'爵'就是爵形，則'爵'是可以視為本名的。那麼商周本有'爵'之一名，指三足有柱有流溫酒器，但這種爵到春秋早已消失了'爵'被禮家轉指一切飲酒器以及一升之飲酒器了。"[1] 前人曾有不少對"爵"的文字結構、本義進行解析的研究，但大多受此邏輯影響，難免穿鑿。如：

　　　　今觀卜辭諸爵字，象爵之首有冠毛，有目有咮。因冠毛以為柱，因目以為耳，因咮以為足，厥形惟肖。許書所以之 ，殆由 轉寫之訛。其從鬯與又，則後人所益也。[2]

又如《説文解字六書疏證》中有云：

　　　　父癸卣"爵"字作 ，亦同傳世之器，明象雀形為之， 尚略存其概。形變為 ，殆不可識。爵為器物，是名詞也。

---

　　① 閻步克：《禮書"五爵"的稱謂原理：容量化器名》，《史學月刊》2019 年第7 期。

　　② 羅振玉：《殷墟書契考釋三種》，中華書局 2006 年版，第 457 頁。

且象雀形為之，不得增又與卣。①

馬氏在《讀金器刻詞》中也有類似論述：

　　倫按，舊釋"手持爵形"，《説文》[字]字所從之"[形]"，實由此而譌。彼所從之[形]為有柱者，故多[形]形。[形]乃兩柱對峙，平面正視，故僅作一耳。然爵為飲器，有形可象，因象製文，不勞增手。況卣乃釀酒之釀本字，釀則酒母之名。豈得復增卣於[形]旁，而以為飲器之名。蓋《説文》之爵，實是圖語而非器名也。持所卣於[形]，則是寺人進酒之義。作器者其有事於此乎。此省卣者，蓋以足已見意矣。②

　　上述觀點十分典型，其對文字的考釋和分析均是圍繞"象雀之形"和"飲器"展開，説解内容均在盡力尋找字形結構與"鳥雀"之間的相關性。但由於均是建立在"三足爵"符號的基礎上，所以理據頗為牽強。

　　又如李孝定提出："契文'爵'字即象傳世酒器'爵斝'之'爵'，兩柱，側視之但見一柱，故字祇象一柱有流腹空三足有耳之形。羅氏謂象雀形維肖者，實未見其然。許君謂爵象'爵'（雀字以下文稱節節足足知之）形，並以節節足足説禮器之意，此乃漢世經生故習，殊不足異。而羅氏得見真古文並傳世彝器，乃一仍許説，則殊可怪耳。"③ 李先生認為"爵"字的器型及字形與文獻中描述的"雀形"無關，並認為《説文》中對於"爵"字的説解不妥："後二語實為蛇足，蓋謂飲必有節，而雀之鳴叫似之也，經傳又或以爵為

<hr>

① 馬敘倫：《説文解字六書疏證》，上海書店 1985 年版，卷十。
② 馬敘倫：《讀金器刻詞》，中華書局 1962 年版，卷上。
③ 李孝定：《甲骨文字集釋》，"中央研究院"歷史語言研究所出版 1965 年版，第五。

雀，究其實全為同音通假。捨此之外，爵之與雀，實無絲毫相關。"① 許慎對於"爵"字的説解是建立在小篆字型的基礎上，其所分析的字本義和結構自然另有依據。後世將小篆"爵"字與"三足爵"符號相對照，藉此質疑許説，實為大謬。②

至於今文字"爵"真正所表達的形義關係，仍需要從其他材料中尋找。"爵"小篆作"齊"，共分為三個間架，分別從"爭""邑"和"又"，其中尤以"爭"這一結構釋義不明。前人解析這一間架時，多認為是"三足爵"器之形，這種思路固然不可信。上文曾論證金文中的"齊""齊"等形並非"觴"字，但從字形分析，"爵""觴"二字形義的確有關，據許慎"籀文觴從爵省"和"五爵"有"總名曰爵，其實曰觴"之説，可知"爵"與"觴"本義十分接近。而"觴"字籀文作"齊"，從"爭"，小篆從"角"，則可以認為，"爭"與"角"兩個形符雖外形有異，但意義相同，"爭"可理解為與"角"等同的形符，或為"角"字演變出的異體或省形。③ 由此可

---

① 李孝定：《金文詁林讀後記》，"中央研究院"歷史語言研究所出版 1982 年版，卷五。

② 除字型結構外，同樣"以訛傳訛"的還有"爵"和"雀"之間的關係。李孝定指出的"爵"和"雀"同音關係雖有道理，但是認為除了字音之外，"爵之與雀，實無絲毫相關"一説則不可從。很多學者引用段玉裁將"象爵之形"改為"象雀之形"的説法，認為"爵"與"雀"有關一説乃是後世所出。事實上許慎所説和段氏所改大體無誤，"爵"與"雀"之間的確關係密切。具體論述詳見下文《尊彝圖類釋》中的《鳥彝》篇，此不贅述。

③ 也有學者提出，伯公父爵所見的"爵"是象形字，小篆中的字型為形訛。"觴"的金文本從"爵"。而後至戰國文字階段出現訛誤，籀文變為從"爭"的字型，戰國文字（包山楚簡）有字形作"弱"，可認為是"爭"字形訛誤為與"卣"類似型態，至小篆階段又訛誤為"角"。李春桃《從斗形爵的稱謂談到三足爵的命名》，《歷史語言研究所集刊》第八十九本第一分（2018/03）。但戰國文字中的"角"即作"角"（包 2.86）等形，與"卣"有別。是以"弱"即"從角易聲"之形，並無訛變。

知，"爵"字的字形結構，其實與其他飲酒器名觚、觶、角、觥等字基本一致。

　　除"觴"字的例證之外，陝西周原考古隊在上世紀70年代出土"伯公父爵（勺）"，器物柄曲處有14字銘文（圖2.25）。作"白（伯）公父乍（作）金爵，用獻用酌，用享用孝。"其中出現自名"  "，釋為"爵"。不僅字形接近，銘文中更明確描述了這件"爵"的用途為"用獻用酌，用享用孝"，即為禮器中的飲酒器，這在之前出土的其他器物銘文中未曾出現。銘文中提及的用法可以與文獻中描述相對照，有學者指出："前人以為商周之爵是否即《儀禮》記載中所用之爵尚未可知，今由銘文證明，爵為用饗飲酌酒之器。"[1]是以，"伯公父爵"中的字形才是"爵"字真正的金文字形。這件器物可以證明，禮經中用於"饗飲酌酒"的飲器"爵"，器型應該類似這件"伯公父爵"（圖2.26）。

圖2.25　伯公父爵 銘文

圖2.26　伯公父爵[2]

---

[1]　馬承源：《中國青銅器》，上海古籍出版社2003年版，第157頁。

[2]　陝西省古籍整理辦公室、陝西省考古研究院編、張天恩主編：《陝西金文集成》（5），三秦出版社2016年版，第38頁。

可以看出，"▨"字中左半部分的間架，與金文"▨"和

"▨"的形符十分接近，這也是很多學者認為此字與"三足爵"一

致的原因。但事實上，"▨"與"▨"和"▨"皆有區別，"▨"

上半部分與"▨"確有相似之處，但其下明顯不是三足之形；下

半部分的"器柄"部分與"▨"類似，但是卻沒有"▨"字的

"流口"，無法表達"祼"的動作。

　　通過"▨"字結構，可知小篆"▨"字中所從的"鬯"為形

訛。"▨"字上半部分為"▨"，即"角"的變體；右下方為

"又"，即"手"；中間部分"▨"呈圓口和柄形相連的形狀，應

是"爵"器本身的象形符號。李春桃也持此類觀點："'爵'字本不

從鬯，而作▨形，其本來是器物柄部的象形。東漢時期部分'爵'

字仍從▨，而不寫作鬯，可證。簡牘類載體用毛筆書寫，所以下部

會向右側拐出一筆，導致'爵'字下部發生訛變，同類情況在

'飲'字底部也有發生。"[1]"鬯"的古今字形變化不大，甲金文字多

呈"▨""▨""▨"等形，與"▨"的差異十分明顯，可知二

者並非同一字。此外，從禮制層面考慮，"爵"字也不太可能以

"鬯"作形符。"鬯"本義專指祼禮中"芬芳攸服以降神"的祭祀用

酒，這類酒地位特殊，是以漢字中除"鬱""鬯""秬"等與字外，

鮮少出現以"鬯"作形符的字形。而"爵"為宴飲儀典所用的飲

器，與祼禮之間存在明顯的等級差異。是以，許慎根據"爵"小篆

字形，認為其"中有鬯酒"一說，顯然並不符合"爵"的用途和

---

　　① 李春桃：《從斗形爵的稱謂談到三足爵的命名》，《歷史語言研究所集刊》，第
八十九本第一分（2018/03），第70頁。

地位。

　　類似造型的器物以前也曾出土，但未見自名，"伯公父爵"的銘文使其定名更具可信性。然而這件銅器更像是一件貴重的"收藏品"，對作器者有特殊紀念意義，而非日常儀典中實際使用的酒器。這也可以解釋，為何其銘文是"白（伯）公父乍（作）金爵"，如果尋常的"爵"均是銅制，則此處無需特別強調"金爵"，正如從未見到銘文中有"作金鬲""作金鼎"等説法。從語法角度分析，增加了"金"作限定詞，就説明單用"爵"時與"金爵"一詞表達的詞義不同，可以證明"爵"原本的材質不是銅。彼時禮器系統已經發展得十分成熟，根據不同器物的使用需求，可采用陶、木、玉、銅等多種材質制作。酒器中最為重要的是用於裸祭的"六彝""六尊"和"罍""瓚"等器物，其在宗廟祭禮中等級較高，用銅作器是較為合理的。而飲酒器常用於日常儀典，其地位與裸器畢竟無法比擬。雖然"爵"在"五爵"之中等級最高，但是飲酒器畢竟不是禮器的核心，尋常飲器應多為漆木制或陶制。在出土漆器中可找到若幹與"伯公父爵"一致的器型（圖2.27），這類漆木器更符合"爵"的地位。其制作同樣精良，但比銅器更符合器物身份，這也與《周禮·梓人》中的記載相吻合。

圖2.27　幾何紋單耳豆形杯 戰國①

---

　　①　陳晶主編：《中國漆器全集》（1 先秦），福建美術出版社1997年版，第78頁。

“伯公父爵”與前文提及的各類“鳥雀杯”屬於同類器物，但“伯公父爵”沒有繁複的鳥雀裝飾，與“漆器爵”頗為接近。由漆器的形制可知，當時的“爵”較為簡潔，符合“周人尚質”一說。後世器物上的鳥雀裝飾越發精緻，但其性質已然改變，器物的裝飾性和象徵意義更為突出，逐漸有別於日常饗宴所使用的飲器。這一點也提示我們，禮器材質同樣是為其定性的重要條件。近代針對酒禮器的定名研究，大多圍繞著青銅器展開，但以其中大部分酒器的屬性來看，銅器並不是其常規狀態。特別是飲器中地位較低的“角”“散”“觥”等器，更不大可能以銅作器，這種觀念上的錯位，也是導致難以將出土器與三禮記載相匹配的原因之一。

對於“伯公父爵”的分類問題，學界曾有過其他觀點。容庚、朱鳳瀚都將“伯公父爵”歸為“勺”類，林巳奈夫稱其為“瓚”，應是參考了《三禮圖》中“圭瓚”“璋瓚”等類似器物的形制。根據文獻記載，“瓚”是祼禮中與“尊彝”配合使用的挹注器，《左傳·昭公十七年》：“若我用瓘斝玉瓚。”注：“瓚，勺也。”[①] 因此也有很多學者提出銘文中的自名應釋為“瓚”。[②] 但此說難以成立，據考證，“瓚”應是一種“玉柄形器”，而“勺”“斗”的器型特徵也與“伯公父爵”有區別。[③] “伯公父爵”呈圓形口沿，底部有圈足，易於放置在臺面上；而常見的“勺”不帶圈足，且一般的挹注器為方便探入酒器內部舀取酒液，通常柄會較為細長，“爵”的杯柄較“勺”類更短粗一些。這種短粗的杯柄不適合用來挹注，更適合用來持握。更重要的是，滕州曾出土與“伯公父爵”造型類似的“寬柄形器”，因其上飾有鳥雀而被稱為“鳥形杯”，此器本身便配有

---

① （晉）杜預注、（唐）孔穎達正義：《春秋左傳正義》，中華書局 2009 年版，第 839 頁。

② 孫慶偉：《周代祼禮的新證據》，《中原文物》2005 年第 1 期。

③ 李春桃：《從斗形爵的稱謂談到三足爵的命名》，《歷史語言研究所集刊》第八十九本第一分（2018/03）。

“勺”，可證這類“寬柄形器”並非挹注器（圖2.28）。①

圖2.28　薛國故城4號墓出土銅鳥形杯

　　李零先生提出“伯公父爵”爲“廢爵”，通常所指的“三足爵”應該叫“足爵”：“足爵流行於商周，西周中期以後不大見。三門峽虢公墓地出土的足爵是復古作品，已經是足爵的尾聲。但足爵廢，廢爵起。它是一種帶柄類似勺的飲器。這種爵，東周和漢代仍流行。禮書説的爵，其實是這一種。這種爵也有自名，如西周的‘伯公父勺’。這種勺形的飲器，林巳奈夫稱‘瓚’，並不對。”② 但是倘若將文獻中對於“爵”的描述通通劃分到“廢爵”名下，則無法解釋此類商周時期地位尊貴且大量使用的“足爵”，在禮制和用途上究竟該如何定義。此外，“三足爵”爲溫酒器，而“廢爵”爲飲酒器，二者的器型、尺寸、用途差異如此之大，卻用同一名稱命名，似乎也不符合古人定名的原則。

　　通過上述分析可知，“爵”字是典型的會意字，並非象形字，字形可解構爲三個形符，（1）從“”（“角”的變體）表示其爲飲酒器；（2）從“又”（手）表示手持；（3）從“”（“爵”本

---

　　① 嚴志斌：《薛國故城出土鳥形杯小議》，《考古》2018年第2期。
　　② 李零：《讀〈首陽吉金——胡盈瑩、范季融藏中國古代青銅器〉》，《萬變》，生活·讀書·新知三聯書店2016年版，第70—71頁。

身的象形符號）以強調器物身份。小篆字形""中的"皀"，為文字演變造成的形訛。先秦時期"爵"的常規形制，應類似於"伯公父爵"和"漆器爵"。還有一點值得注意的是，"五爵"中的飲器名稱，除"散"尚不明晰名與器之間的關係外，其餘"爵""觚""觶""角"四器之名與"觴"字均從"角"作形符。據此推斷，"角"之義與早期飲酒器的形態、材質等應有直接關聯。

同"三足爵"的情況類似，"三足斝"的定名同樣源於宋人，最早見於《宣和博古圖》，書中收錄由周至漢共計十六件器物，其中十五件與"三足斝"器型相符，另有一件定名為"漢虎斝"的器物應屬"盉"類。《中國青銅器綜論》描述"三足斝"的特徵為："有三足一鋬，敞口，口部亦多立有兩柱。與爵不同的是斝無流、尾，且體形較一般的爵為大。此外李濟曾指出，爵的兩柱腳聯線與鋬弓拋出的方向是平行的，而斝的兩柱腳聯線與鋬弓拋出的方向成 T 字形。"① 常見"三足斝"均為三足，但少數特殊造型的斝為四足（圖2.29），三足類的器型中，其口沿和器腹的比例會略有區別（圖2.30、2.31）。更有一些器物的三足部分呈"分襠足"或"袋足"，與鬲、甗類似（圖2.32），這種器型在"三足爵"中未見。目前所見"三足斝"大多無自名，其銘文多稱"尊彝"等共名。

圖2.29　婦好斝　　圖2.30　獸面紋斝　　圖2.31　獸面紋斝　　圖2.32　小臣邑斝②

---

① 朱鳳瀚：《中國青銅器綜論》，上海古籍出版社 2009 年版，第 168 頁。

② 圖 29—32 出自中國青銅器全集編輯委員會：《中國青銅器全集》3，文物出版社 1997 年版，第 55、43、47、53 頁。

　　“三足斝”的尺寸較大，通常高度在 30 至 40 餘公分不等，有些罕見的器型高度超過 60 公分。且因“斝”的器腹較為圓潤，因此容量比“三足爵”大很多。根據器型特徵分析，其與“三足爵”同為溫酒器，“三足爵”與“三足斝”外形極其相近，很可能是從同一類器物演變而來。值得注意的是，“三足斝”器型上並沒有流口，圓口傾倒液體非常不便，因此它應該不具備“傾倒液體”的功能。是以，“三足斝”這類酒禮器，必須配有“勺”或“瓉”等挹注器。

　　有關“三足斝”雙柱的作用同樣有很多説法，有些學者認為“三足斝”既然是溫酒器，需要直接放在火上加熱，所以雙柱依然是為了用於提起器皿，與“三足爵”雙柱用法一致，[1] 李濟曾對此操作方式做過詳細論述。[2] 此外，李濟還提出“二柱”是用來支撐“冪”，就“用作提手”和“支撐疏布”這兩種觀點來看，雖然邏輯上言之成理，但是十分牽強。“三足斝”的形狀和“三足爵”確實不同，其器型較為對稱，“二柱”的位置大多處於整個器物中心線上，如果用雙柱將其提起，相對而言會比較平穩，不至於前後搖擺。只不過以多數“三足斝”的體積而言，“二柱”的堅實程度是否能承受整件器物的重量，值得存疑。而用於支撐疏布是否合適也有待研究，因這類器物早在商代晚期已經有器蓋，説明其並不存在缺乏遮蓋物的問題（圖 2.33—2.35）。

　　“三足斝”雙柱的作用，應仍是與這類三足器物早期的製作方式有關。前述李濟提出“三足爵”雙柱的前身，是早期陶器製作階段，為加固“流”而製作的“泥絆”，這一觀點在“三足斝”上同樣可以成立。雖然常見的“三足斝”沒有“流”，雙柱的位置多處在整個器物口沿的中心線上，看似“雙柱”與“流”無關。但通過若干

---

　　① 容庚、張維持：《殷周青銅器通論》，中華書局 2012 年版，第 45 頁。
　　② 李濟：《記小屯出土之青銅器》，《李濟考古學論文選集》，文物出版社 1990 年版，第 594 頁。

圖 2.33　冊方斝①

圖 2.34　子蝠斝②

圖 2.35　斝③

夏代的器型可以看出，早期"三足斝"上的"雙柱"同樣處於口沿前端，即常見"流"所在的位置（圖 2.36）。由此可見，由陶器至青銅器階段，"三足斝"的器型曾發生顯著變化，經歷了從"有流"至"無流"的過程。這類器物在陶器階段應與"三足爵"大同小異，同樣需要用泥絆對流的部分進行加固。而後伴隨器型演變，"流"逐漸消失。但雙柱的特徵保留下來，變成純粹的裝飾。後人可能出於審美或便於鑄造等原因，將雙柱從器口一側移到了中心線位置。

　　這類三足器與文獻中所記載的"斝"或"玉爵"顯然沒有直接關係。禮經中記載的"斝"與"爵"關係密切，二者同樣為飲酒器，"斝"雖不在"五爵"之列，但是地位比"爵"更高。而如前文所述，"斝"在文獻中有多個不同稱謂，其字形也有頗多異體。許慎將"瑻"列為"斝"之重文："瑻，玉爵也。夏曰瑻，殷曰斝，周曰爵。从玉戔聲。盞，或从皿。"④ 段玉裁認為"瑻"應改為"酘"：

①　故宮博物院編《故宮青銅器圖典》，紫禁城出版社 2010 年，22。

②　René-Yvon Lefebvre d'Argencé, *Bronze Vessels of Ancient China in the Avery Brundage Collection*, San Francisco：Asian Art Museum of San Francisco, 1977, p. 63。

③　René-Yvon Lefebvre d'Argencé, *Bronze Vessels of Ancient China in the Avery Brundage Collection*, San Francisco：Asian Art Museum of San Francisco, 1977, p. 63。

④　（漢）許慎：《説文解字》，中華書局 1963 年版，第 14 頁。

圖 2.36　乳釘紋斝 夏代晚期①

"小徐如此，大徐作琖，皆許所無。《周禮量人音義》曰：'琖，側產反。'劉昌宗本作涻，音同。按，古當用戔字，後人以意加旁。"又云："殷曰斝，周曰爵。見《明堂位》及《毛詩傳》，魯祀周公，爵用玉琖仍雕。《周禮》《祭統》皆云玉爵，然則三代皆飾玉可知，故許統云玉爵也。《禮運》：'醆斝及尸君，非禮也。'鄭云：'先王之爵，惟魯與王者之後得用之，其餘諸侯用時王之器而已。'《大雅》：'洗爵奠斝。'箋云：'用殷爵者，尊兄弟也。'《明堂位》注曰：'斝畫禾稼也。'"② 段氏認為"醆""琖"皆是以"戔"字為聲符產生的形聲字，但是考慮到典籍中記載的用途，"醆"字更貼近其本義。《説文》釋"醆"為："爵也。一曰酒濁而微清也。"③ "醆"和"琖"的本義十分接近，二字之間的差異應主要在於，其所指代

---

① 陳佩芬：《夏商周青銅器研究》（夏商篇），上海古籍出版社 2004 年版，第 10—11 頁。

② （清）段玉裁：《説文解字注》，上海古籍出版社 1981 年版，第 717 頁。

③ （漢）許慎：《説文解字》，中華書局 1963 年版，第 312 頁。

的器物上究竟是否飾以玉，但“醆”“琖”為異體關係應該無誤，《廣韻》和《玉篇》中又見收錄“𧣴”，與“琖”“盞”同為異體。其中除“琖”字從“玉”可表材質之外，其餘字形所從形符“酉”“皿”“角”均與飲酒器有直接關聯。即是說，“醆”“琖”“盞”“𧣴”四字均為“斝”字的異體，本義指的是“玉爵”。可理解為，“琖”“斝”二字很可能是由於產生時間不同造成的異體字，“琖”字的產生早於“斝”。

　　“琖”是典型的形聲字，無法體現“斝”的器型；“斝”字為會意，其結構值得深究。許慎釋“斝”為：“從叩從斗，冂象形，與爵同意。或說斝受六斗。”[①] 段注更正此句為：“從斗，門象形。”並認為：“二徐本皆譌，今更之如此。從斗而上象其形也。”又：“與爵同意。爵從鬯從又，而𠂇象形。斝從斗，而門象形，故云同意也。此三爵者，其狀各異。今惟爵有存者耳。”[②] “斝”字上半部分蓋為象器之形，其下“斗”表器物類屬，字型構造原理與“爵”類似。

　　“斝”從“斗”作形符應是確鑿，而這兩類器物之間應是有直接關聯的。《説文》有：“斗，十升也。”[③] 又有：“枓，勺也。”[④] 《段注》釋“枓”云：“勺下曰：‘所以挹取也。’與此義相足。凡升斗字作斗，枓勺字作枓，本不相謀，而古音同當口切。故枓多以斗爲之。《小雅》：‘維北有斗，不可以挹酒漿。維北有斗，西柄之揭。’《大雅》：‘酌以大斗。’皆以斗爲枓也。《考工記》注曰：‘勺，尊斗也。尊斗者，謂挹取於尊之勺。’《士冠禮》注亦曰：‘勺，尊斗也。所以斟酒也。’此等本皆假斗爲枓，而俗本譌爲尊升，遂不可通。”[⑤] 《説文》釋“勺”為“挹取也”，《段注》改為“枓

①　（漢）許慎：《説文解字》，中華書局 1963 年版，第 300 頁。
②　（清）段玉裁：《説文解字注》，上海古籍出版社 1981 年版，第 717 頁。
③　（漢）許慎：《説文解字》，中華書局 1963 年版，第 300 頁。
④　（漢）許慎：《説文解字》，中華書局 1963 年版，第 122 頁。
⑤　（清）段玉裁：《説文解字注》，上海古籍出版社 1981 年版，第 261 頁。

也”，認為“勺”“枓”二字為轉注。據此分析，“斗”表量器，“枓”應是後起的形聲字，表示木製的挹注器，二器的形制十分接近，而後二字逐漸混淆。“斝”和“斗”關係密切，雖然《説文》中認為“斗”和“勺”都不是飲酒器，但是文獻中有“勺”為飲器的用例，如《梓人》：“梓人為飲器，勺一升，爵一升，觚三升。”①可見“勺”的容量和“爵”一致，説明“爵”“斝”“勺”形制和容量基本相似。而“勺”和“斗”又可互通，是以“斝”外形似“斗”是很有可能的。“斝”“斗”的關係在史料中也可找到佐證，《史記·項羽本紀》中提及沛公以“白璧”和“玉斗”作為獻禮：“我持白璧一雙，欲獻項王，玉斗一雙，欲與亞父，會其怒，不敢獻。公爲我獻之。”又云：“謹使臣良奉白璧一雙，再拜獻大王足下；玉斗一雙，再拜奉大將軍足下。”又：“項王則受璧，置之坐上。亞父受玉斗，置之地，拔劍撞而破之。”②《漢書·高帝紀》也有記載：“‘聞將軍有意督過之，脱身去，間至軍，故使臣獻璧。’羽受之。又獻玉斗范增。增怒，撞其斗，起曰：‘吾屬今爲沛公虜矣！’”③ 以彼時“白璧”的珍貴程度判斷，能與之並舉的“斗”應並非指量器，則此處的“玉斗”最有可能即是指“玉斝”。

　　“斝”字中最難判斷的是“𦥑”這一結構，《説文》和《段注》均云“象形”，卻對所象之物未多加解釋。④ 對此，《禮書通故》中的觀點較有啓發性，黃以周引述《禮書》中的“琖象棧，爵象雀，而斝有耳焉”一説，認為：“《左傳》謂之斝耳，孔疏云：‘此斝有耳’，其意謂他斝無耳也。但斝字從門，《説文》以為象形，與爵同

---

　　① （漢）鄭玄注、（唐）賈公彥疏：《周禮注疏》，上海古籍出版社 2010 年版，第 1645 頁。

　　② （漢）司馬遷撰、（南朝宋）裴駰集解、（唐）司馬貞索隱、（唐）張守節正義：《史記》，中華書局 1982 年版，第 314—315 頁。

　　③ （漢）班固著、（唐）顏師古注：《漢書》，中華書局 1962 年版，第 26 頁。

　　④ 另有于省吾先生釋“門”為金文之“𠬞”字，“斝”字為從斗門聲的形聲字。于省吾：《甲骨文字釋林》中華書局 2009 年版，第 442—443 頁。

意。是斝有兩耳，其形如斗。"① 黄氏認為字形中的 "叩" 象 "兩
耳"，這種觀點讓人很容易聯想起先秦漆器中常見的 "雙耳杯"（圖
2.37），先秦兩漢時期的漆器、玉器中常見不同形制的無杯柄和單杯
柄飲器，但 "雙耳杯" 大多為此類器型。這種飲器過去常被稱為
"羽觴"，此名之義衆説紛紜，目前所見最為合理的解釋是，"羽"
表示杯兩側 "羽翼" 形裝飾，同時因漆器耳杯自重較輕，可漂浮在
水面上，由此得名。② "雙耳杯" 的裝飾風格、器型、體積，與
"斝" 基本符合，此説雖然在目前來看難以確定，但不失為一種
思路。

圖2.37　勾連雲紋耳杯 戰國③

---

① （清）黄以周：《禮書通故》，中華書局2007年版，第1948頁。

② "這種酒杯還有一個典雅的名稱——'羽觴'。《楚辭·招魂》'瑶漿蜜勺，實
羽觴些'，即指以這種杯盛美酒。戰國楚墓中已用這種漆耳杯隨葬，是實際的證據。觴
是盛了酒的飲器，而'羽'當指杯口兩側突出部如羽。後代注家不明古代酒杯實際形
制，或以為羽觴是'杯上綴羽，以速飲也'（洪興祖《楚辭補注》），甚至説是'爵也，
作生爵形，有頭尾羽翼'（顏師古《漢書注》引孟康説），均屬望文生義。宋代《清異
錄》雖有依託作偽之嫌，但其中述及羽觴之形為'似常杯而狹長，兩邊作羽形，塗以
佳漆。'是對的。東晉王羲之《蘭亭集序》中的'流觴曲水'和南朝梁代《荊楚歲時
記》中的'三月三日，士民並出江渚池沼之間，為流杯曲水之飲'，均指把漆酒杯放
在流動的水面上，任其飄浮。這種酒杯不但浮力大，而且兩側有耳，不會傾覆。後來
酒杯多用瓷器，就不容易飄浮了。"林沄：《古代的酒杯》，《中國典籍與文化》1995年
第4期。

③ 中國漆器全集編輯委員會：《中國漆器全集》（1 先秦），福建美術出版社1997
年版，第84頁。

有學者認為，這類“雙耳杯”之所以定名為“杯”，是源於“杯”本字為“抔”，本義源於“手掬之杯”，是以這類杯的口沿部分類似於雙手合掬形成的橢圓形，兩耳即代表左右拇指。[①] 此類飲器定名並不困難，漢代有“史侯杯”自名為“染桮”；1977 年安徽阜陽雙古堆西漢汝陰侯墓出土的“漆耳杯”同樣自名為“桮”，此二器形制基本與“雙耳杯”一致，由此推斷類似器型定名為“杯”應當無誤。但是由“桮”字的釋義分析，卻又能找到“杯”和“斝”之間可能存在聯繫的證據。《説文》：“桮，䀀也。”[②] 又：“䀀，小桮也。”[③] 二字轉注互訓。段玉裁云：“䀀下亦可云桮也，桮下亦可云大䀀也，是互相足之謂也。門部云：‘大桮爲閜’，故小桮爲䀀矣。”[④]《方言》中對各種“桮”類稱謂整理得更加具體：“盞、械、盞（注：酒醆）、温、閜、閜、㯭、㽅，桮也。秦晉之郊謂之盞，自關而東趙魏之間曰械，或曰盞（注：最小桮也），或曰温。其大者謂之閜，吳越之間謂之㯭，齊右平原以東或謂之㽅。桮，其通語也。”[⑤] 可知這一類飲器的尺寸差異十分明顯，其中最小的“桮”稱為“盞”，即“醆”，也正是前文所述“琖”之異體。而由出土器物可知，此類“盞”的確是“雙耳杯”中體型最小的。有學者統計了先秦兩漢時期的耳杯尺寸，發現不同大小的耳杯容積差異過大，最小的是“玉耳杯”，容量在 150 毫升左右，最大的漆器耳杯可達 5000 毫升。此外，漢代有稱耳杯為“柯”者，湖北江陵高臺 18 號漢墓衣物疏有作“苛一雙”，湖北荊州蕭家草場 26 號西漢墓又作“柯”，再結合《説文》“閜”下云：“大杯亦爲閜。”可知小型耳杯名為“柯”，體型大者名為“閜”。[⑥] 就《説文》和《方言》中內容來看，此説可從。

① 孫機：《漢代物質文化資料圖説》，文物出版社 1991 年版，第 306 頁。
② （漢）許慎：《説文解字》，中華書局 1963 年版，第 122 頁。
③ （漢）許慎：《説文解字》，中華書局 1963 年版，第 268 頁。
④ （清）段玉裁：《説文解字注》，上海古籍出版社 1981 年版，第 636 頁。
⑤ （漢）楊雄：《方言》，中華書局 2016 年版，第 59 頁。
⑥ 呂靜：《耳杯及其功用新考》，湖南省博物館館刊，第十四輯。

　　這類耳杯的體型有如此巨大的差異，應是發生過器型分化，由一般體型的"栖"，逐漸演變出各種尺寸的大型耳杯。這種容量數千毫升的器皿顯然已經不可能用來飲酒，想必這種器物的功能也已發生根本性變化，由單純的飲酒，過度為可盛放其他飲食的器皿。目前所見的出土"玉耳杯"均是較為袖珍精緻的器型，多數容量在180毫升上下，基本符合先秦時期"一升"左右的容量（圖2.38—2.40）。由此看來，"玉耳杯"的地位應與其他體型碩大的漆器耳杯有所區別，將其歸為"斝"類應是可行的。

圖2.38　海昏侯墓出土"玉耳杯"

圖2.39　徐州獅子山楚王陵出土"玉耳杯"

圖2.40　哈佛大學藝術博物館藏"玉耳杯"①

　　這些器物雖然年代較晚，但是這種酒器的形制應該是承襲先秦時期，並非漢人自創。"玉耳杯"是目前存量最多的玉製飲器，雖然

---

　　①　圖2.38—2.40出自管理《稱觴獻壽：淺說江西南昌西漢海昏侯墓出土玉羽觴》，《美成在久》2023年第1期。

這類器皿是不是"斝"尚無法確定。但是根據文獻我們可以分析出，(1) "斝"應是和"爵"體型類似的小型飲器；(2) "斝"的地位高於"爵"，為祭祀禮器；(3) 據"斝"的字形解析，其器可能呈現為"雙耳杯"的形態；(4) "雙耳杯"大小懸殊，漆器中體型較大者已喪失飲器功能；(5) 目前可見的"玉耳杯"體型小，做工精緻，應是地位較高的禮器，基本符合"玉爵"的地位。

除常見的"雙耳杯"之形外，紹興坡塘306號戰國墓曾出土一種帶有"雙玉環耳"的金杯。考古報告稱之為"玉耳金舟"；李零先生更名為"玉耳金枳"（圖2.41），認為"枳"即禮書中的"觶"，但同時提出："稱盞很合適，但無法確認一定就是酒器，楚地把碗狀帶蓋器或碗狀雙合器（即齊地稱為'敦'的器物）叫'盞'。"並認為，此器可能是春秋流行的"雙耳枳"，與戰國秦漢"雙耳杯"之間的過渡。[①] 此器稱"耳杯"或"盞"應是可行的，這件金器雙耳型態特殊，尚不知杯耳形制上的區別，是否意味著其與常見的"雙耳杯"存在質的不同。值得注意的是，這件器物與前文所述陳詳道《禮書》中的"斝"圖非常接近，彼時或也存在類似器物為陳氏作圖提供了參考。據器物形制判斷，這件"玉耳金枳"很符合三禮描述的"斝"或"盞"，並且也與"斝"字所象之形最為相似。

圖2.41　紹興坡塘戰國墓出土"玉耳金枳"

---

① 李零：《商周酒器的再認識——以觚、爵、觶為例》，《中國國家博物館館刊》2023年第7期。牟永抗：《紹興306號戰國墓發掘簡報》，《文物》1984年第1期。

　　除上述器物之外，若拋開"斝"之義，單純從"玉爵"的角度
分析，則還有一種可能性。出土器物中有一類與"伯公父爵"和漆
器"爵"形制頗為接近的"玉爵"，舊時多被學者稱為"玉瓚"或
"短柄瓚"，但實則應是"爵"屬（圖 2.42）。此類器物為玉製，器
型又與"爵"如出一轍，目前看來應是最符合"玉爵"之名的器
物。只是尚未找到此類器物與"斝""盉"等義之間的關聯，姑且
暫備於此。

圖 2.42　震旦藝術博物館藏"玉瓚甲""玉瓚乙"①

　　在"斝"的字形結構和所對應器型基本明朗之後，同樣有必
要簡單梳理一下古文字領域對"斝"字研究的誤解。與"爵"字
的情況類似，甲金文字中的"三足斝"與"斝"並無關聯，其字
形同樣也是"三足斝"的象形符號。此類符號的出土文獻資料比
較有限，且其用例也並非自名，如金文中曾發現一單字（圖
2.43），應歸入族名。② 甲骨文中"斝"字作" "" "等，
符號中描畫的"三足斝"器型對稱，有雙柱，有鋬可手持，無流無
尾，象形程度很高。

<hr />

①　孫慶偉：《周代裸禮的新證據——介紹震旦藝術博物館新藏的兩件戰國玉瓚》，
《中原文物》2005 年第 1 期。

②　王長豐：《殷周金文族徽研究》，上海古籍出版社 2015 年版，第 437 頁。

圖2.43　斝銘文①

　　在宋人誤將此器型定名為“斝”之後，便也順理成章將此類符號定為“斝”字。長期以來，將“斝”的古今字形混為一談的情況也不在少數。如羅振玉《殷墟書契考釋》中的論證便是如此，其將甲骨文字形與今文“斝”字對照，認為“散”“斝”古字接近，便疑禮經中的“散”皆為“斝”字之訛：“卜辭斝字作‘𤭹’，上象柱，下象足，形似爵而腹加碩，甚得斝狀。知許書從門作者，乃由竹而訛。卜辭從又象手持之，許書所從之斗殆又由此轉訛者也。又古彝文有𤭹字與此正同，但省又耳。其形亦象二柱三足一耳而無流與尾，與傳世古斝形狀吻合。可為卜辭𤭹字之證。又古散字作㪔，與𤭹字形頗相近，故後人誤認斝為散。《韓詩説》諸飲器有散無斝，今傳世古酒器有斝無散，大於斝者惟斝而已。諸經中散字疑皆斝字之訛。”② 這一説法得到很多學者的認同，王國維更在此基礎上提出了“五證”，藉以證明甲骨卜辭中“𤭹”應是“斝”字，由於“𤭹”和古散字“㪔”形近易誤，是以“後人誤認斝為散。”③ 李孝定認為羅王的説法可從，但是對於“斗”是“又”之訛則不認同：“從斗蓋累增之偏旁。斝為酒器，斗為量器，物類相近，故又增斗以為偏旁。此亦文字孳乳演變之通例也。斗古作𣁲，與又形略近，實不易相混也。”④ 以上諸説，皆是建立在默認“三足斝”即飲器“斝”的基礎上。當代學者也已經意識到類似説法並不可靠，《中國青銅器總論》

————————

① 羅振玉：《三代吉金文存》，中華書局1983年版，第571頁。
② 羅振玉：《殷墟書契考釋三種》，中華書局2006年版，第182—183頁。
③ 王國維：《觀堂集林》，中華書局1959年版，第145頁。
④ 李孝定：《甲骨文字集釋》，“中央研究院”歷史語言研究所出版1965年版，第十四。

中便指出"斝"與"三足斝"並非同一器物，羅氏所説可待商榷。[1]

　　就這一類問題而言，目前各學科常見的"涇渭分明式"研究方法，會産生明顯的局限性。這樣的思路很容易將兩個學科的"交叉領域"變成"空白領域"，並不利於解決問題和推進研究。目前最佳的研究方法不是將文字和器型割裂開來，而是將"三足斝"與甲金文字"斝"一同研究；將小篆階段之後的"斝"字，與傳世文獻中的飲器"斝"一同研究。如此既不存在兩類器物互相混淆的情況，也不會在分析字形時受到干擾。

　　綜上所述，聶崇義對於"爵"和"玉爵"整體形態的把握是基本正確的，三禮中記載的"爵"和"玉爵"應為地位較高的酒器，二者區別在於"爵"多為木製，是日常宴飲使用的"五爵"中地位最高的飲酒器；"玉爵"比"爵"更為尊貴，但不用於日常飲酒，而是用於高等級祭禮，與"尊""彝""瓚"的地位類似。"伯公父爵"銘文中的"爵"字，為"爵"之金文字形，其器也是目前可見的出土器物中最符合"爵"類特徵的器型，此類器型在先秦漆器中同樣可見，證實禮經內容無誤。此類器型同樣有見玉製器皿，可知"玉爵"或"斝"的形態、尺寸應與"爵"沒有太大差異，但是製作更為精良。今日常見的"三足爵"與三禮中記載的"爵"無關，宋人對此器定名有誤。而大多數甲骨文、金文中隸定為"爵"的字形，其實並非"爵"字，此為受"三足爵"定名影響造成的訛誤。"三足爵"應是一種温酒器，很可能為"六彝"之一。"三足斝"的器物定名和古文字隸定等問題，存在和"三足爵"同樣的訛誤。

　　通過上述分析，可證聶本《三禮圖》所繪圖釋並非全憑主觀想像，也並非僅尊三禮和鄭注。對於部分器型記載不確切的禮器，聶氏不僅注重實際器物，對前代禮圖的圖釋也大多審慎參照。聶氏對"爵"形制的理解基本無誤，盡管出土證據表明，聶圖中的"鳥雀

---

① 　朱鳳瀚：《中國青銅器綜論》，上海古籍出版社 2009 年版，第 168 頁。

爵"應該是先秦時期的"爵"在唐代產生的變體，器身的鳥雀裝飾
也較三代時期更為誇張，但此類器物本質上仍是飲器"爵"。

二　觚

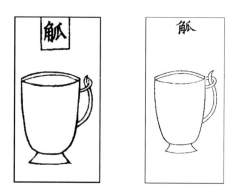

圖2.44　觚圖　《三禮圖》匏爵卷第十二（左為鎮江本　右為通志堂本）

聶崇義對"觚"的解釋主要引自舊圖和文獻，沒有附加其他
意見：

> 舊《圖》云："觚，銳下，方足，漆赤中，畫青雲氣通飾
> 其厄。"又："觚者，寡也，飲當寡少也，二升曰觚。"口徑四
> 寸，中深四寸五分，底徑二寸六分，今圓足。下至散，皆依黍
> 尺計之。[①]

據記載，這種飲器的形制應與常見的"杯形器"相近。"銳下
方足"表示上部分較寬，下部收窄，並帶有圈足。"漆赤中，畫青雲
氣"則表示器物內部為紅色，器身裝飾有黑色雲雷紋，這種配色及
紋飾搭配在漆器中十分常見。從聶崇義的圖釋來看（圖2.44），這

---

① （宋）聶崇義：《新定三禮圖》，通志堂刊本，清康熙十二年（1673），匏爵圖
卷第十二。

一"杯形器"基本符合"匏"的地位和功能，器物底部帶有圈足，沒有過多複雜裝飾，簡單實用。但圖中存疑之處有二，其一，舊圖中明明紀録"匏"上帶有"青雲氣"，聶氏卻未添加任何紋飾，且對刪除紋飾之舉未做出説明；其二，文獻未提及器身是否有其他部件，而圖釋中的"匏"帶有杯柄，且杯柄由兩部分構成，形成向上翹起的流線形，頗為獨特。值得注意的是，"匏"的杯柄與其後的"觶""角""散"等其器皆不相同，如此處理應有特殊原因，但文中同樣未對此加以解釋。

　　後文所引"二升曰匏"等内容出自《禮記·禮器》，① 這幾乎是考釋每件飲器都無法繞過的内容，三禮中只有此處明確指出了"五爵"之間的升數及尊卑關係。文中對"五爵"之名僅依照聲訓釋義，默認器名均作假借，難免牽强。但根據其記録的器物關係分析，"匏"在"五爵"中僅列"爵"之後，容二升，地位較高，應為製作較為精良的飲器，器物僅比"爵"略大。②

　　據禮經記載，"匏"的功能與"五爵"中的"爵""觶"等沒有本質區別，如《儀禮·燕禮》中有多處提及"匏"的用法：

　　　1. 主人北面盥，坐取匏洗。賓少進，辭洗。主人坐奠匏于篚，興，對。賓反位。
　　　鄭注：獻不以爵，辟正主也。
　　　2. 賓坐奠匏于篚，興，對。卒洗，及階揖，升。主人升，拜洗，如賓禮。賓降盥，主人降，賓辭降。卒盥，揖，升，酌

―――――――――

　　① 《禮記·禮器》中鄭注云："一升曰爵，二升曰匏，三升曰觶，四升曰角，五升曰散。"疏云："按《異義》：'今韓詩説：一升口爵。爵，盡也，足也。二升曰匏。匏，寡也，飲當寡少。三升曰觶。觶，適也，飲當自適也。四升曰角。角，觸也，不能自適，觸罪過也。五升曰散。散，訕也，飲不能自節，為人所謗訕也。總名曰爵，其實曰觴。觴者餉也。'"（漢）鄭玄注、（唐）孔穎達正義：《禮記正義》，上海古籍出版社 2008 年版，第 971—973 頁。
　　② 本書所提及的"爵"均指"飲器爵"，以下皆同。

膳，執冪如初，以酢主人于西階上，主人北面拜受爵，賓主人
之左拜送爵。

3. 主人盥洗，升，媵觚于賓，酌散，西階上坐奠爵，拜
賓。賓降筵，北面答拜。

4. 主人洗，升，獻大夫于西階上。大夫升，拜受觚。主人拜送
觚。大夫坐祭，立卒爵，不拜既爵。主人受爵。大夫降，復位。[①]

“觚”用以飲酒，鑒於存在“奠觚”“奠爵”等用法，可知這類
器物均可平放，應為圜底或帶有圈足。設置“五爵”的主要目的，
便在於彰顯用器人身份地位的差異，“觚”也不例外。《儀禮·大
射》中有：“主人洗，升，實爵，獻工。工不興，左瑟。”鄭注：
“洗爵獻工，辟正主也。獻不用觚，工賤，異之也。”[②] 説明“觚”
用器等級森嚴，這與對“五爵”的功能描述相符。“觚”多用在主
人以下的“賓”“大夫”等級別，而至於“士”一級則多用“觶”。
三禮中對於“觚”未做具體器型描述，唯有一些特殊材質的飲器如
“象觚”等，可以在鄭注中找到少許説解。此外，文獻中常見用
“爵”指稱其他飲器，尤其是《儀禮》中描述儀典流程時，多以
“爵”代指“觚”“觶”等，需詳加辨別。

三禮文獻中與“觚”相關的內容主要出現在《儀禮》中，《禮
記》中未提及“觚”，《周禮》也僅有《梓人》篇“梓人為飲器，
勺一升，爵一升，觚三升”一處，且此處鄭注“觚當為觶”，因此
也可認為《周禮》中同樣無“觚”的相關記載，這其中的原因很值
得探討。[③] 首先，這涉及到器物性質的問題。飲器中“玉爵”

---

① （漢）鄭玄注、（唐）賈公彥疏：《儀禮注疏》，上海古籍出版社 2008 年版，
第 401、403—404、407、425 頁。

② （漢）鄭玄注、（唐）賈公彥疏：《儀禮注疏》，上海古籍出版社 2008 年版，
第 502 頁。

③ （漢）鄭玄注、（唐）賈公彥疏：《周禮注疏》，上海古籍出版社 2010 年版，
第 1645 頁。

（"斝"）"爵""觚""觶"這幾件器物的地位，明顯高於"角"
"散"二器。根據統計可知，這幾件高等級飲器在三禮中出現頻次各
有其規律。其中"玉爵"地位比"五爵"更為特殊，屬於祭祀用彝
器，而非饗宴禮器。是以"玉爵"在《禮記》《周禮》中均有論及，
唯獨《儀禮》中無"玉爵"，這一點和"六彝""六尊"的情況類
似。《儀禮》沒有任何關於"六彝"的記載，"六尊"各自器名也沒
有出現。① 這種情況説明，《儀禮》中記錄的儀典用器，均與宗廟祭
祀所用的禮器有顯著區別。

　　除器物性質外，"觚"本身的等級便決定了它的使用頻率不會太
高。"爵"在三禮中出現次數雖多，但並不能説明"爵"是最常用
的飲器，僅是因為"爵"多作為統稱。以"爵"的地位而言，其實
際使用頻率應該遠低於"觚""觶"。在當時等級制度嚴格的情況
下，"爵"和"觚"作為級別最高的兩件飲器，真正可用的場合並
不多，是以文獻中的記載也十分有限。

　　此外，還有一點也不容忽視，禮經中的"觚"和"觶"常有相
混淆的情況。如前文提及的《梓人》，又如《儀禮·燕禮》："主人
北面盥，坐取觚洗。"鄭注："古文觚，皆為觶。"② 據鄭玄所説，這
種情況是因"觶"有異體作"觚"，進而形訛為"觚"："賓降，洗，
升，媵觚于公，酌散，下拜。公降一等，小臣辭。賓升，再拜稽首。
公答再拜。"鄭注："此當言媵觶，酬之禮皆用觶。言觚者，字之誤
也。古者觶字或作角旁氏，由此誤爾。"③

　　此外還有"觚""觶"容量記載不一的情況，如《説文》："觚，

---

① 但是《儀禮》中有若干關於"瓾""壺""瓦大"等内容，張辛先生認為此三
器可分別對應"著尊""壺尊""太尊"。但即便如其所説，相比起《周禮》和《禮
記》中的内容，《儀禮》的記載仍顯得過於簡略。張辛：《器與尊彝名義説》，《黃盛璋
先生八秩華誕紀念文集》，中國教育文化出版社 2005 年版。
② （漢）鄭玄注、（唐）賈公彥疏：《儀禮注疏》，上海古籍出版社 2008 年版，
第 401 頁。
③ （漢）鄭玄注、（唐）賈公彥疏：《儀禮注疏》，上海古籍出版社 2008 年版，
第 440 頁。

鄉飲酒之爵也。一曰觶受三升者謂之觚。"①《段注》對此提出質疑，認為許慎從於舊說，對 "觚" 的容量判斷不準確。② 但即使拋開容量問題不論，許慎的說解也有很多矛盾之處，許慎引用 "觶受三升者謂之觚"，顯然是認為 "觶" 為 "爵" 意，是為總稱。可是其在 "觶" 字下云 "實曰觶，虛曰觶"，③ 表示 "觶" 和 "觶" 是相對應的概念，而 "觶" 又釋為 "鄉飲酒觶"，④ 定義與 "觚" 相類。《說文》對此三字之間的關係界定十分模糊，理當存疑。

其他禮圖中對 "觚" 的形制有不同看法，陳祥道 "五爵" 中僅作 "爵" "觚" 二圖，很可能認為剩餘三器地位較低，《禮書》中的 "觚" 雖然也是 "杯形器"（圖 2.45），但是未加杯柄，器物呈規則對稱的六稜形，帶有圈足。陳氏對 "觚" 形的理解，想必是源於 "稜" 之義，《論語·雍也》："子曰：'觚不觚，觚哉！觚哉！'" 疏云："觚者，禮器，所以盛酒，二升曰觚。言觚者，用之當以禮，若用之失禮，則不成為觚也。"⑤ 朱熹云："觚，稜也，或曰酒器，或曰木簡，皆器之有稜者也。不觚者，蓋當時失其制而不為稜也。觚哉！觚哉！言不得為觚也。"⑥ 這段對 "觚" 的描述非常著名，金石學家定名 "青銅觚" 多基於上述內容。但其中並沒有解釋 "觚" 的具體形制特點。

---

① （漢）許慎：《說文解字》，中華書局 1963 年版，第 94 頁。

② "'鄉'亦當作'禮'。鄉飲酒禮有爵、觶無觚也，《燕禮》《大射》《特牲》皆用觚。'一曰觶受三升者觚'，觚受三升，古周禮說也。言一曰者，許作《五經異義》時從古周禮說，至作《說文》則疑焉，故言一曰，以見古說未必盡是。則韓詩說'觚二升'未必非也，不先言受二升者，亦疑之也。上文觶實四升，文次於從角單聲，引《禮》之下。其意蓋與此同，或云亦當有'一曰'二字。"（清）段玉裁：《說文解字注》，上海古籍出版社 1981 年版，第 187 頁。

③ （漢）許慎：《說文解字》，中華書局 1963 年版，第 94 頁。

④ （漢）許慎：《說文解字》，中華書局 1963 年版，第 94 頁。

⑤ （魏）何晏注、（宋）邢昺疏：《論語注疏》，中華書局 2009 年版，第 5384—5385 頁。

⑥ （宋）朱熹：《四書章句集注》，中華書局 1983 年版，第 90 頁。

圖 2.45 觚圖《禮書》卷第九十八

此外，據《儀禮·燕禮》："主人盥，洗象觚，升，實之，東北面獻于公。注：'象觚，觚有象骨飾也。'"① 等內容，陳祥道得出了有關作器材質方面的結論："《燕禮》《大射》，主人獻以觚，下饗禮也。饗禮惟不入牲，其他皆如祭祀，則用爵以獻可知也。《明堂位》加以璧散、璧角，則天子自觶而上用玉可知也。《燕禮》《大射》以象觚、象觶獻公，則諸侯之爵用象可知也。《燕禮》司正飲角觶，而《士喪禮》奠亦角觶。蓋大夫飾以角，士木而已。"② "觚"和"觶"的材質比較豐富，除木製以外，還可見玉製、象牙製。雖然鄭玄認為所謂的"象觚"只是用象牙進行裝飾，但不能排除上古早期階段古人會直接用象牙製作飲器，殷墟曾出土若干"骨豆""骨觚"等；而典籍中多記載"牛角杯""兕角杯"等器物（如"觥"），說明在早期階段，古人會因地制宜，選用方便處理的原料作器，這種情況在人類文明發展過程中屢見不鮮。象牙的外形與牛角最為接近，且象牙天然中空，方便整治，世界上其他民族以象牙做飲器的先例也不在少數。至漆木製器工藝成熟之後，飲器多改為木製，牛角和象牙這類材料的成本要比木材高出許多，所以再用來製作整器的可能性不大。是以，很可能早期的"象觚"確為象牙製，後期則改為在漆木器的基礎上，以象牙作為裝飾材料加以點綴。

在基本釐清了文獻中有關"觚"的內容後，我們可以從器物學的角度，進一步探討"觚"的形制。在青銅器系統中，"觚"這一

① （漢）鄭玄注、（唐）賈公彥疏：《儀禮注疏》，上海古籍出版社 2008 年版，第 405 頁。

② （宋）陳祥道：《禮書》，書目文獻出版社 1987 年版，第 376—378 頁。

定名起於宋人，《考古圖》中已有收録。其特徵為："長筒狀身，大喇叭形口，斜坡狀高圈足。"[①] 常見於商代至西周早期墓葬，考古學家將其器型大致分為"粗體"和"細體"兩類（圖2.46、2.47）。此類器物未見自名為"觚"，宋人稱其為"觚"的依據有二，一是其器身容量，《考古圖》認為"此器口可容二爵"，與《禮圖》所謂"二升曰觚"相合；[②] 其次便是由於器身帶有四棱，符合文獻所説的"觚，棱也"之義。

圖2.46　商代早期　變形獸面紋觚[③]　　　　圖2.47　商代晚期　黃觚[④]

在今日看來，這一定名顯然不妥。主要原因有三，首先，宋人是以"三足爵"的容量去衡量"觚"的尺寸，因此從根本上的衡量依據便是錯的。況且"三足爵"本身的尺寸、容積大小差異甚大，

①　朱鳳瀚：《中國青銅器綜論》，上海古籍出版社2009年版，第243頁。

②　（宋）吕大臨：《亦政堂重修考古圖》，清乾隆十七年黃氏亦政堂校刊本，1752年，卷第五。

③　陳佩芬：《夏商周青銅器研究》（夏商篇），上海古籍出版社2004年版，第39頁。

④　陳佩芬：《夏商周青銅器研究》（夏商篇），上海古籍出版社2004年版，第226頁。

以其容量來衡量"匏",恐怕尺寸標準難以統一。其次,"匏"上的四稜裝飾在商代銅器中十分常見,許多"鼎""卣""尊"上均有,與此同時,並非所有"匏"都帶有"稜",很多"粗體圓形匏"器身無"稜"。此外,一部分帶有"稜"的"匏",外型與"尊"十分相似,二者的區別基本只是在於器腹的粗細不同,其餘外型條件都很接近。結合上述原因和"青銅匏"盛行的時代分析,禮經中記載的飲器"匏"另為它物。現今很多學者已經發現"匏"的定名存疑,更有不少考古學家多根據出土器物本身特徵,分析出此類銅器的用途,如《中國青銅器綜論》中提出商代墓葬中多"匏爵同出",證明其間有關聯,所以"銅匏"亦是酒器。書中還引述林巳奈夫的觀點,認為"匏"至殷後期的器物開口過大,不適合用來飲酒,可能為"盛醴之器"。①

近年考古發現一件名為"內史亳豐同"的器物,可以對"青銅匏"的定名研究有較大幫助。"內史亳豐同"與常見的"細體匏"器型一致,其銘文中首次發現自名,作"同"(圖2.48)。② 不僅如此,其銘文曰:"成王易(賜)內史亳豐祼,弗敢虞,乍(作)祼同。"既言"祼同",則證明此器為祼禮用器,從器型判斷,很可能是"尊彝"之屬,等級頗高。這一發現意義重大,既可以證實文獻中的"匏"與此類銅器無關,又明確了"青銅同"的器物屬性。這件"同"可修正自宋以來的誤稱,也可以填補"青銅匏"研究方面的空白。

在釐清"青銅匏"的情況之後,則需重新審視"匏"的器型和材質。常規的"五爵"應均為木製酒器,雖然"匏"或許存在以不同材料作器的情況,但通常為漆器的可能性最大。從《中國漆器全集》先秦部分收錄的器物來看,目前共有六類器物可以符合"飲酒

---

① 朱鳳瀚:《中國青銅器綜論》,上海古籍出版社2009年版,第243—244頁。

② "內史亳豐同的發現,將以往被稱為'匏'的酒器正名為'同'。"吳鎮烽:《內史亳豐同的初步研究》,《考古與文物》2010年第2期。

圖2.48　内史亳豐同 器型及銘文

器”的特徵（表1）。其中“杯豆”一器雖然未找到對應的銅器，但
這種器型很像是“耳杯”和“高足杯”二者結合而成的器型。通過
分析可知，“耳杯”“瓚”“杯豆”“耳筒杯”這幾類基本以漆木器
為主，其出土量遠超銅器。唯有“卮”“帶流杯”這兩類，漆木器
和銅器都同樣稀少。

表1　　　　　　　　　　漆木飲器與銅飲器對照圖

	漆器		銅器
爵（瓚）	幾何形單耳豆形杯 戰國	雲紋瓚 春秋	伯公父爵 西周晚期
耳杯	勾連雲紋耳杯 戰國	幾何紋耳杯 戰國	四十一年工右耳杯 戰國晚期

续表

	漆器	銅器
帶流杯	 鳳紋帶流杯 戰國	 鷹流杯 戰國中期
卮	 狩獵紋卮 戰國	 素卮 漢
耳筒杯	 絢紋單耳筒杯 戰國	 萬諆觶 西周中期
杯豆	 鳥紋杯豆 戰國	 獸面紋高足杯 商中期

這幾類器型雖然存量不多，但卻能為我們進一步研究"觚"原本的形制提供思路。首先需要明確的一點是，判斷"觚"的形制不能以"青銅觚"作為依據。有些戰國銅器上刻有"宴樂圖"，其中多有"耳筒杯"之形，很多學者而因漆器"耳筒杯"與"青銅觚"十分相似，所以認同"耳筒杯"便是"青銅觚"。閻步克先生曾著重分析圖中這類"耳筒杯"，認為可以確定圖上的"筒形器"或"喇叭形器"為飲酒器。判斷其為飲酒器是沒錯的，但是文中最後得出結論卻值得商榷："商周之觚與宴樂圖上的筒形器最接近，揚之水把筒形器認定為觚，最為可取。同時周代的青銅觶也有喇叭口、細腰的，青銅酒杯也有上邊大、下邊略細的。如前所述，西周早期有一件觚形器自名為'同'，同者筒也。排除了溫酒器爵、角、斝，商周的實用飲酒器主要就是觚、觶及杯、尊。它們都是筒形。"[1] 認為圖中器物即"青銅觚"顯然是不妥當的，這種"喇叭形"器物在類似的刻畫上多有出現，證明這是使用頻率極高的一類飲器，根據文獻判斷，"五爵"中的"觶"應更符合其功能。漆器中的"耳筒杯"與這種"筒形器"相似度較高，現有的銅器資料中，"萬諆觶"與這類喇叭形器皿的外形、地位最為吻合，[2] 可知圖中所用酒器蓋為"觶"無誤，這也與《儀禮》中記載的用器情況相符。

就目前的資料來看，最符合"觚"的器型，應是一類帶有單柄的杯形飲器（圖2.49）。除商代"斜角雷紋觚"外，二里崗還曾出土一件類似的"灰陶觚"（圖2.50），[3]《中國陶瓷全集》中另錄有幾件類似的陶杯，多為西周時期器物（圖2.51、2.52），這些器物證明此類形制的酒杯由來已久。此外，殷墟曾出土一件製作精美的"嵌綠松石象牙杯"，杯身用完整的象牙製成，上嵌綠松石作為裝飾，極其罕見（圖2.53）。其器型與上述"單柄杯"基本一致，蓋即文

---

① 閻步克：《禮書"五爵"的稱謂原理：容量化器名》，《史學月刊》2019年第7期。
② "萬諆觶"帶有自名為"觶"，可證此說，詳見下文《觶》篇。
③ 《中國陶瓷全集》中將此器定名為"黑灰陶杯"。

獻中提及的"象觚"之原型。這類出土器物同時可以證明，"象觚"
"玉爵""璧角"等附帶"材質修飾詞"的器名，最初指的應是作器
材質，而不僅是裝飾。綜合各個方面因素來看，此類"單柄杯"的
風格與"觚"最為相符。

③圖 2.49　斜角雷紋觚 ①

圖 2.50　黑灰陶杯 ②

圖 2.51　硬陶回紋把手杯

圖 2.52　硬陶夔龍鋬杯 ④

圖 2.53　嵌綠松石象牙杯 殷商⑤

①　中國青銅器全集編輯委員會：《中國青銅器全集》1，文物出版社 1996 年版，第 162 頁。

②　中國陶瓷全集編輯委員會：《中國陶瓷全集》2，上海人民美術出版社 2000 年版，器 19。

③　中國陶瓷全集編輯委員會：《中國陶瓷全集》2，上海人民美術出版社 2000 年版，器 116。

④　中國陶瓷全集編輯委員會：《中國陶瓷全集》2，上海人民美術出版社 2000 年版，器 125

⑤　《嵌綠松石象牙杯》，《歷史評論》2020 年第 2 期。

　　值得注意的是，這類“單柄杯”與聶崇義所繪“觚”圖十分接近，尤其是圖中與衆不同的器柄部分，此刻便有了合理的解釋。就上述幾件“單柄杯”來看，其杯柄的上半部分往往帶有明顯的裝飾，並且會呈現出一個向上翹起的弧度。聶圖中將“觚”的杯柄畫成向上揚起的形狀，很可能正源於此。這樣的細節，顯然不會是聶崇義自行想像得來的，文獻中也找不到類似記載，所以很可能是他當時參照過類似的古器物。如前文所述，“觚”圖中沒有畫出“青雲氣”，聶氏又未做出解釋，此爲一大疑點，因爲以“觚”的地位來看，完全素飾無紋是不合理的。現下結合器柄的情況判斷，應是聶氏參考的實物便作此形，出於某種原因，聶崇義認可此器即“觚”，但是沒有在文釋中詳細解釋他的理據。從“釋禮”的角度而言，這的確是較大的疏失，即使他本人理解其形，但闡釋不到位，等同於沒有完成“釋”的步驟。

　　儘管如此，綜合各方面信息判斷，《三禮圖》對“觚”整體器型風格的把握，應是沒有太大問題的。這種“單柄杯”最接近“觚”的形制，此類器物在商周時期的陶器中較爲多見，漆木器和銅器中出土量較少，但都極爲精緻。這類“觚”是夏商時期流傳下來的器型，目前所見的器物上多帶有紋飾，不應是聶圖中繪製的素白器身，但是圖中的器型並不是聶崇義臆想而來。這種“單柄杯”自先秦一路流傳，至今更成爲杯類器皿的主流器型，可證明這種器皿的實用性能較高，是以幾千年來始終未被淘汰。

　　三　觶

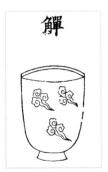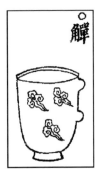

圖2.54　觶圖　《三禮圖》匏爵卷第十二（左爲鎮江本 中爲通志堂本 右爲鄭氏本）

"觶"的解釋與"觚"類似，不僅簡潔，且聶氏對文獻內容未作闡釋。《三禮圖》云：

> 《禮器》曰："尊者舉觶。"注云："三升曰觶。"口徑五寸，中深四寸強，底徑三寸。舊《圖》云："凡諸觴皆形同，升數則異。"孔疏云："觶者，適也。飲當自適。"①

聶氏繪圖簡單，看似形制上沒有存疑之處（圖2.54）。但是通過"觶"圖與"觚""角""散"圖相對照，可知"觶"區別於其他幾件器物的主要依據，在於杯柄形狀。在此基礎上，再將不同版本的聶圖仔細對比，會發現恰恰是該器物的杯柄部分存在明顯問題。但文釋部分並沒有刻意強調"觶"的杯柄形狀，也沒有突出"觶"和其他飲器之間的區別。

通過對比三個版本的《三禮圖》，可發現鎮江本中"觶"帶有較小的圓形杯柄，通志堂本沒有附帶杯柄，鄭氏本的圖釋則有些難以解釋，器身旁邊延伸出兩處突起，並且這兩處突起明顯是呈"實心"，形狀圓且短小，難以確定是作為特殊裝飾還是杯柄。聶本中的其他圖釋，雖然也會在不同版本中呈現出細微差別，但主要是在於細微之處的線條、紋飾方面，並不影響器物形制，如"觶"圖中更改器物部件的情況較為罕見。此三張圖釋，對於我們確定聶氏所參考的實物器型有很大幫助。尤其是現存最早的鎮江本，所繪杯柄形狀十分特別，圖中的杯柄較小，很有可能在後世傳抄過程中出現脫漏，甚至有可能被認為是筆誤所致，但結合出土器物，會發現鎮江本的圖釋反而更加接近三代實物。這一處區別雖然很小，但是卻能在研究器型特征問題時起到關鍵作用，將於下文探討器物形制時詳述。

---

① （宋）聶崇義：《新定三禮圖》，通志堂刊本，清康熙十二年（1673），匏爵圖卷第十二。

　　"觶"部分的文釋均引自典籍，聶崇義未加按斷，舊圖中明確表示"五爵"器型完全一致，但此説不可信。如前所述，三禮中僅明確"五爵"升數，未提及形制差異，這也應是舊圖認為"諸觴皆形同，升數則異"的原因之一。從邏輯角度分析，既然三禮各本均沒有記載"五爵"器型，則推斷五類飲器形同，這種解釋看似是合理的。可是聶崇義在下文"角""散"中皆引舊圖内容，其中"角"有云"制如散"，"散"又云"散似觚"，① 舊圖中這些解釋顯然與"觴皆形同"一説互相矛盾。倘若"五爵"器型本就沒有區别，則無須特别強調"角""散""觚"之間獨立存在的相似性。

　　其次，三禮中與禮器有關的内容，多是記錄器物使用的儀典場合，偶爾涉及到器物組合、規制、尺寸方面，即便是"尊彝"類級别最高的禮器也沒有描述具體器型特徵，但這並不代表各類器物之間不存在明顯的外型差異。再從器物角度分析，"五爵"的容量分為明確的五個等級，彼此之間均有一升的差距，這種差别應該是顯而易見的。而現今可見的銅器、漆器中，均未見器型完全一致，但存在明顯"五等級"尺寸差異的器物。由以上分析可知，"觴皆形同"一説恐難以成立，"五爵"雖為組合禮器，器物彼此之間存在關聯，但並不一定是五件外型一致的器物，是以聶崇義也沒有采納舊圖之説。

　　三禮對"觶"的相關記載主要集中在《儀禮》中，《周禮》未提及"觶"。其中"觶"較"觚""角""散"而言，出現頻率明顯高出數倍，尤其在《鄉飲酒禮》《鄉射禮》《大射》等篇目中出現次數最多，可見此器多用在饗宴場合，且使用率頗高。值得注意的是，《儀禮》中多有以"爵"代"觶"的情況，如《儀禮·有司》中有："兄弟之後生者舉觶于其長"一文，鄭注曰："古文觶皆為爵。延熹中，設校書，定作觶。"② 雖然經過校改，但目前版本中依舊存

---

① （宋）聶崇義：《新定三禮圖》，通志堂刊本，匏爵圖卷第十二。

② （漢）鄭玄注、（唐）賈公彦疏：《儀禮注疏》，上海古籍出版社 2008 年版，第 1558 頁。

在類似情況。

目前所見"觶"的使用量明顯高於其他飲器，這一現象值得深究。從邏輯角度分析，"觚""觶"二器的地位接近，本應該沒有太大的區別，但三禮中記載的情況卻差異甚大。《禮記》有"觶"無"觚"，[①]《周禮》"觚""觶"皆無。"觶"在《儀禮》中出現頻率很高，文獻體量較"觚"高出數倍。"觚"作為地位更高的飲器，不僅在《禮記》《周禮》中未被提及，甚至在《儀禮》中也著墨不多，而這一現象也無法以"貴重酒器使用頻率低"這一邏輯來解釋，因為"角""散"在三禮中出現頻率也都很低。所以最合理的解釋是，"觶"本身便是使用率最高的飲酒器，如《特牲饋食禮》："篚在洗西，南順，實二爵、二觚、四觶、一角、一散。"注曰："二爵者，為賓獻爵止，主婦當致也。二觚，長兄弟及眾賓長為加爵，二人班同，宜接並也。四觶，一酳奠，其三，長兄弟酬賓，卒受者，與賓弟子兄弟弟子舉觶於其長，禮殺，事相接。"[②] 此處"五爵"皆備，而其中"觶"的使用量最多。"觶"的地位處於"五爵"中流，按照用器人身分來看，"爵""觚"高貴，只有地位最高者可用，所以用量少；而"角""散"則地位過低，大部分場合的賓客也不適用；"觶"則可以符合大多數宴飲儀典的需求，由"公""卿""大夫"至"士"均可使用，是以"觶"在日常儀典的使用頻率為"五爵"中最高。

由於尊卑等級上的差異，使得"觶"的用法也與"爵""觚"不同。"觶"不用於"獻"，如《鄉飲酒禮》和《鄉射禮》中均有："獻用爵，其他用觶"一文，鄭注均云："爵尊，不褻用之。"[③]《鄉

---

① 雖然三禮中常見"觚""觶"相混的情況，但《禮記》有關"觶"的7條內容中，均未見注疏有相關修正，說明《禮記》中記載的內容確實為"觶"。
② （漢）鄭玄注、（唐）賈公彥疏：《儀禮注疏》，上海古籍出版社2008年版，第1422頁。
③ （漢）鄭玄注、（唐）賈公彥疏：《儀禮注疏》，上海古籍出版社2008年版，第254、364頁。

飲酒禮》中有疏曰："案上獻賓、獻衆賓等，皆用一升之爵，至酬及旅酬之等皆用三升之觶。以獻為初相敬，故用爵，以酬之等皆用為相勸，故用觶，是以鄭云'爵尊，不褻用之'也。"[1] 此處也解釋了"以酬之等"均需要用"觶"，這一點在《燕禮》中又加以強調："賓降，洗，升媵觚于公，酌散，下拜。公降一等，小臣辭。賓升，再拜稽首。公答再拜。"注曰："此當言媵觶，酬之禮皆用觶。言觚者，字之誤也。古者觶字或作角旁氏，由此誤爾。"[2] 鄭玄判斷"觚""觶"訛誤的原因便是"酬之禮皆用觶"，可見這一用途區分較為嚴格。

此外，"觶"本身的使用範圍非常廣泛，可用於飲用"漿""醴""酒"等多種不同類別的酒。如《公食大夫禮》："宰夫執觶漿飲與其豐以進。"[3] 又《士喪禮》："東方之饌，兩瓦甒，其實醴、酒，角觶，木柶。"[4]《既夕禮》："設棜于東堂下，南順，齊于坫，饌于其上，兩甒醴、酒，酒在南。筐在東，南順，實角觶四，木柶二，素勺二。豆在甒北，二以竝。籩亦如之。"[5] 總體而言，"五齊""三酒""四飲"中最主要的幾種酒均可用"觶"。

除常規飲酒之外，"觶"還可以充作"罰爵"，這一用法在"爵""觚"中未見。如：

1. 不勝者進，北面坐取豐上之觶，興，少退，立卒觶，

---

① （漢）鄭玄注、（唐）賈公彥疏：《儀禮注疏》，上海古籍出版社 2008 年版，第 254 頁。

② （漢）鄭玄注、（唐）賈公彥疏：《儀禮注疏》，上海古籍出版社 2008 年版，第 440 頁。

③ （漢）鄭玄注、（唐）賈公彥疏：《儀禮注疏》，上海古籍出版社 2008 年版，第 787 頁。

④ （漢）鄭玄注、（唐）賈公彥疏：《儀禮注疏》，上海古籍出版社 2008 年版，第 1108 頁。

⑤ （漢）鄭玄注、（唐）賈公彥疏：《儀禮注疏》，上海古籍出版社 2008 年版，第 1235 頁。

進，坐奠于豐下，興，揖。

　　注："立卒觶，不祭不拜，受罰爵，不備禮也。右手執觶，左手執弓。"（《鄉射禮》）①

　　2. 司宮士奉豐由西階升，北面坐設于西楹西，降，復位。勝者之弟子洗觶，升，酌散，南面坐奠于豐上，降，反位。

　　注："弟子，其少者也。不授者，射爵猶罰爵，略之。"

　　疏："云'不授者，射爵猶罰爵，略之'者，案《詩》云：'兕觥其觩，旨酒思柔。'注云：'觩，陳設貌。'觥，罰爵，不手授。此飲射爵亦不手授，故云猶罰爵也。案獻酬之爵皆手授之，此不手授，故云略之也。若然，士以下飲罰爵者，取於豐，大夫已上皆手授，尊之，故下注云：'授爵而不奠豐，尊大夫也。'其三耦之內，雖大夫亦取於豐者，以其作三耦與衆耦同事，故不復殊之。"（《大射》）②

　　此處所謂的"觩，陳設貌。"未引述完全，鄭箋原文："兕觥，罰爵也。古之王者與羣臣燕飲，上下無失禮者，其罰爵徒觩然陳設而已。"③ 此處特別以"觥"做對比，一般概念中均認為"罰爵"即"觥"，是專門為罰酒設置的飲器。但就上文內容看來，所謂專用於罰酒的"觥"很可能主要作為陳設，並不真正用來罰酒。"觥"為罰爵不假，但其與"五爵"等器地位不同，正如聶崇義在"觥"一節所論："《特牲》：'二瓬、二爵、四觶、一角、一散'，不言觥。然則觥之所用正禮所無，不在五爵之例。"④ "觥"的地位很低，非正禮所用的禮器。在正式宴飲場合中，用"觥"來罰酒於禮不合，

---

　　① （漢）鄭玄注、（唐）賈公彥疏：《儀禮注疏》，上海古籍出版社 2008 年版，第 330 頁。

　　② （漢）鄭玄注、（唐）賈公彥疏：《儀禮注疏》，上海古籍出版社 2008 年版，第 538 頁。

　　③ （漢）鄭玄箋、（唐）孔穎達疏：《毛詩注疏》，中華書局 2009 年版，第 481 頁。

　　④ （宋）聶崇義：《新定三禮圖》，通志堂刊本，匏爵圖卷第十二。

所以選擇"觶"來充當罰爵。

"觶"的材質除常規漆木製，還有"象觶""角觶"。《燕禮》中有："洗象觶，升，實之，坐奠于薦南"一文，① 又有："司正洗角觶，南面，坐奠于中庭。"② 鄭玄認為所謂"象某"只是用象牙進行裝飾，③ 而陳祥道則認為"象觶""角觶"即是指作器材質本身不同。④ 由出土資料可知，商周時期多有象牙、玉石所製的杯形飲器，陳祥道此説可從。

此外，在饗宴中，即使所執飲器不變，器皿中盛放不同的酒，也可象征不同的階層身分。就"觶"的情況而言，常見其盛放"膳"和"散"兩種不同的酒，《禮經釋例》云："膳謂瓦大之酒，公之酒也。散謂方壺之酒，臣之酒也。"⑤《燕禮》中有云："若膳觶也，則降更觶，洗，升，實散。大夫拜受，賓拜送。"注曰："言更觶，卿尊也。"⑥ 此處可見"散酒"地位低於"膳酒"，以"散"獻卿，乃是"主人獻卿，升酌散者，辟賓也。"⑦ 因要用"散酒"獻卿，是以"更觶，洗"以示尊重。《儀禮》中也有見"膳爵"一詞，但未見其他飲器與"膳"連用。如《燕禮》中有："士也有執膳爵者，有執散爵者。"⑧ 以士的等級來看，本不應該酌"膳"，但宴飲中有特定場合可以破例："蓋禮盛者酌膳酒，明君臣共之也。禮殺者

---

① （漢）鄭玄注、（唐）賈公彥疏：《儀禮注疏》，上海古籍出版社 2008 年版，第 410 頁。

② （漢）鄭玄注、（唐）賈公彥疏：《儀禮注疏》，上海古籍出版社 2008 年版，第 433 頁。

③ （漢）鄭玄注、（唐）賈公彥疏：《儀禮注疏》，上海古籍出版社 2008 年版，第 405 頁。

④ （宋）陳祥道：《禮書》，書目文獻出版社 1987 年版，第 376—378 頁。

⑤ （清）凌廷堪：《禮經釋例》，江西人民出版社 2017 年版，第 75 頁。

⑥ （漢）鄭玄注、（唐）賈公彥疏：《儀禮注疏》，上海古籍出版社 2008 年版，第 415 頁。

⑦ （清）凌廷堪：《禮經釋例》，江西人民出版社 2017 年版，第 75—76 頁。

⑧ （漢）鄭玄注、（唐）賈公彥疏：《儀禮注疏》，上海古籍出版社 2008 年版，第 444 頁。

酌散酒，示臣不敢並君也。"① 只不過《燕禮》中所指的應該也是
"膳觶"，稱"膳爵"只是以"爵"統稱。原因在於，以卿和士的地
位來看，既然"膳"的地位為尊，則"膳觶"的等級已經不低，若為
"膳爵"就更是"酒"與"器"組合的最高等級。獻卿尚且不用"膳
觶"，則士更不可能執"膳爵"，所以此處應是士執"膳觶"更妥當。
綜合分析上述文獻可知，除"五爵"本身既定的尊卑以外，飲器所盛
放的酒也會為其帶來附加的等級之分，"酒"與"器"二者相加之總
和，可將身份等級反映得更加准確。

　　由此可見，飲器本身雖已有尊卑之分，但其中所盛放的酒也是
不可忽視的，酒的尊貴程度會直接影響器物的等級，或是為器物劃
分出更細緻的類屬。因此有必要在明確器物尊卑的基礎上，根據儀
典中實際的使用情況，進一步細化分類標準。以"觶"的情況來看，
此器用途廣泛，使用率高，可用以盛放"漿""醴""酒"等諸多不
同性質的飲品。這些飲品的等級差異，是否會導致"觶"分化出其
他變體，是個值得深入探討的問題，而這一點也可以為我們後續研
究"觶"的器型提供更多思路。

　　想要釐清"觶"的器型問題，首先需要明確"青銅觶"與
"觶"之間的關係。目前青銅器中沒有發現自名為"觶"的器物，
今日"青銅觶"之定名源於《博古圖》，器型特徵多為"圓腹侈口
圈足而有蓋"。② 常見兩類器型，一類扁體，一類圓體。"青銅觶"
器型不大，高度通常在 10－20 公分之間，帶有器蓋，做工精緻，類
似於小型的"壺"。

　　這一器物顯然與禮經中的"觶"關係不大，按照器型特徵分析，
"青銅觶"更有可能是"壺"類的變體。出土器物中有一部分"觶"
的自名即為"飲壺"，《中國青銅器》中將這些"觶"單獨列為一
類，依照其自名稱為"飲壺"，認為用途是"飲酒之杯"，非"壺"

---

① （清）凌廷堪：《禮經釋例》，江西人民出版社 2017 年版，第 75 頁。
② 容庚：《商周彝器通考》，上海人民出版社 2008 年版，第 308 頁。

類，且"名為飲壺者均為方體之形"① （圖 2.55、2.56）。另有一類
體型稍大的"方壺"，也被歸為"飲壺"類（圖 2.57、2.58）："西
周恭王時代的曩仲壺和伯壺，形式都似壺而方，但器形較小，皆自
銘為飲壺，可知小型的壺可作為飲壺，則此壺也可視為飲壺，與觶
的作用一樣，都是飲酒器。"② 之所以沒有將這些"飲壺"歸為"盛
酒器"，應主要由於器物尺寸與常見的"壺"有差異。但是既然自
名為"飲壺"，則這類器物也理應歸為"壺"類。

圖 2.55　伯𣱲觶 器型及銘文③

圖 2.56　井叔觶 器型及銘文④

圖 2.57　曩仲觶 器型及銘文⑤

圖 2.58　獸面紋飲壺⑥

---

① 馬承源：《中國青銅器》，上海古籍出版社 2003 年版，第 176 頁。

② 陳佩芬：《夏商周青銅器研究》，上海古籍出版社 2004 年版，第 309 頁。

③ 曹瑋主編：《周原出土青銅器》（七），巴蜀書社 2005 年版，第 1382—1384 頁。

④ 李伯謙主編：《中國出土青銅器全集》（16），科學出版社 2018 年版，第 449 頁。

⑤ 中國青銅器全集編輯委員會：《中國青銅器全集》7，文物出版社 1996 年版，
器 88。

⑥ 陳佩芬：《夏商周青銅器研究》，上海古籍出版社 2004 年版，第 308—309 頁。

　　首先，根據器蓋分析，"飲壺"的器蓋與"壺"類常見的"內塞式"器蓋相符，可知其為"壺"類可信。① 再從"飲壺"的功能來看，其為"壺"類變體也十分合理。正如前文所論，同一類飲酒器若用於盛放不同等級的飲品，很可能會產生變體，盛酒器的情況也是如此，"壺"類器物便是十分典型的例證。出土銅器中"壺"的變體並不罕見，"壺"作為最主要的盛酒器，其形制會依據不用的用途、使用場合而發生變化。諸如《周禮·酒正》所載的"五齊三酒"以及祭祀所需的"鬱鬯""秬鬯"均需要不同的盛酒器："青銅器中自名為壺或有記其功用的，如西周中期的孟𢦤父壺自名'鬱壺'，知其專用以盛放鬱鬯或鬱的煮汁；西周晚期的伯庶父壺、春秋早期的曾伯陭壺等，自名'醴壺'，《説文解字》：'醴，酒一宿孰也。'段玉裁引《周禮·酒正》注説明醴即多糟之甜酒，一宿即熟，表明此種酒易成，醴壺當是專用以盛放醴酒之器。"② 是以"飲壺"應與"鬱壺""醴壺"類似，同為"壺"類盛酒器。

　　現在被稱為"壺"的器型分類十分複雜，基本可算做盛酒器的統稱，很可能是一種"小共名"。目前的"壺"可依據其形狀，分為橢圓腹壺、圓腹壺、圓角長方形腹壺、方形腹壺、扁鼓形腹壺以及瓠壺六類。"飲壺"與"壺"類器物的特徵基本吻合，其差別主要在於尺寸大小。而"飲壺"這一自名，或可解釋這種尺寸差異產生的緣由。"飲壺"的用途很可能介於飲酒器和盛酒器之間，宋人將這類器物定名為"觶"，估計也是考慮到其器物尺寸和飲器類似。"飲壺"的外形雖為盛酒器，但是體量很小，相對於一般的"壺"而言，小巧輕便，更易於搬運、攜帶；同時又附有器蓋，可儲存酒類，比一般飲器多出一重功能。既可盛酒，必要時又可滿足直接飲

──────────

① 有學者提出根據器蓋的扣合方式上來判斷"壺"和"卣"較為准確，兩種器物的蓋子一個是"內塞式"，另一個是"外扣式"："以承接方式區別卣與壺，即將母蓋承子口的歸為卣，母口承子蓋者稱為壺。"張昌平：《論濟南大辛莊遺址 M139 新出青銅器》，《江漢考古》2011 年第 1 期。

② 朱鳳瀚：《中國青銅器綜論》，上海古籍出版社 2009 年版，第 224 頁。

用的需求，十分方便且實用。總體來説，"飲壺" 應該是一種可以兼具盛、飲兩種功能的器物。

　　在確認 "青銅觶" 與 "觶" 無關之後，我們可依據文獻描述，尋找符合 "觶" 類特征的器物。按照三禮記載，"觶" 應多為木制，在銅器中較為罕見，目前在出土銅器中只可找到少量能與之匹配的器型。現藏臺北故宫博物院的 "萬諆觶"，為十分典型的 "杯形器"，這種呈喇叭形的飲器貫穿古今，與今日常見的 "無柄杯" 並無二致（圖 2.59）。其銘文中有 "萬諆乍（作）兹晨"，表明其器自名為 "晨"。而根據《説文》記載，"觶" 字有異體從辰，作 "觴"，則此處銘文中的 "晨" 讀為 "觶" 可通。除 "萬諆觶" 外，出土銅器中還有若干更早期的器物。現藏北京故宫博物院的 "▨觶" 為商代晚期銅器（圖 2.60），此器雖無自名，但是器型特徵與 "萬諆觶" 一般無二，應為同類飲器。目前可見的漆器中，與這種喇叭口狀杯形器最接近的是 "耳筒杯"（圖 2.61），其在器物造型和尺寸容量等方面與前兩件 "銅觶" 差異不大，可認為是同類器物。

圖 2.59　萬諆觶 器型及銘文 西周中期①

---

　　①　（臺北）故宫博物院編輯委員會編：《商周青銅酒器特展圖録》，臺北故宫博物院 1989 年版，第 124 頁。

圖 2.60　[觶] 商代晚期①　　　圖 2.61　絢紋單耳筒杯 戰國②

　　至於前文提及的"觶"類變體問題，前代學者已經有相關考證。
王國維曾作《釋觶觝卮𫮃𬤇》一文，這也是最早專門研究"觶"的
文章。文中考證了"觶觝卮𫮃𬤇"五字之間的關係，提出"卮，鄉
飲酒禮器也，古以角作，受四升。古卮字作𧣨。"由此證明"卮"
"觶"為一物，並且最終得出："此五字同聲，亦當為同物"的結
論。③　"卮"字《説文》解為"圜器也，一名觝"，而"觝"字在
《段注》中的解釋是："卮也，各本作小觶也，《廣韵》同。《玉篇》
作小卮也，《御覽》引《説文》亦作小卮也。今按，卮下云圜器也，
一名觝，則此當作卮也無疑。小徐本廁此，大徐本改廁於觶篆後，
云：小觶也，殊誤，卮非觶也。《漢高紀》：'奉玉卮爲大上皇壽。
應劭曰，飲酒禮器也，古以角作，受四升。'古卮字作𧣨，許云觶，
禮經作𧣨。則𧣨字非卮古字。應仲遠誤合爲一。《三都賦》序舊注因
之，遂有改《説文》者矣。今更正。古者簠簋爵觶，禮器也，敦牟

_____

　　①　故宮博物院編：《故宮青銅器》，紫禁城出版社 1999 年版，器 90。
　　②　中國漆器全集編輯委員會：《中國漆器全集》（1 先秦），福建美術出版社 1997
年版，第 78 頁。
　　③　王國維：《觀堂集林》，中華書局 1959 年版，第 291 頁。

卮匜，常用器也。"① 此處段氏專門指出"觛"即"卮"，"卮"和"觶"有區別，並強調"觶"是禮器，"卮"是常用器。"卮"和"觛"二字同義，均云"各本作小觶"，説明"觶"類飲器確是存在變體的。而《説文》又有："𤰈，小卮也"一説，以此類推，"卮""觛"即"觶"的變體，"𪉖"或"𤰈"又為"卮"的變體，"觶"相對體型較大，"卮""觛"次之，"𤰈"又更小。值得注意的是，既然《段注》中提及，"觶"類飲器存在禮器和常用器之分，則這裡談論的大小恐怕也不僅僅指尺寸，在器物形制和製作工藝方面也應該有差異。

　　根據王國維的論述，"觶"的變體並不止一類，但是文獻中未提及這些變體之間的器型差異。出土器物中確有定名為"卮"的器物，並且在陶器、玉器、漆器、銅器中均有出土（圖 2.62–2.64）。從保存較為完好的漆器"廿九年卮"看來，這類"卮"有附帶器蓋的器型；還有製作更精良的"玉卮"，如著名的洛陽金村"飾金鳳玉卮"（圖 2.65），其器型設計之精美，工藝水準之高，可謂是此類飲器中之佼佼者。也有不帶器蓋的形制，如臺北故宮所藏的兩件漢代銅卮（圖 2.66、2.67），這兩件器物雖然時代稍晚，但是造型簡單，也很符合"卮"的特徵。上述"卮"根據器型特徵又可分為兩類，其中有器蓋的"卮"，多呈圓筒狀，腹無園曲，多為平底，帶有"三蹄足"，且器蓋上帶有與"三蹄足"位置對應的三件裝飾；而沒有器蓋的"卮"多為平底，腹壁園曲，腹鼓，帶有圈足或平底無足。這兩類器型雖有明顯區別，但是最主要的共同點在於"杯柄"。這些帶有單杯柄的"卮"，杯柄大多呈現為小小的正圓形，這有可能是受到其他文化作器風格的影響。如青海曾出土一件辛店文化時期的"單耳杯"（圖 2.68），其杯柄同樣較小，接近正圓形，與中原同時期的"單柄杯"陶器有明顯區別。

---

① （清）段玉裁：《説文解字注》，上海古籍出版社 1981 年版，第 186 頁。

圖 2.62　狩獵紋卮 戰國①　　圖 2.63　廿九年漆卮　　圖 2.64　鑲玉卮 西漢②
　　　　　　　　　　　　　戰國晚期③

圖 2.65　飾金鳳玉卮 東周④

　　① 中國漆器全集編輯委員會：《中國漆器全集》（1 先秦），福建美術出版社 1997
年版，第 87 頁。

　　② 李凱、王建玲：《話説玉耳杯——"觴"、"羽觴"、"耳杯"的關聯》，《文
博》2007 年第 5 期。

　　③ Asian Art Museum of San Francisco, *The Asian Art Museum of San Francisco*：*select-
ed works*, San Francisco：The Museum；Seattle：Distributed by the University of Washington
Press，1994，p. 137。

　　④ 現藏哈佛藝術博物館，題名為"Covered Jade Cup with Gilt Bronze Fitting Deco-
rated with Three Felines and Three Crested Birds"。圖片來源：https：//harvardartmuse-
ums. org/collections/object/204564？position＝0。

圖2.66　素巵 漢①

圖2.67　弦紋巵 漢②

圖2.68　彩陶單耳杯③

　　值得注意的是，前文所引鎮江本《三禮圖》中，聶崇義所繪製的“觶”，杯柄同樣呈現為小小的正圓形，與書中其餘“五爵”圖截然不同。據此分析，聶崇義繪圖時應是參考了“巵”類器物，否則僅憑藉文獻中的有限的描述，不大可能聯想到“觶”的杯柄會與其他器物有細微差別。根據目前出土資料可知，“單柄杯形器”，在商周陶器中屬於較為常見的飲器，而後也很可能演變出其他帶有不同形狀單柄的杯形器。這類“巵”雖然與前述的“萬諆觶”有些許差異，但同樣符合此類飲器的特徵。典籍多言“巵”為“小觶”，則按照“五爵”由小到大的排序規律，“巵”很可能是尺寸介於“觚”和“觶”之間的一種飲器，只不過“巵”為常用器，則其地位不如“觶”尊貴。在此我們姑且按照文獻的記載，將“巵”理解為“觶”類的變體。

　　另有一類名為“枳”的器物，也被認為是“巵”屬：“春秋時期，有一種酒器很流行，器腹或深或淺，器形或橢或圓，器耳或雙或單，甚至無耳。《考古圖》《續考古圖》稱‘杯’，《博古圖》或稱‘杯’，或稱‘巵’，或稱‘舟’，容庚定為‘巵’。過去，考古報告和博物館陳列多把此類器物叫‘舟’，不妥。‘舟’是酒器的承

<hr />

　　①　圖片來源：臺北故宮博物院“器物典藏資料檢索系統”。http：//antiquities. npm. gov. tw/Utensils_ Page. aspx？ ItemId = 10235。

　　②　圖片來源：臺北故宮博物院“器物典藏資料檢索系統”。http：//antiquities. npm. gov. tw/Utensils_ Page. aspx？ ItemId = 10173。

　　③　中國陶瓷全集編輯委員會《中國陶瓷全集》2，上海人民美術出版社2000年，器50。

盤，不是器物本身。劉翔據器物自名改釋‘鉰’，被學界接受。後來，李學勤據新出材料考證，此字並非從和，應改釋‘枳’，相當‘卮’。"① 此類器物銘文有作"枳"，或添加"金"作"**鉰**"，另有"伯遊父枳"中的字形從"角"作"（觗）"（圖2.69），從銘文來看，將其理解為"卮"類是有道理的，至少此器應該與飲酒器有關。"枳"多為雙耳之形，但又與"雙耳杯"不同，此器多帶有器蓋，與"玉耳金枳"較為接近。② 李零先生認為"玉耳金枳"是"盞"，若從器型判斷，這種雙耳形器歸入"盞"或"斝"可能更為合理。

圖 2.69　伯遊父枳 器型及銘文（局部）③

經過對上述出土實物的分析，可證聶本《三禮圖》在繪制器物圖釋時，並非全憑主觀聯想。聶崇義對"觶"形制的理解也基本無誤，雖然其所參照的單柄形"卮"並非"觶"之本體，但二者之間差異並不大。可以認為，在北宋初期出土器物匱乏的情況下，聶崇義憑藉有限材料，對於"觶"的概念已經把握得比較精准。這種情況在《三禮圖》其餘禮器圖中也多有體現，很多器物的形制、紋飾有不妥之處，但是大多並非嚴重訛誤，而是作者對個別細節的處理，

① 李零：《商周酒器的再認識——以觚、爵、觶為例》，《中國國家博物館館刊》2023 年第 7 期。

② 詳見上文《爵、玉爵》篇，此不贅述。

③ 周亞：《伯遊父諸器芻議》，《上海博物館集刊》2005 年。

或對三代時期審美風格的理解稍有疏失。書中"爵""觚""角"等圖至今仍被詬病，但仔細分析可知，聶氏所參照的材料或實物多是較為可靠的。相比之下，宋代金石學家在定名青銅酒器時，對於"爵""觚""觶""角"等一眾禮器的理解，方可謂謬以千里。只是金石器物之學的研究方式，很快取代了禮學家對禮圖文獻的闡釋，並在禮器研究領域占據權威地位，使得器物領域的定名訛誤和禮器概念錯位問題延續數百年。

綜上所述，"觶"作為"五爵"中位處中流者，是儀典中使用頻率最高，用途最廣的一類飲器。常規的"觶"為漆木制，偶有以銅、象牙、玉等材質作器的情況。今定名為"觶"的銅器自名"飲壺"，應為壺類。典籍記載的"觶"有多個不同稱謂，可能存在多個變體，常規的"觶"與漆器中常見的"高筒杯"較為接近，銅器"萬諆觶"有自名"晨"，與"觶"通，可證此器之名。另有名為"厄"者，應為所謂"小觶"，其器型特徵為帶有"圓形單杯柄"的杯形器。此器與聶崇義鎮江本中所繪圖釋接近，可證聶氏繪圖時應參考了此類器物。

四 角

圖2.70 角圖《三禮圖》匏爵卷第十二（左為鎮江本 右為通志堂本）

與"觚""觶"情況類似，聶崇義對"角"的說解也很簡略：

舊《圖》云：“其制如散。”孔疏云：“角，觸也。不能自適，觸，罪過也。”《禮器》云：“卑者舉角。”注云：“四升曰角。”口徑五寸，中深五寸四分，底徑三寸。又《特牲饋食禮》曰：“主人洗角，升，酌，酳尸。”注云；“不用爵者，下大夫也。”①

除以《禮記》内容解釋升數問題之外，聶氏著重引述的文獻是《特牲饋食禮》。《儀禮》中“角”單獨出現的頻率很低，只在《特牲饋食禮》中可見。《儀禮》中其他篇章多見“角觶”“角柶”等用法，但類似内容中“角”僅指“材質”，而非飲器“角”。《周禮》中無提及飲器“角”，書中出現的“角”字均用為其他義項。就圖釋來看，聶崇義應該是參考舊圖所説的“制如散”，所以將“角”“散”二圖描畫得完全一致。但“制如散”一説很可能是指二器的器型一致，器身紋飾則未必。

按照常規的理解，“角”是“五爵”中地位較低的酒器。就《儀禮》中記載的各器用途來看，“觶”似是“五爵”中的分界綫，由“觶”以上皆為尊，以下則為卑。聶圖中引述的《特牲饋食禮》内容不全，其後還有注云：“因父子之道質而用角，角加人事略者”一文，疏云：

云“不用爵者，下大夫也”者，此決《少牢》云：“主人降，洗爵，酌酒，乃酳尸。”用爵不用角也。云“因父子之道質而用角，角加人事略”者，既辟大夫，不用爵，次當用觚，而用角者，因無臣助祭，父子相養之道，而用角者，父子是質角，加人事略，得用功少故也。②

---

① （宋）聶崇義：《新定三禮圖》，通志堂刊本，清康熙十二年（1673），匏爵圖卷第十二。

② （漢）鄭玄注、（唐）賈公彦疏：《儀禮注疏》，上海古籍出版社 2008 年版，第 1379 頁。

　　此段內容對解釋用器等級比較有幫助，大夫以下不能用"爵"是合理的，但理應用"觚""觶"，此處卻用"角"。結合注疏的解釋，此舉是為了彰顯"道質"，這說明，由於"角"的地位低微，飲器本身也不再具有象徵身份等級的作用，所以不需要遵守使用"爵""觚"時的嚴格限制，這在非正式儀典場合中顯然是更為方便、隨意的。

　　由此判斷，"角"並不單單象徵著"地位低"，同時還象徵著"從簡"。儀典場合中需要明辨身份貴賤，是以用器必須依照禮法制度，"爵""觚""觶"這些等級高的飲器，實際已經超越了"器皿"這一基礎概念，進而上升為一種身份象徵。而"角加人事略"則說明，"角"雖位列"五爵"，但卻並沒有附加這種象徵意義，因此用器人可免去身份桎梏，以顯"父子道質"。《儀禮》中各類儀典用到的飲器主要是"爵""觚""觶"，尤其是"觶"多見一器多用的情況。照此分析，此三器足以應付各類場合，似乎沒有必要再添加"角""散"二器。但由上述分析可知，"角""散"的用途和存在意義與前三器正好相反，不是為了"向上"彰顯尊貴，而是為"向下"以示質樸。

　　因此，"角"除了容積更大以外，其器型與前三器肯定也是有區別的，"角""散"二器應更凸顯質樸。正如"散尊"之"散"即意指"素"，飲器稱"散"也應以樸素無紋為主要特徵。是以，聶圖中將"角""散"均繪為與"觶"完全相同的"青雲氣"，此舉不太合理。

　　當然，風格樸素並不意味著此類器物品質不佳，"角"同樣也出現過用名貴材質作器的情況。《禮記·明堂位》有"爵用玉琖仍雕，加以璧散、璧角"一文，鄭注："散、角，皆以璧飾其口也。"孔疏認為"璧角"即是"瑤爵"："鄭恐散角以璧為之，故云以璧飾其口。內宰謂之瑤爵，此處謂之璧角者，瑤是玉名，爵是總號。璧是玉之形制，角是爵之所受之，名異，其實一物也。"① 孔疏得出這一結論的理由主要是《祭統》中有云："尸飲五，君洗玉爵獻卿。尸飲七，以瑤爵獻大夫。尸飲九，以散爵獻士及群有司，皆以齒。明尊卑之等也。"② 這的確可以説明"瑤爵"和"玉爵"是不同的，"瑤爵"的地位比"玉爵"低，比"散爵"高。但"玉爵"的等級比"五爵"高，若將其與"角""散"並列的就更罕見。類似用例還有《郊特牲》："舉斝、角，詔妥尸。"注曰："天子奠斝，諸侯奠角。"③ 諸侯奠"角"似乎與之身分等級不匹配，但若結合《祭統》中内容，則此處所指的應該是"玉爵"和"瑤爵"，並非真正的"角"。

　　"瑤爵"既然位列"玉爵"之下，説明"瑤"等級低於"玉"，《説文》釋"瑤"爲"玉之美者"，段玉裁認爲"瑤"非玉，應爲石："《衛風》：'報之以瓊瑤'傳曰：'瑤，美石。'正義不誤。王蕭某氏注《尚書》、劉逵注《吳都賦》皆曰：'瑤琨，皆美石也。'《大雅》曰：'維玉及瑤。'云及則瑤賤於玉。《周禮》：'享先王，大宰贊王玉爵，内宰贊后瑤爵。'《禮記》：'尸飲五，君洗玉爵獻卿。尸飲七，以瑤爵獻大夫。'是玉與瑤等差明證。《九歌》注云：'瑤、石之次玉者。'凡謂瑤爲玉者非是。"④ 若據段氏所述，則"璧角"爲"瑤爵"一説也可通達，"瑤爵"實與"玉爵"有很大差距，並非真正的玉製飲器。只不過"璧角"的地位比一般的木製"角"，顯然尊貴很多。這種情況在各類出土器物中並不罕見，同一件器物用不同材質爲之，其價值必然會大相徑庭。

　　禮經中有見"觶"代替"觥"用爲"罰爵"的情況，而"角"

---

　　① （漢）鄭玄注、（唐）孔穎達正義：《禮記正義》，上海古籍出版社 2008 年版，第 1264 頁。

　　② （漢）鄭玄注、（唐）孔穎達正義：《禮記正義》，上海古籍出版社 2008 年版，第 1882 頁。

　　③ （漢）鄭玄注、（唐）孔穎達正義：《禮記正義》，上海古籍出版社 2008 年版，第 1097—1098 頁。

　　④ （清）段玉裁：《説文解字注》，上海古籍出版社 1981 年版，第 17 頁。

也有同樣用途。《禮記·少儀》："不角。"注："角謂觥，罰爵也。於尊長與客，如獻酬之爵。"疏曰："不角者，角，謂行罰爵，用角酌之也。《詩》云：'酌彼兕觥'是也。今飲尊者及客，則不敢用角，但如常獻酬之爵也。"① 在"尊者及客"面前應用尋常"獻酬之爵"，可見"角"用為罰爵的情況也很常見。雖然有專門的罰爵，但是此類"罰酒"畢竟只是象徵性的，用"觶""角"等替代更為方便。況且"觥"地位更低於"角""散"，又容量過大，用於儀典中反而不合適，是以聶氏云"正禮無觥"。②

　　文獻中幾乎沒有對"角"器型特徵的描述，因此分析其形制仍需要出土器物的協助。首先可以肯定的是，今日稱為"角"的三足器和三禮中的"角"無關，此類器物與"三足爵""三足斝"有諸多相似之處，從外型分析，"三足角"同樣是溫酒器。《中國青銅器綜論》中認為："舊稱為'角'的青銅器與上述平底或卵底的爵自口部以下形制相同，大小亦相仿，所不同者，一是沒有柱，二是口緣兩端皆作爵尾形狀，不似爵有流尾之別。多有蓋，蓋頂有提手。"③ 此說與容庚《殷周青銅器通論》中的觀點類似，容先生認為"角"與"爵"同為溫酒器："角似爵而無柱，其兩端亦無'流''尾'的區別，只有兩長銳之角，如鳥翼之形。腹以下與爵同，其大小亦同，疑與爵為一類。"④ 上述兩種觀點很有道理，雖然今日看來"三足角"沒有"流"和"尾"，似乎和"三足爵""三足斝"差異稍大，但是早期出土器物中，可見兼有"流"和"兩長銳之角"的器物（圖2.71、2.72）。《夏商周青銅器研究》中將這件"乳釘紋斜管爵"描述為"器呈扁圓形，敞口，兩側呈尖瓣狀，前端略高，沒有通常的流部，形體似角。長頸，一側有斜置的流管，流上有兩個

---

① （漢）鄭玄注、（唐）孔穎達正義：《禮記正義》，上海古籍出版社2008年版，第1384、1386頁。

② 有關"觥"的具體內容將於下文《觥》篇詳述。

③ 朱鳳瀚：《中國青銅器綜論》，上海古籍出版社2009年版，第165頁。

④ 容庚、張維持：《殷周青銅器通論》，中華書局2012年版，第44頁。

方折形飾物。"① 這件器物較為特殊，器型兼具"三足爵"和"三足角"的特徵，可證明二者之間關係密切。

圖2.71　亞爽角②

圖2.72　夏代晚期　乳釘紋斜管爵

　　李濟先生曾提出，"三足爵、斝"的雙柱是為了支撐覆蓋在器物上的"冪"而設計的，待到"三足角"產生的時候已經有了蓋子，因此經過這種器型上的進化，雙柱便已消失。③ 此處有關雙柱作用的論斷應當存疑，"三足爵""三足斝"中均可見帶有器蓋的器型出土，雖然數量不多，但是足以說明這兩類器物在早期階段已經配有器蓋，"三足角"沒有雙柱的原因應該與器蓋無關。但是李先生提及的"器型上的進化"卻是可信的，據"乳釘紋斜管爵"的形制可知，這種三足器的確存在從"有流"至"無流"的演變過程，常見的"三足角"僅剩兩角，實際已完成了器型進化。依照目前的出土器物來看，早期的"三足爵、斝、角"都曾有"流"，三者早期的

　　① 陳佩芬：《夏商周青銅器研究（夏商篇）》，上海古籍出版社2004年版，第9頁。
　　② 林巳奈夫：《殷周青銅器綜覽》（第一卷圖版），上海古籍出版社2017年版，第192頁。
　　③ 李濟、萬家保：《殷墟出土青銅爵形器之研究》，《中國考古報告集4》，"中央研究院"歷史語言研究所1966年版。

形制實則差異不大。我們可將進化完成的"三足角"和"三足斝"，視為在"三足爵"這一原始形態基礎上衍生出的、更為完善精緻的器物。1990 年在安陽西北郭家莊 M160 墓中出土"三足角"和"觚"各十件，但是未見"三足爵"，朱鳳瀚先生據此認為"可見是以角代爵"。① 這説明二器從禮器功能性的角度而言，是可以互換的，甚至"三足角"的地位可能更高。此外，經考證，"三足爵"的造型很可能是擬態鳥形所做，② 而現存個別附帶器蓋的"三足角"，其器蓋呈栩栩如生的鳥形（圖 2.73）。③ 這也從側面説明，"三足爵"和"三足角"之間關係密切，二者很可能為同類器物。

圖 2.73　附鳥形蓋"三足角"④

目前所見的出土器物中未見自名為"角"者，而"三足角"的銘文大多非常簡略，其中多稱共名"尊彝""彝"等。現今出土的"三足角"多為殷代至西周早期的器物，之後則未見。將這類三足器定名為"角"起於宋人，《考古圖》中未見稱"角"的器物，《博古

①　朱鳳瀚：《中國青銅器綜論》，上海古籍出版社 2009 年版，第 165 頁。

②　"三足爵"擬態應為鳥形而非雀形，考證內容詳見《尊彝圖類釋》中的《鳥彝》篇，此不贅述。

③　林巳奈夫：《殷周青銅器綜覽》（第一卷），上海古籍出版社 2017 年版，第162 頁。

④　林巳奈夫：《殷周青銅器綜覽》（第一卷圖版），上海古籍出版社 2017 年版，第 190 頁。

圖》僅中收録一器，稱為"雙弓角"，至於宋人為何將這種器物稱為"角"則尚無定論。有學者認為，可能是由於器物兩端上翹的對稱結構，十分類似於動物頭上的"兩角"，由此定名。但無論原因為何，宋人這一定名顯然沒有參照文獻的記載。即便抛開"角"是飲器這一點，這幾類三足器之間的容量問題也難以自洽。禮書中的"爵"和"角"相差三升的容量，這理應是非常明顯的體積差異。但是"三足角"通常高度在十幾公分到二十幾公分不等，其容積與常見的"三足爵"並無大異。且有些罕見的大體積"三足爵"，容積比一般的"三足角"要大出數倍，這顯然與三禮記載不符。

　　近代部分學者已經意識到"角"的定名有誤，並且嘗試在一些新近出土器物中尋找到與"角"匹配度更高的器型。如《殷周青銅器通論》中收録一件"夔紋角"，與以往概念中"三足角"的形制大相徑庭（圖2.74）。該銅器於1934—1935年出土於安陽，器物特徵描述為："乃象牛角形，有蓋，器口有一耳，用以繫繩懸掛。"作者還特別提及，我們以往概念中定名為"角"的器型應該是屬於"爵"的變形，此器型方為真正意義上符合古籍描述的"角"。① 容庚《商周彝器通考》中同樣提及這一器物："中央研究院發掘安陽，得一器與續鑑之兕觥同而有蓋，則王先生所定觥之名，或須更定。余以未得更善之名之故，姑仍觥稱，非謂觥之名至當不易也。"② 《中國青銅器綜論》中亦有類似看法："在上文討論'角'的形制時，曾説明出土的商周銅器中確有一種牛角形器，有可能是真正的'角'，典籍所謂兕觥既作為兕角形，則不能排除兕觥、角是同一形制的器物之異稱。"並認為："兕觥或觥應是兕牛角形器，與王國維所定兕觥器型不類，故王氏之定名未必恰當。"③

---

① 容庚、張維持：《殷周青銅器通論》，中華書局2012年版，第44頁。
② 容庚：《商周彝器通考》，上海人民出版社2008年版，第323頁。
③ 朱鳳瀚：《中國青銅器綜論》，上海古籍出版社2009年版，第193—194頁。

圖2.74　夔紋角　　　　　圖2.75　江蘇丹徒煙墩山出土角狀銅器

圖2.76　河南禹縣谷水河新石器時代遺址“陶角杯”

　　此外，江蘇丹徒煙墩山出土一件角狀銅器（圖2.75），考古報告顯示，這件器物通高21.8公分，口徑19.7公分，腹深9.5公分。① 根據器型、尺寸分析，這件角狀器與“夔紋角”十分接近，很可能屬於同類器物。更早期的還有河南禹縣谷水河新石器時代遺址出土的“陶角杯”（圖2.76），考古報告稱此器：“外形呈牛角狀，一面扁平，一面弧鼓，剖面略呈橢圓形，扁平一面近杯口處有一圓孔。”② 禹縣出土的這件陶器，證明這類造型的器物年代久遠，自龍山文化時期已經存在。以上角形器物設計樸素簡單，沒有太多繁複裝飾，且都沒有發現可以參考的銘文。但不難看出，這些器型非常

---

　　① 江蘇省文物管理委員會：《江蘇丹徒縣煙墩山出土的古代青銅器》，《文物參考資料》1955年第5期。

　　② 劉式今：《河南省禹縣谷水河遺址發掘簡報》，《中原文物》1977年第2期。

象形，明顯是仿照動物角的形象所造。雖然尚不能確定其與禮經記載的"五爵"之"角"有何關係，但是其造型風格證明，當時的器物造型中，仍然保留了古代先民用獸角製作器物的習慣。飲器"角"這一名稱也可以從側面證明，"獸角"應是最初作器的材料來源。只不過到技術成熟階段之後，這類仿獸角形器便只會少量鑄造，不可能為主流器物，並且裝飾意味大於實用。這類保留了獸角造型的器物，很可能是一種方便隨身攜帶的飲器，是以"夔紋角"上有用於懸掛的"耳"。

　　除出土的角形杯之外，還有若干圖像也可以佐證這類角形飲器的存在。山西潞城戰國墓中出土的銅匜殘片，其上的刻畫圖像描繪了一幅生動的戰爭場景（圖2.77），報告稱"殿堂右側一佩劍武士坐著持角杯飲酒"，明確表示圖中人所持的器物是飲酒器。[1] 另有江蘇六合程橋東周墓中曾出土若干刻在銅片上的圖像（圖2.78），雖已經殘破，但是其中一副刻畫紋所反映出的內容也與角形杯有關。據考古報告描述，這幅圖描繪的是宴飲狩獵的場景。[2] 圖中一位居坐中間的人手持一隻十分類似獸角的器物，且明顯也是將其作為飲酒器使用，而非樂器。盡管從古至今，很多民族習慣用動物的角，製成可以發出較大聲響的喇叭形樂器，特別是在軍隊作戰時有使用號角的習慣。但是無論何種"角形樂器"，在使用時，必須使氣流從角的尖端流向較闊的一端，也就是用口部對準角最尖端的位置，方可以達到擴大聲音的特殊效果。圖中的人將"角形器"較為寬闊的一邊對準口部，很明顯不是在吹奏"角"。類似內容的圖畫至西漢墓葬中依然可見，洛陽西漢壁畫墓中有一幅圖，描繪了數人燒烤宴飲的場景，其中一人手持角形杯作飲酒狀："第三個人面向左作跪狀，赤足，其裝束和服色與第二人近同。左手下垂似握一匕，右手持角狀觥舉於胸前。"

---

① 　陶正剛、李奉山：《山西省潞城縣潞河戰國墓》，《文物》1986 年第 6 期。

② 　汪遵國、郁厚本、尤振堯：《江蘇六合程橋東周墓》，《考古》1965 年第 3 期。

（圖2.79）^① 這些圖畫描繪的場景有一共同特點，圖上人群或是爭戰或是狩獵，既非廟堂之上的正禮，也非嚴肅整飭的儀典。這説明，盡管圖上所繪的角形器理應與早期的"夔紋角"和"陶角杯"存在傳承關係，但是至少從戰國時期開始，圖中這類"角形杯"不再是地位尊貴的禮器，而是多用於相對隨意的宴飲場合。由此分析，圖8—10中出現的"角形杯"，似乎並不是"五爵"之"角"，而是更符合飲器"觥"的地位。^②

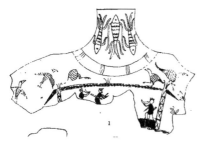

圖2.77　山西潞城戰國墓銅匜殘片

圖2.78　六合程橋東周墓刻紋畫像銅器殘片

圖2.79　洛陽西漢壁畫墓 後牆壁畫（局部）^③

---

① 李京華：《洛陽西漢壁畫墓發掘報告》，《考古學報》1964年第2期。

② 有關"觥"的形制和功能，詳見下一節《其他飲器》中的《觥》篇。

③ 圖2.79中的彩圖出自李京華：《洛陽西漢壁畫墓發掘報告》，《考古學報》1964年第2期；黑白描線圖出自孫機：《論西安何家村出土的瑪瑙獸首杯》，《文物》1991年第6期。

從文字角度來看，甲骨文中的"角"字多是作為人名、地名使用，諸如"庚戌卜王貞伯允其及角"（圖2.80）、"甲戌卜王余令角婦叶朕事"（圖2.81）等。字形象獸角之狀，上面的筆畫類似獸角常見的紋路，象形程度很高，因此學者大多認為此字即是"角"字的初文無疑："角字象形，由變為（見雍邑刻石）。更變而為小篆之，説文遂誤謂'與刀魚相似'矣。"①《説文》云："獸角也。象形，角與刀魚相似。""角"字本義僅指獸角，用作酒器之名乃後期之義。""""這類字形皆呈現為一隻沒有經過整治，型態還十分原始的獸角形狀，如若人們造字時意圖強調"角"經過了人工處理，則很可能會在其上增添一兩筆刻畫痕跡之類的指事符號，或是將""形倒置，表示其可以用作容器盛放液體。正因如此，徐中舒先生曾認為甲骨文中""這一字形很可能是"觥"的初文，因為字形很接近一個經過人工加工、倒置的"角"。② 徐先生釋字正確與否尚存爭議，但此字形的確有角形容器的特徵。

圖2.80　《合集》20533　　　　圖2.81　《合集》5495③

"角"在甲骨卜辭中少見作為"飲酒器"之義，其可能性大致

---

① 唐蘭：《殷墟文字記》，上海古籍出版社2016年版，第146頁。
② 徐中舒主編：《甲骨文字典》，四川辭書出版社1989年版，第481頁。
③ 圖2.80、2.81拓片均出自《甲骨文合集》。中國社會科學院歷史研究所《甲骨文合集》，中華書局1999年。

有二，一是傳世文獻中提到的“角”及其他飲器可能出現較晚。飲酒器並非祭禮、儀典系統中的核心禮器，其發展為“五爵”這樣成系統、且合乎固定禮制要求的成套器型，應該需要一個過程，商代時期飲器的種類可能尚未如此豐富；二則可能商周時期也有飲器“角”，但由於“角”的地位較低，因此卜辭中沒有涉及相關內容。

綜上，真正符合古籍中描述的飲器“角”裝飾風格樸素，與“五爵”其他飲器同為漆木製，偶爾可見石質。今日出土銅器中的“三足角”與“角”無關，此器基本用途和器型特徵與“三足爵”“三足斝”大同小異。此三者應該是早期階段經由同一類器物演變而來，只是由於用途的些許差異而造成外型略有不同。

五　散

圖 2.82　散圖　《三禮圖》匏爵卷第十二（左為鎮江本　右為通志堂本）

“散”的文釋部分引述資料與“五爵”其他器物大致相仿，但是對校通志堂本和鎮江本、鄭氏本，可發現其中存在些許訛誤。鎮江本、鄭氏本均作：

> 舊《圖》云：“散似觚。”孔疏云：“散著，訕也。飲不自節，為人謗訕也。總名曰爵，其實曰觚。觚者，飽也。饋餉人也。”然唯觚不可言觚，何者？觚罰不敬，觚，廓也。君子有

過，廓然明著，非所以餉也。《禮器》注云："五升曰散。"口徑六寸，中深五寸一分強，底徑四寸。

　　此處明顯可見孔疏內容傳抄有誤，其中的"觥"本應作"觶"，引文的訛誤直接導致聶氏的論證方向出現偏差。通志堂本中已經將所引孔疏的內容改正，並將"然唯觥不可言觥"改為"然唯觥不可言觶"，但卻無法刪除後面論述"觥"的內容。此本引文內容雖已無誤，但若單看通志堂本會甚感疑惑，"散"與"觥"無關，怎會無故提及"觥"，尤其是"然唯觥不可言觶"一句更是突兀，導致這段文釋前後邏輯不通。①

　　這一訛誤應是源於聶氏所據的《禮記》版本，因"觥""觶"音形皆近，於是出現了傳抄錯誤。但是聶崇義顯然沒有發現這些訛誤，否則無須在後文專門解釋"觥"和"餉"之間的關係。倘若聶氏對酒禮器之間的關係更敏感的話，這種錯誤或許可以避免。"觥"地位比"五爵"低很多，正禮皆無"觥"，是以不可能用"觥"和"爵"對舉。《禮器》這一段注疏，《三禮圖》論述"五爵"均有引用，但是由"散"這段文釋來看，聶崇義對這些禮器性質的理解似仍不夠詳盡。

　　從圖釋角度來看，"散"和"角"器型、紋飾均完全一致，可知在作者的概念中，此二器除容積之外沒有其他區別。但舊圖中記載的描述顯示，這幾件器物之間還是存在細微差別的。舊圖云"散似觚"，"角"下又云"其制如散"，而"觚"下則云"銳下方足，漆赤中，畫青雲氣"。據這三條內容分析，"觚"形制最為清晰，器物形狀、顏色、紋飾都有提及；而"散"只說"似觚"，説明並不

是和"觚"完全一致。"散"體型較大，且應為素面無紋飾的飲器。禮經中雖然沒有描述"散"的外貌，但是三禮服飾器物有見"散尊""散屨"等，注疏描述這些器物特點時，皆曰"去飾""無紋"或"素"。這說明以散為名的器物多是取其簡單樸素之義，飲器"散"自然也不例外。

飲器中其他器物之名多以"角"或"木"為形符，取其最初時以獸角、木材作器之義，但唯有"散"例外。從器物定名規律的角度而言，這一方面證明"散"是後起的酒器，在其產生的時候，作器材質已經有很多選擇，徹底結束了依賴自然資源做器的階段，不必以字形凸顯其材質，所以就其特徵另擇他字為名。另一方面而言，定名與眾不同，說明此器物特徵十分突出，如果與其他器皿大同小異，大可按照通常定名規律取名。所以由此分析，"散"的器身"樸素無紋"，應是其區別於其他飲器的最大特點。

在此基礎上再重新對比聶圖中的"觚""角""散"三圖（圖2.83），讓人不禁懷疑聶崇義是否將"觚"和"散"的紋飾顛倒了。"觚"一節文釋中明明引舊圖曰"畫青雲氣"，而圖釋卻素面無紋，"散"圖反而畫有紋飾。從"觚"的器型來看，這件器物大致上的理解是沒錯的，但很有可能作者將原本"觚"上的雲紋誤畫在了"散"上。實際"觚"應添加紋飾，"散"則為素面，這樣二者的形制才和禮經描述更相符。

圖2.83　《三禮圖》"觚""角""散"

至於器型本身，按照舊圖對這三件器物的描述進行類推，"觚"為"單柄杯"類飲器，則"散""角"形制應與之大同小異，只不過尺寸差別較大。從商周時期出土器物的角度來看，這種"單柄杯"形制的飲器也基本符合器物發展規律。"五爵"之名用字，除"散"外皆從"角"，一方面說明早期用獸角作器，另一方面也說明"角"很可能是其中最早確定的飲器之名。原因是，就文字發展規律而言，只有"角"字用做器名是引申義，而早期飲器又與其本義"獸角"有直接關聯。"觚""觶""爵""觥"等字用為器名均是其字本義，說明在"角"用為器名之後，飲器類型增多，遂又專門創造會意字、形聲字用為器名。前文"觚"一節中層引述殷墟出土"嵌綠松石象牙杯"，此器物是以象牙製作的"單柄杯"，器型與"觚"類基本相似，裝飾十分精美，器物等級較高。這件器物可以證明，用獸角、象牙等彎曲的"角形"材料製作出"單柄杯"這種工藝早已有之。倘若除去這些繁複的裝飾，這件"象牙杯"的形制應該很接近早期的飲器"角"。

三禮對"散"的記載較少，《周禮》未提及飲器"散"，《禮記》中唯有三處提及，其餘內容均在《儀禮》，且主要集中在《燕禮》《大射》兩篇。據文獻描述，"散"級別雖低，但卻也可獻卿。如《燕禮》："主人洗，升，實散，獻卿于西階上。"注曰："酬而後獻卿，別尊卑也，飲酒成於酬也。"[1] 而《大射》中又有一處幾乎一模一樣的文例："主人洗觚，升，實散，獻卿于西階上。"[2] 兩相對比來看，似乎應以"觚"獻卿才更合乎禮儀。此類用例較少，尚無法總結出其中規律。

值得注意的是，《儀禮》中多次出現"酌散"，但此處"散"並非指飲器，而是指"散尊"。如《燕禮》《大射》中有：

---

① （漢）鄭玄注、（唐）賈公彥疏：《儀禮注疏》，上海古籍出版社 2008 年版，第 415 頁。

② （漢）鄭玄注、（唐）賈公彥疏：《儀禮注疏》，上海古籍出版社 2008 年版，第 496 頁。

1. 司正降自西階，南面坐取觶，升酌散，降，南面坐奠觶，右還，北面少立，坐取觶，興，坐，不祭，卒觶奠之，興，再拜稽首。

2. 賓降，洗，升，媵觚于公，酌散，下拜。公降一等，小臣辭。賓升，再拜稽首。公答再拜。

3. 主人盥洗，升，媵觚于賓，酌散，西階上坐奠爵，拜賓。賓降筵，北面答拜。

注：媵，送也，讀或為揚，揚，舉也。酌散者，酌方壺酒也，於膳為散。①

這些文例中皆是先取“觚”“觶”，“酌散”之後再“奠觶”“奠爵”，若將“散”釋為“飲器散”，則這些流程就都變成“取觚/觶—斟酒入散—奠觚/觶”之義，這顯然是不合常理的。鄭注“酌散者，酌方壺酒也”，説明“酌散”意即“將散尊的酒斟入酒杯”之義。由此看來，《儀禮》中只有單獨提及“散”，或是用到“洗散”“實散”這類詞的時候，方是意指真正的“散”。

《儀禮》中還出現若干“散爵”“散觶”“膳爵”等複合詞，也有必要將其與常規的“散”區別一二：

1. 士也有執膳爵者，有執散爵者。執膳爵者酌以進公，公不拜受。執散爵者酌以之公，命所賜。所賜者興，受爵，降席下，奠爵，再拜稽首。公答再拜。

2. 受賜爵者興，授執散爵，執散爵者乃酌行之。

3. 公降一等，小臣正辭，賓升，再拜稽首，公答再拜。賓坐祭，卒爵，再拜稽首。公答再拜。賓降，洗象觶，升酌膳以致，下拜，小臣正辭，升，再拜稽首。公答再拜。公卒觶，賓進受觶，降，洗散觶，升實散，下拜，小臣正辭，升，再拜稽

---

① （漢）鄭玄注、（唐）賈公彥疏：《儀禮注疏》，上海古籍出版社 2008 年版，第 434、440、491、492 頁。

首。公答再拜。①

根據禮經中常見的 "X 爵" "X 觶" 這類構詞方式分析，通常前綴詞表達的意義有兩種可能性，或是表材質、裝飾風格，如 "玉爵" "角爵" "象觶"；或是表用途，如 "罰爵"。此處的 "散爵" "散觶" 明顯應是表示器物的用途，如 "散尊" 一樣，"散爵" 即是盛放 "散" 的 "爵"，根據酒和器的等級判斷，盛放了 "散" 酒的飲器地位要比盛放 "膳" 的 "爵" "觶" 低一些，是以士可執 "散爵"。而 "膳爵" "膳觶" 中的 "膳" 則是地位更高的酒。這些文例中涉及到的 "散"，均不能按照飲器來理解。

器物學研究方面的相關材料較為有限，蓋因飲器 "散" 的地位較低，出土器物中暫未發現相符器型。所以宋代以來各類器物研究專著，均未收錄定名為 "散" 的器物。由於缺乏實物作為作證，目前這類器物的器型特徵，只能依據上述材料作出推斷，具體信息仍有待進一步研究。

第二節　其餘飲器

一　觥

圖 2.84　觥圖　《三禮圖》匏爵卷第十二（左為鎮江本 右為通志堂本）

---

① （漢）鄭玄注、（唐）賈公彥疏：《儀禮注疏》，上海古籍出版社 2008 年版，第 444、445、541、542 頁。

《三禮圖》中所作的"觥"圖較為特別（圖 2.84），書中針對此器的形制來源説解非常詳細：

> 案《詩·周南風》云①："我姑酌彼兕觥。"傳云："兕觥，角爵也。"箋云："觥，罰爵也。"孔疏云："兕似牛，一角，青色，重千斤。以其言兕，必用兕角為之。觥者，爵名。故云角爵。"毛云"兕觥，角爵"② 言其體也。鄭言"觥，罰爵"，解其用也。言兕，表用其角。言觥，以顯其罰，二者相挾為義焉。舊《圖》云："觥大七升，以兕角為之。"先師説云："刻木為之，形似兕角。"蓋無兕者用木也。疏云："觥亦五升，所以罰不敬"，又"許慎謹案，觥罰有過，一飲而盡，七升為過多也。"由此言之，則觥是爵、觚、觶、角、散之外別有此器。故《禮器》曰："宗廟之祭，貴者獻以爵，賤者獻以散。尊者舉觶，卑者舉角。"《特牲》："二觚、二爵、四觶、一角、一散"，不言觥。然則觥之所用，正禮所無，不在五爵之例。③

值得注意的是，聶崇義釋"觥"之形制引用了《毛詩》中的内容，可知禮經文獻中關於"觥"的内容不多。事實上，三禮中唯《周禮》有兩處提到"觥"，《儀禮》《禮記》中均未提及。《詩經》中有多處提及"觥"，且均將此器形容為彎曲的角形，如《卷耳》："我姑酌彼兕觥。"傳曰："兕觥，角爵也。"④《桑扈》："兕觥其觩，旨酒思柔。"箋云："兕觥，罰爵也。古之王者與羣臣燕飲，上下無

---

① 鎮江本和鄭氏本作"案周南風云"，無"詩"字。
② 鎮江本中"角爵"作"角雀"，結合前後文來看此處應從通志堂本。
③ （宋）聶崇義：《新定三禮圖》，通志堂刊本，清康熙十二年（1673），匏爵圖卷第十二。
④ （漢）毛亨傳、（漢）鄭玄箋、[唐]孔穎達疏：《毛詩注疏》，中華書局 2009年版，第 584 頁。

失禮者，其罰爵徒觵然陳設而已。其飲美酒，思得柔順中和，與共其樂，言不憮敖自淫恣也。"① 此處所謂 "兕觵其觩" 之 "觩"，又作 "觓"，《説文》釋為 "角兒"，《魯頌》中有 "角弓其觩"，② 又《穀梁傳・成七年》有："郊牛日展觓角而知傷。" 註："觩觩然角貌。"③ 據此判斷，"觵" 之形態應像帶有明顯彎曲的獸角形，而材質多為兕牛角。可見，"觵" 的性質雖然為飲酒器，但是與 "爵" "觶" 等高等級飲器的器型、功能都有很大區別。文獻謂 "觵" 的功能為罰爵，但鄭玄認為 "其罰爵徒觵然陳設而已"，則所謂的 "罰爵" 只不過是宴飲中充作罰酒功能的擺設，並不真正用於罰酒。

這種説法確有一定道理，"觵" 本身有戒示的作用。如《七月》："躋彼公堂，稱彼兕觵，萬壽無疆。" 傳曰："觵，所以誓衆也。" 疏曰："兕觵者，罰爵。此無過可罰，而云 '稱彼'，故知舉之以誓戒衆人，使之不違礼"④ 是以《周禮》中羅列與儀典饗宴有關的禮器時均未提及 "觵"，唯有兩處論及此器，均與戒示相關。《周禮・閭胥》："凡事，掌其比觵撻罰之事。" 鄭注："觵撻者，失禮之罰也。觵用酒，其爵以兕角為之。撻，撲也。"⑤ 又《周禮・小胥》："掌學士之征令而比之，觵其不敬者。" 鄭注曰："觵，罰爵也。" 疏曰："祭未飲酒，恐有過失，故設罰爵。其時無犯非禮，角爵觵然陳設而已。引之者，證觵是罰爵也。"⑥ 而《儀禮》中之所以

---

① （漢）毛亨傳、（漢）鄭玄箋、［唐］孔穎達疏：《毛詩注疏》，中華書局 2009 年版，第 481 頁。

② （漢）毛亨傳、（漢）鄭玄箋、［唐］孔穎達疏：《毛詩注疏》，中華書局 2009 年版，第 1319 頁。

③ （漢）何休注、（唐）徐彥疏：《春秋穀梁傳注疏》，中華書局 2009 年版，第 5252 頁。

④ （漢）毛亨傳、（漢）鄭玄箋、［唐］孔穎達疏：《毛詩注疏》，中華書局 2009 年版，第 836—837 頁。

⑤ （漢）鄭玄注、（唐）賈公彦疏：《周禮注疏》，上海古籍出版社 2010 年版，第 437 頁。

⑥ （漢）鄭玄注、（唐）賈公彦疏：《周禮注疏》，上海古籍出版社 2010 年版，第 874 頁。

無"觥"相關記載，同樣是因為常規儀式中並不需要這類器物。綜合分析，"觥"作為"罰爵"，更像是一種為起到震攝作用的象徵性器物，並不需要在儀典中真正使用。且"觥"地位低微，不在五爵之列，所以即便正式儀典中出現需要罰酒的情況，也多用其他級別更高的飲器替代，不需要用"觥"，如《鄉射禮》："不勝者進，北面坐取豐上之觶，興，少退，立卒觶，進，坐奠于豐下，興，揖。"注曰："立卒觶，不祭不拜，受罰爵，不備禮也。"①

此外，這種儀式功能的"罰爵"也並非飲器"觥"唯一的用途，其同樣可作為非正式儀典場合的普通飲器使用。《段注》中對"觥"的分析較為詳備："詩四言兕觥而傳不同，《卷耳》曰：'兕觥，角爵也。'《七月》曰：'觥，所以誓衆也。'《桑扈》曰：'兕觥，罰爵也。'《絲衣》箋曰：'繹之旅士用兕觥，變於祭也。'《周禮·閭胥》注曰：'觥撻者，失禮之罰也。'《小胥》曰：'觥，罰爵也。'《卷耳》無罰義，故只云角爵。《七月》因鄉飲酒而正齒位，故云誓。誓者，示以失禮則受罰也。蓋觥之用於罰多，而非專用以罰。故《卷耳》《絲衣》並用兕觥，此許不言罰爵，而言可以飲之意也。"② 段氏認為"觥"雖然可以用為"罰爵"，但在不涉及罰酒的情況下，"觥"同樣可以當作一般飲器使用。這說明"觥"並不僅是充作擺設的裝飾品，也從側面說明，這類低等級飲器的用器規則較為寬鬆。周聰俊在《兕觥辨》一文中也提出類似觀點，"觥"不必專為罰爵，應與"觶"的功能相同，既可作飲器，也可作罰爵。③ 此類觀點很有啟發意義，"觥"很可能依據不同用途發生過器型分化，一類帶有象徵性的"觥"專門陳設於宴飲場合，這類"觥"有可能仍是獸角狀，其功能主要是起到震攝作用，為名義上的"罰爵"。而另一類"觥"作為地位較低的日常飲器，使用方式也較

---

① （漢）鄭玄注、（唐）賈公彥疏：《儀禮注疏》，上海古籍出版社 2008 年版，第 330 頁。

② （清）段玉裁：《説文解字注》，上海古籍出版社 1981 年版，第 186—187 頁。

③ 周聰俊：《三禮禮器論叢》，文史哲出版社 2011 年版，第 174—178 頁。

為隨意，這種器型應該已經發生較大變化，不會仍維持獸角形原貌。
應該與各類"杯形飲器"外型差異不大，主要區別在於器物尺寸。

　　既然"觥"並非全然作為戒示之用，則其作為低等級飲器的具
體型態，頗值得深入探討。依舊圖所述，最初的"觥"應為獸角製
作，器身呈原始的獸角形態，而後"無兕者用木"遂演變為木製，
與《梓人》所載其餘飲器類似，逐漸演變為木製器。① 段玉裁也曾
提出，飲器在器皿產生伊始，均是起於獸角，而後逐漸演變出其他
材質。② 伴隨著早期人類生產力發展，大部分器物都經歷過由就地取
材，過渡到精細加工的過程。但是，進入木製飲器階段之後，是否
還會將其專門雕刻成獸角形，則值得存疑。

　　這一問題可以分為兩種情況來討論，第一種情況，若照前文所
說，"觥"在儀典宴飲場合不需要使用，而是一種象徵性、標誌性的
器物，其裝飾作用遠大於實用。既然不需要考慮器物的經濟性和實
用性，則專門製成獸角形器皿是合理的。屈萬里在論證"兕觥"的
形狀時也曾指出："常用的器物，往往是最初用實物，後來才仿照實
物的形狀，製成陶器或銅器；譬如最初用葫蘆盛水或盛酒，後來就
仿照葫蘆的形狀，製成陶製或銅製的壺，便是一例。"③

　　第二種情況，倘若"觥"不單單是一種擺設，它在其他日常場
合中同樣可以用來飲酒，則其器型會在木製階段發生變化，不會再
製作成獸角形器。這類形狀的器物既不方便也不實用，若要水平放
置，必須用其他構件加以輔助。《儀禮》中記載的"罰爵"類，無
論是"爵"或"觶"均要"奠於豐"，且"不手授"，說明這類飲

─────────

　　① "梓人為飲器，勺一升，爵一升，觚三升。"（漢）鄭玄注、（唐）賈公彥疏：
《周禮注疏》，上海古籍出版社 2010 年版，第 1645 頁。
　　② "《考工記》：'飲器爲於梓人。'梓人者，攻木之工也。飲器，惟觵多連兕言。
許云兕牛角可以飲，其他不以角爲。而字從角者，蓋上古食鳥獸之肉，取其角以飲，
飲之始也。故四升曰角，猶仍角名。而觚觶字從角與。"（清）段玉裁：《説文解字
注》，上海古籍出版社 1981 年版，第 187 頁。
　　③ 屈萬里：《兕觥問題重探》，《中央研究院歷史語言研究所集刊》，第 43 本第四
分，第 536 頁。

器必須是可以水平放置的。此外，雖然很多遊牧民族從古至今始終保留著使用"角形飲器"的傳統，但這更多的是源於審美傾向，以及方便隨身攜帶和就地取材。而中原地區多推崇對稱式審美，早期先民採用牛角製器，大多是生產力不足時的無奈之舉，在生產工藝成熟階段，沒有理由繼續保留器物的原始造型，正如三代時期絕大多數飲器均是圜底或平底。

是以，"觥"很可能在早期階段出現過"兕角杯"造型，但是進入漆木器階段，其器型應該會發生明顯變化。又或者依據不同用途發生過器型分化，一類帶有象徵性的"觥"專門陳設於宴飲場合，仍維持獸角狀，其功能主要是起到震攝作用，為名義上的"罰爵"，並非真正用於罰酒；而另一類"觥"演變成地位等級較低、形制普通的日常飲器，其使用方式也較為隨意。從邏輯上分析，飲器"觥"的外型應該與各類最普通的"杯形飲器"差異不大，主要區別在於器物尺寸。三禮多云飲器"以小為貴"，則"觥"的尺寸應明顯大於"五爵"類飲器。

由於飲器"觥"的身份等級低微，自然也會影響器物的裝飾風格，其造型應較其他飲器更為樸素。在此基礎上再來參看禮圖的理解，聶氏所繪"觥"器型似"獸角形杯"，顯然是根據上述經籍的定義，認為其應保留牛角的原狀。角形底部飾有獸首，但器身無紋飾，形制較正禮所用的飲酒器更簡陋一些。聶崇義顯然意識到了"觥"和其他飲酒器有明顯等級差異，這自然也影響了器物的裝飾風格。相比聶圖，《禮書》中對於"觥"的裝飾風格體現得更加直接。陳祥道對"觥"器型的理解與聶圖沒有太大差異，只是器物造型更加簡略，連底部的裝飾物也一並去除，整個器物基本呈現為牛角的本來面貌（圖2.85）。陳氏在聶圖引述典籍的基礎上，對"觥"的用法考釋得更為具體："其用則饗、燕、鄉飲、賓尸皆有之。《七月》言：'朋酒斯饗，稱彼兕觥。'《春秋》之時，衛侯饗晉成叔，而甯惠子歌'兕觥其觩'，則饗有觥也。鄭人燕趙孟穆叔子皮而舉兕觥，是燕有觥也。《閽胥》掌比觥，是鄉飲有觥也。《絲衣》言'兕觥’，是賓尸有觥也。蓋燕禮、鄉飲酒、大夫之饗，皆有旅酬，無算爵，於是時也用觥。”[1] 雖然觥的地位不如“爵”“斝”等正禮所用的酒器，但是在儀典以外的場合，其用途依然很廣泛。從文獻對“觥”的描述和先秦時期各類“角形杯”的形制來看，陳祥道的闡釋比聶崇義更加準確，陳圖中描繪的“觥”圖，也與前文提及的幾幅先秦刻畫圖、壁畫中的“角形杯”十分接近。[2] 三代時期存在的“觥”便應是此類外形簡約的“角形杯”，器身無裝飾，多用作在外爭戰、狩獵等非正式儀典場合的飲器。

圖 2.85　觥圖《禮書》卷第九十九

圖 2.86　周兕觥《西清續鑑》卷十二　　圖 2.87　漢犧首杯《宣和博古圖》卷十六

　　聶圖和陳圖中的圖釋多被前代學者詬病，但其實並非作者望义生義，而是當時確有實物作為參考。據歷代金石器物圖錄記載可知，歷史上曾出土過少量類似的牛角形器物，祇是尚缺乏直接證據證明

---

[1]　（宋）陳祥道：《禮書》，書目文獻出版社 1987 年版，第 379 頁。

[2]　相關內容詳見上一節中的《角》篇。

其具體類屬。《西清續鑑》中收録 "周兕觥"（圖2.86），器物呈牛角形，無蓋，體積較小，裝飾較為簡樸。書中所附描述為："高五寸四分，深四寸九分，口徑三寸二分，重十六兩。"[①] 這一器物基本接近陳祥道繪製的 "觥"，差別只是 "周兕觥" 添加了可懸掛繩索的 "鈕" 類裝飾。此器雖是清代圖録所輯，但即便宋人當時未見此器，也應可見類似器型。此外，《宣和博古圖》中録有一件漢代的角形器（圖2.87），其定名為 "犧首杯"。此器雖不是先秦器物，但是形制更接近聶崇義描繪的 "觥"。《博古圖》雖然未記述此器的來源，但是據器型和聶圖的相似度，可推測聶崇義在繪製 "觥" 圖的時候，很可能參考過此類實物。"犧首杯" 同樣呈牛角形，無蓋，底部飾有一隻牛頭，其描述為："高二寸七分，深二寸六分，口徑二寸三分，闊三寸二分，容三合，共重八兩。鼻連環鎖，無銘。是器作牛首，頸頷狀，可為飲器。角間又絡以絢紐，仍以魚骨小索貫其鼻。而鎔冶之工非今人可到，《詩》所謂 '酌彼兕觥'，觥者，其近似之。"[②] 據此可知，盡管此器名並未稱 "觥"，但時人同樣認為其與 "觥" 類似。這件 "犧首杯" 比 "周兕觥" 小了近一倍，説明這種 "角形杯" 本身亦存在較大的尺寸差異。

這兩件器物的做工和裝飾風格，顯然與文獻中描述的 "觥" 不相符。此二器為銅製，且裝飾精美，定然不是實用器，其觀賞意義更為突出，應為帶有紀念意義的收藏品或裝飾品。其次，盡管 "犧首杯" 外型與典籍對 "觥" 的描述相似，但其實此器並非中原地區原産。《博古圖》所收録的這件 "犧首杯"，與西方古代一種名為 "來通"（Rhyton）的角形杯非常類似。"來通" 是以獸角為原型的器皿，在西方很多地區曾長期作為飲酒器使用（圖2.88）。[③] 經研究，這種器物

---

　　① （清）王傑輯：《西清續鑑甲編》，清宣統三年上海商務印書館石印寧壽宮寫本，卷十二。

　　② 王黼編纂：《重修宣和博古圖》，廣陵書社2010年版，第329頁。

　　③ 佛朗西斯科·路易斯、楊瑾《何家村來通與中國角形酒器（觥）——醉人的珍稀品及其集藏史》，陝西歷史博物館館刊，2017年。

自公元前 1500 年前的克里特島已經出現，當時的器物底部尚無獸首裝
飾，後傳入希臘，開始添加這類裝飾並被命名為“來通”。雖然這類
飲器與先秦時期中原地區的“角形杯”外形和功能均十分接近，但二
器有別，“來通”內部有流，杯中的酒可以自流中泄出；而中原原產
的“角形杯”沒有流或泄水孔。①“來通”的材質和形制非常豐富，陶
製、玉製、金屬製、玻璃製皆有（圖 2.89），已知的出土地遍及南歐和
西亞多個國家，我國南越王漢墓中也曾出土類似“來通”的玉製角形杯
（圖 2.90）。②這類原產自南歐地區的器物，很可能自漢代時傳入中原，
由於器皿造型精美，遂作為裝飾品流傳於世。

圖 2.88　何家村窖藏出土獸首瑪瑙杯

圖 2.89　土耳其埃爾津詹 獅鷲銀鎏金來通杯　　圖 2.90　南越王墓 角形玉杯

① 孫機：《論西安何家村出土的瑪瑙獸首杯》，《文物》1991 年第 6 期。
② 霍雨豐：《角形玉杯和來通杯》，《文物天地》2021 年第 4 期。

　　"來通"呈現為典型的"角形杯"，在流入中原地區之後也基本保留原有器型特點，是以此器的外形便誤導了宋人對"觥"的理解。中原地區存在的"來通"可以證明，這種底部帶有裝飾的獸角形器皿，作為一種裝飾性器具，自漢代以來多有傳承。宋代禮學家和金石學家遵循典籍的描述，在無法找到其他相符器型的情況下，自然將"來通"與"觥"聯繫起來。若僅參照《詩經》對"兕觥"的描述，上述器物的造型基本吻合，但以"來通"為原型的器物大多精緻尊貴，以裝飾意義為主，並不符合三代時期飲器"觥"的地位。

　　聶崇義的圖釋雖有不妥之處，但其所闡釋的"觥"卻有明確的資料來源。單就"觥"的圖釋來看，聶崇義顯然是對出土器物有所參考，否則單純依照文獻描述，則《三禮圖》中的"觥"不應帶有任何獸首裝飾，應與《禮書》所繪大致相當。聶圖中存在漏洞不假，但若據此認為此圖釋僅據文獻，完全與出土器物背道而馳，則顯然不夠客觀。

　　除器物之外，從出土文獻的角度分析"觥"字的情況，則可用的材料更為匱乏。目前所見甲骨、金文中均無"觥"字，惟有《説文》中收錄小篆字形作"觵"，許氏釋曰："兕牛角，可以飲者也。從角，黃聲。其狀觵觵，故謂之觵。古橫切。觥俗觵從光。"①《甲骨文字典》中收錄"觥"字，甲骨文字形作"𗧚"或"𗧚"，徐中舒認為或許與"觥"有關："象牛角杯之形，當為觥之初文。"又釋義曰："用於祭祀之角爵"。②這一字形似一倒置的角形器物，字形特點十分明確。"𗧚"字雖然像角，但是並不似"角"字的甲骨文"𗧚"直接描畫出動物角的形態。"𗧚"應是表示一隻已經被切割、加工過的角形，它較寬闊的一邊朝上呈水平放置，較尖銳的一邊朝下。如

---

① （漢）許慎：《説文解字》，中華書局 1963 年版，第 94 頁。
② 徐中舒主編：《甲骨文字典》，四川辭書出版社 1989 年版，第 481 頁。

果將這個符號理解為一個角形器，則字形中間的一橫或為指事符號，表現其上刻有花紋。《殷墟卜辭研究》中將"𐭓"字收錄在"外祭祭儀"一類中，並引一條卜辭。[①] 這條卜辭同樣收錄在《甲骨文合集》中（圖2.91）："癸卯貞，弜昌高祖王亥𐭓更燎……"[②] 僅據此文例，尚且很難確定究竟"𐭓"字是否和酒器有關。《合集》中另有若干條卜辭可找到此字形，其字型結構、文例都沒有太大區別，釋文中也均作摹寫，沒有對應的隸定字形。因此暫且將文例和前人研究結果並列於此，以期更多發現加以佐證。

圖2.91　《甲骨文合集》32083（局部）

在金石學興起之後，多數經籍中記載的器物名稱都被賦予了出土器物，但"觥"在很長時間內始終未被用為器物定名。直至王國維《説觥》一文，正式將一類體型較大的獸首形青銅酒器定名為"觥"。"獸首觥"多為一種體型較大的盛酒器，器物裝飾繁複精美，極具觀賞性（圖2.92）。《商周彝器通考》中描述此類"青銅觥"器型為："其狀腹橢圓而圈足，有流有鋬，蓋作獸首形，有角。"又："多不稱器名，其稱共名者，有尊彝，寶彝，寶尊彝，尊。其銘皆在

_____

① 島邦男：《殷墟卜辭研究》，上海古籍出版社2006年版，第656頁。
② 中國社會科學院歷史研究所：《甲骨文合集》，中華書局1999年版，第3907頁。

蓋與器內。"① 並且此類器物無自名，多稱"尊彝"等共名。② 據器型判斷，這類器物設有"鋬""流"，有些更配有挹注器（圖2.93），應為盛酒器無疑，與典籍文獻對"觥"和"兕觥"的描述截然不同。

圖2.92　作冊折觥③

圖2.93　𧶠引觥④

"獸首觥"定名一直較為困難，最主要的原因便是器物缺乏自名。《考古圖》《博古圖》等圖錄中，均未列出以"觥"為名的器物，並且在《考古圖》著錄的"尊""彝"類器物圖中，也未出現與"獸首觥"相符的銅器。《博古圖》"尊""彝"兩類同樣未見"獸首觥"，但是在"匜"類中收錄了若干與"獸首觥"相似的器物（圖2.94—2.96）：

①　容庚：《商周彝器通考》，上海人民出版社2008年版，第323頁。

②　"多不稱器名，其稱共名者，有尊彝，寶彝，寶尊彝，尊。其銘皆在蓋與器內。"容庚：《商周彝器通考》，上海人民出版社2008年版，第323頁。

③　寶雞青銅器博物院編著：《青銅鑄文明》，世界圖書出版社2010年版，第182頁。

④　上海博物館編：《上海博物館藏青銅器》，上海人民美術出版社1964年版，第16頁。

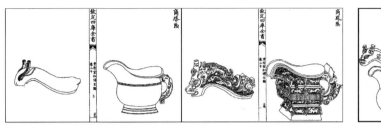

圖2.94　商啓匜　　　　圖2.95　商鳳匜　　圖2.96　商三夔匜①

　　至王國維《說觥》一文詳考此器，文章前半段提出"觥"應是某些被誤稱為"匜"的器物，並列出"三證"，從自名、作器用途和器型特徵角度分析"觥""匜"之別，從此將酒器"觥"和水器"匜"徹底區分。② 此段的論證邏輯甚是精妙，可謂確鑿無疑。"觥"和"匜"的器型確有相似之處，在缺乏準確自名的情況下極易混殽。但是鑒於二者用途截然不同，所以外形區別也十分明顯。"獸首觥"的造型接近鳥獸狀，花紋立體繁複，器首和器頸結合為獸首，前有流，後有鋬，因用作孝享酒器使用，製作十分精美。而水器"匜"則是大多無蓋，開口更寬，裝飾樸素。其用途是為滿足"盥洗禮"的需要，常與水器"盤"配合使用，因此不需要器蓋，也無需太過精緻的裝飾（圖2.97）。

圖2.97　宗仲匜③

---

① 圖2.94—2.96出自王黼編纂：《重修宣和博古圖》，廣陵書社2010年版，第415—417頁。

② 王國維：《觀堂集林》，中華書局1959年版，第149—150頁。

③ 張天恩主編、陝西省古籍整理辦公室、陝西省考古研究院編：《陝西金文集成》（13），三秦出版社2016年版，第1503頁。

　　王國維在辨清"匜"和"獸首觥"的區別之後，又列三證，從器物外型、尺寸升數等方面證明銅器"獸首形"便是典籍中的"兕觥"。首先，關於該器具的數量："此乙類二十餘器中，其有蓋者居五分之四。其蓋端皆作'牛'首，絕無他形。其次，詩經中諸多內容證明，凡從"角"則"其形無不曲者"，則"兕觥形制亦可知矣"。又云："今乙類匜器蓋皆前昂後低，當流處必高於當柄處若干。此由使飲酒時酒不外溢而設，故器蓋二者均觖然有曲意，與小雅周頌合。"最後論及器皿大小："《詩》疏引《五經異義》述毛說並《禮圖》，皆云'觥大七升'。是於飲器中為最大。今乙類匜比受五升，若六升之斝尤大，其為觥無疑。斝者，假也。觥者，光也，充也，廓也。皆大之意。"① 由此，王氏認為此類器物即是"觥"應當確鑿無疑。

　　此段論證"獸首形器"為"觥"的內容顯然不可盡信，很多前輩學者已經提出異議。《殷周青銅器通論》中云："王國維所定觥之名或須更定，但目前材料不夠充分，未能確定其名，姑從其說，把乙類匜別稱為觥。"② 又《商周彝器通考》："觶觚爵角斝之形制，皆與《三禮圖》不合，惟《續鑒》之兕觥獨與《禮圖》合。中央研究院發掘安陽，得一器與《續鑒》之兕觥同而有蓋，則王先生所定觥之名，或須更定。"③ 孔德成《說兕觥》一文明確指出"觥"不是容器，應該是兕牛角製作而成的飲酒器。④ 屈萬里撰文《兕觥問題重探》，亦贊同孔氏的論斷，並提出王國維所論"獸首觥"三證皆不妥。⑤《中國青銅器綜論》中亦認為王氏定名的理據較為牽強。⑥

　　之所以判斷此定名有誤，其中一個重要原因，即王國維提及的

---

① 王國維：《觀堂集林》，中華書局 1959 年版，第 150—151 頁。
② 容庚、張維持：《殷周青銅器通論》，中華書局 2012 年版，第 51 頁。
③ 容庚：《商周彝器通考》，上海人民出版社 2008 年版，第 323 頁。
④ 孔德成：《說兕觥》，《東海學報》，第六卷第一期，第 19 頁。
⑤ 屈萬里：《兕觥問題重探》，《中央研究院歷史語言研究所集刊》，第 43 本第四分，第 533—538 頁。
⑥ 朱鳳瀚：《中國青銅器綜論》，上海古籍出版社 2009 年版，第 192 頁。

器物功能及尺寸問題。根據經籍中的定義，既然稱"觥"為"角爵""罰爵"，就説明它應是與"觚""觶"類似的飲酒器，但"獸首觥"是盛酒器。青銅器中的酒器類，大多器型特徵十分明確，一般常見的飲酒器多為"杯形器"，開口水平，器型多適宜手握，容量大小亦在合理範圍內。而"卣""壺""方彝"等盛酒器則器型較大，無法直接用來飲酒。盛酒器上多有蓋或提梁、鋬，方便儲存、搬運和傾倒液體，且大多配有挹注器。此外，銅器的用途通常會直接影響其尺寸大小，"觥"作為飲酒器，無論尺寸再如何"大""廓"，其容量理應是在可以"一飲而盡"的範疇之內。但是"獸首觥"的容量遠遠超出這個標準，目前所見之"獸首觥"通常高度在20cm—30cm，長度可至40cm左右，其體型和容量可謂相當可觀，這樣大的器皿不可能直接作飲器使用。

其次，"獸首觥"的造型精美繁複，與同時代的銅器相比較，明顯具有極高的藝術價值，這也必然會耗費更多的人力物力。據此分析，"獸首觥"理應是孝享祭祀所使用的禮器，這樣工藝精湛且鑄造難度甚高的器物，若僅僅以"罰爵"地位視之，未免太過奢侈。王氏文章中曾提及"觥"類"其銘多云作父某寶尊彝"，但他僅僅以此論據來區別"觥""匜"的自名。而事實上，從銘文言"寶尊彝"來判斷，其用為祭祀孝享禮器無疑，更有學者提出，這類器物很可能是禮經中記載的"六彝"之一。[①]綜合"獸首觥"外型特徵和銘文來看，為"六彝"之屬是相對可靠的推斷，但具體為其中哪一類彝器，則需擺脱"觥"之定名的舊有影響，從器物本身角度重新斟酌。

除常見的"獸首觥"之外，1959年山西石樓出土一件器物，多

---

① 盡管判斷"獸首觥"為"六彝"之一應大體無誤，但有學者受到錯誤定名影響，據文獻中"黃彝"意為"黃目"一説，提出"黃"假借"觥"字，是以"獸首觥"即"黃彝"，此説不可信。又認為可從"獸首觥"中一分為二，"虎首形觥"為"虎彝"，其餘歸入"黃彝"；甚至據出土"獸首觥"器型反駁文獻所云"觥"為"罰爵"之用不合理，實屬本末倒置之舉。張辛：《器與尊彝名義説》，《黃盛璋先生八秩華誕紀念文集》，中國教育文化出版社2005年版。

被稱為"龍形觥"或"龍紋銅觥"（圖2.98），因其外形酷似獸角狀，也被很多學者認為正是先秦典籍描述的"觥"。① 但事實上，此器體型碩大，帶有器蓋，沒有流，這樣形制的器物不大可能用作飲酒器。唐蘭先生對此器的判斷較為準確："從器形説，有些象獸角，但做成一條船的樣子。我們根據習慣把它稱為觥，但它不能作為飲罰酒的用具。它的獸頭部分，好象淺口的鞋，附著於器身而沒有飲酒用的流。它有些象西周中期的佳弔（叔）匜，那是自名為匜的。但這件器也不象灌水的匜。很可能是一種盛酒的容器，古代常用一種香料和在酒裏，稱為鬯，用於祭祀，這應是盛鬯酒的。"② 除器型設置不符合飲器功能外，此器裝飾頗為精美，器物製作的繁複程度不在"獸首觥"之下："周身飾以精緻的花紋，整個作獸形，蓋上飾夔龍紋，並有提手，腹部飾夔龍和類似鱷魚的花紋，兩邊有四個系，足部飾魚龍花紋，蓋裏前部有銘文。"③ 是以，與"獸首觥"同理，如此精緻的銅器，顯然與"觥"的地位南轅北轍。

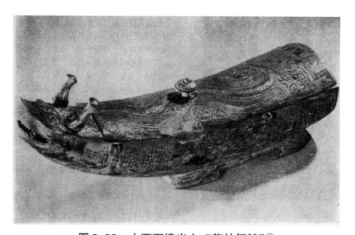

圖2.98　山西石樓出土"龍紋銅觥"④

　① 孫機：《古文物中所見之犀牛》，《文物》1982 年第 8 期。
　② 唐蘭：《從河南鄭州出土的商代前期青銅器談起》，《文物》1973 年第 7 期。
　③ 謝青山、楊紹舜：《山西呂梁縣石樓鎮又發現銅器》，《文物》1960 年第 7 期。
　④ 圖2.98 出自唐蘭：《從河南鄭州出土的商代前期青銅器談起》，《文物》1973 年第 7 期。

　　無論是王國維定名"獸首觥"或是上述對"龍形觥"的討論均可看出，這些論斷大多對"觥"器性質的理解存在偏差，僅關注典籍中對"觥"的外形描述，卻忽略了器物地位和作器材質。長久以來學者多受制於慣性思維，認為禮器應以銅器為主，所以多習慣在銅器中尋找相符的器型。但事實上，這種思路很有誤導性。"五爵"之屬本為漆木器，雖然《儀禮》中可見若干"象觚""角觶"等內容，但這些特殊材質飲器的使用次數明顯較少，說明木製"五爵"方是其常態。其餘象牙、玉石或金屬材質的飲器，多是具有不同尋常的意義。"爵"尚且多為漆木器，而"正禮所無"的"觥"地位比"角""散"更低，因此便更不大可能為銅器。

　　"獸首觥"定名的錯位，不僅影響器物學自身的研究，也不可避免地誤導了上古史、古文字領域的相關概念。例如《清華簡》五中《封許之命》有"鼎、簋、鉀（觥）、鎣（卣）、愙（格）"一句，提及了數件禮器，其中"鉀"字釋讀有爭議。整理者釋："'鉀'字所從之'廿'爲《說文》'磺'字古文，'觥'字《說文》正體作'觵'，都是見母陽部字。"[①] 此處的邏輯疏漏在於，整理者顯然是依據"觥（觵）"之字形、字音考釋"鉀"字，而又以"獸首觥"之器型和功能對應文義，因此並未察覺到"觥"之名義無法對應的問題。倘若帶入"觥"正確的器物型態和地位，便不可能將"觥"這類低等級飲器，與鼎、簋之屬並列。《封許之命》中這一疏漏十分典型，近年來雖然陸續有學者關注器物定名問題，但是諸多錯誤定名始終未做更改，學界多習慣沿襲舊稱。但若不加以更正，類似的概念錯位問題便難以避免。尤其如飲器"觥"和"獸首觥"，二者名義差別殊甚，若不詳加甄別，極易造成相關經典釋讀方面的訛誤。

---

　　① 清華大學出土文獻研究與保護中心編、李學勤主編：《清華大學藏戰國竹簡》（五），中西書局 2015 年版，第 122 頁。

　　綜上所述，聶崇義所繪的"觥"圖，應是參考了當時可見的實物"來通"之形制。由於"來通"特有的獸角造型，宋人多將其與文獻記載的"觥"混淆，但是當時聶氏和其他學者，都未曾察覺"來通"與"觥"地位不符的問題。相比之下，陳祥道繪製的"觥"造型簡潔，更符合先秦時期中原地區原產的"角形杯"特徵，器物外形也與"觥"的地位相符。早期的"觥"應是用獸角直接加工而成的"角形飲器"，後期由於生產工藝的進步，漆木器逐漸取代原始形態的獸角杯，在此過程中，其器型也發生變化。其中一類象徵性的"獸角形觥"用於儀典場合的陳設器物，藉以彰顯儀式感，僅作為名義上的"罰爵"；另一類實際使用的"觥"則是地位較低的日常飲器，器型不一定作獸角形，有可能與後世常見的"杯"類似。而今日常見的青銅器"獸首觥"，則應屬於高等級禮器的一類，很可能為"尊彝"之屬，與文獻記載的飲器"觥"無關。

二　匏爵

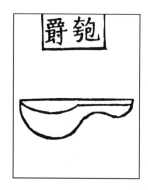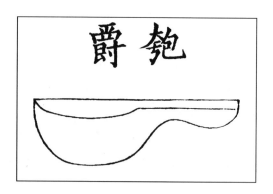

圖2.99　匏爵圖《三禮圖》匏爵卷第十二（左為鎮江本 右為通志堂本）

　　"匏爵"未見於舊圖和三禮，唯有《禮記・郊特牲》中曾出現過"陶匏"。"匏爵"一詞連用可以溯至《唐六典》和《通典》，並非《三禮圖》首創。聶崇義對"匏爵"的解說非常詳盡：

　　匏爵，舊《圖》不載。臣崇義案，梓人爲飲器，爵受壹升。此匏爵既非人功所爲，臨時取可受壹升，柄長五六寸者爲之。祭天地則用匏爵。故《郊特牲》云：“大報天而主日，兆於南郊，就陽位也。埽地而祭，於其質也。器用陶匏，以象天地之性也。”孔疏引鄭注破之云：“‘觀天下之物，無可以稱其德’，故先燔柴於壇，後設正祭於地，器用陶尊、匏爵而已。”《周禮》：“瓬人爲簋、豆”，是陶器也。《士昏禮》①“合卺”，謂破匏爲之，即匏爵也。又孔疏云：“祭天無圭瓚、酌鬱之禮。唯籩薦爇、黃、臑、鮑，豆薦血、腥、醢、醓，瓦大、瓦甒以盛五齊，酌用匏爵而已。”其匏爵，遍檢三《禮》經注、孔賈疏義，及《開元礼》、崔氏《義宗》，唯言破匏用匏片爲爵，不見有漆飾之文。諸家礼圖又不圖説，但陶匏是大古之器，歷夏、殷、周，隨所損益。禮文不墜，以至于今。其間先儒不言有飾，蓋陶者資火化而就，匏乃非人功所爲，皆貴全素自然，以象天地之性也。②

　　“梓人爲飲器，爵受壹升”云云，表示聶崇義認爲“匏爵”和“爵”爲同類器物，這一説法略顯含混。結合文獻分析，聶崇義想表達的意思蓋有兩種可能，一是指“匏爵”具備飲器的功能；二是指“匏爵”與“爵”器物尺寸一致。“陶匏”用於祭天，祭天之禮與宗廟祼祭不同，祼祭以鬱鬯禮神，祭外神則用秬鬯。周聰俊即認爲，“匏爵”在祭天時當作“爵”來用：“是祭天用秬鬯，而盛之以匏，蓋以匏为爵也。”③倘若釋“匏爵”爲飲器尚可通達，但是二器地位和形制截然不同。“匏”多用爲祭天等場合，裝飾簡約古樸，基本保留自然原裝，這和飲器“五爵”中的“爵”有很大區別。況且梓人

所做為木器，祭天用"匏爵"為陶器，即便二者形制相同，也不應該忽視材質的區別。據其器物功能判斷，"匏爵"的器型不會很大，應該等同於通常所謂的"瓢"。所以從邏輯角度分析，聶崇義指出"爵"與"匏爵"的關係，應是單純為了解釋"匏爵"的尺寸，無關形制方面內容，因為後文明確了"匏爵"為陶器且"全素自然"這些特點。但是這種説法的確很容易造成誤解。

　　文中引述《郊特牲》中的内容，以證"匏"在祭禮中的用法，但是此段孔疏内容和現今版本有些區別："燔柴在壇，正祭於地，故云掃地而祭。陶謂瓦器，謂酒尊及豆籩之屬，故《周禮·瓬人》為籩匏謂酒爵。"① 而《周禮·瓬人》經注中雖未提及"匏"，賈疏卻有："祭宗廟皆用木籩，今此用瓦籩，據祭天地及外神尚質，器用陶匏之類也。"② 結合這兩段内容來看，"匏"最主要的禮儀層面意義在於"尚質"，器物屬性的突出特點是自然無華，所以"象天地之性"。根據《周禮》内容可知，祭祀不同對象時，多採用不同材質的器具，並藉由這些禮器的質地表達不同含義。祭祀宗廟先王，多用木器、玉器，而祭祀天地等多用瓦器，取其樸素自然之義。

　　是以，相比起禮經中其他的酒禮器，"匏"本身的特徵頗為顯著。除聶崇義所引"器用陶匏"一語，《郊特牲》另有兩處内容提及"匏"：

　　　1. 器用陶匏，尚禮然也。
　　　注：此謂大古之禮器也。
　　　疏："器用陶匏，尚禮然也"者，謂共牢之時，俎以外，其器但用陶匏而已。此乃貴尚古之禮自然也，陶是無飾之物，匏非人功所為，皆是天質而自然也。

----

① （漢）鄭玄注、（唐）賈公彦疏：《周禮注疏》，上海古籍出版社2010年版，第1063頁。
② （漢）鄭玄注、（唐）賈公彦疏：《周禮注疏》，上海古籍出版社2010年版，第1639頁。

2. 三王作牢用陶匏。

注：言大古無共牢之禮，三王之世作之，而用太古之器，重夫婦之始也。①

"匏非人功所為"這一概念在《三禮圖》中也有提及，應是出於此段內容。文中另有所謂"祭天無圭瓚、酌鬱之禮"一語，此內容是經聶崇義轉寫，三禮中無原文。據分析應是出自《周禮·大宰》中的賈疏：

案《冪人》云'疏布冪八尊'，八尊者，五齊三酒之尊。以其祭天無祼，故無彝尊也。云'不用玉爵，尚質也'者，對下經享先王用玉爵，尚文。此祭天不用玉爵，故云尚質。②

上述內容說明，"匏"不僅造型古樸，年代久遠，並且還始終保留了其在自然界時的原始形態。早期各類器物，大多有直接以動植物為原料作器的情況，但是絕大多數器物都早已經過大刀闊斧的改良，無法辨識其原狀。此處注疏專門強調"非人功所為"，說明為了在祭禮中彰顯其原始風貌，強調"貴尚古之禮自然"這種思想，所以未對"匏"類的器型進行改變。器物材質為陶土，再加上自然植物的形態，未經人工雕飾，這二者相結合，最大限度地減少了人為加工痕跡，可以保留對天地萬物的尊重，從而體現"天質而自然"的特點。用這類特徵的器物祭祀天地，確實是十分合宜的。雖然從殷商時期開始，禮天地、敬鬼神的思想就是一切祭禮的核心，但商人和周人的祭祀理念仍是有些區別的，"周人尚質"這一點，可謂貫穿在禮制和社會生活中的各個方面。

---

① （漢）鄭玄注、（唐）孔穎達正義：《禮記正義》，上海古籍出版社 2008 年版，第 1093 頁。

② （漢）鄭玄注、（唐）賈公彥疏：《周禮注疏》，上海古籍出版社 2010 年版，第 64 頁。

　　這類崇尚本性和自然的"陶匏"提醒我們，商周時期禮器並不以單以尋常器物的價值論其尊卑。從作器成本來看，陶器不如玉器、銅器貴重，樸素無華的器型風格，看似也比不上精雕細琢的繁複裝飾。祭祀天地本應為最崇高的祭禮，但周人反而選擇最普通的陶器承載這種高規格禮儀。這說明就祭祀儀典而言，所用禮器是否適宜才是最重要的。相比起金玉器的精緻，承襲自太古的陶瓦器更有歷史價值，象徵著源遠流長的人類文明歷史，以此為媒介，更能表達天、地在時人心中的意義。正因如此，"陶匏"是非常獨特的禮器，周人藉由"陶匏"，表達了對"天地人神"這些虛無概念的理解，它的地位也證明了周人"崇古""尚質""尊重自然"的性格特徵。三代時期的器物，不僅能展現當時人的生活狀態和審美特徵，更能體現他們對於精神層面概念的理解，周人對"禮"的種種複雜理念，最終會落實在這些極具象徵意義的禮器上。

　　至於"匏"的器型，雖然三禮沒有詳細描述，但是因其"非人功所謂"的特徵，反而較容易推斷。聶崇義引《三禮義宗》，認為"破匏用匏片爲爵"，此說基本與崇尚樸素自然的"陶匏"相符。可以認為"匏"器即"瓢"形器，呈現為剖開的半個"瓠"形。"陶匏"保留了"瓢"形原始型態，沒有明顯紋飾，盡量還原了"匏"類植物的原狀。

　　除祭天儀典外，婚禮場合也會用到"匏"，但是此類器物的裝飾風格與"陶匏"有很大區別，即從古至今婚禮中所謂的"合巹"。"匏""瓢""巹"之間的關係非常密切，黃以周認為"合巹"和"匏爵"均為一物："《士昏禮》'三酳用巹'，《昏義》'合巹而酳'，疏謂破匏爲之，即匏爵也。《郊特牲》云：'器用匏爵，以象天地之性也。'"① 陳奐也持類似觀點，② 周聰俊則認為"合巹""匏爵"為

---

① 此處黃氏引文有誤，《郊特牲》原文作"器用陶匏，以象天地之性也。"並非"匏爵"。（清）黃以周：《禮書通故》，中華書局 2007 年版，第 2458 頁。

② （清）陳奐：《詩毛氏傳疏》，清道光二十七年陳氏掃葉山莊刻本，卷二十四。

一物之異名。① “卺” 與 “匏” 之間肯定是有關聯的，但是二者用
途、地位畢竟大不相同，即使最初 “合卺” 是經由 “陶匏” 演變來
的，其後在儀典使用過程中也會發生變化。《儀禮》《禮記》中對
“卺” 均有記載：

1. 尊于房戶之東，無玄酒。篚在南，實四爵。合卺。
注：合卺，破匏也。四爵兩卺凡六，為夫婦各三酳。②
2. 婦至，婿揖婦以入，共牢而食，合卺而酳，所以合體同
尊卑以親之也。
疏：“合卺而酳” 者，酳，演也。謂食畢飲酒，演安其氣。
卺，謂半瓢，以一瓠分為兩瓢，謂之卺。婿之與婦各執一片以
酳，故云 “合卺而酳”。③

這裡所謂的 “卺，謂半瓢，正義云，以一瓠分爲兩瓢。” 説明
“卺” 即是由 “瓠” 而來，這類器物本應稱為 “合瓢”，但之所以不
稱 “瓢”，應是由於方言差異。《方言》：“㼽，瓠勺也。陳楚宋魏之
閒或謂之簞。或謂之櫼，今江東通呼勺為櫼，音義。或謂之瓢。”④
所謂 “瓠勺” 即 “匏勺”，《説文》 “瓠” “匏” 二字轉注互訓，説
明為同義。而 “匏” 之所以會轉而稱 “卺”，是源於 “瓢” 之義。
《説文》釋 “瓢” 本義為 “蠡也”，又有 “�” 字與之互訓，也釋為
“蠡也”，説明 “瓢” “蓸” 二者同義。⑤ 而 “㼽” 又是 “瓢” 的方
言別稱，説明 “瓢” “蓸” “㼽” 均同義。《段注》中有：“蠡之言

①　周聰俊：《三禮禮器論叢》，文史哲出版社 2011 年版，第 85—86 頁。
②　（漢）鄭玄注、（唐）賈公彥疏：《儀禮注疏》，上海古籍出版社 2008 年版，
第 102 頁。
③　（漢）鄭玄注、（唐）孔穎達正義：《禮記正義》，上海古籍出版社 2008 年版，
第 2274 頁。
④　（漢）楊雄：《方言》，中華書局 2016 年版，第 58—59 頁。
⑤　（漢）許慎：《説文解字》，中華書局 1963 年版，第 150、102 頁。

離。《方言》曰：‘劙、解也。’一瓠離爲二，故曰蠡。鄭注《鬯人》云：‘瓢，謂瓢蠡也。’”① 由此可知“一瓠分爲兩瓢”，意即“一匏分為兩蒼”，“蒼”表達“分離”之義，即“蒼”是經過“分解”得來的器物。《段注》又云：“卺者，蒼之假借字，卺从丞聲，蒼从蒸聲，故同音假借。从豆，此非豆而从豆者，謂瓠可盛飲食，略同豆。”② “卺”本義則為“承也”，與“匏”無關，是以“合卺”一詞本應作“合蒼”。

至此基本釐清“匏”與“合卺”這兩個器名之間的源流關係，一“匏”本可作二“瓢”，“二瓢”又轉稱為“二蒼”，繼而又借“卺”字代“蒼”，於是“匏”之名至婚禮中被更為“合卺”。就上述分析來看，“合卺”之名可謂十分適用於婚禮場合，婚禮中夫婦二人進行“合卺而酳”這一儀式，意指將原本剖開的“匏”重新合而為一，象徵二人經由婚禮結為夫妻，器物寓意與儀典內涵相當契合。

由此可知，儀典中使用的禮器形制、器名都不是一成不變的，正如前文所述，同一件器物用於不同祭禮時，其作器材質會有區別。器名也是同樣，無論“匏爵”還是“合卺”，器物本身的形態並沒有太大的區別，然而有時刻意更換器名，其目的便在於契合不同儀典場合的需要，這一點在《曲禮》中多有示例。③ 理論上來說，如果不更名，婚禮中仍稱“匏”也完全不影響器物功能。但是古人在符合文字音義的前提下，盡量將其轉換為更有象徵寓意的器名。雖然單看“合卺”二字，不如“瓢”“匏”之名直觀易懂，但在瞭解

① （清）段玉裁：《説文解字注》，上海古籍出版社 1981 年版，第 207 頁。

② （清）段玉裁：《説文解字注》，上海古籍出版社 1981 年版，第 207 頁。

③ 《禮記·曲禮下》云：“凡祭宗廟之禮，牛曰一元大武，豕曰剛鬣，豚曰腯肥，羊曰柔毛，雞曰翰音，犬曰羹獻，雉曰疏趾，兔曰明視，脯曰尹祭，槁魚曰商祭，鮮魚曰脡祭，水曰清滌，酒曰清酌，黍曰薌合，梁曰薌萁，稷曰明粢，稻曰嘉蔬，韭曰豐本，鹽曰鹹鹺，玉曰嘉玉，幣曰量幣。”（漢）鄭玄注、（唐）孔穎達正義：《禮記正義》，上海古籍出版社 2008 年版，第 207 頁。

其中蘊含的深意之後，會愈加理解"禮""器"和"人"三者之間更深層面的聯繫。

除名稱區別外，婚禮中所使用的"合卺"必須要二"卺"，與祭禮中"陶匏"所需的數量不同。名稱、功能、材質和數量皆不同，説明盡管器物外形接近，但"合卺"與"陶匏"早已經分化為兩種截然不同的禮器。在這種情況下，倘若不深究二者之間的區別，僅據外在器型進行分類，很容易將其混為一談。

結合各類典籍的記載來看，聶崇義繪製的器物圖基本無誤，這件稱為"匏爵"的器物與常見的"瓢"沒有太大區別。特別是"陶匏"應該是全素無紋，以彰顯其自然。現今出土器物中出現多件做工十分精緻的"匏"形金銀器，則很有可能即是用於婚禮場合的"合卺"。如現藏哈佛藝術博物館的"飾四葉式紋樣小型杯"（圖 2.100），此器銀質鍍金，製作精緻，並飾有"柿蒂紋"，"柿蒂紋"本身就帶有與婚姻層面相關的祝福寓意。根據李零先生考證，柿蒂紋本名為"芳華"，即"方花"，意思是"標誌方向的花"，常見於漆器、銅器。例如一戰國銅鏡銘文為"方華蔓長，名此曰昌"，此銘中"蔓"意"蔓延"，"昌"為"盛"，意即"多子多孫"。李先生認為此兩句銘文連起來是説"方花的蔓很長，綿延不絶，它象徵著子孫蕃昌，所以可稱之為'昌'。"並由此提出，"柿蒂紋"應更名"芳華紋"。[1] 哈佛所藏的這件銀鍍金"小型杯"，也帶有刻畫銘文，其杯底銘文多處模糊，可隱約辨識為："右得，禹（稱）四兩半，屬二分，中府，左佴"[2]（圖 2.101），杯側銘文可識為"甘孝子"（圖 2.102），皆是與器物鑄造相關的信息。類似器型的"合卺"還有安徽巢湖市北山頭 1 號墓出土的"匏形銀酒器"（圖 2.103）和現藏日本永青文庫的"匏形銀酒器"

---

① 李零：《"芳華蔓長，名此曰昌"——為柿蒂紋正名》，《中國國家博物館館刊》2012 年第 7 期。

② 此釋文參考董珊《戰國題銘與工官制度》一書中，對同時期類似器物銘文的考證。董珊《戰國題銘與工官制度》，博士學位論文，北京大學，2004 年。

（圖2.104），這兩件器物差異不大，雖也是銀器，但不如哈佛藏器製作精美。這幾件"匏形器"都屬於工藝精緻，等級很高的工藝品，應均屬於"合卺"的範疇。由其器型可以看出，即便是高級工藝品，這些"匏形器"仍保留了"匏"的本質特徵，即便裝飾繁複也沒有改動器型本來面目。則追求本質自然的"陶匏"，應更接近自然的"瓢"形。

圖2.100　飾四葉式紋樣小型杯（Small Cup with Quatrefoil Design）戰國

圖2.101　杯底刻畫銘文　　　圖2.102　杯側刻畫銘文（甘孝子）①

① 圖2.100—2.102出自哈佛藝術博物館官方網站。網站鏈接：https：//harvard-artmuseums. org/collections/object/204396。

圖 2.103　匏形銀酒器 漢代　　　圖 2.104　匏形銀酒器 公元前 3 世紀①

三　豐、爵坫

圖 2.105　豐圖《三禮圖》匏爵卷第十二　　圖 2.106　爵坫圖《三禮圖》尊彝卷第十四

　　從器物的用途來看，"豐" 和 "爵坫" 本不應歸入飲器類，但是此二者需配合飲器一同使用，可算作某些儀典中飲器的輔助器皿，因此姑且列入此章。二器的用途、形制十分類似（圖 2.105、2.106）。《三禮圖》云：

　　豐：
　　舊《圖》引《制度》云："射罰爵之豐，作人形。豐，國

① 圖 2.103—2.104 出自劉子亮《玉液滿斝：再論弗利爾美術館藏洛陽金村玉杯》，《美成在久》2019 年第 6 期。

名，其君坐酒亡國，載杅以為戒。”張鎰引《鄉射記》云：“司射適堂西，命弟子升，設豐。”注云：“設以承其爵。豐①制，蓋像豆而卑。”鄭注《鄉射》與《燕禮》義同，以明其不異也②。《制度》之説，何所據乎？且聖人一獻之禮賓主百拜，此其所以備酒禍也。豈獨於射事而以亡國之豐為戒哉？恐非也。其豐制度，一同爵坫，更不別出。③

　　爵坫：

　　坫以致爵，亦以承尊。若施於燕射之禮，則曰䥴（音豐）。賈義云：今諸經承尊爵之器，不用本字之䥴，皆用豐年之豐，從豆爲形，以䥴爲聲也。何者？以其時和年豐，穀豆多有，粢盛豐備，神歆其祀，人受其福也。故後鄭注云：“豐似豆而卑。”都斲一木爲之，口圓微侈，徑尺二寸，其周高厚俱八分，中央直者，與周通高八寸，橫徑八寸，足高二寸，下徑尺四寸。漆赤中，畫赤雲氣，亦隨爵爲飾。今祭器内無此豐、坫，或致爵於俎上。故圖之於右，請置用之。④

　　《周禮》《禮記》無“豐”，二書中“豐”均作地名或豐饒之義，僅在《儀禮》中《鄉射禮》《燕禮》《大射》《公食大夫禮》等儀典有用“豐”的記載。三禮均無“爵坫”一詞，《禮記》《儀禮》中出現若干“坫”“反坫”等與之類似的内容，但其中與“爵坫”意義相符者寥寥無幾。就聶崇義的闡釋來看，“豐”和“爵坫”二者關係密切，“若施於燕射之禮，則曰䥴”一語，説明聶氏認為此乃一器二名。可是兩器物的文釋内容又有些相互矛盾之處，“爵坫”一

---

①　鎮江本此“豐”字作“豐”。
②　鎮江本和鄭氏本作“以相其不異也”。
③　（宋）聶崇義：《新定三禮圖》，通志堂刊本，清康熙十二年（1673），匏爵圖卷第十二。
④　（宋）聶崇義：《新定三禮圖》，通志堂刊本，清康熙十二年（1673），尊彝圖卷第十四。

節的釋文全然引述典籍對"豐"的解説，似乎認為"爵坫"的用途、器型均與"豐"完全一致。"豐"的文釋中甚至未標示器物尺寸信息，只云："其豐制度，一同爵坫，更不別出"。如此看來，二器形制本應如出一轍，但是聶氏繪製的圖釋卻又相差甚遠。聶崇義未對其中差異作任何説明，單看圖釋無法理解，差別如此大的器物如何能歸為同一形制，不禁令人質疑"其豐制度，一同爵坫"一説是否可靠。

聶崇義對於"豐""爵坫"形制一致的判斷，蓋出自《大射》中的賈疏：

> 但斫一大木為之，取其安穩，此豐若在宗廟，或兩君燕，亦謂之坫，致爵在於上，故《論語》云："邦君為兩君之好，有反坫"，鄭注云"反坫，反爵之坫"是也。必用豐年之豐為坫者，以其時和年豐，萬物成孰，粢盛豐備，以共郊廟，神歆其祀，祝嘏其福。至《鄉飲酒》《鄉射》《燕禮》《大射》，或君與臣下及四方之賓燕，家富民足，人情優暇，旨酒嘉肴，盈尊滿俎。於以講道論政，既獻酬侑酢，至無算爵，行禮交樂，和上下相歡，勸飲為樂故也。[1]

重檢此段論述，會發現聶崇義對二器的理解存在一些問題。首先，賈疏認為宗廟及君王所用承爵之器稱為"坫"，而其餘饗宴飲禮則稱"豐"，取其穀物豐饒之義，其對於"坫"和"豐"用途的區分頗為明確。聶氏顯然也認可這種功能上的區別，是以他將"豐"歸入"匏爵"卷，將"爵坫"歸入"尊彝"卷。理論上來説，"爵坫"用於祭禮，為"玉爵"的承托器；"豐"則用來承托宴飲中的"五爵"，則"爵坫"的地位應高於"豐"。或者如上文所説，既然

---

① （漢）鄭玄注、（唐）賈公彥疏：《儀禮注疏》，上海古籍出版社 2008 年版，第 476 頁。

是"一物二名"，則至少應如書中的"爵"和"玉爵"圖一般大同小異才對。此二圖不僅形制截然不同，"豐"的形制甚至比"爵坫"更加繁複，這顯然不合邏輯。

其次，賈疏認為"豐"為木製器皿，聶崇義引述了此語，自然也認可此觀點。但是《郊特牲》中有"臺門而旅樹，反坫，繡黼丹朱中衣，大夫之僭禮也。"此處孔疏明確表示："'反坫'者，反爵之坫也。若兩君相饗，則設尊兩楹間。坫在其南，坫以土爲之。"① 説明"坫"與"豐"的材質有區別，金鶚《求古録禮説》中便明確提出"豐""坫"作器材質不同，此為二器不同制的證據之一："坫字從土，明是以土為之。若謂制之以木，則與字義不合。"② 從"坫"字的結構來看，這一説法是合乎邏輯的。聶崇義沒有論述"坫"的材質問題，有可能是不認同孔疏之説，默認二者皆為木器。值得注意的是，孔疏説的是"以土為之"，而不是"瓦"。《説文》："瓦，土器已燒之總名。"③《段注》："凡土器未燒之素皆謂之坏。"④ 此處"坏"即"坯"之本字。"坫"的釋義為"屏也"，《段注》："《爾雅》曰：'墣謂之坫'。郭云：'坫，端也。'在堂隅，按'端'本作'壿'，高皃也。以土爲之。高可屏蔽。"⑤ 此説"坫"的本義應是指以土坯製作的"屏狀物"，有一定高度，可用於遮蔽，如《大射》："小射正又坐取拾，興，贊設拾，以笴退，奠于坫上，復位。"⑥ 此即段玉裁所謂的"在堂隅"，而用為"反爵之坫"應是在此基礎上引申而來的。

《禮書》中依照"坫"的用法總結出四種不同的"坫"，分別為

① （漢）鄭玄注、（唐）孔穎達正義：《禮記正義》，上海古籍出版社 2008 年版，第 1043—1044 頁。

② （清）金鶚：《求古録禮説》，清光緒二年孫熹刻本，卷九《坫考》。

③ （漢）許慎：《説文解字》，中華書局 1963 年版，第 268 頁。

④ （清）段玉裁：《説文解字注》，上海古籍出版社 1981 年版，第 692 頁。

⑤ （清）段玉裁：《説文解字注》，上海古籍出版社 1981 年版，第 686 頁。

⑥ （漢）鄭玄注、（唐）賈公彥疏：《儀禮注疏》，上海古籍出版社 2008 年版，第 534 頁。

"反爵之坫""奠玉之坫""庋食之坫"和"堂隅之坫"。① 這些用法
在三禮中各有體現：

　　1. 山節，藻梲，復廟，重簷，刮楹，達鄉，反坫出尊，崇
坫康圭，疏屏，天子之廟飾也。
　　注：反坫，反爵之坫也。出尊，當尊南也。唯兩君為好，
既獻，反爵於其上。禮，君尊於兩楹之間。崇，高也。康，讀
為'亢龍'之'亢'，又為高坫，亢所受圭，奠於上焉。②
　　2. 大夫七十而有閣。公、侯、伯於房中五，大夫於閣三，
士於坫一。
　　注：閣以板為之，庋食物也。③（《內則》）

　　根據陳祥道的解釋，此處的"反坫出尊"即為"反爵之坫"，
"崇坫康圭"即為"奠玉之坫"。此說可從，原因是除"坫"上放置
的器物不同之外，鄭玄還特意強調了奠玉的"坫"為"高坫"，說
明比其較放置爵的"坫"更高，以示對圭的重視。此段引文可以證
明，"坫"以其高低來彰顯所承器物的尊貴程度。"士於坫一"中的
"坫"與前文"閣"並舉，說明同是用來擺放食物的盛器，即"庋
食之坫"。只不過"坫"的等級較低，"閣"為木製，"坫"為陶土
質。此處盛食物的"坫"不大可能是以高取勝的器物，而是呈與
"板"類似的薄片狀，基本相當於今日"砧板"的尺寸。由此可見，
此三種"坫"並前文《大射》中提及的"堂隅之坫"，四件器物均
是"坫"，但形制、尺寸、用途各不相同。《禮書》中對"坫"說解
詳盡，只不過書中圖釋卻過於簡單，沒能體現出這四種不同的"坫"

之間的形制差異。陳氏繪製的這種薄板狀的“坫”，應更符合“庋食之坫”的外形特徵（圖 2.107）。

圖 2.107　坫圖《禮書》卷第七十①

如前所述，聶圖對“豐”器型風格的描繪，同樣是值得商榷的。《大射》中鄭玄論述“豐”的形制為：“近似豆，大而卑矣。”② 之後多家論述“豐”時皆是以此説法為基礎，但是多數僅簡稱“似豆而卑”。其實“大而卑”是一個更值得強調的提示信息，首先，飲器以小為貴，則“大而卑”的概念符合飲器系統的邏輯關係。其次，説明“豐”的尺寸比常見的豆要大，並且所謂的“近似豆”應只是器身形狀與豆相對接近，否則沒必要用這類含糊的措辭來解釋。《周禮》鄭玄釋“籩”時便明確指出“籩，竹器如豆者”，説明形制與豆基本一致。此處的“近似豆”語境已經非常勉強，後文還要加上“大而卑”，應是在找不到更合適器物的情況下，只有豆的形狀可以與之比較。

是以，鄭注這句話可以説明兩點，一是“豐”的制式較為特殊，少有與之接近的器型；二是器物較為簡陋。孔疏也有“斫一大木為之，取其安穩”一説，可知此類承爵之器不求精緻，需要做得大而穩妥，方便放置各類飲器。據以上諸説可推測出“豐”的大致形制，“豐”為木製器，且以體量較大的整木製成，作為承托器，尺寸較一般的飲器、食器大很多；“豐”帶有高足，整體外形與“豆”接近；

①　（宋）陳祥道：《禮書》，書目文獻出版社 1988 年版，第 282 頁。
②　（漢）鄭玄注、（唐）賈公彥疏：《儀禮注疏》，上海古籍出版社 2008 年版，第 475 頁。

器物風格簡約，用途單一，不大可能帶有精緻裝飾。綜合這些信息來看，聶圖中帶有人形裝飾的"豐"過於繁複，極有可能參照了某件實物。也許在聶崇義的理解中，有理由認為此器也是"豐"屬，但即便如此，它也只能是古人偶一為之的裝飾品或收藏品，絕非實際日常所用的"豐"。聶氏忽略了"豐"的器物地位，也未曾考慮到"豐""坫"之間的關係，以某件"非常規"狀態的"豐"為藍本作圖。

　　相比之下，陳祥道繪製的"豐"圖更加可信一些（圖2.108）；[1] 此外又有清人黃以周所繪的"豐"（圖2.109）。[2] 此二圖形制簡單，符合器物用途和特徵，且與聶崇義版本的"爵坫"幾乎一致。就"豐"的器型問題而言，陳、黃兩家的理解明顯優於聶圖。

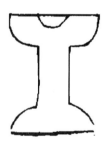

圖2.108　豐圖《禮書》第九十七　　　圖2.109　豐圖《禮書通故》第四十九

　　"豐"的用途有二，分別為"承尊"和"承爵"（一說"承觶"[3]）。《段注》："言其用於《鄉射》，云所以承爵也。於《大射》，云以承尊也。《公食大夫》之豐亦當是承爵，《燕禮》之豐亦當是承尊。皆各就其篇之文釋之。"[4] 段氏將其用法歸為兩類是沒錯的，但是上述的篇章分佈未免過於絕對。據統計，"豐"在《儀禮》中主

────────────

① （宋）陳祥道：《禮書》，書目文獻出版社1988年版，第374頁。
② （清）黃以周：《禮書通故》，中華書局2007年版，第2455頁。
③ （清）淩廷堪：《禮經釋例》，江西人民出版社2017年版，第239頁。
④ （清）段玉裁：《説文解字注》，上海古籍出版社1981年版，第208頁。

要出現在《鄉射禮》《燕禮》《大射》《聘禮》《公食大夫禮》五篇中，其中《鄉射禮》《公食大夫禮》中的"豐"均是承爵，《燕禮》《聘禮》中俱是承尊，而《大射》中"豐"出現次數較多，所以承尊、爵二者兼有。

"豐"的用途較容易分辨，前文通常直接提及所承器物：

1. 承尊：

（1）司宮尊于東楹之西，兩方壺，左玄酒，南上。公尊瓦大兩，有豐，冪用綌若錫，在尊南，南上。尊士旅食于門西，兩圜壺。

（2）厥明，司宮尊于東楹之西，兩方壺，膳尊兩甒在南，有豐。冪用錫若絺，綴諸箭。蓋冪，加勺，又反之。皆玄尊。酒在北。

（3）醴尊于東箱，瓦大一，有豐。

2. 承爵

（1）不勝者進，北面坐取豐上之觶，興，少退，立卒觶，進，坐奠于豐下，興，揖。

（2）司射命設豐，實觶如初。遂命勝者執張弓，不勝者執弛弓，升飲如初，卒，退豐與觶如初。

（3）飲酒實于觶，加于豐。①

"豐"用於"承尊"時，多承"瓦大""方壺"；用於"承爵"時，所承對象則只有"觶"一類。在某些儀典中，"豐"在"承爵"時帶有"懲罰"之義。此處與"豐"同用的"觶"也多用為"罰爵"，如《大射》中有："僕人師洗，升實觶以授，賓、諸公、卿大夫受觶于席，以降，適西階上北面立飲，卒觶，授執爵者，反，就

---

① （漢）鄭玄注、（唐）賈公彥疏：《儀禮注疏》，上海古籍出版社 2008 年版，第 392、475、739、330、553、779 頁。

席。"鄭注："授爵而不奠豐，尊大夫也。"① 也就是説，此處的
"觶"是手授還是"奠豐"，寓示著這杯酒是否象徵著"罰酒"，當
面對身分較高的對象時，需省略"奠豐"這一步，以示尊重。而
"承尊"的"豐"並沒有類似的意義，"豐"所承的"瓦大"一類
酒尊，屬於年代久遠且地位尊貴的器皿。盡管用途有別，但注疏未
曾強調不同功能的"豐"是否存在外形上的差異，説明"豐"的用
法對其形制沒有明顯的影響。

　　聶崇義對於"坫""豐"在三禮中的用例並沒有詳盡分析，是
以圖釋也沒能符合二者在各類儀典中的功能。其文釋沒有體現出此
類"承托器"在不同場合的差異，更未説明所謂的"坫"可能存在
若干種形制。他將"坫"一名改為"爵坫"，説明他僅僅將"坫"
用以"承爵"和"承尊"這兩類功能提取出來，因而將其劃歸到
"尊彝"類。此舉也並非不妥，因承玉器和食物的"坫"與尊彝類
有別。但是文釋中理應説明緣由，例如在闡明文獻各類"坫"的定
義、功能形制之別後，強調為符合酒禮器類屬，姑且將"坫"的其
他用法刪略不表。如此僅以"爵坫"之名羅列，既不闡釋名物概念，
對其用途也未作詳解，一味強調"豐""爵坫"形制皆同，圖釋卻
又無法匹配，可謂疏漏甚多。

　　綜上所述，聶圖中的"爵坫""豐"二者形制均與禮經記載不
相符。三禮中"坫"應為陶土質，有四種不同用法，且分別對應四
種不同形制。目前可見的圖釋中，陳祥道繪製的"坫"，蓋可與
"庪食之坫"之形相符。"豐"與"豆"的形狀大致接近，但是器物
地位低，做工簡單，可能為帶有高足的"盛托盤"狀。聶圖繪製的
"豐"過於精緻，陳祥道和黃以周所繪的"豐"更可信。

---

　　① （漢）鄭玄注、（唐）賈公彥疏：《儀禮注疏》，上海古籍出版社 2008 年版，
第 541 頁。

第 三 章

尊彝圖類釋[*]

第一節 "尊彝"概説

"尊彝"之稱分為廣狹二義，廣義的"尊""彝"均為宗廟祭祀禮器之總名，王國維在《説彝》一文中提出"尊彝皆禮器之總名"，並且首次提出"大共名"和"小共名"的概念："尊彝皆禮器之總名也。古人作器皆云'作寶尊彝'，或云'作寶尊'，或云'作寶彝'。然尊有大共名之尊（禮器全部），有小共名之尊（壺卣罍等總稱），又有專名之尊（盛酒器之侈口者）。彝則為共名而非專名。"[①]此文對"尊彝"類的考釋意義重大，也是目前學界最為認可的説法。雖然"尊彝"二者極為尊貴，但是文獻中對其形制卻著墨甚少，導致這兩類器物之名義未得到較為系統、詳盡的論述，學者對其器型概念始終較為模糊。據文獻記載，"彝"的地位明顯高於"尊"，是以"尊""彝"的概念、形制都應該有所區別，即使作為共名也不適合一概而論。

---

[*] 本章稱"尊彝"為沿用聶本《三禮圖》之稱謂，實際行文順序以器物等級為依據，先以"六彝"，後以"六尊"，"罍"及其他"尊"類順序列於其後。

① 王國維：《觀堂集林》，中華書局1959年版，第153頁。

　　是以有些學者認為有必要將"尊""彝"的概念分開理解，例如徐中舒："自其廣義言之，則尊為飲器中盛酒器之共名，而彝則為宗廟器之共名，或一切貴重之飲飫器之大共名。"[1] 陳夢家也不贊同"尊""彝"皆為"大共名"的理論，他將銘文中的器物名稱分為四類，認為"尊"並非大共名。[2] 而後，有學者針對青銅器銘文進行統計，並總結出若干可信的結論：首先，金文中的"尊彝"為偏正結構，"尊"修飾限定"彝"，同"寶"類似；其次，"彝"為大共名，但"尊"並非大共名，也非器物專名。[3] 是以，"尊"和"彝"均用為共名的定義有必要重新審視。

　　因"彝""尊"二字的本義和字型結構尚存爭議，所以本章首先探討二字本身，之後再行研究各類禮器圖與器物。三禮記載的"彝"指祼禮所用"六彝"，"尊"的範圍略大於"彝"，不僅包括"六尊"，也包括其他儀典所用的"尊"類盛酒器。聶崇義所圖"尊彝卷"將與宗廟祭禮相關的"六彝""六尊""罍""玉爵""瓚"等器物均收入其中。聶氏"六彝""六尊"圖釋各有值得商榷之處，特別是其將"六彝"與"犧""象"等尊器均畫成類似器型，僅靠器身不同紋飾加以區分，無法體現出"彝"與"尊"之間的等級差異。

　　據學者統計，三禮系統中的"吉禮"，即祭祀之禮，共分為天神、地祇、人鬼三類，其中需使用"六彝""六尊"的"祫""禘""祠""禴""嘗""烝"六類宗廟祭祀屬人鬼；而使用"蜃尊""概尊""散尊"的"以貍沈祭山林川澤"和"以疈辜祭四方百物"，則

---

　　[1]　徐中舒：《說尊彝》，歷史語言研究所集刊，第七冊，中華書局 1987 年版，第67 頁。

　　[2]　陳夢家：《西周銅器斷代》，中華書局 2004 年版，第 80 頁。

　　[3]　張辛：《器與尊彝名義說》，《黃盛璋先生八秩華誕紀念文集》，中國教育文化出版社 2005 年版。

均屬地祇。[①] 祭禮性質的不同，不僅會反應出禮器形制之別，各類器物間的等級區分更為顯著。

是以，本章除"六彝""六尊"之外，也將"罍""大罍"以及"蜃尊""概尊""散尊"等器並列於此。"罍"載於《司尊彝》，是祭典中需要與"尊"共用的酒器，因此應與"六尊"一同討論。而其餘三尊見於《鬯人》，雖不用於宗廟孝享之禮，但卻是祭祀山川等外神所用的"祼尊"。此類"祼尊"所盛為秬鬯，不為"鬱鬯"，從這一點可以窺見周人祭禮的等級森嚴。還可以根據"蜃尊""概尊""散尊"之間的差別，探討周人對於不同祭祀對象的等級劃分標準。

一 "彝"字形義概説

"彝"字在甲金文字中雖然常見，但其字形較為複雜，字本義也始終存有爭議。"彝"字甲骨文字形常見如"🔣""🔣""🔣"；[②] 金文多作"🔣""🔣""🔣""🔣""🔣""🔣"等形。[③] 針對"彝"字結構、本義方面的研究鮮有突破，其本義始終以《説文》所釋"宗廟常器也"這一概念深入人心。[④] 在大部份高等級銅禮器的銘文末尾，常見到"寶尊彝"之類用法，似乎也可佐證這一定義。但實際上，"禮器"或"宗廟常器"已經是各類儀典成熟之後產生的總括性概念，所以這類定義應是較晚時期出現的。而"彝"字產生時間很早，其本義應是特指某一類器物、祭禮，亦或是其他某種更為具體的概念。[⑤]

---

① 沈文倬：《古代的"五禮"包括哪些主要内容》，《菿闇文存》，商務印書館2006年版，第902—903頁。

② 以上字形選自孫海波《甲骨文編》，中華書局1965年版，第506頁。

③ 以上字形選自容庚《金文編》，中華書局1985年版，第864—870頁。

④ （漢）許慎：《説文解字》，中華書局1963年版，第277頁。

⑤ 今日出土器物中無對應"彝"之名的器物，考古學家大多將一類盛酒器暫定為"彝"（方彝）之名，但此類器物和"彝"沒有直接關係。

　　“彝”的字形結構至今存疑，尤其是其字形上半部分較難闡釋，這一點也極大影響了對字本義的考釋。在甲金文字未被發現之前，經學家釋“彝”字多參照今文字形，如《説文》認為其形：“從糸，糸，綦也。廾持米，器中寶也。彑聲。此與爵相似。”① 此處所謂“糸”“米”之形皆是因後期形訛所產生，古文字階段無此間架，自然不足為信。段玉裁提出“彝”從“糸”是因為祭祀時需要用布遮蓋彝器；從“米”是因為米能釀酒；從“廾”則是以雙手進奉，並認為：“爵從鬯又而象雀之形，彝從糸米廾而象畫鳥獸之形，其意一也。”② 此説牽強之處不止字形結構本身，其釋義同樣缺乏説服力。

　　近代古文字學家得見更早的文字材料，對“彝”字也有了新的認識。“彝”字常常被分析為“兩手持雞”的狀態，如：“卜辭中‘彝’字像兩手持雞，與古金文同，其誼則不可知矣。”③ 商承祚也持類似觀點，④ 又曾提出：“雞祭謂之彝，故引申之凡祭器皆謂之彝矣。”⑤ 商氏此説似頗具啓發性，但是認為“像以手持雞與米而祭”則顯然囿於舊説，將古文中的“雞”形與今文訛變之後的“米”形相混淆。鄒衡則認為“彝”字即象雞翅膀縛住，雙手捧起以供奉神靈，由此引申出“祭祀”“宗廟彝器”等相關概念。⑥

　　盡管對“雞”形具體指代的含義有不同看法，但多數學者都對字形中雙手所舉之物為“雞”無異議。與上述觀點不同，劉節提出“彝”的字形定為“持雞”不妥。他認為所謂象“雞”的部分，應是《詩經·玄鳥》中“天命玄鳥，降而生商”的“玄鳥”。而“彝”字本義是用以劃分區域的名詞，帶有圖騰的意味，所以稱宗廟

---

①　（漢）許慎：《説文解字》，中華書局 1963 年版，第 277 頁。

②　（清）段玉裁：《説文解字注》，上海古籍出版社 1981 年版，第 662 頁。

③　羅振玉：《增訂殷墟書契考釋》，中華書局 2006 年版，第 455 頁。

④　“皆像以手持雞與米而祭，後被以祭器之名。”商承祚：《説文中之古文考》，上海古籍出版社 1983 年版，第 111 頁。

⑤　商承祚：《甲骨文字研究》，天津古籍出版社 2008 年版，第 188 頁。

⑥　鄒衡：《試論夏文化》，《夏商周考古學論文集》，文物出版社 1980 年版，第 153—154 頁。

禮器為"彝器"或"尊彝"。① "鳥"和"雞"雖字形有些許類似，但畢竟二者地位不同。上古時期的商代盛行圖騰崇拜，而傳世文獻和出土材料中均有證據表明，商人以玄鳥為圖騰（圖3.1—3.3）。

圖3.1 《合集》30447　　圖3.2 《合集》34293　　圖3.3 《合集》34294②

《合集》30447中有"其告於高祖王亥三牛"一文，其中"亥"字在"亥"的字形之上加了表示"鳥"的字形，組成合文，表示王亥的特殊身份。其餘兩片甲骨中的"亥"字亦是如此。王亥身為高祖之一，後人在祭祀他的時候理應給予很高的尊重，是以在其名上附加鳥形圖騰象徵身份高貴。由此可見，鳥對於商人而言不僅是圖騰崇拜，並且可以象徵祭祀祖先之時，對其地位的特殊尊崇。甲骨文和金文中多見合文，另有一些在字形上添加特殊部件的字形也不少見。此處"鳥""亥"合文應是一種表達"特殊"和"尊敬"的方式，如金文中的"文王"和"武王"專用字"𤕟""𤰆"便是此意。

① 劉節：《古史存考》，人民出版社1958年版，第171—172頁。
② 以上拓片選自中國社會科學院歷史研究所：《甲骨文合集》，中華書局1999年版。

　　然而結合古文字形分析，無論"鳥"或"雞"字，均明顯與"彝"字所從""類結構不同。其形與"鳥""雞"看似接近，其實卻皆不相符。早期產生的動物類字形符號多強調象形，以求最大程度彰顯該類動物的外形特徵，便於識別，如常見的"龍""鳳""鳥""豕""象""兕""虎""犬""魚"等字皆是如此。而"彝"字此部分間架，自甲骨文以降，始終呈頗為抽象之形，且與"雞""隹"等字形均不相近，部分字形中的符號甚至難以確定究竟是否禽類造型。① "鳥""雞"二字早在甲骨文階段便已固化，"雞"字多作""""等形，或有更形象的符號作""形;② "鳥"字多作""""""等形，③ 此二字與"彝"雙手所持之符號（""""""""）存在明顯區別。是以，"彝"上所從並非尋常"鳥"或"雞"形，應另有所指。

　　此外，近年來有些學者也將"彝"字本義與"祭祀""殺戮"等義相關聯，于省吾先生《釋四方和四方蘆的兩個問題》一文論及著名的甲骨"四方風"，④ 其中的"西方曰彝，風曰韋"一句，作者表示同意胡厚宣論證的結論，即"彝"和"夷"是音近意通的通假字，⑤ 李學勤先生也有同樣的意見。⑥ 于先生考據"彝"和"夷"這兩個字的關係，主要依靠《堯典》中的"其民夷"，以及《山海

---

① 《歷代鐘鼎彝器款識法帖》收錄"父辛彝"中"彝"字作""，此相較其他甲骨文和金文字形有很大區別，更接近於一個象形較高的鳥形符號，應並非"彝"字。(宋) 薛尚功:《歷代鐘鼎彝器款識法帖》卷五，浙江古籍出版社 2012 年版，第 94 頁。

② 以上字形分別選自《甲骨文合集》，第 37472、37546、18341 片。

③ 以上字形分別選自《甲骨文合集》，第 11497、3028、32509 片。

④ 于省吾先生隸定"鳳"字為"蘆"，如今此字多作"鳳"或"風"。于省吾:《甲骨文字釋林》，中華書局 2009 年版，第 145 頁。

⑤ 胡厚宣:《釋殷代求年於四方和四方風的祭祀》，《復旦學報》1956 年版。

⑥ 李學勤:《商代的四風與四時》，《中州學刊》1985 年第五期。

經·大荒西經》中"有人名曰石夷，來風曰韋"。在此之前，楊樹達曾在《甲骨文中之四方風名與神名》一文中提出，所謂"四方"是和四季相對應的，並且"析""莢""彝""宛"四字都與草木植物有關。而"西方曰夷"一句指的就是秋季，"彝"對應的也該是類似草木。① 但是于先生對此說予以駁斥，強調商代時期尚無四季一說，彼時采用的是春秋兩季的季節制度，並且一直沿用到西周，冬夏二季直到春秋時期才分化出來。于先生此說可信，甲骨卜辭中用為季節之稱的僅有"春秋"，這也是古人以"春秋"一詞指代"年"的概念，並引申為編年史之稱的來源，是以"四風"對應"四季"的說法不妥。

至於"彝"和"夷"所表達的意思，于先生分析為"毀""傷"或者"殺"。據《左傳·隱公六年》："為國家者，見惡，如農夫之務去草焉，芟夷蘊崇之。"杜預注："芟，刈草也。夷，殺也。"由此將"西方曰夷"的本義定為"西方殺傷萬物，是指萬物收縮之時言之"。② 詹鄞鑫則認為"彝"的本義是"一種近似獻俘的祭祀活動"，甲骨文的"彝"字主體不是"雞"或者"鳥"，而是一個人，其雙手被束縛於背，手上有繩索扎住。又因甲骨文中凡束縛雙手的字形均與俘虜、奴隸有關，由此推斷出"彝"字亦然。金文字形中常常在左側有兩三個點，過去多認為是酒器所盛的鬱鬯，但是詹氏卻提出那是滴落的人血，由此將"彝"字定義為"殺俘虜以祭祀"。③ 在《商代宗教祭祀》一書中，有《祭名統計與分類》一節，詳細列舉了商代甲骨文中的祭名，"彝"字亦在其列。④ 從邏輯上來

---

① （清）楊樹達：《積微居甲文說·耐林廎甲文說·卜辭瑣記·卜辭求義》，《甲骨文中之四方風名與神名》上海古籍出版社 2006 年版。

② 于省吾：《甲骨文字釋林》，中華書局 2009 年版，第 145—146 頁。

③ 詹鄞鑫：《釋甲骨文"彝"字》，《北京大學學報》（哲學社會科學版）1986年第 2 期。

④ 宋鎮豪主編：《商代史》卷八，常玉芝著《商代宗教祭祀》，中國社會科學出版社 2010 年版，第 420 頁。

説，“彝”字從“廾”，表示雙手舉起、供奉之義，所以必然與祭祀、祭禮的動作有關，此字的本義是動詞，而不是單純表示禮器、彝器之類的名詞，這一點和“尊”的字型結構非常類似。

不同於“尊”一目了然的結構關係，“彝”字的難點主要在於字形上半部分該如何闡釋。就商代常見的人殉制度而言，詹氏的解讀也不失為一種思路。但倘若“彝”字本義為一種獻俘活動或人牲祭祀，則古人不大可能隨便選擇一種人牲祭祀方式來指代“宗廟常器”。上古祭祀雖然經常伴有人殉，但是祭祀的本質目的畢竟不是單單為了殺人。如要將“彝”與人殉制度聯繫起來，那麼其人牲符號所指，應具有特殊意義。而這種“殺俘虜以祭祀”所代表的概念，也定與普通的祭禮有別。因此，這一理論若要成立，還需要更多證據，來證明這種祭禮的特殊性。

倘若按照獻祭這個方向來解釋“彝”字，則相比人殉而言，釋其雙手所持為“祭品”更為通達。由於所持之“🐦”並非“鳥”“雞”之形，但又與禽類有相似之處，則最有可能的是，其所象為一種擬禽類動物之態所作的禮器或祭器，而並非動物本身。這種禮器的外形特徵和地位均較為特殊，出現的年代較早，器物型態在商代時已經成熟，並且在禮制層面具有重要的意義。綜觀出土器物中的各類禮器，“🐦”所象最有可能是某類高等級祭禮中所用的盛酒器，與“尊”字所從的“酉”類似。由此分析，“彝”與“尊”二字的造字邏輯和結構本是一致的，二字均從“廾”和某類禮器，釋義均為“雙手供奉某禮器而祭”。

綜上所述，“彝”字從“廾”，為會意字，本義應為動詞，用作“宗廟常器”已是引申義。“廾”上之“🐦”形過去多解為象“雞”或“鳥”，但其實這一符號與“雞”“鳥”皆不相符，應為擬禽類之態的禮器，而非象動物本身。其字本義涉及到某種獻俘和祭祀儀式，蓋為商代非常尊貴的一類祭禮。這一高等級祭禮，最終由於它所象徵的尊貴地位而被加以引申，成為高等級裸禮所用祭祀禮器的代名詞。

二 "尊"字形義概說

相比"彝"字的複雜情況，"尊"字結構稍微簡單一些。甲金文字多作"𓏪""𓏪""𓏪"等，字形從"酉"從"廾"，釋義明確。《説文》曰："酒器也。從酋，廾以奉之。"① 本義即指"雙手供奉酒尊"之義，其後的小篆、楷書字形一脈相承，基本結構沒有出現訛變。

在王國維提出"尊彝皆禮器之總名"的概念之前，② "尊"和"彝"的定名因難以定奪而長期處於界定不清的狀態，這一定義無疑為近代學者指明一條新的研究思路。此後，陳夢家進一步研究了幾種共名之間的區別，進而細化了共名的概念："大致來説，器物名稱及其附屬用詞（形容性的）可以分為：（1）最大的共名，如'彝'、'器'之類；（2）有限度的共名，如'宗彝'、'將彝'、'旅彝'、'奠彝'、'行器'、'行具'、'媵器'、'祭器'、'祠器'、'奠器'等；（3）專名如'鼎'、'壺'、'豆'、'盤'等；（4）一般的形容詞如'寶彝'、'寶器'之'寶'。"③ 陳氏認為共名應分為若干等級，"尊"並非大共名，而"器"和"彝"才是最大的共名，"尊"在定名中的作用更偏向於形容詞性質的修飾詞。

在此基礎上，很多學者沿著類似的思路進行研究，其中《器與尊彝名義説》一文對青銅器銘文進行了較為細緻的統計，並發現其中存在以下幾條規律：（1）"尊彝"或"寶尊彝"最為常見，有銘銅器80%以上均有此辭例，故為通例；且"尊彝"一詞絕少倒置。（2）尊多作為限定或修飾詞出現，如"尊鼎""尊壺"等；而彝絕

---

① （漢）許慎：《説文解字》，中華書局1963年版，第313頁。
② 王國維：《觀堂集林》，中華書局1959年版，第153頁。
③ 陳夢家：《西周銅器斷代》，中華書局2004年版，第80頁。

少作為限定詞。（3）屢見"宗彝""享彝""旅彝"等彝字前加修飾詞，但尊前極少見限定詞。（4）金文習見的"媵器""祭器"等應是以"器"代"彝"，即"器"和"彝"可互換，但尊不可以；如文獻中常見"彝器"一詞，但未見"尊器"。由此作者得出兩個結論：①尊彝二字有區別，金文通例的"尊彝"為偏正結構，"尊"修飾限定"彝"，同"寶"類似；②"尊"並非王國維所言"大共名"，也非器物專名，"彝"為大共名無誤。①

從文章論證過程和統計數據來看，以上結論較為可信，文獻中對"彝""尊"的記載也與出土器物銘文情況相符。結合《周禮·司尊彝》所載，祼禮所用祭祀禮器中，最重要的為"彝""尊""罍"三類，其中"彝"等級最高，"尊"次之。也就是說，"尊"的地位本就在"彝"之下，所以在銘文中"尊"用為修飾詞，"彝"為中心語，是與其各自地位相符的。與《司尊彝》記載不同，《爾雅·釋器》將"彝""卣""罍"三器列為一組，經注中並未明確提及"尊"的性質："彝、卣、罍，器也。"注云："皆盛酒尊，彝其總名。"只在疏中提及，"尊"尺寸"不大不小"的器物："卣者下云，卣，中尊也。孫炎云：'尊彝爲上，罍爲下，卣居中。'郭云：不大不小者，是在罍彝之間。即《周禮》犧、象、壺、著、大、山等六尊是也。罍者，尊之大者也。"② 《説文》釋"尊"為"酒器也"，③ 同樣沒有強調"尊"為共名或帶有其他特殊意義，這與"彝"所釋"宗廟常器"之義有顯著區別，是以"尊"位於"彝"之下是非常合理的。綜合上述信息可知，銘文中"尊彝"一詞實為偏正結構，"尊"用為修飾詞，"彝"為中心語。就三代時期禮器制度而言，高等級禮器的地位和功能界定十分嚴格，"彝""尊"二器地位有別。是以人們慣有印象中的"尊彝均為共名"這一概念同樣

---

① 張辛：《器與尊彝名義説》，《黃盛璋先生八秩華誕紀念文集》，中國教育文化出版社 2005 年版。

② （晉）郭璞注、（宋）邢昺疏：《爾雅注疏》，中華書局 2009 年版，第 5654 頁。

③ （漢）許慎：《説文解字》，中華書局 1963 年版，第 313 頁。

值得商榷，“尊”和“彝”的定義和關係應重新審視。

除“尊”器等級地位之外，還有一點值得關注。陳夢家文中提出，所謂“尊彝”應釋為“奠彝”。近年來也有其他學者進行相關研究，如馬敘倫表示“尊、奠實一字，聲同真類也。金文言尊彝，謂宗器，借尊為宗。”① 朱歧祥也持此類觀點，並提出“奠”字本是由“酉”演變而來，並逐漸繁化。文中將“奠”字在甲骨卜辭中的繁簡演變羅列如圖（圖3.4）。②

圖3.4　甲骨文“奠”字演變過程

盡管有不少學者支持這種觀點，但無論是從古文字字形還是從傳世文獻用例來看，“奠”和“尊”都應該是截然不同的兩個字。此二字雖然字形相類，但是比起“王”“玉”等更易混淆的古文字形而言，“奠”和“尊”二字區別非常顯著，不大可能因字形而產生混淆。並且據“奠”和“尊”的甲骨文可知，二字的本義有很大區別，所以也不應是異體字。綜觀整個文字演變過程，“奠”“尊”字形最為接近的階段是戰國文字（晚期）到小篆時期，如果二字真有相混的情況，也應該出現在東周以後，商周文字階段應無可能。因此，反對此說的論點也有很多，如黃盛璋即針對陳夢家的觀點進行了駁斥，列舉諸多金文銘文中的文例證明“奠”“尊”為二字。③

① （清）馬敘倫：《説文解字六書疏證》，上海書店 1985 年版，卷二十八。
② 朱歧祥：《殷墟甲骨文字通釋稿》，文史哲出版社 1989 年版，第 359—361 頁。
③ 黃盛璋：《釋尊彝》，《歷史地理與考古論叢》，齊魯書社 1982 年版。

表1　　　　　　　　　　"奠""尊"甲金文字形對照表

	奠	尊
甲骨文	①	②
金文	③	④

　　二字的形義均沒有太大爭議,《説文》釋曰:"尊,酒器也。從酋,廾以奉之。"又:"奠,置祭也。從酋。酋,酒也。下其丌也。"⑤ 就字形而言,"奠""尊"有三處較明顯的共同點。其一,二字從"酉"作形符,表示字義同酒器或與酒相關的儀式有關。其二,從"丌"表"置",從"廾"表"供",這兩種形符均表恭敬之意,但凡置於丌上或用雙手供奉之物,也必然較為尊貴,其本義應涉及早期祭典中的"獻祭""供奉"等事宜。其三,這兩個字均是會意字,沒有聲符。至於二字之間的區別也同樣一目了然,"尊"以"手"為形符,依文字學的造字理據來講,古文字中但凡從"手"作形符的字,無論是雙手或左、右手,其字本義大多與動作有關。是以和"彝"的情況相同,"尊"的本義也應為動詞。

　　而"奠"則不然,字形中的酒器"酉"始終被放置在一個平面上。從甲金文到小篆,表示平面的形符由一個簡單的指事符號逐漸演變為"丌",但是"丌"和之前的指事符號沒有本質區別。"奠"字形表達的"置物於丌"之義,也與禮經中常見的"奠爵""奠觚"等禮儀相合,這種禮節常見於《儀禮》,指飲酒前後將飲器"置於

---

① 以上字形選自孫海波《甲骨文編》,中華書局1965年版,第206頁。

② 以上字形分別選自孫海波《甲骨文編》,中華書局1965年版,第572頁;劉釗、洪颺、張新俊:《新甲骨文編》,福建人民出版社2009年版,第808頁。

③ 以上字形選自容庚《金文編》,中華書局1985年版,第309頁。

④ 以上字形選自容庚《金文編》,中華書局1985年版,第1005—1008頁。

⑤ (漢)許慎:《説文解字》,中華書局1963年版,第313、99頁。

地”，與《說文》所說的“置祭也”用法相同。在某些儀典中“奠”
又表示“薦”之義，如《禮記·文王世子》“凡學，春官釋奠于其
先師”，① 這些引申義都與“置”有直接關聯。結合“奠”的字形來
分析，此字的本義應該表示靜態、無需移動的“置物”之意。

這一點在甲骨文中可以找到很多相關文例，首先，“奠”在甲骨
文中最常見作地名、方國名，如“奠入十”（《合集》00110 反）、
“奠示十屯又一”（《合集》06527）等，通常學者將此“奠”釋為
“鄭”。董作賓總結了“奠”在甲骨中的兩種用法，分別是作方國名
“鄭”，或是假借為“甸”。② 無論是哪一類用法，“奠”的本義都應該
是作名詞。而後其本義分化為“鄭”字，“奠”的詞義遂引申為後世常
見的“祭奠”“供奉”等義，是以在傳世文獻中，“奠”多用作動詞。

甲骨中的“尊”字本義，顯然應該與祭祀、祭禮關係密切。
《商代宗教祭祀》一書中總結出了商代的祭名，在作者所統計的二百
餘個祭名中，“尊”位列第 32 位。③ 李立新《甲骨文中所見祭名研
究》一文將“尊”歸入“舊派、新派共有祭名”，但是以上兩篇文
中均未對“尊”的祭祀方法、時間、祭品等細節加以說明。④ 島邦
男將“尊”歸入“與‘翌祭’有系聯關係的祭儀（祭名）”，可以
為研究“尊”的祭祀方式提供一種思路。⑤

---

① （漢）鄭玄注、（唐）孔穎達正義：《禮記正義》，上海古籍出版社 2008 年版，
第 836 頁。

② “奠字在卜辭中有兩義：其一為地名，如云‘𠂤在之奠’鐵·一六八·三。
‘奠示十𠂤’一二三。當即鄭地。其一則叚借為甸，禹貢：‘禹敷土，隨山刊木，奠高
山大川。’小雅：‘信彼南山，維禹甸之。’傳一云‘定也’，一云‘治也’，是奠甸通
用之一證。周禮天官甸師注：‘郊外曰甸。’卜辭中亦多叚為郊外之甸，如云‘我奠受
年’，拾·十·二。言殷王畿之郊甸受年也。”董作賓《殷曆譜》上編，《甲骨文獻集
成》，四川大學出版社 2001 年版。

③ 宋鎮豪主編《商代史》卷八，常玉芝著《商代宗教祭祀》，中國社會科學出
版社 2010 年版，第 422 頁。

④ 李立新：《甲骨文中所見祭名研究》，博士學位論文，中國社會科學院，
2003 年。

⑤ 島邦男：《殷墟卜辭研究》，上海古籍出版社 2006 年，第 579—585 頁。

金文中常見的"尊"是添加了"𨸏"作形符的字形，雖然也偶見獨立結構的"尊"字，但這類字形的數量極其稀少。商代甲骨文中同樣可見添加了"𨸏"的"尊"字形，且數量不在少數，因此首先可以確定，"尊"字是否添加"𨸏"旁，並不是因所處商、周不同時期而造成的文字演變的結果。根據現有資料分析，這兩種字形至少在商代晚期至西周中期這段時間是重疊出現的，並且兩字在用法上並無明顯區別。因此，可以合理推斷出"𨸏"旁的"尊"是原字形的一種繁化。其原因很可能是由於"尊"作為一種祭名，其所祭祀的對象或祭祀方式在當時顯得較為特別，因此人們逐漸將字形也添加了新的形符，以標示其特殊性。

大部分學者都傾向於認為"𨸏"表示的是"盛大""尊貴""崇高"等義。王讚源《周金文釋例》中提出："隓，即說文訓酒器的尊字。於甲骨文、金文，尊隓二字通用。惟銘文尊彝的尊字多從𨸏作隓，鮮少作尊的。隓，從𨸏是繁文，是取崇高之義，有如崇的從山。凡飲宴時，卑者必奉尊向尊者敬酒，故引申有尊敬貴重之義。是以銘文'隓彝'的隓字，乃取貴重之義，不取酒尊為義。"[1] 又如："尊字在金文中作𤔲（或作𨸏，加𨸏旁說明此字本為崇高之義）。"[2] "尊"本字中的"雙手供奉酒器"之形，在一定程度上已經可以表達"尊貴"之義，添加了"𨸏"之後，則此義愈發顯著。而"尊彝"連用，意在強調祭器的尊貴地位和重要性，可理解為"祭儀中的尊貴酒器/彝器"。

黃盛璋在《釋尊彝》一文末尾提及唐蘭先生對於"尊器"的解釋，認為"尊"所表示的是祭祀時不搬動的器物："唐先生以為尊器在單稱時可能沒有什麼特殊意義，在對稱是一定是有區別的。他認為尊器是行禮時陳列著不搬動的器。按'尊'字為雙手奉酒器之象，當象宗廟祭祀中奉酒敬神，本義實為動詞，解為酒器系由此意

---

① 王讚源：《周金文釋例》，文史哲出版社1980年版，第99—100頁。

② 朱鳳瀚：《中國青銅器綜論》，上海古籍出版社2009年版，第177頁。

引申而來，至尊貴意則更由宗廟祭器引申。"① 此處恐怕黃先生對唐蘭先生原意的理解不夠確切，唐先生原文云"尊器"是"指在行禮時放置在一定的位置的器"，並非"行禮時陳列著不搬動的器"。② 此二説差異甚大，"尊"字本義為動詞無疑，特別是甲骨中出現的"𤔲"等字形，明顯是呈現出"拿起或放下器物"這類"搬動"的動作，這一類型的字不大可能用來表示放置不動之義。所謂的"不搬動"這類義項，更應該用"奠"這類表靜態義的字來表達。即便到金文階段，"尊"字義已經發生引申，但説"尊器"是"不搬動的器"仍然有些欠妥。盡管唐先生此段論述的内容，更多的是探討哪一類器物的銘文會稱"尊"，此時的"尊"在銘文中表達何種意義，意在闡釋"尊器"，屬於用字研究，而非考釋"尊"字本義。但是將"尊器"釋為"不搬動的器"，與"尊"字本義相悖，很容易令人對"尊"字產生誤解，遠没有釋為"放置在一定的位置的器"合適。

結合學者對"𤔲"字的研究，所謂"尊器"一詞中，"尊"作為修飾詞，應該更貼近"崇高""尊貴"之義，而非唐蘭先生所説"放置在一定的位置"之義。金文中"尊器""尊彝"等用法應該都是在強調祭器的貴重和重要性。真正意義上"不搬動的器"，似乎更貼近"奠"的本義。"奠"和"尊"既然都從"酉"，也就不能排除"奠器"和"尊器"指的是祭禮中不同功用的酒器，其區別則在於一類需靜置不動，另一類需雙手捧起進行祭祀，二者所表示的分

① 黃盛璋：《釋尊彝》，《歷史地理與考古論叢》，齊魯書社 1982 年版。
② "凡稱為'尊'的器，是指在行禮時放置在一定的位置的器。左傳昭公十二年説：'以文伯宴，樽以魯壺。'士冠禮'則尊一甒醴在服北'，鄭玄注：'置酒曰尊。'胡培翬儀禮正義説：'置酒謂之尊，猶布席謂之筵。皆是陳設之名，非謂酒器。側尊一甒醴，猶言特設一甒醴耳。'這個説法是很正確的。鼎在銘刻裡有時稱為尊鼎，可見即使並非盛酒之器，也可以稱尊。尊鼎等於是陳設用的鼎，飪鼎則是食用的。尊缶、尊匜是陳設用的缶和匜，盥缶、盥匜則是盥洗用的。這正如在鐘裡面有龢鐘、歌鐘、行鐘之別，功用不同，名稱也就不同。"唐蘭《五省出土重要文物展覽圖録序言》，《唐蘭論文集》（三），上海古籍出版社 2018 年版。

別為"不移動的酒器"和"祭儀中雙手供奉的酒器"。

　　綜上所述，"尊"並非大共名，在"尊彝"一詞中作修飾限定詞。其本義可能表達祭禮中用雙手供奉酒器以祭神或祭祖的一種儀式，字形從廾，用為動詞。商周時期"尊"和"䝨"二字同時存在並且可以通用，添加了"𨸏"的字形應是一種特有的繁化現象，在"尊彝""尊器"等詞中表達"崇高""尊貴"之義。

第二節　六彝

一　雞彝、雞彝舟

圖 3.5　雞彝圖　《三禮圖》尊彝卷第十四（左為鎮江本 右為通志堂本）

　　《三禮圖》將"六彝"和"八尊"等祭祀用禮器歸為"尊彝"類，"雞彝"為"六彝"之首（圖 3.5）。書中在"雞彝"條目下，將"六彝"在禮經和禮圖中的記載情況解釋得較為詳細。其中有些內容僅在"雞彝"條目下提及，其他彝器中未多加贅述：

　　　　雞彝，受三斗，宗廟器，盛明水。彝者，法也，言與諸尊為
　　法也。臣崇義先覽鄭《圖》，形制如此。案舊《圖》云："於六
　　彝之間，唯雞、鳥、虎、蜼四彝皆云刻木為之。"其圖乃畫雞、

鳳、虎、蜼四物之形，各於背上負尊，皆立一圓器之上。其器三足，漆赤中，如火爐狀。雖言容受之數，並不說所盛之物。今見祭器中有如圖內形狀，仍於雞鳳腹下別作鐵脚距，立在方板爲別。如其然，則斝彝、黃彝二器之上，又何特畫禾稼、眼目以飾尊乎？形制二三，皆非典實。又案《周禮・司尊彝》云：“春祠、夏禴，祼用雞彝、鳥彝。”後鄭云：“謂刻而畫之爲雞鳳皇之形，著於尊上。”考文審象，法制甚明。今以黍寸之尺依而計之，口圓徑九寸，底徑七寸，其腹上下空徑高一尺，足高二寸，下徑八寸。其六彝所飾，各畫本象，雖別其形制，容受皆同。①

“尊彝”類禮器皆為高等級祭祀用器，此類器物應是祭祀儀典中很重要的一部分。文獻對“六彝”的記載並不是非常豐富，其中與“雞彝”相關的信息就更少見。《儀禮》中全篇無“彝”，《禮記》僅在《明堂位》和《祭統》中各自出現一次，《周禮》也僅在《冪人》《鬯人》《司尊彝》中可找到若干內容。

這其中論述最詳盡的內容，即《司尊彝》中所述“尊彝”各自使用的場合：

　　春祠夏禴，祼用雞彝、鳥彝，皆有舟；其朝踐用兩獻尊，其再獻用兩象尊，皆有罍，諸臣之所昨也。秋嘗冬烝，祼用斝彝、黃彝，皆有舟；其朝獻用兩著尊，其饋獻用兩壺尊，皆有罍，諸臣之所昨也。凡四時之間祀追享朝享，祼用虎彝、蜼彝，皆有舟；其朝踐用兩大尊，其再獻用兩山尊，皆有罍，諸臣之所昨也。②

要釐清“六彝”之間的區別，首先要明確其在儀典中的用途，

---

① （宋）聶崇義：《新定三禮圖》，通志堂刊本，清康熙十二年（1673），尊彝圖卷第十四。

② （漢）鄭玄注、（唐）賈公彥疏：《周禮注疏》，上海古籍出版社 2010 年版，第 745—746 頁。

據上述內容可知，"六彝"均是用於祼祭。鄭注："祼，謂以圭瓚酌鬱鬯，始獻尸也。""祼"經籍又多作"灌"，指的是用"瓚"類挹注器將"彝"中的鬱鬯灌注及地，以此祭祀先祖鬼神的祭禮。之所以祼用鬱鬯，則是因為其獨有的香氣，《郊特牲》："周人尚臭，灌用鬯臭，鬱合鬯臭，陰達於淵泉。"① 周人認為利用鬱鬯的香氣可以達到"降神"的目的，引領鬼神至此接受祭拜。

"春祠夏禴，祼用雞彝、鳥彝"一文，表示"雞彝"與其他彝器之間的區別，主要在於使用時間。《説文》："春日曰祠。"據《月令》記載，"春祠"主要特點是："祀②不用犧牲，用圭璧，更皮幣。"③《尚書·盤庚》："以秋、冬物成，可薦者衆，故烝、嘗爲大。春、夏物未成，可薦者少，故礿、祠爲小也。"④ 春季萬物復蘇，可用以獻祭的物品也相對較少，是以春夏祭禮的規模本就小於秋冬之祭。為維繫物種繁衍，不殺犧牲便成為"春祠"區別於其他時節祭禮的關鍵。至於"雞彝"在祼禮中的用途，《鄭志》中有："一雞彝盛明水，鳥彝盛鬱鬯"一説，⑤ 意指二者是同時在儀典中各司其職，而不是分開使用。孔穎達於《明堂位》中提及，所謂的春夏秋冬使用的四彝，並非指各季節對應一件彝器："皇氏、沈氏並云：'春用雞彝，夏用鳥彝，秋用斝彝，冬用黃彝。春屬雞，夏屬鳥，秋屬收禾稼，冬屬土色黃，故用其尊。'皇氏等此言，文無所出，謂言及於數，非實論也。"⑥

----

① （漢）鄭玄注、（唐）孔穎達正義：《禮記正義》，上海古籍出版社2008年版，第1095頁。

② 《禮記》中"祠"皆作"祀"。

③ （漢）鄭玄注、（唐）孔穎達正義：《禮記正義》，上海古籍出版社2008年版，第638頁。

④ 此文中華書局本作"春、夏物未成，可薦者少，故禘、祫爲小也。"經籍皆云"禘祫"為禮之大者，是以此處"禘祫"二字應為訛誤，從上海古籍本。（漢）孔安國傳、（唐）孔穎達正義：《尚書正義》，中華書局2009年版，第359頁。（漢）孔安國傳、（唐）孔穎達正義：《尚書正義》，上海古籍出版社2007年版，第346頁。

⑤ （魏）鄭小同：《鄭志》三卷，清武英殿聚珍版叢本書，卷下。

⑥ （漢）鄭玄注、（唐）孔穎達正義：《禮記正義》，上海古籍出版社2008年版，第1279頁。

賈公彥在《司尊彝》中指出，裸禮中尊彝皆用二器，是由於酒與水需要共同配合使用："彝與齊尊各用二者，鬱鬯與齊皆配以明水，三酒配以玄酒。"① 此處提及的"玄酒"其實同樣是明水，《周禮·司烜氏》："以鑒取明水於月，以共祭祀之明齍、明燭，共明水。"鄭注："明水以為玄酒。"疏曰："云'明水以為玄酒'者，鬱鬯五齊，以明水配；三酒，以玄酒配。玄酒，井水也。玄酒與明水別，而云明水以為玄酒者，對則異，散文通謂之玄酒。"② 所謂"以鑒取明水"，則"明水"即是尋常所說的露水。按照鄭注的說法，"明水"即"玄酒"。賈公彥認為"明水"和"玄酒"有別，"玄酒"是井水，但沒有詳細解釋此說的根據。按照"取水於月"這種做法來看，"玄酒"一名的確可於"明水"互通。"玄"有訓為"天"之用，此處又可表示取自夜晚時分，所以稱"玄"。"明"表月，"玄"表天，即象徵古人心目中取自天然的水。井水雖然也是自然產物，但是較為普通，不如露水珍貴稀有。是以"明水""玄酒"應是一物二名，皆指露水。

　　據此可知，祭禮中多有用水配酒的作法。這應該不僅僅是為調和酒的味道，取"明水"既然作為"司烜氏"的固定職責之一，想必它是一種十分重要的祭禮用品，加入"明水"是為了符合儀禮中某種需要，具有特定的象徵意義。否則只需要在酒中加尋常的水即可，沒有必要特指"以鑒取明水於月"。這些內容也表明，在周人裸祭的概念中，並不僅僅注重酒類本身的品質，祭禮中起到"儀式性"作用的水，地位也同樣重要，不僅取用方式有嚴格規定，還需要專門的彝器盛水。慣常概念下，多默認裸祭所用"六彝"皆用以盛鬱鬯，由此看來，此觀點有失偏頗。既然裸祭中專門強調配用二彝，理應各有其功用。

　　"雞彝"在裸禮中並非盛放鬱鬯，而是用為盛水之器。雖然通常

---

① （漢）鄭玄注、（唐）賈公彥疏：《周禮注疏》，上海古籍出版社 2010 年版，第 747 頁。

② （漢）鄭玄注、（唐）賈公彥疏：《周禮注疏》，上海古籍出版社 2010 年版，第 1418—1419 頁。

認為酒比水更為尊貴，盛酒之器應比盛水之器的形制更精緻，但是此觀點在祭禮中卻未必成立。按照周人對天地人神的認知來看，"尚質"這一理念幾乎貫穿各類祭禮，越是接近樸素自然者可能越是值得重視，是以明水、明火等自然形成的物質，地位也應是比較高的。

　　"雞彝"的器型特徵未見詳細描述，既然與"鳥彝"相配，則二器在外形上應該有區別。《明堂位》中又稱"六彝"為"灌尊"："灌尊，夏后氏以雞夷，殷以斝，周以黃目。"注曰："夷，讀為彝。"疏："'雞彝'者，或刻木為雞形，而畫雞於彝。"①《司尊彝》中鄭注也有類似描述："雞彝、鳥彝，謂刻而畫之為雞鳳皇之形。"②按以上說法，"雞彝"為漆木器，不僅在其上畫"雞"作紋飾，更是將整件器物雕為雞形。聶崇義闡釋彝器外形時曾引述舊圖的內容："舊圖云：'於六彝之間，唯雞、鳥、虎、蜼四彝皆云刻木為之。'其圖乃畫雞、鳳、虎、蜼四物之形，各於背上負尊，皆立一圓器之上。其器三足，漆赤中，如火爐狀。"舊圖的內容頗具啟發性，照其所述，"六彝"的形制差異較大，雞、鳥、虎、蜼四器皆為帶有三足的漆木器，而黃、斝卻不然。聶崇義也指出，當時可見的祭器中仍有類似的三足器物，只不過聶氏不認可這種形制，因此將"六彝"皆繪製成帶有圈足的筒形器，僅以器身繪有雞、鳥等花紋作為區別。聶崇義沒有解釋他所作的"六彝"形制所據為何，但是由典籍和舊圖的記載來看，他的理解並不合適。

　　首先，"六彝"是為了滿足裸祭的需要，並不是單純用於儲存各類酒水。日常所用的盛酒器多為各類瓶、罐、壇狀的器物，為了滿足長時間存放，易於搬運等需求，使用這種圓筒狀器型是合理的。而"彝"的用途則不同，它只需滿足裸禮的需要，這種器物沒有長時間儲酒的功能，且僅用於高等級宗廟祭禮。因此相比起其他常用器，

---

① （漢）鄭玄注、（唐）孔穎達正義：《禮記正義》，上海古籍出版社 2008 年版，第 1266、1279 頁。

② （漢）鄭玄注、（唐）賈公彥疏：《周禮注疏》，上海古籍出版社 2010 年版，第 746 頁。

“六彝”的“實用性”並不強，其形制應更突出祭禮的特殊地位，因此也更具有象徵性。這也是“尊”和“彝”最大的區別，《儀禮》中常見“尊”而不見“彝”，可知“尊”多用於各類日常儀典，但“彝”卻不然。《周禮·小宗伯》：“辨六彝之名物，以待果將。辨六尊之名物，以待祭祀、賓客。”① 此處明確指出了“六彝”“六尊”的功能之別，前者只用於祼禮，後者除祭祀之外，還可用於禮待賓客。

其次，祼禮是高等級儀典，器物的形制應與其他禮器有顯著區別。聶崇義似乎將“彝”“尊”理解為形制大同小異的禮器，但實際上二者的用途、意義截然不同。近年有學者根據祼禮“灌地以降神”的操作方式，總結出“六彝”的特徵：“其一須便於鬯漿灌注，故設流。其二需便於把握，故置鋬。設流置鋬是六彝區別於六尊的最顯著和最基本的形制特徵。”② 由此分析，舊圖記載的“彝”作三足狀是很有道理的，食器、酒器中帶有三足的器物多是為了用於明火上加熱，三足類的酒器多為溫酒器。在祼禮中加熱酒水，可使鬱鬯的香氣更加明顯，更彰顯“降神”的目的，這也符合祼禮的需求。

基於文獻記載及“彝”的功能分析，現有出土器物中的三足類酒禮器與“彝”相似度最高。目前常見的酒禮器中，帶有三足的器型主要有“爵”“斝”“角”“盉”“鐎”這幾類，此類器物多為銅器，鮮少有漆木器。按照“雞彝”的器物特徵來篩選，這種器物被刻為雞形，所以應帶有明顯的“流”“尾”等象形部件，這其中最符合的器物便是“爵”“盉”兩類。鄒衡提出最符合“雞彝”特徵的器物是“盉”：“雞彝這種灌尊就是夏文化中的封口盉，也是龍山文化中常見的陶鬹。”③ 鄒衡認為“陶鬹”及“封口盉”的造型與雞

---

① （漢）鄭玄注、（唐）賈公彥疏：《周禮注疏》，上海古籍出版社 2010 年版，第 703 頁。

② 張辛：《器與尊彝名義説》，《黃盛璋先生八秩華誕紀念文集》，中國教育文化出版社 2005 年版。

③ 鄒衡：《試論夏文化》，《夏商周考古學論文集》，文物出版社 1980 年版，第 149 頁。

十分類似（圖3.6—3.8），這兩種器型均是大汶口文化中的"陶雞彝"演變而來。至商代開始出現銅製"封口盉"，其中一些器型發生變化，更有些演變為四足方形（圖3.9），但整體來説，早期文明中的陶盉應是此類器物共同的源頭。

圖3.6　紅陶鬶 龍山文化

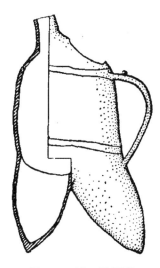

圖3.7　封口盉 夏代

圖3.8　陶雞彝 大汶口文化

圖3.9　左盉①商代晚期

① 此器現藏日本根津美術館，圖片來源：http：//www. nezu‑muse. or. jp/jp/collection/detail. php? id＝90065。

　　銅器"盉"曾出現自名，字形與今文字一致。《説文》釋"盉"為"調味也"，[1] 段玉裁云："調聲曰龢，調味曰盉。今則和行而龢盉皆廢矣。"[2] 許、段二氏皆云"盉"為形聲字，禾為聲符。宋代多有學者據此將"盉"理解為調味器，屬於食器類，但根據器型分析，這種器皿應是酒器。王國維根據出土器組合分析，"盉"既然與尊、爵等諸多酒器同出，自然與鼎、鬲等食器不同。王國維引述典籍記載的"尊彝"用法，認為"盉"是"和水與酒之器"，用來將"玄酒""明水"兌入酒中，從而達到"節酒之厚薄"的目的。[3] 這種用器方式，基本與典籍記載的"雞彝"在裸禮中的功能相符，加之器物外型也與"雞"較為接近，尤其是早期階段的陶盉，器型與正在鳴叫時的雄雞姿態頗為接近，應為據"雞"外形擬態所作之器。

　　此外，"盉"與"匜"在金文銘文中有互用為自名的情況，銘文也有見"盤""盉"連稱，是以考古學家據此認為"盉"應是水器。[4] "盉"與"匜"二字古文字形結構接近，皆從"皿"。"盉"字從禾，多作"〓""〓"等，[5] 盡管許慎認為"禾"是聲符，但郭沫若提出其或可能同時兼作義符，意在強調"盉"為酒器，個別金文中有見"〓"之形，郭氏釋其為"象以手持麥稈以吸酒"之意。[6] 從其金文字形角度分析，郭氏這一説法是有道理的，多數"盉"字中的"禾"，均是寫成上半部分探入器皿中的形象，這種誇張的寫法應具有表意功能。例如"飲"的古文字形"〓"

①　許慎：《説文解字》，中華書局 1963 年版，第 104 頁。
②　段玉裁：《説文解字注》，上海古籍出版社 1981 年版，第 212 頁。
③　王國維：《觀堂集林》，中華書局 1959 年版，第 151—153 頁。
④　朱鳳瀚：《中國青銅器綜論》，上海古籍出版社 2009 年版，第 296—297 頁。
⑤　字形出自容庚《金文編》，中華書局 1985 年版，第 343 頁。
⑥　郭沫若：《長安縣張家坡銅器群銘文匯釋》，《考古學報》1962 年第 1 期。

"〔圖〕"便與這種寫法很類似,[①] 有意將"人"的上半部分探入器皿中,以此方式來強調飲酒這一動作。"盉"字中的"禾"也採用這種方式,目的在於突出"禾在器皿中"這一含義。"盉"本義表酒器,在造字時借用釀酒的原料表示器皿中的"酒",這種寫法可與其他從"皿"的字形有所區別,突出其"酒器"的身份。所以,"禾"在"盉"字中,應是聲符兼作意符。

"禾"之義與釀酒、飲酒關係密切,是以借此強調"盉"內裏所盛之物可以飲用。"匜"字從"也",《説文》釋其形"似羹魁,柄中有道,可以注水。"[②] 段玉裁改"可以注水"為"可以注水酒",並認為經籍所載"匜"有兩類,一類是調和酒之用;另一類為盥洗禮所用水器。[③] 從"匜"的金文字形"〔圖〕""〔圖〕"來判斷,[④] 今文字中的"匚""也"兩部份均經歷了顯著訛變,字形上半部分與"也"或"它"均無關聯,其原字所象應為"流"或者"正在注水的流"之義。"匜"中所盛的液體自"流"中傾倒而出,表達"匜"類器物的主要功能和特徵即為"可以注水酒"。

"盉""匜"二器的功能頗具相似之處,很可能皆為早期雞彝分化出的產物,是以二器常混用自名。至於"盉"在青銅器階段多自名,未見"雞彝"之名,則可能是由於當時"尊彝"等稱謂在金文銘文中已經變成了高等級禮器常用的共名,為了有所區分,所以另造"盉"字用為器名。但是三禮文獻中諸多禮器的記載皆未詳述名義,自然也不存在使用"尊彝""寶尊彝"等共名的現象,直接稱

---

① 字形出自孫海波《甲骨文編》,中華書局1965年版,第369頁。

② (漢)許慎:《説文解字》,中華書局1963年版,第268頁。

③ "其器有勺,可以盛水盛酒。其柄空中,可使勺中水酒自柄中流出,注於盥槃及飲器也。《左傳》:'奉匜沃盥。'杜曰:'匜,沃盥器也。'此注水之匜也。《內則》:'敦牟卮匜,非餕莫敢用。'鄭曰:'卮匜,酒漿器。'此注酒之匜也。"(清)段玉裁:《説文解字注》,上海古籍出版社1981年版,第636頁。

④ 字形出自容庚《金文編》,中華書局1985年版,第843、844頁。

"雞彝"不會造成誤解。所以器物中的自名"盉"沒有出現在三禮文獻中，"雞彝"之名也不見於銅器銘文。

據上述分析來看，這類器物本身名為"盉"沒有問題，而"雞彝"之名又是如何產生的，同樣是個值得思考的問題。有學者指出，"雞彝"是源於早期對雞的崇拜，多用雞祭神。所以"彝"的字形即將雞翅膀縛住，雙手捧起供奉神靈，由此引申出了"祭祀""宗廟彝器"等相關概念。① "雞彝"這一稱謂很可能也是來源於此，由夏至周，古人對雞的崇拜在各類裝飾、作器風格均有所體現，以雞的形象作為酒禮器的代表，用於進行高規格祭祀，也是比較合理的行為。雖然甲骨文顯示，商代祭祀祖先、神靈通常喜歡選用更高等級的牛、羊等犧牲，但是雞的地位較為特殊。它不僅用為一般牲畜，更因為雞擅長報曉的天性，在上古時期，它的存在可以讓人清楚知曉每日時間的更迭。《說文》釋雞為"知時畜也"，② 這一定義基本上貫穿古今，在幾千年的中原文化中，雞始終都代表著與時間有關的概念。是以雞在眾多牲畜中脫穎而出，成為一種喻示著"起始""黑白交替"等象徵意義的形象。因此"雞彝"在"六彝"中排在首位，是春季裸祭中的酒器，也正象徵著一年初始。值得注意的是，夏商階段還沒有出現"四季"的概念，當時使用的是春秋兩季的紀年方式，所以也只需要在春、秋兩季進行裸祭。③ 這也可以解釋，為何《周禮》中專門將"六彝"按照春夏、秋冬劃分為兩類，而不是依照四季分為四個類別。西周仍沿用商代的兩季制度，至春秋時期分化出夏冬。是以，周人也繼承了商代的裸祭習慣，將春視為一年中第一階段的開始，而秋為另一階段的起始。

綜上所述，"雞彝"作為"六彝"之首並不是偶然，此器從名稱到器型，均有明顯象徵意義。這種器物在裸禮中起到盛放明水以

① 鄒衡：《試論夏文化》，《夏商周考古學論文集》，文物出版社 1980 年版，第153—154 頁。

② （漢）許慎：《說文解字》，中華書局 1963 年版，第 76 頁。

③ 于省吾：《甲骨文字釋林》，中華書局 1979 年版，第 124 頁。

調和鬱鬯的功能，在祭禮中佔據重要地位。出土器物中與"雞彝"
最相符的，是夏代已經出現的"盉"。其在青銅器中自名"盉"，蓋
因當時"彝"已經變成了禮器總稱，為了與常見的"尊彝"等共名
有所區分，所以另造一字作為器名。但文獻中的記載不存在使用
"寶尊彝"等共名的現象，直接稱"雞彝"不會造成誤解。所以銅
器中的自名"盉"沒有出現在三禮文獻中，而"雞彝"之名也不見
於銅器銘文。

圖 3.10　雞彝舟圖　《三禮圖》尊彝卷第十四（左為鎮江本 右為通志堂本）

《三禮圖》在"雞彝"下列有"雞彝舟"，聶氏認為"六彝"
都配有"舟"，且形制相同，所以僅"雞彝舟"單獨詳解作為範本，
其餘"五彝"圖釋中便直接將"彝""舟"繪為一體。文釋云：

> 《周禮·司尊彝》云："春祠、夏禴，祼用雞彝、鳥彝，皆
> 有舟。"先鄭云："尊下臺，若今承槃。"臣崇義先覽鄭圖，頗
> 詳制度，其舟外漆朱中。今以黍寸之尺審而計之，槃口圓徑尺
> 四寸①，其周高厚各半寸②，槃下刻殺二等而漸大。圓局足與槃
> 通高一尺，足下空徑橫尺二寸。六彝下舟形制皆同，其舟足以

---

① 鄭氏本作"槃口圓徑一尺四寸"，通志堂本同鎮江本。
② 鄭氏本作"其舟高厚各半寸"，通志堂本同鎮江本。

各隨尊，刻畫其類以飾之。此舟漆赤中，唯局足內青油畫雞爲飾，制度容受同雞彝，用盛鬱鬯。①

　　聶崇義將"舟"理解爲上層帶有承盤，而下層呈罐形的器物（圖3.10）。這種形制看起來與先鄭所謂的"承槃"未免差異過大。首先，聶崇義所繪的"舟"比例不太恰當。"六彝"本身均是體型較大的器物，並不是飲酒器或挹注器等小型皿，商周時期很多"三足器"的高度非常可觀，甚至可達半米左右。根據《三禮圖》後文五件彝器的圖釋比例來看，這種"舟"的高度均爲其上"彝"的三到四倍。如此尺寸碩大的"承槃"，僅僅用做盛放"六彝"的陳設器，未免有喧賓奪主之嫌。其次，聶崇義所繪的罐形"承槃"，其原理大致類似於"豐""爵坫"類器皿，雖然形制有別，但是這種帶有一定高度，且可陳設器皿的裝置物，在先秦時期的確是存在的。只不過，聶崇義將"舟"器身繪製成罐形，有些不合常理。一般情況下，罐狀、瓶狀的器皿多是作爲盛器使用，器身設計得圓而鼓也是爲了方便增加容量。而"雞彝舟"僅用做"承槃"，不具備容器的功能，則這種圓鼓形狀的器腹就變成全然的裝飾。結合當時的器物特徵分析，這種既不實用也不美觀的造型不大可能存在。

　　按照目前所掌握的資料來看，先鄭將"舟"釋爲"尊下臺，若今承槃"基本是可靠的。雖然這種"承盤"的形制尚無從知曉，但總體來說，應與先秦銅器中常見的水器"盤"大致類似。商周時期的"盤"分爲很多類，如《周禮·淩人》中的"夷槃"，與盥洗禮所用"盤"並非同一器。並且其中大部分"盤"爲木製，是以"盤"的本字作"槃"。《三禮圖》"雞彝"一節中引舊圖云："雞、鳥、虎、蜼四彝皆云刻木爲之。"說明"六彝"本爲木製，則"舟"

―――――――――

① （宋）聶崇義：《新定三禮圖》，通志堂刊本，清康熙十二年（1673），尊彝圖卷第十四。

的形制規格不大可能高於“彝”，是以“舟”也應為木器。不僅如此，《鬱人》云：“鬱人掌裸器。”注曰：“裸器，謂彝及舟與瓚。”①這表示“彝”“舟”“瓚”三者為需要成套使用的組合禮器，從邏輯上分析，這種重要的裸禮場合，其所使用的彝器主體、承槃和挹注器，三者的裝飾風格、材質理應是相統一的。

今日通常將出土器物中的“盤”類歸為水器，認為“盤”需要和“匜”類共同使用，以滿足盥洗禮的需要。但是據考古學家統計，“盤”早在商代早期已經出現，而“匜”則是西周晚期才有的器物。②這説明“盤”原本沒有固定的器物搭配，它並不是從一開始就設計成與“匜”配套使用的器皿。《説文》釋槃僅作“承槃也”，並未釋義與水器或盥洗禮有關，可見“盤”的功能並不是單純的盛水之器。此外，“盤”的器型較為多樣，即使用為水器，它的用途也並不僅限於盥洗禮，如“盤”中體型最大的“虢季子白盤”，目前多被認為是沐浴用的器皿。

自商代至西周中期，“盂”“盤”對出的情況較多。今日學者多據此而認為“盂”是水器。但是結合上文的内容來看，出土器物中稱“盂”的器物其實便是“雞彝”，則“盂”“盤”伴出，其實恰恰是“彝”與“舟”配套使用的體現。更重要的是，這些對出的“盂”和“盤”，銘文中多有自稱為“盤盂”的情況，如國博所藏的“吳盂（作冊吳盂）”與“吳盤（作冊吳盤）”（圖 3.11、3.12），其二器銘文皆有“用乍（作）叔姬般（盤）盂”（圖 3.13）。又如“猷盤”“猷盂”二器（圖 3.14、3.15），均有銘文作“用乍（作）朕文且（祖）戊公般（盤）盂”（圖 3.16）。自名“盤盂”可以證明，二器的確是配套使用的，“盂”在早期與“盤”關係十分密切。而據文獻記載，“彝”類鮮與其他器物共用，是以最有可能的一種情

---

① （漢）鄭玄注、（唐）賈公彥疏：《周禮注疏》，上海古籍出版社 2010 年版，第 731 頁。

② 朱鳳瀚：《中國青銅器綜論》，上海古籍出版社 2009 年版，第 280 頁。

況便是，出土器物中的這類與"盂"配套的"盤"，即為《周禮》中記載的"舟"。"雞彝"雖然是酒器，但是它的功用是盛放明水，以"盤"作為陳設之器，也説明"盤"和"水器"之間可能始終存在一些聯繫。也許正是基於這種用法，使"盤"漸漸由承尊器進化為承水器，後又衍生出了其他功能。

圖3.11　吳盤 西周中期

圖3.12　吳盂 西周中期①

圖3.13　吳盤 銘文②

圖3.14　獄盤 銘文③

————————

①　呂章申主編：《中國國家博物館百年收藏集粹》，安徽美術出版社2014年版，第104頁。

②　圖3.10、3.13均出自韓巍《簡論作冊吳盂及相關銅器的年代》，《中國國家博物館館刊》2013年第7期。

③　吳鎮烽：《獄器銘文考釋》，《考古與文物》2006年第6期。

圖 3.15　獄盉 西周中期①　　　圖 3.16　獄盤 西周中期②

除上述依據外，銅器中還有"盤"自名作"舟"的情況。如"晉韋父盤"銘文作"晉韋父乍（作）寶舟，其萬年子子孫永寶。"有學者指出，銘文中的"盤"一般寫作"般"，寫作"舟"的幾乎沒有；並且西周早期的青銅盤幾乎沒有自名，一般稱"寶尊彝"等共名，由此推斷，"舟"可能是"盤"的本名。③ 此器形制與一般的"盤"不同（圖 3.17），的確有可能屬於文獻所説的"承盤"。在此之前，安陽曾出土一件商代晚期的"盤"，其上僅一字銘文作"舟"（圖 3.18、3.19）。但是僅據這一個字，無法確定此處的"舟"是用為器名還是人名。目前此類器物比較少見，所以姑且暫列於此作為參考。

此外還有一點值得關注，所謂"舟"的形制未必全部相同。"六彝"中既然有三足器，也有圈足器，那麼這兩種"彝"所附帶的"舟"很可能是有區別的。出土器中有些"獸首觥"帶有方形的"臺"（圖 3.20），形制與《司尊彝》中先鄭所説"尊下臺，若今承

　　① 呂章申主編：《中國國家博物館百年收藏集粹》，安徽美術出版社 2014 年版，第 102 頁。

　　② 呂章申主編：《中國國家博物館百年收藏集粹》，安徽美術出版社 2014 年版，第 100—101 頁。

　　③ 周亞：《晉韋父盤與盤盉組合的相關問題》，《文物》2004 年第 2 期。

槃”一説也頗為接近。① 這種方形的“尊下臺”類似於銅器“簋”
中常見的“方座”，從形制來看，它甚至比前文所見的圓形“盤”
更適合作承盤。“獸首觥”作為典型的圈足器，它的器物整體形狀呈
偏長的橢圓形，底部的圈足也大多為橢圓形，這樣形狀的器物配以
長方形的“承槃”是非常合理的。而三足器的底部，則大多需要配
以正圓形的基座。是以，彼時很可能會由於“六彝”形制不同，而
依據器物特徵設計了各自專用的“舟”。

圖 3.17　晉韋父盤 器型及銘文 西周中期②

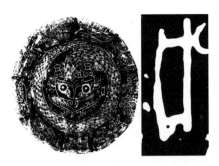

圖 3.18　舟盤 紋飾及銘文（局部放大）

圖 3.19　舟盤 商代晚期③

---

① 有關此類“獸首觥”與“彝”之間的關係，詳見下文《虎彝》一節。

② 上海博物館編：《中國青銅器展覽圖錄》，五洲出版社 2004 年版，第 71 頁。

③ 艾鍔風（herausgegeben von Gustav Ecke）《使华访古录：德国驻华大使陶德曼
藏青铜器》（ *Frühe Chinesische bronzen aus der Sammlung Oskar Traumann* ），輔仁大學出版
社 1939 年，圖 3.20。

綜上，從聶崇義對"雞彝舟"
的闡釋來看，其對"舟"類陳設器
的理解是有很大問題的。其所繪的
"舟"不僅器型不合理，且器物尺寸
過大，導致"六彝"圖中"彝"與
"舟"的比例嚴重失衡。從出土器物
情況可知，商周時期器物中有些
"盤"的特徵和功能，與文獻中的
"舟"相符，很可能此類"圓形盤"
即為"六彝"中三足器配套的
"舟"。"六彝"形制有別，所以

圖 3.20　告田觥 商代晚期[1]

"舟"也不應是完全一致的，如出土器物中可見一些圈足器配有方
形"盤"。

二 鳥彝

圖 3.21　鳥彝圖 《三禮圖》尊彝卷第十四（左為鎮江本 右為通志堂本）

"鳥彝"和"雞彝"同是春夏裸祭中配對使用的彝器（圖

---

① 李學勤、艾蘭（Sarah Allan）：《歐洲所藏中國青銅器遺珠》，文物出版社 1995
年版，彩版 8。

3.21），據前文分析可知，二者用途上的區別在於，"雞彝"盛明水，"鳥彝"盛鬱鬯。《三禮圖》云：

> 《司尊彝》云："春祠、夏禴，祼用雞彝、鳥彝。"謂春夏將祭，先於奏樂降神，之後王始以圭瓚酌此鳥彝鬱鬯，以獻尸祼神，后亦以璋瓚酌鬱鬯亞祼。今二祼並莫於神座。經云"鳥彝"，後鄭以爲畫鳳皇形於尊上。知鳥是鳳皇者，案《尚書·君奭》云："我則鳴鳥不聞。"彼鳴鳥是鳳皇，故知此鳥彝亦鳳皇也。其與舟俱漆，並赤中。前雞彝與舟欲見法度，故圖之異處。自鳥彝已下，尊與舟相連圖之，貴省略也。①

前文提及，舊圖中的雞、鳥二彝形制類似，均爲三足器。聶崇義認爲"六彝"形制類似，所以此處沒有對其器型、尺寸多加描述。文獻中針對"鳥彝"的描述與"雞彝"基本一致，既沒有說明此名稱的來源，也沒有解釋雞、鳥之別。目前對"鳥彝"形制解說最有參考價值的，就只有"謂刻而畫之爲雞鳳皇之形"一說。聶崇義引述《尚書》一文證明鳥是鳳凰，此說並非聶氏的觀點，而是出於《司尊彝》中賈疏："案《尚書》云'鳴鳥之不聞'，彼鳴鳥是鳳皇，則此鳥亦是鳳皇，故云畫雞鳳皇之形也。"② 說明"鳥彝"的情況和"雞彝"類似，器物本身即作鳥類的造型。只不過此處所謂鳥即鳳凰一說，值得存疑。

鳥雖然爲禽類總稱，但是鳥和鳳之間的區別，從甲骨文階段就已經非常清晰，在甲骨文各類飛禽走獸的名稱中，僅有鳳和龍二者頭上帶有"王冠"符號，象徵其爲地位崇高的神獸（圖 3.22）。這種特殊符號不僅出現在文字上，殷墟出土"玉鳳"同樣帶有清晰的

---

① （宋）聶崇義：《新定三禮圖》，通志堂刊本，清康熙十二年（1673），尊彝圖卷第十四。
② （漢）鄭玄注、（唐）賈公彥疏：《周禮注疏》，上海古籍出版社 2010 年版，第 749 頁。

"王冠"裝飾，可知這是區別"鳳"與其他鳥類的重要標誌（圖3.23）。而鳥字在甲金文字中則呈現為普通的鳥形（圖3.24），沒有其他特殊符號。鳳字並不是後起的形聲字，它和鳥字一樣，是較早時期形成的象形字，二字之間的區別非常明顯，不易相混。倘若"鳥彝"所象徵的是鳳凰，那麼以鳳凰的尊貴地位而言，早在商周時期就理應用"鳳彝"來命名。既然稱"鳥彝"，就表示此類器物僅僅是象普通鳥類，並非象鳳凰。就聶圖來看，他應是採納了賈疏的意見，以鳳凰為飾，此處對於紋飾的理解不夠恰當。

圖 3.22　鳳（左）、龍（右）　　圖 3.23　玉鳳 商代①　　圖 3.24　鳥 甲金
字形②　甲金字形③

在目前可見的三足器中，最符合"鳥彝"特徵的應是"三足爵"，不少考古學家有類似看法，但是習慣借《段注》改"爵"字"象雀"的解釋，用以應和"鳥彝"一名，④又或者將甲金文字中的"三足爵"與今文字"爵"一同探討。這兩種思路並不可取，"三足

①　中國社會科學院考古研究所：《殷墟玉器》，文物出版社 1982 年，圖 42。

②　字形出自孫海波《甲骨文編》，中華書局 1965 年版，第 187 頁；董蓮池編著：《新金文編》，作家出版社 2011 年版，第 451 頁。

③　字形出自孫海波《甲骨文編》，中華書局 1965 年版，第 188、459 頁；董蓮池編著：《新金文編》，作家出版社 2011 年版，第 451 頁；容庚：《金文編》，中華書局 1985 年版，第 759 頁。

④　張辛：《器與尊彝名義說》，《黃盛璋先生八秩華誕紀念文集》，中國教育文化出版社 2005 年版。

爵”既然與“爵”並沒有關係，“象雀之形”一說自然也與之無關，“三足爵”是否“鳥彝”，應從其他方面來判斷。[①]

　　據現有考古資料可知，“三足爵”流行時間大多是在商代和西周早期，多見於高等級的貴族墓中，且具有身份象徵的意義，西周中期之後漸漸絕跡。這類器物數量遞減的現象應該並非是源於製作工藝的變化，而是由於商人和周人的禮儀習慣不同。《商周銅器群綜合研究》中針對商代和周代墓葬禮器的不同地位進行研究，通過分析商周墓葬中出土的酒器和食器，證明酒器的使用率在西周早期已經開始逐漸減少。[②] 相比起其他器類，商代酒器的器型種類更加繁複。這與殷人尚酒，並慣用美酒祭祀這一習俗有很大關係。但周人對商人嗜酒的習慣十分反感，認為“湎於酒”會影響國政，為王者應克己守禮，警惕荒淫。是以周人墓葬中出土的禮器多用“鼎”“鬲”等食器，酒器種類和數量逐年遞減。這一點在諸多文獻中均有記載，而今我們在出土器物上也可以得到印證。殷商時期的酒文化並沒有被周人全盤繼承下來，很多商代晚期墓葬中較常見的酒器，在西周早期墓葬中的出土量就開始逐漸減少，甚至絕跡，“殷商盛用的爵、觚、斝、觶、角到西周中葉即中絕。其他尊、卣等類盛酒器，勢亦中衰。在各個器類中，自中商到周末，貫徹始終的且愈後鑄量愈大的只有鼎類。”[③] 作者綜合統計商周時期出土器物，利用統計數據證明，商人墓葬常見“爵、觚、斝的聯用聯出”，明顯屬於“重酒的組合”，因此商代酒器的鑄造工藝發達，且鑄造量十分可觀。而周人墓葬為“重食的組合”，各類食器製法轉盛，並綿延至東周。我們將上述信息組合起來分析，便可將“三足爵”這類器物與典籍中描述的“尊彝”聯繫起來。

　　有學者查考了“六尊六彝”所對應的出土器物，其中有些觀點

---

　　① “爵”和“三足爵”兩類器物的考釋和辨析，詳見前文《匏爵圖類釋》中《爵、玉爵》一篇，此不贅述。

　　② 郭寶鈞：《商周銅器群綜合研究》，文物出版社1981年版，第121頁。

　　③ 郭寶鈞：《商周銅器群綜合研究》，文物出版社1981年版，第121頁。

頗具啟發意義。根據文獻記載的用法分析，"彝"應是實施祼禮時用以盛放鬱鬯的酒器。作者據此認為其形制應當"其一須便於邑漿灌注，故設流。其二需便於把握，故置鋬。設流置鋬是六彝區別於六尊的最顯著和最基本的形制特徵。"① 並由此提出，"鳥彝"即為三足爵。這種聯想並非毫無道理，據聶圖所載，《舊圖》所繪"雞彝"便是"其器三足，漆赤中，如火爐狀"，只不過聶氏對此圖不認同，所以按照自己的理解另繪他形。今日看來，舊圖中紀錄的"雞彝"形制很可能正是源於先秦時期的三足器。"三足爵"用於溫酒、盛酒，有流和鋬，其造型、時代、用法與"彝"的描述符合度很高，可確認為"六彝"之一，因此"三足爵"為"鳥彝"一說可謂甚是合理。但是，作者對於"六彝"設流的看法有誤。從文獻記載來看，"六彝"雖然用於盛放和灌灑鬱鬯，但通常和"圭瓚""璋瓚"等挹酒器配合使用，因此"流"並不是"六彝"所必須的。

"三足爵"上特有的"流"和"尾"，是區別於其他三足器的主要特徵，這種"流""尾"的設置像是有意識地模仿鳥類形象。"流"作為其上最明顯的特徵，看似是為了"灌地降神"而設計，但是這類三足彝器用在祼禮中，均會配有"瓚"作為挹注器，並不需要行禮者直接將器物舉起來灌地，所以是否有"流"對其功用沒有影響。也正因如此，成熟階段的"三足斝""三足角"都未設"流"。② 然而從陶器階段開始，"流"就已經是"三足爵"上必備的要素，這一點從器上"二柱"的功能和成因便可證實。③ 在之後的器型演變中，器身、三足和"柱"均有過不同程度的變化，但"流"卻始終未消失，這說明"流"的存在對"三足爵"十分重要。從邏輯角度分析，既然這個部件在器物功能上並非必要，那就說明

---

① 張辛：《器與尊彝名義說》，《黃盛璋先生八秩華誕紀念文集》，中國教育文化出版社 2005 年版。

② 根據出土的夏代"三足斝""三足角"來看，這兩類器物都曾有過帶"流"的器型，但是這二者上的"流"很快便由於器型演變而消失。

③ 詳見《匏爵圖類釋》中《爵、玉爵》一節，此不贅述。

它是器物造型上不可或缺的部分。

由此推斷，"三足爵"上的"流"是使其區別於其他彝器，並表達"鳥彝"這一概念的重要因素。《説文》對鳥的定義為"長尾禽總名也"，又釋佳為"鳥之短尾總名也"，即所謂的"短尾名佳，長尾名鳥。"① 説明鳥和佳二者最主要的辨別依據就在於尾的長短。早期製造"雞彝""鳥彝"，便以此為區別特徵，短尾形三足器象雞，長尾形則象鳥。這就可以解釋為什麼"流"是"三足爵"必須保留的部件，因為"流"象徵的長尾才是"鳥彝"最主要的特徵。

商代銅器中有若干象形程度極高的鳥形銘文，可以看出，時人對鳥類的特點認知十分明確。這些銘文描畫了鳥類尖利的喙、三叉形的爪，以及長而略有彎曲的尾（圖3.25），這些基本可以與"三足爵"一一對應。"三足爵"上較長的"流"應象徵鳥尾，而器物上稍短一些的"尾"方象徵鳥喙（圖3.26）。考古學上是以器物各部件用途來分辨"流""尾"，但倘若對應鳥類外形，應頭尾顛倒才更形象。

圖3.25　商代晚期銅器上的鳥形銘文②

---

① （清）段玉裁：《説文解字注》，上海古籍出版社1981年版，第148頁。

② 從左至右分別為鳥形銘鼎、鳥形銘簋、鳥祖甲卣。拓片出自羅振玉《三代吉金文存》，中華書局1983年版，第153、570、1288頁。

圖 3.26　商代三足陶爵與三足銅爵 側面圖①

　　結合器物特徵來看，"鳥彝"和"雞彝"很有可能是"六彝"中最先出現的器物。判斷原因主要有三，一是古文字學家多認為"彝"字本象"縛雞之形"，此字的構型於雞、鳥之類的動物有關。二是在"六彝"中，只有雞和鳥呈現為典型的"三叉形爪"，虎、蜼、黃、斝均與此形象無關。説明雞、鳥二物的形象很可能是酒禮器中一系列三足器物最初的來源。三是因為考古學家提出，夏代最早出現的銅禮器即為"三足爵"，其餘"斝""鬹""盉"等多為陶器。而整個夏商階段，"三足爵"始終是出土率極高的隨葬品。② 證明這種器物的出現年代很早，並且象徵的身份較其他禮器更為高貴。

　　這一點也符合文獻對"鳥彝"的描述，雖然至後世，盛放明水和鬱鬯的彝器都同樣尊貴，但夏商時期恐怕並非如此。祼禮的核心是用鬱鬯的香氣降神，明水在其中只是起到調節的作用，這種儀式化用途更符合周人對酒文化的態度。商人不忌飲酒，對酒十分推崇，

---

　　① 　安金槐主編《中國陶瓷全集》第 2 卷（夏、商、周、春秋、戰國），上海人民美術出版社 2000 年版，第 62 頁；曹瑋主編：《陝北出土青銅器》第二卷，巴蜀書社2009 年版，第 124 頁。

　　② 　鄒衡：《試論夏文化》，《夏商周考古學論文集》，文物出版社 1980 年版，第147—148 頁。

所以早期的裸禮中未必需要明水。是以，夏商階段的裸禮可能並不需要兩件彝器同時配合使用；又或者，由於鬱鬯的地位更高，祭禮中即使需要明水，也可用等級較低的禮器加以輔助即可，沒有必要設置兩件同等級的彝器。

至此我們也可大致推斷出，宋代金石學家究竟為何會將"鳥彝"錯認作"爵"。這一問題的根源只怕還是在於"鳥彝"的形態，這種三足形，帶有明顯頭尾形態的器物，最大限度地還原了鳥類的特徵，會讓人自然而然產生聯想。宋代金石學家分析"三足爵"的定名，多參照《説文》對"爵"的釋義，若單從許慎的解釋來看，的確與"三足爵"的特徵很接近，特別是"取其鳴節節足足"一説，很容易令人直接將"爵"與這種象鳥的三足器等同。而事實上，宋人對《説文》釋義存在顯著的誤解，更對三禮文獻及"爵"字形、本義的理解不夠透徹。

需要強調的一點是，段玉裁將"象爵之形"和"器象爵者"中的"爵"字皆改為"雀"，認為許慎原意是指"爵""雀"二物相像，此説甚有道理。但通過段氏的解釋可知，其結論並沒有切實證據，只是認為"爵"字的字形直接描畫了"雀"的形態："首象其正形，下象其側形也。"[1] 這一依據顯然無法成立。但有趣的是，"象雀之形"一説放在"爵"字整體釋義中，非但不會造成誤解，反而比許慎原先的説解更貼合字本義。除器型擬態相似之外，《説文》中"爵"為"即畧切"，"雀"為"即略切"，二字同音，均為精母藥部字。《説文》收錄的其他字中，也有"爵""焦"同音而產生異體字的現象，如"嚼"字或從"爵"作"噍"。説明"爵"與其他同音字之間，存在互相通用的情況。

段玉裁對"爵""雀"之間關係的理解並不是空穴來風，此説也並非段氏首創。如前所述，"取其鳴節節足足也"這句釋義很容易讓人將"爵"與禽類的形象聯繫起來，"節節足足"一説，常被人

---

① （清）段玉裁：《説文解字注》，上海古籍出版社 1981 年版，第 217 頁。

解為鳳凰之鳴，很多人也因此認為“爵”應象鳳凰。如《困學記聞》中：“《宋·符瑞志》：‘鳳凰其鳴，雄曰節節，雌曰足足。’然則爵即鳳凰歟？”① 其實“節節”即“喈喈”，只是用為擬音詞，泛指鳥雀鳴叫之聲，並不一定特指鳳鳴。如《詩經·風雨》：“雞鳴喈喈。”② 又如《詩經·葛覃》：“黃鳥于飛，集于灌木，其鳴喈喈。”③ 可知此類擬音詞的範圍不限於鳳凰。

　　單從“節節足足”的角度來看，解釋為“象雀”或“象鳥”似乎差別不大，但實則截然不同。“鳥”在夏商時期等級很高，更有用做圖騰的先例，而雀類則沒有任何特殊的象徵意義。二者形體同樣差異甚大，宋人只關注“三足爵”象鳥類，但沒有詳細辨析鳥雀之別，從而導致概念混淆。如《考古圖》：“今觀是器，前若喙，後若尾，足脩而銳。其全體有象于雀，其名又曰‘舉’，其量有容升者，則可謂之爵無疑。”④ 又如《雲麓漫鈔》：“《三禮圖》，出於聶崇義，如爵作雀背承一器；犧象尊，作一器，繪牛象。而不知爵三足，有雀之徬彿，而實不類雀。”⑤ 此二説頗具代表性，呂氏和趙氏明確提出器物象“雀”，並未説象“鳥”，説明其清楚“雀”與“爵”之間有密切聯繫，但是卻忽視了“鳥”“佳”本義之別。“佳”為短尾，是以“雞”“雀”等字均從“佳”，“雀”本義又為“依人小鳥也”，⑥ 自然比一般“佳”體型更小。“鳥”的本義則是象長尾大鳥，二者之間區別明顯。之後“鳥”字作為集合名詞，統稱所有鳥類，“鳥”“佳”之間的差異逐漸模糊。有證據表明，“鳥”與“雀”詞義混淆的情況，自漢代便已開始。《後漢書·和帝記》：“冬十一月，

---

① （宋）王應麟：《困學記聞》，鳳凰出版社 2018 年版，第 244 頁。

② （漢）毛亨傳、（漢）鄭玄箋、（唐）孔穎達疏：《毛詩正義》，中華書局 2009年版，第 729 頁。

③ （漢）毛亨傳、（漢）鄭玄箋、（唐）孔穎達疏：《毛詩正義》，中華書局 2009年版，第 508 頁。

④ （宋）呂大臨：《考古圖》，清乾隆十七年黃氏亦政堂校刊本，1752 年，卷第五。

⑤ （宋）趙彥衛：《雲麓漫鈔》，中華書局 1996 年版，第 57—58 頁。

⑥ （漢）許慎：《説文解字》，中華書局 1963 年版，第 76 頁。

安息國遣使獻師子及條枝大爵。"① 《後漢書·西域傳·安息》："十三年，安息王滿屈復獻師子及條支大鳥，時謂之安息雀。"② 此處所謂的"安息雀"並非尋常雀鳥，《後漢書》和《史記》《漢書》中均有記載，"安息雀"即鴕鳥。③ 若據"鳥""雀"二字本義，此類體型龐大的鳥類應稱"鳥"而不能稱"雀"，說明彼時"鳥"與"雀"二義已開始混用。

由此可知，將三足"鳥彝"誤定名為"爵"，根本原因是宋人對此器所擬的動物類型理解不當，對"鳥""雀"的特徵及其字本義的理解未能進一步細化，再加上不瞭解上古時期鳥類崇拜的習俗，所以誤將"象雀"曲解為"象鳥"，繼而導致"爵"類定名的嚴重錯位。

綜上所述，夏商周三代裸禮所用的彝器經過了比較漫長的演變，起初可能僅有"雞彝""鳥彝"兩件，在祭禮中用於盛放鬱鬯。而後隨著二季變為四季制度，再加上周人慎重飲酒的態度，裸禮中逐漸加入了其他彝器，與盛鬱鬯的酒器配合使用。彝器的數量漸漸增加至"六彝"，並最終演變為使用方式固定，且成系統的裸祭用器。

---

① （南朝宋）范曄撰，（唐）李賢等注：《後漢書》，中華書局 1965 年版，第 189 頁。
② （南朝宋）范曄撰，（唐）李賢等注：《後漢書》，中華書局 1965 年版，第 2918 頁。
③ 《後漢書·和帝記》注云："郭義恭廣志曰：'大爵，頸及身膺蹄都似橐駝，舉頭高八九尺，張翅丈餘，食大麥，其卵如甕，即今之鴕鳥也。'"又《史記·大宛列傳》："條枝在安息西數千里，臨西海。暑溼。耕田，田稻。有大鳥，卵如甕。"正義曰："《漢書》云：'條支出師子、犀牛、孔雀、大雀，其卵如甕。和帝永元十三年，安息王滿屈復獻師子、大鳥，世謂之'安息雀'。'《廣志》云：'鳥，鴐鷹身，蹄駱，色蒼，舉頭八九尺，張翅丈餘，食大麥，卵大如甕。'"（南朝宋）范曄撰、（唐）李賢等注：《後漢書》，中華書局 1965 年版，第 189 頁。（漢）司馬遷撰、（南朝宋）裴駰集解、（唐）司馬貞索隱、（唐）張守節正義：《史記》，中華書局 1982 年版，第 3163—3164 頁。

三 斝彝

圖3.27 斝彝圖 《三禮圖》尊彝卷第十四（左為鎮江本 右為通志堂本）

"斝彝"是與"黃彝"配合使用的彝器，二器用於秋冬時期的裸祭，"斝彝"用於盛明水，"黃彝"盛鬱鬯。聶崇義對於"斝彝"的説解十分簡省：

> 斝彝盛明水。① 先鄭讀"斝"爲"稼"，謂畫禾稼於尊，因爲尊名，然則宜畫嘉禾以爲飾。其彝與舟並漆赤中，其局足内亦漆，畫禾稼爲飾。②

聶崇義所繪的"斝彝"形制與其他彝器一致，只是器身的紋飾不同。他認可鄭注釋"斝"爲"稼"的觀點，在器身畫出莊稼狀的紋飾（圖3.27）。在"雞彝"條目下，聶崇義曾引舊圖，表示"斝彝""黃彝"的形制有別於其餘四器：

---

① 鎮江本"明"訛爲"門"。

② （宋）聶崇義：《新定三禮圖》，通志堂刊本，清康熙十二年（1673），尊彝圖卷第十四。

於六彝之間，唯雞、鳥、虎、蜼四彝皆云刻木爲之，其圖
乃畫雞、鳳、虎、蜼四物之形，各於背上負尊，皆立一圓器之
上。其器三足，漆赤中，如火爐狀。

即是説，舊圖中雞、鳥、虎、蜼四彝均為三足器，而斝、黃二
器則不然。曾有學者因“六彝”中有“斝彝”之名，便認為是“三
足斝”。① “斝彝”與“三足斝”並非同類，就文獻用例來看，“斝”
的情況和“散”有些類似，“散”既可指“飲器散”，又可指“散
尊”；而“斝”之一名既屬於飲器系統中的“玉爵”，又屬於彝器系
統的“斝彝”。如《禮記·明堂位》：“爵，夏后氏以琖，殷以斝，
周以爵。灌尊，夏后氏以雞夷，殷以斝，周以黃目。”② 文中同時提
及兩件稱“斝”的器物，但器物屬性卻截然不同。另外，由這則文
例可知，稱“斝”的飲器和彝器，均是殷商時期的產物，即是説，
這種飲器與彝器共用器名的情況，並不是由於年代不同而造成的器
名訛誤，是當時有意為之。

“斝”字的情況比較複雜，今日所見的甲金字形均是“三足斝”
上所見的象形符號，在“三足斝”定名有誤的前提下，這些象形符
號無法等同於今文字中的“斝”。③ 所以目前有關“斝”的古文字
材料均無法用做論據，想要釐清“斝”一名與彝器之間的關係，
就只能參照文獻材料。“斝彝”的記載很有限，最主要的信息便是
鄭注釋“斝”為“稼”，表示器物上繪有“禾稼”紋飾。鄭注所
謂的“斝”通“稼”尚且可通，但是“稼彝，畫禾稼也”一説則
值得存疑。

① 張辛：《器與尊彝名義説》，《黃盛璋先生八秩華誕紀念文集》，中國教育文化
出版社 2005 年版。
② （漢）鄭玄注、（唐）孔穎達正義：《禮記正義》，上海古籍出版社 2008 年版，
第 1266 頁。
③ 詳見前文《匏爵圖類釋》中的《爵、玉爵》一節，此不贅述。

　　主要原因有二，其一，目前考古學界主要將銅器紋飾分為"動物類""幾何形類"和"人物畫像類"，其中植物類的紋飾極其稀少，並且至今未發現與禾稼有關的紋飾。[①]　其二，就現有研究來看，三代時期器與名的對應大多較為規則，或突出器物用途、材質，或突出器型。此處稱"稼"應不是指用途和材質，大概率是表達器型特徵。器皿類不同於其他類別的禮器，器物風格多樣，造型立體生動，往往形制上的區別已經足夠顯著，紋飾在其中通常起不到決定性的辨義作用。彼時也極少會專門以畫在器身的紋飾為名，因為器物上的紋飾基本都不固定，同類器物上可能出現各類紋飾。通常器名中所包含的"象某物"之義，均是就器物整體造型而言，不會單指某一紋飾細節，如前文"雞彝""鳥彝"便是如此。因此，"斝"與"稼"之間的關係也不應存在意外，"斝"和"稼"確有可能是同音假借關係，但所謂的"稼彝"蓋指器物造型與禾稼有關，不是僅僅描畫紋飾。

　　對"斝彝"形制的記載，值得參考的主要是《明堂位》中："夏后氏以雞彝，殷以斝，周以黃目"一文，鄭玄在《司尊彝》中也引述了此句。這句話似乎意在強調，"雞彝""斝彝"和"黃彝"三者，是同一器物在不同時代的稱謂。《明堂位》中又有"夏后氏以琖，殷以斝，周以爵"一文，兩句對照來看，這種意義更為顯著。在飲器系統中，"琖""斝"為異體字，均指的是"玉爵"，"玉爵"是祭祀用禮器，地位較高，雖然不屬於"五爵"，但是"爵"通常用為飲器總稱，以"爵"名統指"玉爵"也是成立的。所以此句中"琖""斝""爵"三件器物具有源流關係，均是指用為祭祀禮器的"玉爵"。三個不同時代的"玉爵"，屬性一致，其所代表的禮儀用途也是相同的，所以總體來說三者大致可歸為同類。如果將這一邏輯帶入"雞彝""斝彝"和"黃彝"中，就說明"斝彝""黃彝"是在"雞彝"的基礎上產生的器物，三者之間也應存在明顯的源流

關係。如賈公彥所説："引《明堂位》者，證雞彝是夏法，斝彝是殷法，黃彝是周法。"① "雞彝"應是彝器中最早出現的，至商周時期又衍生出了"斝彝""黃彝"。

值得注意的是，賈公彥"斝彝是殷法"一説，雖是為解釋"殷以斝"之義，但是他的解釋在原文基礎上表達了更深層面的意義，頗具啟發性。原本"殷以斝"只是説明"斝彝"可能的產生年代，以及"斝彝"與"雞彝"的衍生關係，而"斝彝是殷法"則將其上升到了禮義層面。這三件彝器，分別代表了夏商周各時期對於裸祭彝器的定義，並且藉由禮器之名，表達了三個時代對裸禮概念的理解。從"禮"的層面來看，各類儀典、祭祀儀式僅是外在形式，實質上反映的是夏、商、周不同民族對圖騰、自然、鬼神崇拜的不同態度。無論其崇拜的是某種動物，抑或是祖先神、自然神，這種崇拜總會以圖騰符號或是象形器物、紋飾的形式，在其文化中展現出來。如"雞彝"正是夏代崇拜雞的證明，時人因這種動物的報曉天性產生崇拜，便按照雞的外形做成高等級彝器。

"斝彝"被定義為殷商時期的產物，其所象徵的"禾稼"，應是與釀酒的穀物有關。商人愛好飲酒，各種祭祀對酒類需求量也很高，是以對釀酒原材料的種植情況也很關注。甲骨卜辭中多有祈禱黍稷豐收的占卜，同時"禾""年""黍"等與穀物有關的內容，被作為占卜對象的情況也很多。《説文》釋"年"本義為"穀熟也"，②《段注》云"年者，取禾一孰也"，③中原地區穀物一年一熟，是以"年"字引申為時間單位。"禾""黍"二字今日用法，仍基本維持本義不變，可知這三個詞均與穀物收成關係密切。

卜辭中常見的作物豐收類的占卜，多見有"受黍年""求年"

① （漢）鄭玄注、（唐）賈公彥疏：《周禮注疏》，上海古籍出版社 2010 年版，第 749 頁。
② （漢）許慎：《説文解字》，中華書局 1963 年版，第 146 頁。
③ （清）段玉裁：《説文解字注》，上海古籍出版社 1981 年版，第 326 頁。

"求禾"等文例,如:

1. 受黍年

不其受黍年。/貞我受黍年。(《合集》00376)

貞我弗其受黍年。(《合集》00795)

己巳卜殻貞我弗其受黍年。(《合集》09946)

2. 求年

貞求年于夋。(《鐵雲》二一六,一)

貞求年于夒。(《鐵雲》四五,二)

貞酒求年于夒。十三月。(《前編》七,五,二)

……酒,求年。(《前編》六,六六,三)

3. 求禾

貞求禾于夋。(《佚存》三七六)

其貞求禾于示壬。(《佚存》八九二)

類似內容在卜辭中數量衆多,可見商人對於黍稷作物的重視程度。農作物是釀酒的基礎,若穀物收成不足,會直接影響酒的生產。是以,彼時作彝器取名"稼",以強調穀物和酒器之間的關聯,並藉以祈求黍稷豐收。"六彝"中唯有"斝彝"之名,可與商人尚酒的習俗有關,將此緣由與穀物聯繫起來,便符合鄭注對"禾稼"之義的解釋,於禮義可通;同時,此説又可彰顯商人對祭祀、禮法和宴飲的態度。今日大量的出土器物早已證實"商人重酒,周人重食"這一原則,但是可以藉由"禾稼"一説闡釋商人對祭禮和酒禮器的態度,將"器"與"禮"相結合,對於"釋禮"而言甚為難得。

甲骨文中沒有可與今文字"稼"一致的字形,唯有一字作"𡦝",與"稼"的概念有關。此字象二束禾在田上,最初羅振玉釋為"嗇",而後銅器"史墻盤"銘文中"嗇"與"𡦝"同出,知羅説有誤。後裘錫圭又釋之為"稼"，李學勤釋為"苗"，目前學界多從裘説釋"稼"。① 後有學者提出此字應為"秝"，用為動詞。② 但此説並不可信，甲骨卜辭中見有"𣎴"字形，此字明顯與"秝"更為接近。所以目前看來，"𥝠"釋為"稼"是有一定道理的。

　　總體分析，"𥝠彝"稱"稼彝"，器名為"禾稼"之義。與"雞""鳥"二彝不同，"𥝠彝"的造型蓋與動物類無關，應象黍稷等與農作物有關的概念，表達殷人重視作物收成的觀念。據舊圖記載，"𥝠""黃"二彝沒有三足特徵，是以從器物學角度來看，這兩件器物最有可能呈圈足。由此分析，有一類器物的造型似乎與"𥝠彝"較為貼切，即多見於殷商時期的"青銅觚"。雖然自宋以來多稱其為"觚"，但"觚"應為飲酒器，"青銅觚"為典型盛酒器。

　　認為這類器物與"𥝠彝"有關，主要有三方面原因。其一，這類器物的銘文多稱尊彝，可知為彝器。器物的製作精緻程度，及其銘文慣用格式，均符合其他尊彝特徵。前文曾提及出土器物"內史亳豐同"，器型為常見的"細體觚"，銘文中自名為"祼同"，證明此器的屬性為祼器，與"𥝠彝"相符。③

　　其二，此器為圈足，並與挹注器配合使用，符合祼器的用法。林巳奈夫曾指出一件"尊"上的銘文，似人將挹注器"柶"插入

---

① 裘錫圭：《史牆盤銘解釋》，《文物》1978 年第 3 期。
② 溫少峰、袁庭棟：《殷墟卜辭研究（科學技術篇）》，四川省社會科學院出版社 1983 年版，第 212 頁。
③ 具體論述參見《匏爵圖類釋》一章中的《觚》篇，此不贅述。

"觚"中（圖3.28）。① 銘文中描繪的"柵"究竟為何物曾有不少討
論，李零先生提出，有些出土"青銅觚"中插有一根銅棒，形似銘
文中之物。與此同時，陝西韓城曾出土一件帶有器蓋的"尊"，蓋子
中央帶有一"圭形飾"，周圍並豎有四條"齒形飾"，頗似將"圭
瓚"插入酒器之形，與圖2銘文中描繪的圖形極為相似（圖3.29）。
雖然上述兩件器物都是"尊"而不是"青銅觚"，但是此類"尊"
與"青銅觚"應屬同類。② "觚"多呈中間細上下粗的喇叭口型，分
為粗體和細體兩類。細體觚的形狀很適合直接手持，特別是多見於
殷商晚期的"細體觚"（圖3.30、3.31），器物中間部分做得極細，
方便取握，這也是早期很多學者認可其為飲器的原因之一。圖3.28
銘文上的人正是直接手持"觚"，説明它的器身不是很粗，在人手可
以取握的範圍內，大部分"細體觚"均可符合這一標準。

圖3.28　🝔尊銘文　商代晚期

圖3.29　　獸面紋蓋尊③

① 林巳奈夫：《殷周青銅器綜覽》（第一卷），上海古籍出版社2017年版，第
144—145卷。

② "又梁帶村出土的'蓋尊'，最近在清華大學藝術博物館《與天久長》展展
出，撤展時，我曾目驗原器。原器做工粗糙，我認為，是兩周之際的仿古器，器形模
仿'觚形尊'，蓋一體，蓋上所樹，中間的柄可能是圭，旁邊四立的魚尾形器可能是
瓚，跟通常所説的"觚"是一類東西。"李零：《商周銅禮器分類的再認識》，《中國國
家博物館館刊》2020年第11期。

③ 上海博物館、陝西省考古研究院編：《金玉華年：陝西韓城出土周代芮國文物
珍品》，上海書畫出版社2012年版，圖版35。

圖 3.30　變形龍紋帶鈴觚 商代晚期①　　　圖 3.31　鱗紋觚 西周早期②

其三，"青銅觚"的器物形狀與甲骨文"禾"字頗為相似。這類彝器體型偏小，器型特徵很符合抽象化的"禾"。上下端較粗象穗，中間較細象莖。甲骨文中的禾（　）字多是在"莖"的上下各添加一層對稱的穀穗，以象徵穀物成熟的形態。據三代作器的習慣，多數象物的禮器均是在實物的基礎上進行抽象化、藝術化加工，使其在方便使用的同時，盡量符合當時的審美。這一點就決定了，所謂象"禾稼"的器物，只是借用其大概形態，不可能完全復原"禾稼"的細節。如"雞彝""鳥彝"也是如此，通常只需要抓住最主要特徵，使器物能呈現出基本的象形即可。結合上述依據來看，雖然尚不能確定"青銅觚"即"斝彝"，但是至少在目前可見的各類尊彝中，此器各方面特徵與"斝彝"較為接近，或許可為未來更多深入研究提供新的思路。

綜上所述，"斝彝"應象徵禾稼穀物類，表達了殷商時期對穀物豐收的重視，由於秋季為農作物收穫期，是以將"斝彝"用為秋冬

---

　　①　中國青銅器全集編輯委員會：《中國青銅器全集》4，文物出版社 1998 年版，第 63 頁。

　　②　中國青銅器全集編輯委員會：《中國青銅器全集》5，文物出版社 1996 年版，第 93 頁。

裸祭的彝器。春季祭祀用“雞彝”象徵一年起始，秋季用“斝彝”象徵收穫，這種對於裸祭禮器的安排，可看出上古時期崇尚自然規律。時人習慣藉由祭祀、祈禱、占卜等等方式，祈求自然神靈保佑下一季風調雨順。彝器背後代表的禮儀概念，可與自然時節的輪迴相互呼應，也可表達三代時期統治者對自然的崇敬。

四　黃彝

圖3.32　黃彝圖　《三禮圖》尊彝卷第十四（左為鎮江本 右為通志堂本）

“黃彝”是與“斝彝”配合使用的裸器，“黃彝”用於盛鬱鬯。“六彝”中僅有斝、黃二器不以動物為器名，所以二者的釋義都相對比較抽象。《三禮圖》云：

　　黃彝盛鬱鬯。《司尊彝》云：“秋嘗、冬蒸，裸用斝彝、黃彝，皆有舟。王以圭瓚酌獻尸禮神，后以璋瓚亞獻。”後鄭云：“黃彝，謂黃目。以黃金為目也。”《郊特牲》曰：“黃目，鬱氣之上尊也。黃者，中也。目者，氣之①清明者也。”言酌於中，而②

------

① 鎮江本、鄭氏本均無“氣之”二字。
② 鎮江本、鄭氏本中“而”字均作“形”。

清明於外也。其彝與舟並以金漆通漆。①

鄭玄認為，所謂"黃"即是指在器物上用黃金作雙目，是以聶崇義在器身上直接繪以雙目為飾（圖 3.32）。此處很明顯可以看出，聶崇義是以人的眼目形狀為基礎進行繪製，並在釋文中強調"以金漆通漆"以契合"黃目"一說。此處先不論以眼目作為裝飾是否合理，但即使按照鄭注，此處指的也應是黃金"為"目，即直接用黃金鑲嵌作為裝飾，而不是繪成金色而已。先秦時期很多獸面紋飾中帶有眼目，也多有用玉石、綠松石等材料進行鑲嵌的情況，但通常不大可能以人類眼目為飾。倘若參照鄭注，姑且可以理解為，"黃彝"器身帶有黃金作目的獸面紋。

但是所謂的"黃彝"究竟是否和"黃金作目"有關，恐怕還需斟酌。"黃"雖然可表黃金，但是無法與"作目"產生直接關聯，此處鄭玄的解釋顯得略有些牽強。先秦帶有金銀鑲嵌的器物通常為玉器，銅器上則多為"錯金銀"工藝。據學者統計，這類工藝始於春秋晚期，盛於戰國中晚期至西漢。② 錯金銀雖然可以達到"黃金作目"的效果，但是帶有錯金銀的器物往往非常華麗精美，比一般銅器更為璀璨奪目。以此方式製成的禮器價值頗高，未必符合"黃彝"在祼禮中的功能，同時也與周人對祭禮觀不符。

《明堂位》有："爵，夏后氏以琖，殷以斝，周以爵。灌尊，夏后氏以雞夷，殷以斝，周以黃目。"③《司尊彝》賈疏云："引《明堂位》者，證雞彝是夏法，斝彝是殷法，黃彝是周法。"④ 在祼禮系統

---

① （宋）聶崇義：《新定三禮圖》，通志堂刊本，清康熙十二年（1673），尊彝圖卷第十四。

② 朱鳳瀚：《中國青銅器綜論》，上海古籍出版社 2009 年版，第 787 頁。

③ （漢）鄭玄注、（唐）孔穎達正義：《禮記正義》，上海古籍出版社 2008 年版，第 1266 頁。

④ （漢）鄭玄注、（唐）賈公彥疏：《周禮注疏》，上海古籍出版社 2010 年版，第 749 頁。

中，“雞彝”“斝彝”“黃彝”可各自對應夏商周時期的彝器，三禮中雖然對“黃彝”沒有多加解釋，但是對“周以爵”一說卻有詳解。所謂的周代用“爵”多是無紋的飲器，因為“周人尚質”，在祭祀天地神靈的祭禮中習慣選擇樸素自然的禮器，以表達天和地在周人心目中質樸的觀念。由此分析，既然“爵”與“黃彝”相對應，說明周人使用的“黃彝”應與“爵”的特徵相符。在祭禮中選擇使用“爵”而不用殷代傳襲的“斝”，本身已經說明周人對禮器的選擇有自己的偏好，這種選擇背後，自然也蘊含著周人對祭禮的理解。裸祭對於當時的統治者來說是十分重要的，在這種場合使用的彝器，一方面要達到降神祭祀的目的，另一方面也要向祖先神靈表達自己對祭禮的態度。

從另一個角度來講，“黃彝”和“斝彝”既然是配合使用的彝器，那麼這二者之間應該是有關聯的。正如“雞彝”“鳥彝”皆是禽類，“虎彝”“蜼彝”皆是哺乳動物，“黃彝”和“斝彝”所象徵的概念也同樣具有共通性。如前文所述，“斝”為“禾稼”，表示穀物，取此名意在祈禱豐收。在此基礎上，“黃彝”之“黃”則可理解為“地”之義，表示“土壤”。

如此解釋有三方面原因，其一，“黃”與“地”二字在典籍中多有對應關係。《説文》釋“黃”的本義即為“地之色也”，對應的是“玄”指天之色。先秦時期已有“玄黃”連用以表示“天地”的文例，如《易經·坤卦·文言》：“夫玄黃者，天地之雜也，天玄而地黃。”[1] 按照《史記索隱》所説，“黃帝”一名也是來源於“土德”：“按，有土德之瑞，土色黃，故稱黃帝。猶神農火德王，而稱炎帝，然也。”[2] 而《周禮》中又有用於祭地的玉禮器名曰“黃琮”，“黃”即表象地之義。這些文獻表明，以“黃”象徵“地”是上古時

<hr />

① （魏）王弼、（晉）韓康伯注、（唐）孔穎達疏：《周易正義》，中華書局2009年版，第21頁。

② （漢）司馬遷撰、（南朝宋）裴駰集解、（唐）司馬貞索隱、（唐）張守節正義：《史記》，中華書局1982年版，第1頁。

期較為直觀的聯想，正如“雞”象徵“時間”“起始”；“稼”象徵“穀物豐收”，均是一種比較直接的引申，這種聯想符合當時的邏輯。

其二，“羿彝”既然象徵農作物，那麼與農作物具有直接關聯的，自然就是土地。以象徵土地的器皿盛鬱鬯，為裸祭主體；以象徵穀物收穫的器皿盛明水，為裸祭中的輔助，二者的內在聯繫頗為契合。“羿”“黃”二彝用於秋冬季節的裸祭，此時正是收穫並醞釀來年新一輪播種的時節。因此在祭禮中彰顯“收成”和“土地”的重要性，是合乎邏輯的。

其三，從禮儀本身的角度來看，很多禮器的製作風格中都強調“周人尚質”，説明這一點是周人十分顯著的特徵。因此周人在裸祭中選擇代表土地的器皿，也十分合理。周人敬仰天地自然，又欣賞簡單質樸的作器風格，是以用於祭祀天地的器皿往往都以強調自然、樸素為主。[①] 從周人的角度來看，樸素並不意味著等級低，將象徵“地”的彝器用於裸祭，對周人來説是一種很高等級的禮儀，適宜表達他們對神靈、祖先的尊重。

“黃彝”象“地”，既可以表達“穀物”與“土地”密不可分的關係，同時也藉由“地”的崇高地位，體現對裸禮的重視。由“羿”“黃”二器的器名來源分析，彝器並非皆是仿造動物形象。秋冬裸禮中所使用的“羿”“黃”，強調天地自然，以農作物和土地，象徵著穀物莊稼的生長和豐收。農作物是周人統治者最為重視的東西，但和商王不同的是，周人不尚酒，其重視的是糧食本身，而非其他副產品。所以周人選擇的“黃”象徵“土壤”，代表了穀物生長的源頭。

在“黃彝”象徵“土地”的概念下，想要歸納器型特徵確實有些困難。之前的學者多將“黃目”的概念於動物聯繫起來，如劉節認為“黃”是假借字，提出“蝸牛古稱黃犢”，“黃彝”即為“黃犢

---

① 詳見前文《匏爵圖類釋》中的《匏爵》一節，此不贅述。

彝"。① 此説尚算略有根據，但出土器物中很難找到相似器型。鄒衡
則結合《明堂位》的記載，提出夏代之"盉（雞彝）"即為周代
"黄目"，周代"盉"是前代基礎上衍生出的器型，考古發現證明周
代"盉"自西周早期以至東周時期均有使用，説明是周人慣用器物，
而商代多見的"三足斝"則周初已不多見。② 此説值得存疑，首先，
商代"三足斝"與《明堂位》所説的"殷以斝"並非一器。其次，
周代"盉"器型特徵的確與夏代"盉"大同小異，但是周人慣用此
器並不能就説明此為"黄彝"。既然《司尊彝》明確記載了"雞
彝"，説明周人使用"黄彝"的同時並沒有摒棄"雞彝"。從邏輯角
度分析，這類器物既然是夏代"雞彝"演變來的，自然用為周代
"雞彝"才是順理成章。鄒衡還提出："西周銅盉雖無黄金鑲嵌者，
但青銅的本色卻是黄褐色的。這也可備一説。"並認為這便是周代將
"盉"稱為"黄目"的原因。③ 此説也頗為牽強，銅禮器皆為黄色，
若非特殊材質加以區分，則"黄彝"之上的"黄目"，與其他器物
紋飾根本沒有區別。

　　還有考古學家根據"黄彝"之名，提出"黄彝"即今日之"獸
首觥"，根據在於"觥"本字作"觵"，所以稱"黄彝"是同音假
借。④ 這種説法更加不可信，文獻中的"觥"與尊彝沒有任何關係。
自然不能因"觥""黄"同音來證明此器是"黄彝"。⑤ 就"獸首
觥"器型本身來説，這種體型較大，製作精緻的器物，的確應該是
尊彝類禮器無疑，其形制和銘文都與尊彝類相合。只不過這種器物

　　① 劉節：《古史考存》，人民出版社 1958 年版，第 347 頁。
　　② 鄒衡：《試論夏文化》，《夏商周考古學論文集》，文物出版社 1980 年版，第
156 頁。
　　③ 鄒衡：《試論夏文化》，《夏商周考古學論文集》，文物出版社 1980 年版，第
156 頁。
　　④ 徐中舒與張辛皆持此説。徐中舒：《説尊彝》，《歷史語言研究所集刊》（第七
冊），中華書局 1987 年版，第 77 頁。張辛：《黄盛璋先生八秩華誕紀念文集》，中國教
育文化出版社 2005 年版。
　　⑤ 詳見前文《觥爵圖類釋》中的《觥》篇，此不贅述。

究竟是那一類“尊”或“彝”，還需要再經斟酌。

　　綜合來看，聶圖“黃彝”與“斝彝”情況類似，出現謬誤的原因，是由於沒有深入探討禮器內涵。“黃”“斝”二器比其他器名更為晦澀，但多數三禮中出現的器名，均與儀典用途或禮儀內涵、源流有關。鄭注釋“黃”為“黃目”或為一説，但未免忽視了彝器彼此之間的關聯性和系統性，也沒有體現出彝器與祼禮之間的關係。聶崇義將鄭注內容全盤接收，既沒有提出新見，也沒有進一步闡釋，甚至沒能考慮，鄭玄所謂的“黃目”至少應繪為動物類紋飾，以“人目”為飾過於突兀，是非常不合理的。這些細節之處的疏漏，導致“黃彝”圖長久以來屢遭詬病，也導致後人對“六彝”的定義愈發困惑，可謂於相關研究毫無益處。

五　虎彝

圖 3.33　虎彝圖　《三禮圖》尊彝卷第十四（左為鎮江本 右為通志堂本）

　　“虎彝”和“蜼彝”是“六彝”中最難解讀的兩類器物，《司尊彝》記載用為“四時之間祀追享朝享”，但器物特徵、名稱來源則均無記載。[①] 至於“虎”“蜼”二名之間的聯繫，也僅有《司尊彝》

────────────

① （漢）鄭玄注、（唐）賈公彥疏：《周禮注疏》，上海古籍出版社 2010 年版，第 745 頁。

中賈公彥所云"雞彝、鳥彝相配皆為鳥，則虎彝、蜼彝相配皆為獸"一語，[①] 可確知二器所象均為獸類。《三禮圖》對"虎彝"的解釋也很簡潔：

> 虎彝，畫虎於尊，盛明水。其尊與舟並漆赤中，其局足內亦漆及畫虎爲飾。舊《圖》形制既非鄭義，今亦不取，於雞彝下已有解説。[②]

所謂的"畫虎爲飾"是解釋"虎彝"之名最為簡便、直觀的方式，但是對理解"虎彝"的寓意和器名來源無甚助益。聶崇義認為舊圖將"六彝"繪成"三足器"不可信，所以一概不予採納。單從圖釋來看（圖3.33），"虎彝"畫虎形為飾似乎沒有問題，但是從禮器本身的角度來看，既然是在"追享朝享"的裸祭中盛放明水，"虎彝"的地位應有別於固定在春夏、秋冬使用的"雞""鳥""斝""黃"四彝，因其所代表的儀典與四時裸祭並不相同。

各家對於"追享朝享"的定義説法不一，《司尊彝》中鄭司農有云："追享，朝享，謂禘祫也。在四時之間，故曰間祀。"鄭玄認為："追享，謂追祭遷廟之主，以事有所請禱。朝享，謂朝受政于廟。"[③] 黃以周則不認可鄭玄之説："祭有禘、郊、祖、宗、報。追享者，報祭也。《魯語》曰：'高圉、太王能帥稷者也，周人報焉。'朝享亦謂之月祭，非告朔後之朝廟。朝廟用特牲，鄭《論語注》謂諸候用羊，天子用牛，其禮略是也。朝享有裸、朝踐、再獻之禮，

---

①　（漢）鄭玄注、（唐）賈公彥疏：《周禮注疏》，上海古籍出版社2010年版，第750頁。

②　（宋）聶崇義：《新定三禮圖》，通志堂刊本，清康熙十二年（1673），尊彝圖卷第十四。

③　（漢）鄭玄注、（唐）賈公彥疏：《周禮注疏》，上海古籍出版社2010年版，第746頁。

何得牽合？後鄭説非。"① 孫詒讓也曾引述金鶚的觀點反駁鄭玄：
"不知朝廟禮之小者，而朝享祼用虎彝、蜼彝，朝踐用兩大尊，再獻
用兩山尊，其禮甚大，非朝廟可知。且朝享每月行之，又不得謂四
時之閒祀也。朝廟所供，當與薦新相似，薦而不祭也。其禮與時祭
迥殊，視告朔亦殺，豈得謂之月祀乎？案：金駁後鄭説是也。"② 結
合上述幾種觀點分析，"追享朝享"祭祀的規模、頻率十分可觀，是
等級較高的祭禮。是以先鄭的觀點較為可信，"追享朝享"應是
"禘祫"。

　　在各類祭祀儀典中，"禘祫"的地位是較為特殊的。《尚書·盤
庚》疏云：

　　　　烝、嘗是秋、冬祭名，謂之大享者，以事各有對。若烝、
　　嘗對禘、祫，則禘、祫爲大，烝、嘗爲小；若四時自相對，則
　　烝、嘗爲大，礿、祠爲小。以秋、冬物成，可薦者衆，故烝、
　　嘗爲大，春、夏物未成，可薦者少，故礿、祠爲小也。③

　　即便同為祼祭類儀典，其中的祭禮也是有等級差異的。"禘祫"
是較春夏"祠禴"④、秋冬"嘗烝"更為重要的祭禮，其所對應的禮
器也應該規格更高。而根據鄭玄的觀點，"祫"又更大於"禘"，
《毛詩·雍》："禘太祖也"，鄭箋："禘，大祭也，大於四時而小於
祫。"⑤ 除祭禮規模外，二者的區別還體現在祭祀的季節，《五禮通
考·禘祫》中專門總結了相關內容：

---

① （清）黃以周：《禮書通故》，中華書局 2007 年版，第 919 頁。
② （清）孫詒讓：《周禮正義》，中華書局 1987 年版，第 1532—1533 頁。
③ （漢）孔安國傳、（唐）孔穎達正義：《尚書正義》，上海古籍出版社 2007 年
版，第 346 頁。
④ 《尚書》作"礿"，《周禮》作"禴"。
⑤ （漢）毛亨傳、（漢）鄭玄箋、（唐）孔穎達疏：《毛詩正義》，中華書局 2009
年版，第 1284 頁。

《通典》：禘以夏，祫以秋。《詩·閟宮》傳云："諸侯夏禘則不礿，秋祫則不嘗，惟天子兼之"是也。崔靈恩云："禘以夏者，以審諦昭穆，序别尊卑。夏時陽在上，陰在下，尊卑有序，故大次第而祭之，故禘者諦也，第也。祫以秋者，以合聚群主，其禮最大，必秋時萬物成熟，大合而祭之，祫者，合也。

鄭氏曰：禘以孟夏，祫以孟秋。

孔氏穎達：《周頌·雝》疏：此禘，毛以春，鄭以夏，不同。①

再以此對應《王制》《祭法》中的内容：

1. 天子諸侯宗廟之祭，春曰礿，夏曰禘，秋曰嘗，冬曰烝。

鄭注：此蓋夏殷之祭名，周則改之，春曰祠，夏曰礿，以禘爲殷祭。《詩小雅》曰："礿祠烝嘗，于公先王"。此周四時祭宗廟之名。（《王制》）

2. 有虞氏禘黄帝而郊嚳，祖顓頊而宗堯。夏后氏亦禘黄帝而郊鯀，祖顓頊而宗禹。殷人禘嚳而郊冥，祖契而宗湯。周人禘嚳而郊稷，祖文王而宗武王。

鄭注：禘、郊、祖、宗，謂祭祀以配食也。此禘謂祭昊天於圜丘也，祭上帝於南郊曰郊，祭五帝五神於明堂曰祖宗。（《祭法》）②

綜合分析可得出以下結論，其一，鄭玄認爲"禘"是殷祭，殷商四時祭名不同。是以，"禘以孟夏"一說便是鄭玄依照殷商祭名系統而論。但是，按照商代無四季一說，此處的"禘"只可能爲春季祭禮，毛説更爲可信。其二，"禘"在殷代是四時祭，周人在傳承

“禘”祭的基礎上，將其設立為地位更高的祭禮。其三，“禘”是自夏商流傳而來，可用為祭天。

　　瞭解“禘祫”的來源之後，有關“虎彝”“蜼彝”的描述就比較容易理解。賈公彥云：“其虎彝、蜼彝，當是有虞氏之尊，故鄭注《尚書》云：‘宗彝，宗廟之中鬱尊。’虞氏所用，故曰‘虞夏以上虎蜼而已’也。”①此説“虎”“蜼”是夏代彝器，應是出於“禘”祭源自有虞氏之説。盡管目前沒有更多資料可以證明“虎”“蜼”的産生時間，但是此“虞夏”之説與祭禮地位相符，據此也可體現出此二器的重要地位。

　　雖然目前無法得知“虎彝”的具體形制，但是就先秦器物特徵分析，鄭玄所謂的“畫虎於尊”應是不大可能的，以虎形作紋飾，或者整器為虎形的可能性更大。早期學者多從鄭説，但當代很多學者通過考古發現，已經提出“畫虎為飾”一説不可信。②其次，“虎”“蜼”二器，等級應比“雞”“鳥”“斝”“黃”更高。

　　早在宋代《考古圖》《續考古圖》和《宣和博古圖》中均曾出現名為“虎彝”的器物，但此類器物均是“簋”類，與彝器無關，宋人此類定名僅是因為其上有虎為飾，因此不足為信。先秦銅器中帶有虎形裝飾的器物較多，但是整器呈虎形的卻很少，如《商周彝器通考》著録的“犧尊”（圖3.34），這件四足器的頭部呈“張口狀”的虎形，後被學者認可為“虎彝”。③

圖3.34　犧尊《商周彝器通考》圖702

---

　　①　（漢）鄭玄注、（唐）賈公彥疏《周禮注疏》，上海古籍出版社2010年版，第751頁。

　　②　周聰俊：《裸禮考辨》，文史哲出版社1994年版，第148—149頁。

　　③　張克名：《殷周青銅器求真》，中華叢書編審委員會1965年版，第51—52頁。

這件器物帶有"流"和"盤"，大致符合彝器的特徵，但是具體分析，似乎又與祼器的功能不甚匹配。

　　現有器物中最符合"虎彝"特徵的應是"獸首觥"。[1] 這類器物自商代晚期至西周中期較為常見，器型多為蓋、器分開，有呈圈足、三足和四足等多種類型，帶有"流""鋬"，尤其是部分"獸首觥"配有挹注器。"獸首觥"中常見兕牛、羊等獸類，但也有少量虎形觥（圖3.35）。通過對比"獸首觥"和"犧尊"可知：1."虎首觥"的造型帶有明顯的"流"，而"犧尊"雖有開口，但"流"卻並不明顯；2."虎彝"的功能是盛放明水，"犧尊"器物開口基本呈水平狀態，且背部沒有其他開口，這樣的設計若要將酒水灌注其中會非常不便；而"虎首觥"與一般的"獸首觥"一樣，器蓋分開，這種設計更方便使用；3."獸首觥"器物尾部的設計，可以專門盛放配套挹注器（圖3.36、3.37），說明挹注器是"獸首觥"經常配備的輔助器，並非臨時使用，這也符合祼禮中"彝"的用法；而"犧尊"是一體式器物，不具備這一功能；4."獸首觥"銘文多稱"寶尊彝"，說明用為孝享禮器，並且做工極其精緻，絕非一般等級的禮器，可符合"禘祫"所用彝器身份。

圖 3.35　虎首觥 商代[2]

---

①　此與典籍中的"觥"並非同一器物，詳見前文《觥》篇。

②　此器現藏於哈佛藝術博物館，英文題名為：Guang´ Covered Ritual Wine Vessel with Tiger and Owl Decor。圖片來源：https：//harvardartmuseums. org/collections/object/303630？position＝0。

圖 3.36　守宮觥 西周早期①　　　　　圖 3.37　引觥 西周早期②

綜合來看，"獸首觥"的器物等級和功能，比圖 3.34 的"犧尊"更接近"虎彝"。盡管"獸首觥"中有些器物不為虎首，但是這類器物的功能、作器風格均與彝類相符。相比起外形上的相似度，器物本身能否符合裸祭的使用要求，應該是更重要的判斷依據。若僅以外形來分辨，恐怕會過於糾結表明問題，反而忽略了本質上的功能性。禮器並非純粹的裝飾品，它的產生是服務於祭禮需要。因此，禮器的基本用途和作器風格是否與對應的祭禮相吻合，才應是首要的判斷依據。

從另一方面來講，先秦時期禮器的定名邏輯，與後人的理解明顯是有很大差異的。古人對"雞""鳥"等動物外形的理解大多較為抽象，作器時往往取其中的主要特徵，最終的成品並非依樣象形。"虎彝"的情況應該也是這樣，"六彝"中取"虎""蜼"二名代替獸類，與"雞""鳥"代指的禽類相對。所以很有可能，"虎彝"和"蜼彝"所指代的均不止一種獸類。所謂的"虎""蜼"二名只是籠統稱呼，表示均為獸類而已。

────────────

① 中國青銅器全集編輯委員會：《中國青銅器全集》5，文物出版社 1996 年版，第 106 頁。

② 上海博物館編：《上海博物館藏青銅器》，上海人民美術出版社 1964 年版，第 16 頁。

就"獸首觥"的情況來看，除虎形外，這類器物最常見"兕牛"形，説明"兕牛"之形在當時應是有特殊地位的。而先秦典籍中多見"兕虎"連用，泛指兇猛野獸的文例。如：

1. 匪兕匪虎，率彼曠野。注云："兕、虎，野獸也。"①
2. 蓋聞善攝生者，陸行不遇兕虎，入軍不被甲兵。兕無所投其角，虎無所措其爪，兵無所容其刃，夫何故以其無死地。②
3. 此甚大於兕虎之害。夫兕虎有域，動靜有時，避其域，省其時，則免其兕虎之害矣。民獨知兕虎之有爪角也，而莫知萬物之盡有爪角也，不免於萬物之害。何以論之？時雨降集，曠野間靜，而以昏晨犯山川，則兕虎之爪角害之。事上不忠，輕犯禁令，則刑法之爪角害之；處鄉不節，憎愛無度，則爭鬬之爪角害之；嗜慾無限，動靜不節，則痤疽之爪角害之；好用其私智而棄道理，則網羅之爪角害之。兕虎有域，而萬害有原；避其域，塞其原，則免於諸害矣。③

據上述用例可知，先秦時期"兕虎"已經凝固成結構固定的複合詞，指稱帶有強烈攻擊性的野獸。而之所以二者連用可指代野獸，大致也與《老子》《韓非子》中所解釋的邏輯有關，兕虎相當於甲兵，其角爪便相當於兵刃，均是有強大殺傷力的武器。甲骨文中已有兕和虎二字，文例中也多見捕獲兕、虎、鹿等野獸的紀録。從甲骨文的字形來看，"兕"字強調頭上的角（圖3.38），而"虎"字則強調爪（圖3.39），文字線條簡明易懂，讓人立刻理解符號表達的是哪一類動物，可見早在殷商時期，人們已經對這兩類野獸的特徵十分了解，知道角和爪是其最明顯、最具攻擊性的地方，所以造

① （漢）鄭玄箋、（唐）孔穎達疏：《毛詩注疏》，中華書局2009年版，第528頁。
② （魏）王弼注，樓宇烈校釋：《老子道德經注校釋》，中華書局2008年版，第134頁。
③ （清）王先慎：《韓非子集解》，中華書局1998年版，第150頁。

字時才會特別強調。自然界可以傷人的獸類雖多，但是此二者確實最具代表性，是以二字並稱以表示猛獸。

　　　　　圖3.38　甲骨文“兕”

圖3.39　甲骨文“虎”①

　　既然兕虎連用表示猛獸，那麼在作器時，將“兕牛”等類似造型的獸類統稱為“虎”，應該也是合理的。這種以猛獸類為原型的器物，主要為了表現人對自然的征服。早期人類捕獲猛獸非常危險，想將其馴服也很艱難，但是在生存過程中，掌握人與獸之間的制衡關係，又是生產力發展的必要環節。除了可充作食物以外，獸類皮毛、骨骼均是重要的生產資料，所以掌握野獸的馴化、獵捕方式，對於人類文明進步來說，意義重大。由此分析，三禮中鄭賈兩家均強調“虎”“蜼”二彝為“有虞氏之尊”，想必也並非空穴來風，夏商之際人們掌握了獵捕野獸的技巧，所以製作獸形擬態的禮器加以紀念，並彰顯功績。

　　這一類禮器的作器邏輯，似乎與“雞”“鳳”等“動物崇拜”“圖騰崇拜”的心理正好相反，以神獸形象為禮器是出於對天地鬼神的敬畏和崇拜；而以猛獸為禮器，則象徵著人類對自然界的征服。用這種征服自然得來的“戰利品”為符號，用作“禘祫”之彝器，在禮儀層面也是頗有意義的行為。

　　綜上所述，“虎彝”是用為“禘祫”之彝器，此類禮器等級頗高。目前所見的出土器物中，“獸首觥”的器型特點和功能與之最為相符。“虎彝”之名蓋取猛獸之義，“獸首觥”亦多見“兕牛”等造

---

① 圖3.38、3.39出自中國社會科學院考古研究所《甲骨文編》，中華書局1965年版，第393、224、225頁。

型，是因為"虎""兕"二者在猛獸中頗具代表性。先秦文獻中常見"兕虎"連用，以指稱帶有強烈攻擊性的野獸。

六　蜼彝

圖 3.40　蜼彝圖　《三禮圖》尊彝卷第十四（左為鎮江本 右為通志堂本）

"蜼彝"是"追享朝享"的祭禮中盛放鬱鬯的彝器，與"虎彝"情況不同的是，"蜼"字究竟指的是何種獸類，始終未有定論。三禮中對"蜼彝"解釋甚少，鄭司農云："蜼，讀為'蛇虺'之虺，或讀為'公用射隼'之隼。"鄭玄云："蜼，禺屬，卬鼻而長尾。"① 先鄭以"虺""隼"二字釋音，而鄭玄以"禺"釋義，即是説，"虺""隼"二字與"蜼"的字義無關。以往有學者認為，此處註釋提出了"蜼"字三種釋義，"虺""隼""禺"三者均為"蜼彝"之名的象徵，但這種理解恐非鄭意。② 《三禮圖》中同樣採用鄭玄所説的"禺屬"這一概念，將"蜼彝"解為繪有獼猴形象的禮器（圖

①　（漢）鄭玄注、（唐）賈公彥疏：《周禮注疏》，上海古籍出版社 2010 年版，第 746 頁。

②　如張辛《器與尊彝名義説》一文中引高亨的觀點，認為"蜼"即"虺"，"虺形"即四腳蛇形，並由此提出"蜼彝"應是考古學上稱為"鐎"的器物。事實上"鐎"這類器物與"盉"多有共同之處，現有出土器物中，個別"鐎"即自名為"盉"。

3.40），釋文曰：

> 蜼彝盛鬱鬯，《司尊彝》云：“追享朝享，祼用虎彝蜼彝，
> 皆有舟。王亦以圭瓚酌鬱鬯①以獻尸禮神，后亦以璋瓚亞獻。”
> 其形制亦與《圖》不同，已在上解。其彝與舟皆漆赤中，其局
> 足内亦漆，畫蜼以爲飾。案《爾雅》云：“蜼，卬鼻而長尾。”
> 郭云：“蜼似獼猴而大，黄黑色，尾長數尺，似獺尾，末有岐，
> 鼻露向上，雨即自懸於樹，以尾塞鼻，或以兩指。江東人亦取
> 養之，爲物捷健。”②

“蜼”字從“虫”的確帶有誤導性，再加上先鄭指出“蜼”與
“卟”同音，更易令人以爲“蜼”與蛇蟲類有關。但事實上“蜼”
字的確不表蛇蟲之義，“虫”這個意符並不僅僅表示蛇蟲，《説文》
釋“虫”云：“物之微細，或行，或毛，或嬴，或介，或鱗，以虫爲
象。”③《段注》：“鱗介以虫爲形，如螭蚪盦蚌是也。飛者以虫爲形，
如蝙蝠是也。毛嬴以虫爲形，如蝯蜼是也。”④ 是以“蝯蜼”二字即
又作“猨狸”，可見最初造字階段“虫”和“犭”在表意上是有共
通之處的，從“虫”的字也可表哺乳動物。

俞樾、周聰俊等學者提出“蜼”應爲“隼”之説，主要是認爲
迄今爲止沒有見到“蜼”形禮器，所以鄭玄釋爲“禺”值得存疑。
取“蜼”字通“隼”，則可表示“蜼彝”象猛禽類，如此可與先秦
時期常見的“鴞”“鷹隼”等象形禮器相通。⑤ 此類説法最大的問題

---

① 鎮江本、鄭氏本無“卟”字。
② （宋）聶崇義：《新定三禮圖》，通志堂刊本，清康熙十二年（1673），尊彝圖
卷第十四。
③ （漢）許慎：《説文解字》，中華書局1963年版，第278頁。
④ （清）段玉裁：《説文解字注》，上海古籍出版社1981年版，第663頁。
⑤ （清）俞樾：《群經平議》，清光緒春在堂全書本，卷十三。周聰俊：《祼禮考
辨》，文史哲出版社1994年版，第152頁。

在於，即便"蜼""隼"二字音近，但是文獻中鮮有"蜼"假借為"隼"的用例。其次，從"六彝"所象徵的意象來看，"雞""鳥"皆為禽類，則"虎""蜼"皆為獸類才更為通達，若"蜼"指猛禽，則這種"二禽"與"二獸"的對稱意象就不存在了。所以綜合看來，鄭玄認為"蜼"指類似獼猴的獸類是比較可靠的説法。

雖然"蜼"所象徵的"獼猴"類形象，在出土器物中無法找到對應器型，但是這一説法應該是有一定依據的。賈公彦引《爾雅》云：

"蜼，卬鼻而長尾。"彼注云："蜼，似獼猴而大，黃黑色，尾長數尺，似獺，尾末有岐，鼻露向上。雨即自懸於樹，以尾塞鼻，或以兩指。今江東人亦取養之，為物捷健。"[①]

《説文》釋"蜼"為"似母猴"，又有"禺，母猴屬"。[②] 曾有後世其他字書中指出"母猴"一説有誤，[③] 但許慎此説"母"並非指雌性。《段注》有云："許書多言母猴。母猴、獼猴、沐猴一聲之轉"，則可知"母猴"即"獼猴"。[④] 各本字書中對於"蜼"的解釋基本一致，"蜼"指獼猴中體型比較大的一類。根據《爾雅》的記載，當時已經有些地方開始馴養這類獼猴，並利用其特性為人類服務。通過這段描述也可看出，"蜼"是一種智商較高的生物，相比於其他野獸類，這種獼猴的智商有類人傾向，在自然界有較高的生存智慧。是以《司服》中，賈公彦解釋"虎""蜼"二彝所代表的意

①　(漢) 鄭玄注、(唐) 賈公彦疏：《周禮注疏》，上海古籍出版社 2010 年版，第 750 頁。

②　(漢) 許慎：《説文解字》，中華書局 1963 年版，第 282、189 頁。

③　《正字通》："禺似獼猴而大，赤目長尾，山中多有之。説文猴屬，不誤。專指為母猴屬，為頭似鬼則誤也。"(明) 張自烈、廖文英：《正字通》，康熙二十四年秀水吳源起清畏堂刊本，午集下。

④　(清) 段玉裁：《説文解字注》，上海古籍出版社 1981 年版，第 673 頁。

義時有云："虎取其嚴猛，蜼取其有智。"① 此處雖然簡略，但是基本道出了這兩類彝器定名的緣由，這種解釋於二彝的身份較為契合。

前文曾有分析，用於"禘祫"的裸器既然象徵野獸，那麼當時所選用的代表動物自然不是隨意挑選的，"虎""蜼"二物應具有特殊的代表性。"虎"代表危險且難以捕獲的猛獸，早期人類想要將其捕捉是非常不易的事，因此在當時這種"嚴猛之獸"象徵自然界中的挑戰。而"蜼"則與這些猛獸截然不同，獼猴類動物相對來說攻擊性較小，其最主要的特點就是聰明，這種特殊性使其在衆多野獸中脫穎而出，尤其是猴類所特有的"類人屬性"，從古到今為人所關注。彼時人們通過觀察和馴養，認識到"蜼"這種動物與衆不同，是以將其作為"有智之獸"的典型代表，與"虎"並列於祭祀儀典。

綜合來看，所謂"六彝"之名，其實象徵的正是"天地自然"這個較為龐大的概念。單看這四個字幾乎包羅萬象，倘若想用僅僅六件彝器，囊括自然界中最主要的意象，則這些器物之名必須要具備高度的代表性和概括性。"雞""鳥"二名象徵早期動物崇拜和圖騰崇拜，是指"天時"和"神靈"；"斝""黃"指"收穫"和"土地"，這四件器物即組成了"天地人神"的意象。而"虎""蜼"二名則代表天地之間，除人神以外的其他動物，這些野獸或兇猛或善智，它們同樣是自然的一部分。加上這兩個意象，則"天地自然"的概念才更為齊備。

周人對於"自然"的概念是較為複雜且全面的，當時的統治者已經意識到，盡管人類在自然界中佔據主導地位，但是"天""地""神"和"物"對人的影響是非常大的。在重要的祭禮中，不但要使用特殊象徵意義的祭器，更要將各類禮器所代表的意象，分別對應合適的祭禮。這也從側面說明，當時的儀禮系統已經非常完備，

---

① （漢）鄭玄注、（唐）賈公彥疏：《周禮注疏》，上海古籍出版社 2010 年版，第 793 頁。

各類祭祀儀典均具有明確的系統性和邏輯性。雖然目前仍未發現與
"蜼"所表達意象接近的器物，但是由文獻記載可知，周代對"禮"
本身概念的理解，已經發展到令人矚目的高度。禮器雖然是"禮"
中不可或缺的一部分，但器物畢竟是表達"禮"的媒介，並不是
"禮"的核心。在器物不存的情況下，可藉由分析禮器名義，研究古
人對於"禮"的認識，進一步理解當時的禮儀系統。

第三節　六尊

一　獻尊

圖 3.41　獻尊圖《三禮圖》尊彝卷第十四（左為鎮江本 右為通志堂本）

三禮中對"尊"類禮器的記載雖然多，但是不甚明確。《儀禮》
中多有言"尊"者，但是大多未具體說明其究竟為哪一類尊器。三
禮對"尊"類的形制也沒有明確描述，僅知"尊"類禮器均為盛酒
器，用於儲存各種酒類，其中部分尊器可用於宗廟祭祀。"獻尊"一
名出於《禮記》，《周禮》中稱其為"犧尊"。《三禮圖》云：

案《明堂位》云："獻、象，周尊也。"《司尊彝》云："春祠，夏禴，其朝踐用兩獻尊。一盛玄酒，一盛醴齊。王以玉爵酌醴齊以獻尸也。"《禮器》曰："廟堂之上，犧尊在西。"注云："犧，周禮作獻。"又《詩·頌》毛傳説："用沙羽以飾尊。"然則毛、鄭"獻""沙"二字，讀與"婆娑"之"娑"，義同，皆謂刻鳳皇之象於尊，其形婆娑然。又《詩》傳疏説王肅注禮，以犧、象二尊並全刻牛、象之形，鑿背爲尊。今見祭器内有作牛、象之形，背上各刻蓮華座，又與尊不相連，比其王義大同而小異。案阮氏《圖》其"犧尊"① 飾以牛，又云："諸侯飾口以象骨，天子飾以玉。"其圖中形制，亦於尊上畫牛爲飾，則與王肅所説全殊，揆之人情，可爲一法。今與鄭義並圖於右，請擇而用之。②

　　聶崇義將鄭圖、阮圖並列於此，二圖器型相同，只是鄭圖器身飾以鳳凰，阮圖飾以牛（圖 3.41）。聶氏從《禮記》系統，將其稱為"獻尊"，但事實上這類器物應名為"犧尊"更妥當。所謂的"犧""獻"一器二名是由於同音假借造成的，《周禮·司尊彝》云："凡六彝六尊之酌，鬱齊獻酌，醴齊縮酌，盎齊涚酌，凡酒脩酌。"鄭玄注："故書'縮'爲'數'，'齊'爲'齍'。鄭司農云：'獻讀爲儀'。"③ 此處先鄭所注是指"獻"與"儀"同音，但多被解讀為"獻"即"儀"之義。段玉裁曰："按《論語》鄭注曰：'獻猶賢也。'獻得訓賢者，《周禮》注：'獻讀爲儀。'"④ 是以"獻""儀"古音可通，又知"儀"為疑母歌部字，"犧"為曉母歌

---

① 鎮江本和鄭氏本作"義尊"。

② （宋）聶崇義：《新定三禮圖》，通志堂刊本，清康熙十二年（1673），尊彝圖卷第十四。

③ （漢）鄭玄注、（唐）賈公彥疏：《周禮注疏》，上海古籍出版社 2010 年版，第 751 頁。

④ （清）段玉裁：《説文解字注》，上海古籍出版社 1981 年版，第 476 頁。

部字，二字亦可通。《毛詩傳箋通釋》中云：“古音寒元與歌戈兩部多通轉，故獻亦讀沙，猶獻亦通儀也。”①

由此可知，“獻”“犧”二字為假借關係，其中一字與尊器原名所表達的含義無關。《説文》釋“獻”為：“宗廟犬名羹獻，犬肥者以獻之。”② 此字的古今字形沒有差異，均表現為用三足器烹煮獸類的形象，字形中含有“鬲”作意符，“鬲”為食器，再加上烹煮獸類以獻羹這種意象，更加與酒器無關。此外，“獻”禮本身就是宗廟祭禮中十分重要的一類，倘若以“獻”為此類祭禮中的禮器共名，可能較為合理。如果僅以其命名一類器物，且所謂“獻尊”並沒有特別之處，則容易擾亂禮器命名的系統性。更何況《司尊彝》中記載“朝踐用兩獻尊”，説明“獻尊”與“獻”類祭禮沒有關聯，這就更加不合邏輯。“犧”本義為“宗廟之牲也”，③ 此所謂的“宗廟之牲”沒有特指祭祀場合、用途，用祭祀的牲畜之名來指代“尊”，顯然比“獻尊”更合適。是以，這類器物應稱“犧尊”，《周禮》所載“獻尊”是由於“犧”“獻”二字同音假借。

聶崇義文中所引述的“獻”“沙”一説也值得深究：“又《詩頌》毛傳説：‘用沙羽以飾尊。’然則毛、鄭‘獻’‘沙’二字，讀與‘婆娑’之‘娑’，義同，皆謂刻鳳皇之象於尊，其形婆娑然。”這其中的“用沙羽以飾尊”並不是出於《毛詩》，而是出於《禮記·明堂位》，鄭注云：“尊，酒器也。犧尊，以沙羽爲畫飾。象，骨飾之，鬱鬯之器也。”④ 反而此處的“皆謂刻鳳皇之象於尊，其形婆娑然”一語是出於《毛詩·閟宮》，其原文作：“犧尊將將，毛炰胾羹。籩豆大房，萬舞洋洋。”注云：“刻鳳皇於尊，其羽形婆娑然

---

① （清）馬瑞辰：《毛詩傳箋通釋》，中華書局 1989 年版，第 1147 頁。

② （漢）許慎：《説文解字》，中華書局 1963 年版，第 205 頁。

③ （漢）許慎：《説文解字》，中華書局 1963 年版，第 30 頁。

④ （漢）鄭玄注、（唐）孔穎達正義：《禮記正義》，上海古籍出版社 2008 年版，第 1264 頁。

也。一云‘畫’也。”① 由此看來，鄭玄藉“娑”“沙”與“獻”“犧”同音為訓，認為“獻尊”與“刻鳳皇”為飾有關。這種關聯未免牽強，首先，即便“婆”與“犧”可通，“婆娑”一詞也鮮有指代鳳凰的用法；其次，“犧”用為犧牲，與“鳳”的意象沒有任何聯繫。《明堂位》中就此問題引述了《鄭志》中的説法：

> 云“犧尊以沙羽爲畫飾”者，《鄭志》張逸問曰：《明堂》注“犧尊以沙羽爲畫飾”，前問曰“犧讀如沙，沙，鳳皇也。”不解鳳皇何以爲沙。答曰：“刻畫鳳皇之象於尊，其形婆娑然。或有作獻字者，齊人之聲誤耳。”②

《鄭志》認為是由於“鳳凰之型婆娑然”，所以“沙羽”指鳳凰。但是並未解釋二者之間的其他關聯，讀來仍覺穿鑿。黃以周則提出，釋“沙”為鳳凰，應是鄭玄誤解了先鄭的意思，以鳳凰為飾的應該是“象尊”：

> 鄭玄説，羲尊，以沙為畫飾。羲讀如沙，沙，鳳皇也。刻畫鳳皇之象于尊，其形娑娑然。以周案，注云“畫飾”，志云“刻畫”，據鳥彝是畫飾，則此尊其刻而畫之與？先鄭注云“象尊以象鳳皇”，而鄭志誤以象尊當羲尊，而云“沙鳳皇也”以合毛傳“沙羽飾”之訓，羲象之制由是混。③

與此同時，黃以周還提出，“犧尊”的形制應參照先鄭“飾以翡翠”之説，即“飾以翡翠羽色”，如此可與諸家之説相合。此説

---

① （漢）鄭玄箋、（唐）孔穎達疏：《毛詩注疏》，中華書局 2009 年版，第 1328 頁。

② （漢）鄭玄注、（唐）孔穎達正義：《禮記正義》，上海古籍出版社 2008 年版，第 1272 頁。

③ （清）黃以周：《禮書通故》，中華書局 2007 年版，第 1941 頁。

與之前諸説均不相同，雖然合乎"犧尊以沙羽為飾"之論，但是難以解釋為何飾以羽色的器物名為"犧尊"。目前尚無其他論據，姑且暫備一説。

　　在上述内容的基礎上再分析聶崇義所引述的鄭、阮二圖，便可知鄭圖所繪"獻尊"飾以鳳凰不可信。至於阮圖所繪"牛形"尊，則是完全出於"犧尊"之名。此圖釋雖然合乎器名，但是器型與禮器的用途、象徵地位是否一致還需斟酌。據《司尊彝》記載，"犧尊"是於春夏祼祭時使用的尊器。所謂"六尊"是祼禮中，與"六彝"地位類似的孝享禮器，但"六尊"與"六彝"用法不同。二者主要區別如下：1. "彝"在祭禮中，均是一類彝器與另一類彝器配對使用，如雞鳥相配，虎蜼相配，未見重復；而"尊"則是每次需用兩件同樣的器物進行祭祀，如"兩獻尊""兩著尊"，即是説，"尊"的用量為"彝"的二倍。2. "彝"類配以"舟"，"尊"類配以"罍"。3. "六彝"盛放祭祀用鬱鬯，而"六尊"盛五齊。4. "六彝"用於四季祼祭和禘袷，"六尊"所使用的場合主要是"朝踐""再獻""朝獻""饋獻"諸類祭禮。

　　《司尊彝》提到的祼祭所用禮器共有"彝""尊""罍"三類，這三種器物的地位各不相同。鄭注云："《春秋傳》曰：'犧象不出門。'尊以祼神。罍，臣之所飲也。"[①] 説明"尊"為祭祀用祼器，而罍則是等級明顯低於"尊""彝"的盛酒器。而後鄭玄又引《爾雅》："彝、卣、罍，器也。"一説，賈疏釋云："引《爾雅》者，欲見此經有彝為上，卣是犧象之屬，為中，罍為下，與《爾雅》同也。"[②] 賈公彦認為"彝"的等級最高，其次是"尊/卣"，"罍"為最低。據《司尊彝》的描述來看，"罍"是與"尊"配合使用的器物，因此等級較低應是對的。而"卣"即是指"尊"類，地位居

---

① （漢）鄭玄注、（唐）賈公彦疏：《周禮注疏》，上海古籍出版社 2010 年版，第 746 頁。下文同。

② （漢）鄭玄注、（唐）賈公彦疏：《周禮注疏》，上海古籍出版社 2010 年版，第 749 頁。

"彝"之下。由此也可證明，陳夢家等人提出，銅器銘文中"尊彝"中的"尊"並非大共名的觀點應是對的，在三禮文獻系統中，這兩類禮器的概念同樣有等級之別，是以"六尊"的器物形制、裝飾風格都與"六彝"有區別。

從"六尊""六彝"各自所使用的場合也可看出等級差異。黃以周對《司尊彝》中提及的幾種不同獻祭儀式做出詳細說明：

朝踐謂薦腥時，朝獻謂薦熟時，饋獻謂饋食時，再獻謂兩酳尸，在饋獻後。鄭注朝獻為酳尸之獻，其禮不行于朝，且不當言亏饋獻之前，江慎修譏其"次序則顛，名義則乖"是也。《司尊彝職》所云為時享正禮。春祠、夏禴有祼、朝踐、再獻，而無朝獻、饋獻；秋嘗、冬烝有祼、朝獻、饋獻，而無朝踐、再獻，皆七獻也。《記》曰："一獻質，三獻文，五獻察，七獻神。"神謂廟祭。鄭注："七獻，祭先公。"其意時享先王宜九獻也。然《記》止云七獻，無九獻文。下云："大饗，其王事與。"大饗謂祫祭，斯九獻耳。①

具體來說，"犧尊"用於"朝踐"，"朝踐"用於薦腥之後的獻禮。鄭玄云："朝踐，謂薦血腥、酌醴，始行祭事。後於是薦朝事之豆籩，既又酌獻。"② 孔穎達云："犧，犧尊也。《周禮》春夏之祭，朝踐堂上薦血腥時，用以盛醴齊。君及夫人所酌以獻尸也。"③ "犧尊"用於盛放"醴齊"，《周禮·酒正》記載，五齊之間的區別主要在於清濁，"泛齊""醴齊"均是濁酒。據賈公彥所說，"醴齊"的味道與其餘酒類有區別："此齊孰時，上下一體，汁滓相將，故名醴

---

① （清）黃以周：《禮書通故》，中華書局 2007 年版，第 918 頁。

② （漢）鄭玄注、（唐）賈公彥疏：《周禮注疏》，上海古籍出版社 2010 年版，第 746 頁。

③ （漢）鄭玄注、（唐）孔穎達正義：《禮記正義》，上海古籍出版社 2008 年版，第 1272 頁。

齊。又此醴齊作時，恬於餘齊，與酒味稍殊，故亦入於六飲。"① 即是説，"醴齊"的特點是比一般的酒味道更甜，所以既作"齊"類，又作"飲"類。

至於"犧尊"的形制特點，《禮器》有云："有以素爲貴者，至敬無文，父黨無容。大圭不琢，大羹不和，大路素而越席。犧尊、疏布、㮚椫枓，此以素爲貴也。"② 説明"犧尊"是典型的"以素為貴"的禮器。而由"犧尊"盛"醴齊"這一用途可推知，這種盛酒器應該和通常儀典所用的"尊"没有本質區别。雖然"六尊"地位更高，但是其中差異應是體現在器物材質、裝飾風格上。"尊"類的器物用途決定了，"犧尊"的器型應與一般的"酉"形、"壺"形盛酒器更為接近。這一點與"六彝"有很大區别，"六彝"多為帶有強烈象徵意義的器物形狀，這是由其身份和用途共同決定的。裸禮的象徵意義不同於其他祭禮，而彝器又需要配合以酒灌地的儀式，再加上三足器方便用來加熱鬱鬯，所以"彝"類形制自然不同。但"六尊"没有這種需要，"五齊"的功能也不同於鬱鬯，只要能滿足"酌以獻尸"的儀式即可。是以，"犧尊"只需具備盛酒器的功能，在這種需求下，没有必要將器型製成過於繁複的形制。

據此分析，鄭、阮二圖所繪製的"酉"形盛酒器應該是大體無誤的，此二圖值得商榷的地方主要在於一些細節，比如"犧尊"是否配有器蓋，又或者"鳳""牛"紋飾是否合理。但是器物整體形制，基本符合"犧尊"在祭禮中的身份。聶崇義文中所引"全刻牛象之形，鑿背爲尊"等内容，是出自王肅之説，此説描述的是出土器物中常見的一類，今日學者多稱其為"鳥獸尊"（圖 3.42 - 3.43），確有很多學者認為，這類器物與"犧尊"關係密切。"鳥獸尊"器定名同樣起自宋人，認為此類器皿為"犧尊"的原因，便是

① （漢）鄭玄注、（唐）賈公彦疏：《周禮注疏》，上海古籍出版社 2010 年版，第 162 頁。

② （漢）鄭玄注、（唐）孔穎達正義：《禮記正義》，上海古籍出版社 2008 年版，第 975 頁。

“鳥獸尊”中多有牛形、象形的器皿，給人的直觀感覺即符合“犧尊”“象尊”之名，當代考古學家也大多認可此説。

圖3.42　《中國青銅器》收錄“鳥獸形尊”代表器型（1）

圖3.43　《中國青銅器》收錄“鳥獸形尊”代表器型（2）[①]　　圖3.44　獸面紋牛首尊[②]

---

①　馬承源：《中國青銅器》，上海古籍出版社2003年版，第194—197頁。
②　中國青銅器全集編輯委員會：《中國青銅器全集》1，文物出版社1996年版，第112頁。

　　這些器物的確可作為盛酒器使用，只不過以"六尊"的等級和功能來看，這些動物形器皿似乎並不合宜。吉林大學藝術博物館藏有一件"獸面紋牛首尊"，又稱"三犧尊"，為商代中期器物，這件"尊"是典型的"酉形"盛酒器，器型端正精美，上飾有三隻犧首（圖3.44）。這件器物是否即"犧尊"尚未能確定，但是其裝飾風格、器型與"六尊"基本符合。這種用"犧首"裝飾"尊"器的方式，也說明鄭、阮二圖所謂"刻畫牛為飾"的思路應是可信的。從禮器本身的角度來看，這種採用局部裝飾以彰顯器物身份的方式，比較符合三代時期的審美風格。與此同時，相比起將整器作成動物形象而言，這種局部用"犧首"裝飾，但不需要改變傳統盛酒器的整體器型的做法，可能更為合理。

　　綜上所述，《三禮圖》所載鄭、阮二圖繪製的"犧尊"，基本呈現為典型的盛酒器，器身類似酉形，帶有圈足，裝飾簡單，這種形制的器皿方便存放酒類，形制基本符合"尊"的地位和功能，只不過二圖上的裝飾紋樣不可盡信。且根據一般盛酒器的形制來看，"尊"類器物通常應配有器蓋。

　　二　象尊

圖3.45　象尊圖《三禮圖》尊彝卷第十四（左為鎮江本 右為通志堂本）

　　"象尊" 的文釋内容十分簡單，聶崇義同樣取鄭、阮二圖並列
（圖3.45）：

　　　　《周禮·司尊彝》云："春祠、夏禴，其再獻用兩象尊。一
　　盛玄酒，一盛盎齊。王以玉爵酌獻尸。"後鄭云："象尊，以象
　　骨飾尊。"梁、正、阮氏則以畫象飾尊，今並圖於右，亦請擇而
　　用之。①

　　與 "六彝" 的情況類似，"六尊" 之所以在儀典中均需配有兩
件，也是因為需要一尊盛酒，另一尊盛水。只不過 "一盛玄酒，一
盛盎齊" 一文未見於《司尊彝》，注疏中也無此説，應是聶崇義據
自己的理解所書。賈公彦云："彝與齊尊各用二者，鬱鬯與齊皆配以
明水，三酒配以玄酒。"② 又《郊特牲》云："祭黍稷加肺，祭齊加
明水，報陰也。"注曰："明水，司烜所取於月之水也。齊，五齊也。
五齊加明水，則三酒加玄酒也。"③ 據此看來，與 "盎齊" 配對使用
的應該是 "明水"，而不是 "玄酒"。儘管從二者的本質看來，"明
水""玄酒" 應是大同小異。④

　　就圖釋本身來看，首先，除了裝飾紋樣不同之外，二圖所繪的
器物形制基本一致，鄭、阮都認為 "犧尊""象尊" 形制相同。兩
家的區別在於，阮圖採用在器身上描畫大象來表達 "象尊" 之義，
鄭圖則認為 "象" 意指象牙鑲嵌作為裝飾。從表面來看，雖然鄭玄
的理解也可與 "象尊" 之名相符，但是倘若 "象尊" 以象牙為飾，

_____

　　① （宋）聶崇義：《新定三禮圖》，通志堂刊本，清康熙十二年（1673），尊彝圖
卷第十四。
　　② （漢）鄭玄注、（唐）賈公彦疏：《周禮注疏》，上海古籍出版社2010年版，
第747頁。
　　③ （漢）鄭玄注、（唐）孔穎達正義：《禮記正義》，上海古籍出版社2008年版，
第1097頁。
　　④ 詳見前文《雞彝》一節，此不贅述。

而“犧尊”卻是描繪動物之形為飾，則二器名實之間缺乏關聯性和系統性。假如鄭玄認為“象尊”飾象骨，那麼“犧尊”就應該同樣採用牛骨裝飾，鄭圖的“犧尊”明顯沒有與“牛骨為飾”相關的意思，所以“象尊”的風格理應與“犧尊”一致。綜合判斷，二器之名所指的“犧”“象”，都應與動物形象本身有關。就這一點來看，阮圖的釋義比鄭圖更合理。

作為“六尊”中僅有的兩件用動物形象命名的器物，“象”“犧”二名一定有較為特殊的意義，並且既然同為春夏祭祀使用的尊器，二者之間應是有關聯的。曾有學者對此問題進行探討，但大多較為牽強，如：“春而耕，耕必資牛，故春之尊為犧牛之形。夏用象尊者，象，南方之獸，其形絕大，時至於夏，萬物豐大，故夏之尊為象形。”① 此說將犧象二物與季節關聯，不免有穿鑿之意。尤其是將“犧”與“牛”的概念相混淆，認為春耕之牛是指“犧”，則可謂差之千里。“犧”本義“宗廟之牲也”，並不指尋常牛類。“六尊”中既然專門以“犧”命名此器，說明想表達重點並不單純是牛這種動物，而是指犧牲或祭品。

“象”其實也有此類含義，雖然“象”字本義是指動物，但是在祭禮層面，“象”往往也被視為祭品。如《爾雅·釋地》：“南方之美者，有梁山之犀象焉。”疏云：“犀、象二獸，皮角牙骨，材之美者也。”②《爾雅》的解釋很有代表性，介紹中不提及大象的習性、外貌等特點，唯獨指出其“牙骨”是美材。可以說，在當時看來，這類生物的價值並不在其“生”。象牙一向被視為珍品，早在商代時，象牙的地位已經非常高，甲骨文中多有獵捕大象以獲得象牙，或是其他方國用象進貢等內容。殷墟曾出土用整只象牙製成的“單柄杯”，說明當時用象牙製器的技術已經成熟。銅器銘

---

① （宋）王與之：《周禮訂義》，清文淵閣四庫全書本，卷三十四。
② （晉）郭璞注、（宋）邢昺疏：《爾雅注疏》，中華書局 2009 年版，第 111—112 頁。

文、簡帛中也多有進獻、賞賜象牙之類的內容，足以見其貴重程度。

　　由此分析，"犧"與"象"之間最主要關聯，應是這兩類動物都可用為高等級祭品。"犧尊""象尊"二名所代表的意象，也就是祭祀所使用的各類犧牲和進獻的祭品。通常祭禮中的犧牲非常豐富，甲骨卜辭中最常見的為牛、羊，甚至還會包括各種不同的尺寸和品種，比如專門強調使用"小牛""小羊"等。銅器銘文中記錄犧牲的情況也很常見，但多數犧牲都與食器相關，例如楚國銅器銘文中有見紀錄"牛鑐""豕鑐"，專以盛放犧牲之用，經研究，"鑐"是鼎類，其型態有別於其他鼎，依據所盛犧牲的尺寸不同，"牛鑐"較大，"豕鑐"稍小；① 戰國楚簡中也有類似內容，如望山簡 2. 45："一牛櫨，一豕櫨，一羊櫨，一酞（尊）櫨"，② 包山楚簡 265："大兆之金器：一牛鑐，一升（豕）鑐"，③ 這些記載與三禮文獻中描述的"牛鼎""羊鼎""豕鼎"一致，其名義應均是來自所盛放的犧牲品類。彼時犧牲和祭品的種類都頗為繁複，單以一兩個類屬不可能全數囊括，所以"犧"和"象"之義應是泛指所有祭品，並不單指這兩類。

　　此外，尊器所代表的祭禮等級也值得探討，據《尚書·盤庚》記載，春夏"祠禴"的等級低於"嘗烝"和"禘祫"，④《禮經釋

---

① 李零：《說楚系墓葬中的大鼎——兼談楚系墓葬的用鼎制度》，《中國國家博物館館刊》2023 年第 1 期。

② 湖北省考古文物研究所、北京大學中文系編：《望山楚簡》，中華書局 1995 年版，第 59 頁。

③ 湖北省荊沙鐵路考古隊：《包山楚簡》，文物出版社 1991 年版，第 38 頁，圖版一一四。

④ "烝、嘗是秋、冬祭名，謂之大享者，以事各有對。若烝、嘗對禘、祫，則禘、祫為大，烝、嘗為小。若四時自相對，則烝、嘗為大，礿、祠為小。以秋、冬物成，可薦者衆，故烝、嘗為大。春、夏物未成，可薦者少，故礿、祠為小也。"（漢）孔安國傳、（唐）孔穎達正義：《尚書正義》，上海古籍出版社 2007 年版，第 346 頁。

例》中也有同樣説法。① "祠禴" 屬於一年中最開始的祭禮，而由於春夏階段尚未有穀物收穫，所以祭禮相對簡單。是以許慎釋"祠"云："春祭曰祠。品物少，多文詞也。"② "祠禴" 作為裸禮中最簡約的一類，所用的"犧""象"二器所象徵的意義，是"禮"中最基本的部分。禮器、祭品、犧牲雖然是"禮"中必不可少的要素，但是這些並不是"禮"的核心。"祠禴"是低等級形制的裸祭，所以對應的是"禮"最基本的物質因素。並且由於此時卻少作物收成，又不可殺生，祭品的種類和數量不夠豐盛，所以轉而以各類動物擬態形式的禮器取而代之。從其餘尊器的名稱可以看出，諸如"山尊""太尊"等所表達的，是更加深遠、高層次的概念。"六尊"中既包括物質層面，也涉及禮制傳承等精神層面，這幾類禮器代表著不同層次的意義。

　　至於"象尊"的器型，基本應與"犧尊"類似，最有可能呈現為傳統的"酉形"盛酒器。出土的"鳥獸尊"中雖有"象形尊"，但是應與"六尊"的身份不符。反倒是《考古圖》中收錄的一件"象尊"，似乎更符合文獻記載（圖3.46）。這件"象尊"整體呈現典型的"壺形"，但是器蓋上有一象為飾，與一般的"壺"略有區別。此器既是常見的盛酒器，但又與"壺"不同，器型不過份繁複，但又帶有特殊裝飾，與"中尊"的功

圖 3.46　象尊③

---

　　① "朝、覲、宗、遇，常禮也，會、同，大禮也。朝、覲、宗、遇之於會、同，如祠、禴、嘗、烝之於禘、祫也。"（清）淩廷堪：《禮經釋例》，江西人民出版社 2017 年版，第 125 頁。

　　② （漢）許慎：《説文解字》，中華書局 1963 年版，第 8 頁。

　　③ （宋）呂大臨：《考古圖》，上海書店出版社 2016 年版，第 78 頁。

能和地位等級頗為接近。這件"象尊"多被考古學家認為是定名牽
強，遠不如"鳥獸尊"中的"象形尊"名副其實。但是由"六尊"
在祭禮中的功能來看，《考古圖》所收的"象尊"或許更加貼切。

三 著尊

圖3.47 著尊圖 《三禮圖》尊彝卷第十四（左為鎮江本 右為通志堂本）

"著尊"與前兩類尊器不同，圖釋沒有再引舊圖，而是聶崇義根
據自己的理解重新繪製：

> 著尊受五斗，漆赤中，舊《圖》有朱帶者，[1] 與概尊相涉，
> 恐非其制。《周禮·司尊彝》云："秋嘗、冬烝，其朝獻用兩著
> 尊。一盛玄酒，一盛醴齊。王以玉[2]爵酌獻尸。"《明堂位》曰：
> "著，殷尊也。"注云："著，著地無足。"今以黍寸之尺計之，
> 口圓徑一尺二寸，底徑八寸，上下空徑一尺五分。與獻尊、象
> 尊形制容受並同，但無足及飾耳。[3]

---

① 鄭氏本作"圖有朱帶者"，無"舊"字，鎮江本與通志堂本同。
② 鎮江本訛為"王"，鄭氏本與通志堂本同。
③ （宋）聶崇義：《新定三禮圖》，通志堂刊本，清康熙十二年（1673），尊彝圖
卷第十四。

　　聶崇義認為舊圖所繪製的"著尊"與"概尊"相混，因此未從舊圖。聶圖的"著尊"平素無紋，沒有圈足，形制十分樸實（圖 3.47）。"著尊"的形制大體參考了鄭司農的説法："著尊者，著略尊也，或曰著尊，著地無足。"[①] 聶崇義根據此説，認為"著尊"與其他尊器最大不同，在於器物沒有圈足和紋飾。很多學者認可並沿用聶圖的形制，如《禮書通故》中繪製的"著尊"器型，與聶圖基本一致。黄以周對"著尊"著墨甚少，僅引述寥寥數語，對其形制未附任何説明。[②]

　　"著尊無足"一説頗受認可，但是沒有紋飾這一點似乎值得存疑。《禮記·明堂位》中曾論及"著尊"與其餘尊器之間的關係，此處可結合文中對其他禮器的描述，一同進行分析：

　　　　泰，有虞氏之尊也。山罍，夏后氏之尊也。著，殷尊也。犧象，周尊也。爵，夏后氏以琖，殷以斝，周以爵。灌尊，夏后氏以雞夷，殷以斝，周以黄目。其勺，夏后氏以龍勺，殷以疏勺，周以蒲勺。[③]

　　這段内容就"尊""爵""勺""灌尊"（彝）幾類禮器，分別闡述了器物産生的時間順序。依據此説，但凡涉及到裸禮的器物，從盛酒器到飲酒器和挹注器，都具有明確的源流關係。在最早的"有虞氏"階段，器物僅有"尊"，無其他禮器；到夏代開始出現裸器"彝"，以及相配套的飲器和挹注器，説明三禮系統中認定裸禮是夏代的産物，此與考古學提出的夏代出現陶製"雞彝"一説基本吻合，可證此處文獻記載應無大誤，也並非空穴來風。"著尊"既為殷代産物，則與它同時期出現的彝器和飲器分別是"斝彝"和"斝"。

---

　　①　（漢）鄭玄注、（唐）賈公彥疏：《周禮注疏》，上海古籍出版社 2010 年版，第 746 頁。

　　②　（清）黄以周：《禮書通故》，中華書局 2007 年版，第 2429—2430 頁。

　　③　（漢）鄭玄注、（唐）孔穎達正義：《禮記正義》，上海古籍出版社 2008 年版，第 1266 頁。

根據聶崇義所述，鄭圖"六彝"中僅有"斝彝""黃彝"不為三足，飲器"斝"與周代飲器"爵"形制較為接近，但是周"爵"樸素，"斝"則為"玉爵"。

"著尊"既然和"斝彝""斝"為同時期禮器，則形制、裝飾風格應該也最為接近。"斝彝"和"斝"的形制都不算非常樸素，按常理分析，"著尊"可能無足，但不應該完全沒有紋飾。過於樸素的禮器不太符合商人的審美和偏好，"素面無紋"是周人崇尚的禮器，尤其是祭天、地等重要祭禮中，更願意選擇自然樸素的器物。孔穎達云："著，殷尊也者，無足而底著地，故謂爲著也。然殷尊無足，則其餘泰、疊、犧並有足也。"① 結合先鄭的註釋來看，注疏中均沒有提及"著尊"呈"素面無紋"之類的特徵，對其形制僅稱"無足"而已。雖有學者認為鄭注所謂的"著尊者，著略尊也"意指"著略，亦文飾簡略之義"，② 但是即便是所謂的"文飾簡略"，並不意味著無紋。更何況"著略尊"未必指紋飾簡約，結合《段注》所說的"凡舉其要而用功少皆曰略"，③《尚書·禹貢》："嵎夷既略，濰淄其道。"傳曰："用功少曰略。"④ 則"著略尊"應該就是指"著尊"沒有圈足，比其他尊類製器更為簡單，是以"略"應指的是形制，並不是紋飾。

是以，聶圖所繪"著尊"整體形制雖然可信，但是器物無紋之說卻不可信。其文釋中提及"舊圖有朱帶者，與概尊相涉，恐非其制"，更可說明舊圖中的"著尊"是有紋飾的，只是聶崇義根據自己的理解進行了刪改。經上述分析可知，舊圖中的"著尊"很可能比聶圖的闡釋更合理。

---

① （漢）鄭玄注、（唐）孔穎達正義：《禮記正義》，上海古籍出版社 2008 年版，第 1278 頁。

② （清）孫詒讓：《周禮正義》，中華書局 1987 年版，第 1529 頁。

③ （清）段玉裁：《説文解字注》，上海古籍出版社 1981 年版，第 697 頁。

④ （漢）孔安國傳、（唐）孔穎達正義：《尚書正義》，中華書局 2009 年版，第 311 頁。

《禮書》中繪製的"六彝"和
"犧""象"，形制與聶圖大同小異，
但是其後"壺""著""大""山"四
尊，均帶有"流"。除添加"流"之
外，陳圖的"著尊"同樣無足、無紋

飾，器型較聶圖更圓，類似於"罐

圖3.48　著尊圖《禮書》卷第九十五

形"（圖3.48）。陳祥道沒有詳細解釋尊器帶"流"原因，只是引
《少儀》云："尊壺者面其鼻"，蓋是由此引申出"尊"類有"流"。①
但是《少儀》所説的"鼻"與"流"並不是一個概念，孔疏云："尊與
壺悉有面，面有鼻，鼻宜嚮於尊者。故言'面其鼻'也。"② 此處所謂
"尊""壺"上的"面"和"鼻"，應僅指器物"正面"的"紋飾中
央"，特別是三代時期一些帶有獸面紋的器物，其上的"面"和
"鼻"很容易分辨。③ 陳祥道誤將"壺"上的"流"當作"鼻"之
義，説明他並不了解，三代時期的"壺"多是對稱形制，沒有帶
"流"的情況。陳氏此處理解不到位的原因，應是受到後世"壺"
類形制影響。令人費解的是，陳圖"壺尊"帶"流"，尚且可認為
與名義有些關聯，但圖釋自"壺尊"以降均有"流"，將"流"沿
至其餘尊器之上，則顯得非常不合邏輯。是以《禮書》中的尊器圖
釋，大多不具備參考價值。

　　曾有學者提出，"著尊"即《儀禮》記載的"瓹"，並認為所謂
的"無足"並不是指沒有圈足，而是指不帶三足。④ 但此説未免欠

---

　　①　（宋）陳祥道：《禮書》，書目文獻出版社1988年版，第370頁。

　　②　（漢）鄭玄注、（唐）孔穎達正義：《禮記正義》，上海古籍出版社2008年版，
第1412頁。

　　③　古今學者對"尊鼻"之義的看法大致有三種：壺嘴；人臉狀紋飾中的鼻；壺
肚上的獸面裝飾。閻步克先生提出，"尊鼻"是指部分青銅"壺""罍"器腹所帶的
"獸首狀環鼻"。閻步克：《酒之爵與人之爵》，生活·讀書·新知三聯書店2023年版，
第77—94頁。

　　④　張辛：《器與尊彝名義説》，《黃盛璋先生八秩華誕紀念文集》，中國教育文化
出版社2005年版。

妥，首先，以《儀禮》中用“甒”的情況來看，這些禮儀等級較低，不夠使用裸禮之“六尊”，如：

　　1. 側尊一甒醴，在服北。有篚，實勺、觶、角柶。脯醢，南上。

　　2. 尊于房、戶之間，兩甒，有禁，玄酒在西，加勺，南枋。

　　3. 甒二，醴、酒，冪用功布。

　　4. 設棜于東堂下，南順，齊于坫，饌于其上，兩甒醴、酒，酒在南，篚在東南順。實角觶四，木柶二，素勺二。豆在甒北，二以並。籩亦如之。①

　　《儀禮》中雖然常提到“尊”，但多為日常饗宴等禮儀所用，與祭禮所設“尊彝”不是同一概念，如陳祥道所云：“《儀禮》士、大夫無裸禮。”② 因此，將《儀禮》中的尊器與“著尊”視為一物，顯然是不合適的。其次，認為“甒”即為“尊”也是不妥的。出土銅器中有自名為“甒”的器物，如“方仲簠甒”，其銘文作“中（仲）簠乍（作）其宗器尊（尊）甒”，其中“甒”字從金從皿，無聲，結構清晰，當為“甒”字無誤（圖3.49）。此類器型接近於考古學定名的“罍”，與“尊”無關。

圖3.49　方仲簠甒器型及銘文（局部）春秋晚期③

①　（漢）鄭玄注、（唐）賈公彥疏：《儀禮注疏》，上海古籍出版社2008年版，第32、60、1168、1235頁。

②　（宋）陳祥道：《禮書》，書目文獻出版社1988年版，第324頁。

③　張天恩主編、陝西省古籍整理辦公室、陝西省考古研究院編：《陝西金文集成》（7），三秦出版社2016年版，0704

這類名為"罍"的器物，形制和功能基本符合《儀禮》中所説的"甒"，可滿足日常饗宴的需要。而與之不同的是，《周禮》《禮記》中記載的祭天用"瓦甒"顯然是陶器，並且"瓦甒"多為簡單質樸的器型。"方仲簋罍"上的"甒"字既然從金從皿，應是後期在"甒"字的基礎上衍生出的，專指金屬製"甒"，這類銅製甒的裝飾風格顯然比"瓦甒"精緻許多，二器可能只是器型大體上有些相似，實質上的器物屬性和功能均已大不相同。

還有學者認為所謂"著尊"即是今日定名為"尊"的盛酒器。其器型特徵主要是"侈口，腹部粗而鼓張，高圈足，形體較寬，但此種器型於銘文中無以'尊'為其專名之例。"① 早在《考古圖》中已經出現定名為"尊"的器物，但是其定名不夠準確，書中收錄的"尊"其實應是"壺"和"簋"，今日稱為"尊"的器物在《考古圖》中被稱為"彝"。至《博古圖》中收錄的"尊"，已經基本與今日"尊"形制相符。近年也有學者稱"尊"為"觚形尊"，認為其器型和"觚"十分類似，主要區別是器物腹部的粗細不同。而"尊"的器型之所以如此定名，主要是由於"尊"的器型與古文字形中的"酉"十分接近，認為此器物來源於陶器中的酉形大口尊。儘管銅器"尊"的確有如上特徵，但是目前所見的銅尊大多帶有圈足，與"著尊"的概念有區別。

綜合來看，"著尊"的大體形制與罍圖描述的類似，只是器身應該帶有紋飾。在出土器物中，"無足"的器型不只一類，説明區別孰為"著尊"不能單純依靠"無足"這一特徵。依據目前資料，尚無法確定究竟哪一類更符合"著尊"。因此，現階段可以暫且按照平底無足、有紋飾和"酉"形盛酒器，這幾個大致的器物特徵來定義"著尊"。

---

①　朱鳳瀚：《中國青銅器綜論》，上海古籍出版社 2009 年版，第 176 頁。

四　壺尊

圖 3.50　壺尊圖 《三禮圖》尊彝卷第十四（左為鎮江本 右為通志堂本）

“壺尊”多被釋為呈“壺形”的尊，聶圖所繪的“壺尊”形制
接近“瓶”，特別是器物頸部較為細長，沒有器蓋（圖 3.50）。《司
尊彝》對“壺尊”僅此一語帶過，形制方面更沒有任何解釋。《三
禮圖》云：

　　壺尊受五斗。《周禮·司尊彝》云：“秋嘗、冬烝，其饋獻
用兩壺尊。一盛玄酒，一盛盎齊。王以玉爵酌獻尸。”注云：
“壺尊，以壺爲尊也。《左傳》曰：‘尊以魯壺。’”今以黍寸之
尺計之，口圓徑八寸，脰高二寸，中徑六寸半，脰下橫徑八寸，
腹中橫徑一尺一寸，底徑八寸，腹上下空徑一尺二寸，足高二
寸，下橫徑九寸，漆赤中。舊《圖》文略，制度之法無聞，六
尊用同，盛受之數難異。①

“壺”可以算是器物名稱當中較為特別的一類，“壺”的概念範

---

　　①　（宋）聶崇義：《新定三禮圖》，通志堂刊本，清康熙十二年（1673），尊彝圖
卷第十四。

疇非常廣泛，幾乎可以用為一種小共名。除"壺尊"外，《儀禮·燕禮》中另有"方壺""圓壺"等，鄭玄注云："尊，方壺，為卿大夫、士也"，又有"尊士旅食者，用圓壺，變於卿大夫也"。[1] 盡管《儀禮》中這些"壺"類，皆是用於日常饗宴，與祭禮所設"壺尊"性質不同，形制也應有所區別，但是同樣可稱"壺"。説明以"壺"為名的禮器與"尊"情況類似，涵蓋範圍遍及各種級別的禮儀。而由於出土銅器中的"壺"類又多見自名，是以定名相對容易。

　　"壺"字最初的造字目的便是用來指稱器物，因此古今字形沒有明顯變化，甲金文字多作" "" "" "" "等形，[2] 均為典型的獨體象形字。據字形可知，自甲骨文階段，"壺"字的上半部分已經訛為"大"形，至今文字中又訛為"士"，但是這個間架與"大"之義無關。《説文》云："从大，象其蓋也"，[3] "象其蓋"是對的，這部分間架本就是壺蓋的形狀，但"從大"則不恰當，"壺"字既為獨體象形，便沒有必要按照訛變的間架拆分。與"鼎""鬲"等字情況一致，由於字形高度象形，通過古文字可以直接看出"壺"的形制，是以出土器物中的"壺"類非常容易判斷。

　　盡管"壺"存在多種變體，但絕大多數名為"壺"的器物都比較類似。因此與先前討論的尊器不同，"壺尊"的研究難點並不在於梳理此類器物的形制，而是要在諸多類屬的"壺"中，判斷哪一類更符合"壺尊"。首先，就"壺尊"的用途而言，聶崇義認為其主要盛放"盎齊"和"玄酒"，但是根據《禮記·禮運》記載，"壺尊"不止盛"盎齊"，還可以盛"緹（醍）齊""沈齊"：

---

① （漢）鄭玄注、（唐）賈公彥疏：《儀禮注疏》，上海古籍出版社 2008 年版，第 392 頁。

② 以上字形分別出自孫海波《甲骨文編》，中華書局 1965 年版，第 423 頁；容庚：《金文編》，中華書局 1985 年版，第 701、702 頁。

③ （漢）許慎：《説文解字》，中華書局 1963 年版，第 214 頁。

　　　　玄酒在室，醴醆在户，粢醍在堂，澄酒在下。

　　　　疏云："其祫祭之法既備，五齊三酒，以實八尊，祫祭在秋。案，《司尊彝》：'秋嘗、冬烝，朝獻用兩著尊，饋獻用兩壺尊。'則泛齊、醴齊，各以著尊盛之。盎齊、醍齊、沈齊，各以壺尊盛之。凡五尊也。"①

　　《禮運》中的"醆"即"盎齊"，"粢醍"即"緹齊"，"澄"即"沈齊"，"酒"為"三酒"。據《周禮·酒正》記載，"五齊"有很大分別，無論外表或地位都截然不同，"泛齊""醴齊"為濁酒，"盎齊"以下則清。鄭玄云："盎猶翁也。成而翁翁然，葱白色，如今酇白矣。緹者，成而紅赤，如今下酒矣。沈者，成而滓沈。如今造清矣。"② 結合《禮運》和《酒正》的内容來看，"玄酒"雖然是水，但是它象徵太古時期的"酒"，周人"貴古物"，所以尊之於室。從"醴齊"到"沈齊"和"三酒"，酒的品質逐漸清澄，但是地位卻是愈加遞降。按道理來説，需要"縮酒"過濾製成的"齊"和"酒"，應該比"泛齊""醴齊"更精緻，此二者的製作工藝更加繁複，本應地位更高。但據《禮運》所載，清澄的"齊"卻反而地位更低。

　　這種説法似乎不太符合後世的觀念，但實際上，卻恰恰反映了周人對"禮"的理解。其中原因，賈公彦在《酒正》中有一處簡單説明：

　　　　又三酒味厚，人所飲者也。五齊味薄，所以祭者也。是以下經鄭注云："祭祀必用五齊者，至敬不尚味而貴多品。"五齊對三酒，酒與齊異通而言之，五齊亦曰酒。③

----

① （漢）鄭玄注、（唐）孔穎達正義：《禮記正義》，上海古籍出版社 2008 年版，第 888、897 頁。

② （漢）鄭玄注、（唐）賈公彦疏：《周禮注疏》，上海古籍出版社 2010 年版，第 162 頁。

③ （漢）鄭玄注、（唐）賈公彦疏：《周禮注疏》，上海古籍出版社 2010 年版，第 163 頁。

這一解釋較為通達，也比較符合周人的祭禮觀，"酒"是飲品，所以崇尚味道為優，"齊"是祭品，所以注重其中所代表的寓意。是以"玄酒"為水但是地位最高，象徵崇古；"五齊"中越是未經加工的"齊"地位愈高，表示純粹、不加修飾之義；而不用來祭神只作飲品的"酒"地位最低，是因為"酒"雖然工藝複雜，但是只供人而不供神，所以不具備禮儀層面的象徵意義。所謂的"不尚味"這一特點，基本與禮器層面強調的"尚質"異曲同工，表達的仍是周人在祭禮中崇尚樸素、自然，以及尚古的觀念。

至於"壺尊"的形制特徵，《公羊傳》中何休注云："壺，禮器。腹方口圓曰壺，反之曰方壺，有爵飾。"① 孫詒讓據此說提出，"壺尊"即為方壺，形制應是"腹圓口方"，而反觀聶崇義所繪"壺尊"形制為圓形，由此認為聶圖實為謬誤。② 但出土器物中的"壺"類器型繁多，除了何休所說的"腹圓口方""腹方口圓"，口、腹皆圓的"壺"也有很多，僅憑借這一點認為聶圖非是，有些過於草率。據考古學家研究，出土器物中的"壺"，主要可依據其形狀分為六類：橢圓腹壺、圓腹壺、圓角長方形腹壺、方形腹壺、扁鼓形腹壺以及瓠壺。③

要從這些不同形狀的銅壺中判斷出最接近"壺尊"的形制，只能依靠分析自名。"壺"類常見附帶具體用途的自名，如"尊壺""醴壺""鬱壺"等，單從這些自名來看，似乎都可以與"壺尊"產生直接關聯。但這尚不能作為直接證據，畢竟無論是用於祭禮還是日常饗宴，"壺"的主要用途都是盛酒，因此器名於酒類相關是很正常的。而除上述外，還有一類稱"彝""寶彝"或"尊彝"等共名的"壺"，似乎更符合"壺尊"的身份。作此推斷的原因有二，首先，出土銅器中從未見稱"六彝""六尊"各個自名的情況，說明尊彝類禮器稱共名是常態。"壺尊"的地位與其他尊器無異，不大可

---

① （漢）何休解詁、（唐）徐彥疏：《春秋公羊傳注疏》，中華書局 2009 年版，第 5059 頁。

② （清）孫詒讓：《周禮正義》，中華書局 1987 年版，第 1529 頁。

③ 朱鳳瀚：《中國青銅器綜論》，上海古籍出版社 2009 年版，第 225—239 頁。

能在這一點上存在特殊性，所以銘文稱“尊彝”才更接近“壺尊”的地位。其次，《司尊彝》中鄭注云：“壺尊，以壺爲尊”，這句話的邏輯説明，早期先有“壺”，而後再有“壺尊”。據統計，銘文稱“尊彝”的壺，早在商代晚期已經出現，説明彼時已有“壺”用為祭祀禮器的情況，而銘文中稱自名“壺”的器物卻大多晚起。①

　　在此基礎上再行分析，則“壺尊”為圓形壺的概率較大。《説文》釋“壺”為：“昆吾圜器也。”② 段玉裁云：“缶部曰：‘古者昆吾作匋，壺者，昆吾始爲之。’”③ 説明“壺”起於陶器，並且是“圜器”。自大汶口時期、良渚時期到夏商周，出土的陶器“壺”的確多為圓形，未見方形，“方形壺”和“橢方形壺”，均是進入周代之後銅器、漆器階段的産物。商代自名“尊彝”的銅壺中，尚存與早期陶器形狀十分接近的“圓腹壺”，器腹鼓且圓，頗似罐形（圖3.51）。周代稱“尊彝”“寶彝”的“壺”，多數呈現為“窄長腹”狀的圓形器，器型多為瘦高、長徑的圓壺。與其他橢圓形腹、方形腹的銅壺差別甚大（圖3.52—3.54）。

圖 3.51　作母隣彝壺 商代晚期④

　　① 如商代晚期“齊乍父乙卣”（又名“商齊壺”）銘文作“齊乍（作）父乙隣（尊）彝”。張天恩主編、陝西省古籍整理辦公室、陝西省考古研究院編：《陝西金文集成》（7），三秦出版社 2016 年版，0827。

　　② （漢）許慎：《説文解字》，中華書局 1963 年版，第 214 頁。

　　③ （清）段玉裁：《説文解字注》，上海古籍出版社 1981 年，第 495 頁。

　　④ 此器現藏瑞典斯德哥爾摩遠東古物博物館，銘文作“乍（作）母隣（尊）彝”。李學勤、艾蘭（Sarah Allan）：《歐洲所藏中國青銅器遺珠》，文物出版社 1995年，圖版 47。

圖 3.52　毗夔壺及銘文①　　圖 3.53　壺及銘文②　　圖 3.54　曰行壺及銘文③

　　此外，銅器中自名"尊壺""醴壺"者，也值得稍作分析，以便區分其各自功能。自名"尊壺"之器數量衆多，普遍存在於商晚期到戰國階段，"方形壺"或"圓形壺"皆有，其中方壺居多。這類方、圓形壺應即爲《儀禮》記載的"方壺"和"圓壺"之屬，並不是"壺尊"（圖 3.55、3.56）。自名"醴壺"的器物，器型多爲"圓鼓腹"形，最早產生於西周晚期，多爲春秋戰國器物。雖自名"醴壺"，但此"醴"指的未必是"醴齊"，據《酒正》記載，"醴"的味道比其他酒類甜，所以也可作爲"四飲"之一："五齊正用醴爲飲者，取醴恬與酒味異也。其餘四齊，味皆似酒。"④ 而"四飲"中的"清"，即"謂醴之沛者"，是以過濾之後的"醴"可以用作飲料。由此推斷，這種"醴壺"的功能，就是盛放"四飲"之"清"。

　　①　深圳博物館、隨州市博物館編：《禮樂漢東：湖北隨州出土周代青銅器精華》，文物出版社 2012 年版，第 126 頁。

　　②　泉屋博古館編集：《泉屋博古》（中國古銅器編），泉屋博古館 2002 年版，圖版 120。

　　③　Jessica Rawson《Western Zhou ritual bronzes from the Arthur M. Sackler collections》，Harvard University Press，1990，p. 571。

　　④　（漢）鄭玄注、（唐）賈公彥疏：《周禮注疏》，上海古籍出版社 2010 年版，第 166 頁。

　圖 3.55　周夢壺及銘文①　　　　　　圖 3.56　皆壺及銘文②

　　是以，銘文帶有“尊彝”的“壺”，形制與“壺尊”的身份、用途相符。這種器物與文獻記載的“壺尊”沒有相衝突之處，又有銘文證明為宗廟彝器，與其他“壺”有別。綜合判斷，可認為即“壺尊”之形。由此再分析聶圖中的圖釋，可知聶崇義對“壺尊”整體的把握是對的，尤其是器物頸部一條橫向的紋路，符合大多數“壺”的裝飾風格。

　　但聶圖的“壺尊”存在與其他尊器圖類似的問題，此器應該配有器蓋，無論從器型結構還是用途分析，沒有器蓋的器物不適宜儲酒。除器蓋外，還有一處重要疏失，聶圖沒有畫出三代“壺”類標誌性的“雙耳”。早期大多數“壺”都帶有“雙耳”或“雙環”，甲金文字中也特意將這一點保留，說明“雙耳”形帶有辨義功能。早期階段製作的“壺”“瓶”“罐”等盛酒器多帶有“雙耳”，目的是方便懸掛和取握，之後漸漸演變為一種裝飾。不僅“壺尊”如此，《三禮圖》卷十二中另有收錄“方壺”“圓壺”“酒壺”三件酒器，圖中同樣沒有畫出“雙耳”。“壺”帶有“雙耳”這一特點在三禮文獻中沒有說明，如果完全按照禮經描述來看，不帶“雙耳”是可以成立的。但是即便不參照古器，單從“壺”字結構也能發現些端倪，當時金文研究還不成熟，但小篆字形與金文沒有太大差異，字形上

————————

　①　現藏上海崇源拍賣公司。
　②　德國柏林東亞藝術博物館（Museum für Asiatische Kunst）。按：圖 6、7 兩件器物時代均為西周中期。

的“雙耳”同樣清晰可見。《三禮圖》中“壺”類圖釋的問題，一方面説明聶氏不了解“壺”早期的形制演變，另一方面也説明他對“壺”的古文字形沒有概念。倘若二者任據其一，則“壺”上帶有“雙耳”這一特徵一定會被注意到。

此外，根據聶圖的“壺尊”來看，器身和頸部連接處，明顯驟然收細，這種風格類似於後代常見的“瓶”類器皿，與銅器“壺”形制不符。綜合上述多個問題可知，聶崇義在繪製“壺尊”圖時，並沒有參照銅器器型。儘管形制界定不夠明確，但聶圖中這種“細頸壺”形制卻並不是晚起的器型。早在仰韶文化和馬家窯文化時期的陶器中，已常見類似形制的“壺”和“瓶”（圖3.57、3.58），説明這種細頸型的盛酒器，的確也是上古時期便已存在的器型，只是和商周時期定義的“壺”之間存在區別。

圖3.57　彩陶弧線三角圓圈紋壺
馬家窯文化

圖3.58　彩陶鯢魚紋小口平底雙耳瓶
仰韶文化①

綜上所述，“壺尊”在祭禮中可以盛放“五齊”中的“盎齊”

———————

① 圖3.57、3.58出自中國陶瓷全集編輯委員會：《中國陶瓷全集》（新石器時代），上海人民美術出版社2000年版，器54、器39。

"緹齊"和"沈齊"，此三齊在祭禮中的地位低於"泛""醴"二齊。與其他尊器不同，"壺"類在出土器物中分類衆多，但大多數為饗宴用器，其中最符合"壺尊"地位的，是一種銘文中稱"尊彝"的"圓形壺"。銅器中又有稱"醴壺"者，可能為盛放"四飲"之"醴"的器物。聶崇義所繪禮圖與"壺尊"的特徵差異不大，基本保留了早期"壺"的特徵，但沒有體現出三代"壺"代表性的"雙耳"。

五　太尊、瓦甒

圖 3.59　太尊圖　《三禮圖》尊彝卷第十四（左為鎮江本 右為通志堂本）

"太尊"是"尊彝"類禮器中名稱最為直觀的一類，這類器物蓋以"樸實尚古"為主要特徵。聶圖也基本遵循這一特點（圖3.59），文釋曰：

> 太尊受五斗。《周禮·司尊彝》云："追享、朝享，其朝踐用兩太尊。一盛玄酒，一盛醴齊。王用玉爵酌醴齊獻尸。"注云："太尊，太古之瓦尊也。"《明堂位》曰："泰，有虞氏之尊也。"今以黍寸之尺計之，口圓徑一尺，脰高三寸，中橫徑九寸，脰下大橫徑一尺二寸，底徑八寸，腹上下空徑一尺五分，

厚半寸，脣寸，底平，厚寸。與瓦甒形制容受皆同。[①]

　　這類尊器在不同文獻中的名稱各不相同，《周禮》中稱"大尊"，《禮記·明堂位》中又稱"泰尊"，所謂的"大"和"泰"並非指形制大，而是承自太古之義。若僅看"大尊""太尊""泰尊"三名尚可互通，但《儀禮·燕禮》中有稱"瓦大"者："司宮尊于東楹之西，兩方壺，左玄酒，南上。公尊瓦大兩，有豐，冪用綌若錫，在尊南，南上。尊士旅食于門西，兩圜壺。"鄭注："瓦大，有虞氏之尊也。"[②]《禮記·禮器》又有稱"瓦尊"者："五獻之尊，門外缶，門內壺，君尊瓦甒。此以小爲貴也。"疏云："此瓦甒，即燕禮公尊瓦大也。"又云："按《禮圖》，瓦大受五斗，口徑尺頸高二寸，徑尺，大中，身銳，下平，瓦甒與瓦大同。"[③]孔穎達認為"瓦尊"即"瓦甒"，"瓦大""瓦甒"實為同一器物。

　　"瓦甒""瓦大"顯然也與"大尊"關係密切，《禮記·祭義》中有疏云："此用甒者，蓋是天子追享朝踐用大尊，此甒即大尊。"[④]説明孔氏認可"瓦甒"與"大尊"為一物。此外，《燕禮》鄭注"瓦大，有虞氏之尊也"一説，又與《明堂位》："泰，有虞氏之尊也。"相同，説明鄭玄也認為"泰尊"即"瓦大"。因此，綜合上述《儀禮》和《禮記》的內容來看，"大尊""太尊""泰尊""瓦大""瓦甒"這些名稱應皆為一器之異名。聶崇義顯然也認可"太尊"即為"瓦甒"這一觀點，否則也不會指出"與瓦甒形制容受皆同"。

　　但是令人費解的是，《三禮圖》卷十二匏爵圖中卻又收錄了

---

　　① （宋）聶崇義：《新定三禮圖》，通志堂刊本，清康熙十二年（1673），尊彝圖卷第十四。

　　② （漢）鄭玄注、（唐）賈公彥疏：《儀禮注疏》，上海古籍出版社 2008 年版，第 392 頁。

　　③ （漢）鄭玄注、（唐）孔穎達正義：《禮記正義》，上海古籍出版社 2008 年版，第 971、973 頁。

　　④ （漢）鄭玄注、（唐）孔穎達正義：《禮記正義》，上海古籍出版社 2008 年版，第 1838 頁。

“瓦甒”（圖3.60），既然列入“匏爵”類，説明聶崇義認為“瓦甒”不是祭祀尊彝，而是饗宴禮器，則“瓦甒”與“太尊”二者之間一定存在差異。既然地位不同，兩件禮器的“形制容受”自然也有差異，否則難以區分，這就導致此二圖內容前後矛盾。從圖釋來看，聶氏顯然認為“瓦甒”“太尊”形制截然不同，“太尊”類似罐形，器型矮且粗；“瓦甒”明顯呈細高形，頸部細長，類似於瓶。二者最大差異在於，“太尊”無蓋，“瓦甒”有蓋。既然二器區別如此顯著，強調“形制容受皆同”，實屬畫蛇添足之舉。“太尊”“瓦甒”同為瓦尊，不能以材質作為區分依據；二器又皆象徵周人祭天尚古、質素，因此也均無紋飾。如此一來，導致“太尊”“瓦甒”文釋與圖釋之間無法對應，讓人不禁懷疑聶氏對二器的理解存在誤區。

圖3.60　瓦甒圖《三禮圖》匏爵卷第十二（左為鎮江本 右為通志堂本）

聶崇義釋“瓦甒”云：

　　案，《郊特牲》疏云：“祭天用瓦大、瓦甒，盛五齊。”舊《圖》云：“醴甒，以瓦爲之。受五斗，口徑壹尺，脰高二寸，大中身，兌下，平底。”今依此以黍尺計之，脰中橫徑宜八寸，腹橫徑一尺二寸，底徑六寸，自脰下至腹橫徑四寸，自腹徑至底徑深八寸，乃容五斗之数，與瓦大並有盖。①

由這段内容分析，聶崇義應是認同"瓦甒""瓦大"同義，但是文釋所引"祭天用瓦大、瓦甒，盛五齊"一語，在《郊特牲》中並没有找到，並且《禮記》全書也没有類似内容。《郊特牲》中有疏云："其祭天之器，則用陶、匏。陶，瓦器，以薦菹醢之屬。"②可與聶崇義引述的内容稍有關聯，但這一句中的"陶，瓦器"與"瓦甒"並無直接關聯。《郊特牲》又有："掃地而祭，於其質也。器用陶匏，以象天地之性也。"孔疏云："陶，謂瓦器，謂酒尊及豆簋之屬。"③再結合聶氏在釋"匏爵"時曾云：

又孔疏云："祭天無圭瓚、酌鬱之禮。唯籩薦蠯、蚳、膴、鮑，豆薦血腥、醓醢，瓦大、瓦甒以盛五齊，酌用匏爵而已。"

此段内容中"瓦大、瓦甒以盛五齊"一語，與"瓦甒"中所説一致。此段内容同樣不見於《禮記》，綜合三段文獻内容判斷，《郊特牲》記載的"祭天之器"為陶瓦器，其中也包括酒尊，但並没有確指"瓦器酒尊"究竟是不是"瓦甒"。而聶崇義據此，又結合周人祭天尚質這一特點，自行總結出"祭天用瓦大、瓦甒，盛五齊"一説。

值得注意的是，聶崇義認為"祭天用瓦大、瓦甒"，其後在卷二十中又補充"太尊，祭天、地、社稷皆用之"，説明聶氏主張"太尊"和"瓦大、瓦甒"均為祭天尊器，是以二者的功能也没有區别。依照聶崇義所釋，二器的材質、祭禮用途、形制、尺寸、裝飾

---

① （宋）聶崇義：《新定三禮圖》，通志堂刊本，清康熙十二年（1673），匏爵圖卷第十二。

② （漢）鄭玄注、（唐）孔穎達正義：《禮記正義》，上海古籍出版社2008年版，第1025頁。

③ （漢）鄭玄注、（唐）孔穎達正義：《禮記正義》，上海古籍出版社2008年版，第1063頁。

風格皆同，則這種情況，除了"太尊""瓦大""瓦甒"一器異名之外，似乎也沒有其他更合乎邏輯的解釋。

從邏輯角度分析，造成《三禮圖》"瓦甒""太尊"文、圖前後矛盾的原因可能有二。一是圖釋有誤，作者很可能參照了某一實物，從而影響了對文獻的理解。説明聶崇義所據資料内容有出入，導致他前後搖擺不定，既相信注疏所説"太尊""瓦甒"為一物，同時又通過某種渠道見到實物，發現器型有別，所繪圖釋很可能按照實物描畫。二是圖釋不誤，而是聶氏對三禮的理解存在偏差。此二器可能的確等級、形制有別，聶崇義將其分為兩類酒器原本是對的。比如，很可能《郊特牲》中孔疏所謂的祭天瓦器應為"太尊"，而非"瓦甒"。

也曾有學者針對上述第二種可能性，提出過類似觀點。周聰俊認為這三件禮器只是大同小異，但不盡相同："按大尊、瓦大、瓦甒，以今言之，蓋皆陶製酒壺也。其形制相似，但未必即為一器。蓋周人社會，有天子、諸侯、卿大夫、士與庶人之等級，隨其身份之不同，在衣食住行等各方面所適用之禮儀及器物，亦有顯著之差異。"① 文章認為"瓦甒"為士所用，"瓦大"為諸侯所用，天子則用"大尊"。但是按照此説，"瓦甒"應是其中最為低賤者，如此一來無法與"五獻之尊，門外缶，門内壺，君尊瓦甒"一説相合，此文是專門用來解釋有些類屬的禮器"以小為貴"，所以"瓦甒"為尊應是非常明確的概念。

其實，《儀禮》當中多言"甒"，這類"甒"與《周禮》《禮記》中的"瓦甒"很可能不是同一類器物。"瓦甒"只用於祭祀，它的尚質、尚古也只是為了表達周人祭祀天地的理念。這種簡樸設計不是以實用為出發點，所謂地位崇高，多在於其背後代表的寓意，並不意味著王公貴族當真用它作日常儀典的酒器。諸如《士冠禮》："側尊一甒醴。"《士昏禮》："側尊甒醴于房中。"《士虞禮》："兩甒

---

① 周聰俊：《三禮禮器論叢》，文史哲出版社 2011 年版，第 36 頁。

醴酒。"① 這些儀典所用的"甒"大多並非陶瓦器，蓋為漆木器或銅器。如前文曾引述的"方仲簋罍"，此器銘文自名"甒"，此"甒"字作""，明顯是與"甒"字有關的形聲字。② 這個字應該是在"甒"字基礎上衍生而來，"金"表材質，"皿"表用途，本義即為"用為酒器的金屬製甒"。這説明"瓦甒"這類器型在原有基礎上，演變出了銅器，也與"瓦甒"的祭禮功能截然分開。這件銅器"甒"雖然整體並不繁複，但是增加了裝飾紋樣，提高了實用性和美觀性。這類經過精緻加工的器皿，似乎更符合《儀禮》系統中的"甒"。當然，並非所有"甒"皆為銅器，一般情況下，士一級所用的酒器，仍是以漆木器為主，如《毛詩·卷耳》曰："天子以玉飾，諸侯、大夫皆以黄金飾，士以梓。"③ 雖然此處所説的不是"甒"，但也很能説明問題，通常酒禮器等級森嚴，不同身份的人不會混用同一等級的器物，而作器材質是體現等級身份最直接的方式。所以《士冠禮》《士喪禮》等記述的"甒"，應均是木製，但是形制可以大致參考銅製"甒"。

有學者提出"瓦甒"為"著尊"，"瓦大"為"太尊"，為先後異名。④ 但此説從源頭就有問題，作者認為"太尊"應直讀為"大"，即指體型大的尊。所以按照《爾雅》中"罍者，尊之大者也"一説，應屬於"罍"。且不論此處"大"究竟是否單純指器型大小，"罍"有別於"六彝""六尊"，為單獨一類。《爾雅》云："彝、卣、罍，器也。"疏曰："卣者下云，卣，中尊也。孫炎云：

①（漢）鄭玄注、（唐）賈公彥疏：《儀禮注疏》，上海古籍出版社 2008 年版，第 32、93、1274 頁。

② 詳見前文《著尊》一節，此不贅述。

③（漢）毛亨傳、（漢）鄭玄箋、（唐）孔穎達疏：《毛詩正義》，中華書局 2009 年版，第 583 頁。

④ 張辛：《器與尊彝名義説》，《黄盛璋先生八秩華誕紀念文集》，中國教育文化出版社 2005 年版。

'尊彝爲上，罍爲下，卣居中。'郭云：'不大不小者，是在罍彝之
閒。'"① 此處已經明確指出"六尊"不在"罍"之屬。

　　相比起其他尊器，"太尊"的器型特徵較爲明確，雖然三禮中記載
不多，但鄭玄所說"太古之瓦尊"，已經表明其特點。"太尊"用於祭
天，則一定會具備祭天之器所強調的素面無紋、尚質、樸素這類特點。
"太尊"作爲"有虞氏之尊"，歷史久遠，器物自身即代表著禮儀傳承，
因此也不會是過於繁複的形制。是以，"太尊"理應是"六尊"中最簡
單質樸的一類。從這個角度分析，聶圖繪製的"太尊"形制古樸簡單，
器身無紋飾，對這類器物的理解大體無誤。但按照尊器基本形制來看，
"太尊"同樣應配有器蓋。聶崇義繪製的"尊彝"諸器均不帶器蓋，也
沒有對器物爲何沒有器蓋的問題上加以解釋，唯獨在"瓦甒"圖中特別
強調有器蓋，很有可能是見到了類似的實物，所以才對其形制格外確定。

　　綜上所述，"太尊"之名與三禮中記載的"大尊""泰尊""瓦甒"
"瓦大"應均指同一器。此類器物年代久遠，多用爲祭天地之陶尊，此
類儀典所用的禮器追求簡單古樸，質素無紋。照此分析，"太尊"的外
表在今日看來可能非常普通，但是對周人而言屬於意義重大的器物。

六　山尊

圖3.61　山尊圖　《三禮圖》尊彝卷第十四（左爲鎮江本 右爲通志堂本）

---

① （晉）郭璞注、（宋）邢昺疏：《爾雅注疏》，中華書局2009年版，第77頁。

　　"山尊"是"夏后氏之尊"，按照《禮記》所説，它承接"太尊"，下啟殷代"著尊"。《三禮圖》云：

　　　　山尊受五斗。《周禮·司尊彝》云："追享、朝享，其再獻用兩山尊。一盛玄酒，一盛盎齊。王用玉爵酌盎齊以獻尸。"注云："山尊，山罍也。"《明堂位》曰："山罍，夏后氏之尊。亦刻而畫之，爲山雲之形[1]。"今以黍寸之尺計之，口圓徑九寸，腹高三寸，中橫徑八寸，脰下大橫徑尺二寸，底徑八寸，腹上下空徑一尺五分，足高二寸，下徑九寸。知受五斗者，案郭璞云："罍形似壺大者，受一斛。"今山罍既在中尊之列，受五斗可知也。[2]

　　聶崇義沒有説明"山尊"的材質，但根據其在祭禮中的功能，以及"太尊""山尊"配套使用的情況分析，"山尊"很有可能也是瓦器。如陳祥道所説："蓋虞氏尚陶，故泰尊瓦，則山罍亦瓦矣。商人尚梓，故著尊木，則犧象亦木矣。"[3] 三禮皆引鄭注云"山尊"即"山罍"，但"尊"和"罍"二類器物存在本質區別。"六尊"在祭禮中等級高於"罍"，並且"尊"尺寸居中，"罍"則為尺寸較大的酒器。鄭注釋"山尊"為"山罍"，並不一定是指二器為同一物，更有可能表示二器形制非常接近，可作為參考，但很明顯二者用途不同，一為祭器尊彝，一為饗宴用器。

　　《儀禮》中的"罍"，《毛詩》中的"金罍"，均是與"山罍""山尊"不同的器物。《儀禮》中的"罍"用為水器，《禮經釋例》中也有"凡盛水之器曰罍"一説。[4] 這種"罍"即《三禮圖》卷十

---

① 通志堂本與鄭氏本同，鎮江本無"之"字，作"爲山雲形"。

② （宋）聶崇義：《新定三禮圖》，通志堂刊本，清康熙十二年（1673），尊彝圖卷第十四。

③ （宋）陳祥道：《禮書》，書目文獻出版社1988年版，第370頁。

④ （清）凌廷堪：《禮經釋例》，江西人民出版社2017年版，第221頁。

三所録 "洗罍"，與酒器 "罍" 形制、用途均差異甚大，此處暫且略過，留待下文《罍、大罍》一節詳述。至於 "金罍"，則有可能是在 "山尊" 基礎上衍生的器物，正如同 "瓦甒" 和銅製 "甒" 的關係。《毛詩·卷耳》："我姑酌彼金罍。" 鄭注："人君黄金罍。" 又云："天子以玉飾，諸侯、大夫皆以黄金飾，士以梓。"① 説明 "罍" 已經依據不同材質分為諸多等級，"金罍" 只是其中一類。孔疏云："金罍，酒器也。諸臣之所酌，人君以黄金飾。"② 更可證明這類 "金罍" 是饗宴禮器，而不是祭祀尊器。

三禮中又有稱 "罍尊"，《禮器》："廟堂之上，罍尊在阼，犧尊在西。廟堂之下，縣鼓在西，應鼓在東。" 又："君西酌犧象，夫人東酌罍尊。"③ 雖然此處與 "犧尊" 對稱，但此 "罍尊" 並不一定是 "山罍"，《司尊彝》中鄭玄注云：

> 皆有舟，皆有罍，言春夏秋冬及追享朝享有之同。"昨" 讀為 "酢"，字之誤也。諸臣獻者，酌罍以自酢，不敢與王之神靈共尊。
>
> 罍，臣之所飲也。《詩》曰："瓶之罄矣，維罍之恥。"

賈疏的解釋更為詳盡：

> 云 "諸臣獻者，酌罍以自酢，不敢與王之神靈共尊" 者，王酳尸因朝踐之尊、醴齊，尸酢王還用醴齊。後酳尸用饋獻之尊、盎齊，尸酢後還用盎齊。以王與後尊，得與神靈共尊。今

---

① （漢）毛亨傳、（漢）鄭玄箋、（唐）孔穎達疏：《毛詩正義》，中華書局 2009 年版，第 583 頁。

② （漢）毛亨傳、（漢）鄭玄箋、（唐）孔穎達疏：《毛詩正義》，中華書局 2009 年版，第 584 頁。

③ （漢）鄭玄注、（唐）孔穎達正義：《禮記正義》，上海古籍出版社 2008 年版，第 1005 頁。

賓長臣卑，酳尸雖得與後同用盎，及尸酢，賓長即用罍尊三酒之中清酒以自酢，是不敢與王之神靈共酒尊故也。

云"罍，臣之所飲也"者，經云"皆有罍，諸臣之所酢"，故知諸臣所飲者也。引《詩》者，證罍是酒尊之義。①

所謂"罍尊"是用於盛三酒，而非盎齊。"三酒"不同於"五齊"，屬於供人飲用的酒，並非用於祭神。由尊彝類禮器的定義來看，此處的"罍尊"應指"罍"，即《爾雅》所說："罍爲下尊也"，是一種體型較大，且地位低於"六尊六彝"的酒禮器，而非與"山尊"形制最為接近的"山罍"。

要瞭解"山尊"之形，仍應由"山罍"入手最為穩妥。經籍多云"山罍"的紋飾"爲山雲之形"，很可能是取"罍"的字本義。賈公彥云："罍之字，於義無所取，字雖與雷別，以聲同，故以雲雷解之。以其雷有聲無形，但雷起於雲，雲出於山，故本而釋之，以刻畫山雲之形者也。"② 此說有一點道理，經籍均未提及"山尊"的裝飾風格，又云其與"山罍"同。"罍"字本作"櫑"，而在青銅罍銘文中又多自名為"雷"，説明"櫑""雷"二字互通。甲金文字中的"雷"並不從雨，而是作"⿰⿱田田乙""⿱乙⿰田田"等形，③ 為象形字；而"櫑"字本義即為酒尊，明顯晚起，其甲金文多以雷為聲符，有從皿的字形"⿱田皿""⿱田皿"，也有從金、從缶的字形"⿰金⿱田田""⿰缶⿱田田"。④ 可

<hr>

① （漢）鄭玄注、（唐）賈公彥疏：《周禮注疏》，上海古籍出版社 2010 年版，第 746、749 頁。

② （漢）鄭玄注、（唐）賈公彥疏：《周禮注疏》，上海古籍出版社 2010 年版，第 750 頁。

③ 以上字形分別選自孫海波《甲骨文編》，中華書局 1965 年版，第 453 頁；容庚：《金文編》，中華書局 1985 年版，第 751 頁。

④ 以上字形分別選自劉釗、洪颺、張新俊：《新甲骨文編》，福建人民出版社 2009 年版，第 348 頁；容庚：《金文編》，中華書局 1985 年版，第 398 頁。

見此字本義與器皿，尤其是金屬器皿有直接關係，"罍"（欙）與 "雷"為古今字關係。由於二字之間關係密切，加之"山"與"雷" 二者之間又存在緊密聯繫，是以很容易將"罍"之義帶入"山尊"。 但是若僅以"罍"之義釋"山雲之紋"，又未免忽略了"山"的意 象。既然稱之為"山尊"，至少應該在形制上對"山"之義有所 保留。

雖然"山罍"本不為金屬器，但是多數銅器屬於陶器或漆木器 的特殊形式，所以大致形制可作為參考。三代銅器中多見"雲雷 紋"，但其中多數以"雲"的意象為主。《夢溪筆談》中層記述一類 紋飾：

> 余嘗得一古銅罍，環其腹皆有畫，正如人間屋梁所畫曲水， 細觀之乃是雲雷相間為飾。如❓者，古雲字也。象雲氣之形，如 ◎者，雷字也，古文◎為雷，象回旋之聲。其銅罍之飾，皆一❓ 一◎相間，乃所謂雲雷之象也。今漢書罍字作疊，蓋古人以此 飾罍，後世字失傳耳。①

沈括所描述的紋飾，有可能是今日所説的"波帶紋"（圖 3.62） 或"圓圈紋"（圖 3.63）。雖然這些紋飾是否一定符合"雲雷"特 徵尚有待探討，但是沈括的思維模式是沒錯的。所謂"雲雷"，的確 應該以"迴旋"和"圓圈"形狀的紋飾來表現。在目前所見紋飾 中，最接近"雷"這一形象的，是"雲雷紋"中被稱為"渦紋"的 一類（圖 3.65）。這種紋飾特徵是："其形近似水渦，中間小圓圈代 表水流盤旋時隆起的中心。"② 學者多認為這種紋飾與"水""囧" 或是"盤旋的蛇"之義有關，但其實這種旋轉的圓圈也與金文中的 "雷"字頗為相似（圖 3.64）。而最重要的一點是，出土的青銅

---

① （宋）沈括：《夢溪筆談》，四部叢刊續編景明本，卷十九。
② 朱鳳瀚：《中國青銅器綜論》，上海古籍出版社 2009 年版，第 591 頁。

"彝"上常見帶有這種"渦紋",甚至有些裝飾比較簡單的器物,器身只有"渦紋"(圖3.66)。大汶口、馬家窯時期的陶器上也多見"渦紋",其中部分陶器的形制與青銅"彝"基本一致(圖3.67)。

圖3.62　波帶紋①　　　圖3.63　圓圈紋②　　　圖3.64　金文"雷"③

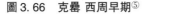

圖3.65　渦紋④

圖3.66　克彝 西周早期⑤　　　圖3.67　渦紋雙耳彩陶罐 馬家窯文化⑥

　　至於"山"之意象,也可以在"渦紋"的基礎上尋找其他可能的紋飾。青銅"彝"中有一部分器型,器身多帶有一種"倒三角

①　朱鳳瀚:《中國青銅器綜論》,上海古籍出版社2009年版,第588頁。
②　朱鳳瀚:《中國青銅器綜論》,上海古籍出版社2009年版,第592頁。
③　以上字形選自容庚《金文編》,中華書局1985年版,第751頁。
④　朱鳳瀚:《中國青銅器綜論》,上海古籍出版社2009年版,第593頁。
⑤　李伯謙主編:《中國出土青銅器全集》(1),科學出版社2018年版,第49頁。
⑥　《渦紋雙耳彩陶罐》,《中國國家博物館館刊》2011年第6期。

紋"，其單獨形狀類似於"矢"或"矛"，連在一起時像重巒疊嶂的群山。這種逐漸向下的線條突顯出器身的曲線，也增加了器物的美觀性（圖3.68、3.69）。值得注意的是，以所舉"洺御事罍""對罍"為例，其器身同時還帶有"渦紋"，説明這兩種紋飾存在共同使用的情況。盡管暫時無法肯定這種三角形紋飾是否象徵"山"，但以三代器物紋飾和器型風格來看，經籍所謂的"象某之形"往往都比較隱晦，在今人看來，無論是立體或平面的象徵，大多需要附加一些想像力。"山尊""山罍"若以山雷紋作為裝飾，則一定不會是如聶圖所繪這般簡單直白的"山""雷"之形，商周時期的審美偏向於抽象風格，甚至大多會帶有一定獸化或神化色彩。

圖3.68　洺御事罍　西周中期①　　　圖3.69　對罍　西周中期②

　　銅器中的"罍"大多自名為"罍"或"尊罍"，也有自名"尊彝"之器，理論上來説，銘文稱"尊彝"者等級更高，應更符合"六尊"。即是説，倘若自名"尊彝"者為"山尊"，那麼即使這種器物與"罍"形類似，實則仍為"六尊"的一員。經籍皆稱"罍"的體型大於"彝""尊"，是以"山尊"的體型應小於真正意義上的"罍"。目前矛盾之處在於，銘文稱"尊彝"的"罍"以方形居多，

---

①　故宫博物院編：《故宫青銅器》，紫禁城出版社1999年版，22。
②　張天恩主編、陝西省古籍整理辦公室、陝西省考古研究院編：《陝西金文集成》(7)，三秦出版社2016年版，0693。

並且通高在 45—88 公分不等，可謂體量碩大；有些自名"尊罍"的
"罍"通高僅 20—30 公分。這一情況與文獻記載不符，仍須進一步
斟酌。

通過對"山尊""山罍"名義的分析，聶崇義繪製的器型整體
可信，但是器身紋飾不值得參考。《三禮圖》中很多器物的紋飾過於
簡單直白，這體現出聶崇義對上古時期禮器裝飾風格不夠瞭解。除
紋飾外，"山尊"應帶有器蓋，今日可見的大多數方形罍、圓形罍也
都配有器蓋，證明器蓋是盛酒器的必要配置。

綜上所述，"山尊"類器物整體形制應該與一般的"尊"類盛
酒器類似，所謂"山"所指代的意象應該體現在紋飾方面，"山尊"
應該與"太尊"同為陶器。三禮釋"山尊"為"山罍"，應是說其
形制相近，可以參考，二器未必完全一致。經籍中多見"罍""金
罍""罍尊"等稱謂，但與"山罍"均不是同一器物。所謂"山雲
之形"一說，應是起自"罍"字與"雷"字之關聯，參照常見的器
物紋飾，最有可能表"雷紋"的是"罍"上常見的"渦紋"。"山
紋"雖有形似者，但是目前的證據不足以下定論，只能暫備一說。

第四節　罍、大罍

圖 3.70　罍圖　《三禮圖》尊彝卷第十四（左為鎮江本 右為通志堂本）

　　"罍"為體型較大、身份低於"彝""尊"的酒禮器。《司尊彝》載："諸臣之所昨也。"鄭注："罍，臣之所飲也。"賈疏："故知諸臣所飲者也。引《詩》者，證罍是酒尊之義。"又云："《異義·第六·罍制》：'《韓詩》説："金罍，大器，天子以玉，諸侯大夫皆以金，士以梓。"《古廷説》："罍器，諸臣之所酢，人君以黃金飾尊，大一石，金飾口目，蓋取象雲雷之象。"謹案：《韓詩》説，天子以玉，經無明文。罍者，取象雲雷，故從人君下及諸臣同如是。經文雖有《詩》云："我姑酌彼金罍。"《古廷説》云："人君以黃金"，則其餘諸臣直有金，無黃金飾也。'"①《司尊彝》云："凡六彝六尊之酌，鬱齊獻酌，醴齊縮酌，盎齊涗酌，凡酒脩酌。"鄭注："凡此四者，祼用鬱齊，朝用醴齊，饋用盎齊，諸臣自酢，用凡酒。"②是以，"罍"所盛放的並非"五齊"，而是"三酒"。

　　"齊""酒"和"鬯"雖俱是酒類，但是三者在製作工藝和味道上皆有區別，賈公彥云："三酒味厚，人所飲者也。五齊味薄，所以祭者也，是以下經鄭注云：'祭祀必用五齊者，至敬不尚味而貴多品。'五齊對三酒，酒與齊異；通而言之，五齊亦曰酒。故《禮·坊記》云：'醴酒在室，醍酒在堂。'是也。其鬯酒者，自用黑黍為之，與此別也。"③"三酒"在儀典中專供人飲用，這也正是為什麼祭禮中的"五齊"數目固定，不可以增加，而"三酒"是可以再添的，《酒正》云："凡祭祀以濾，共五齊三酒，以實八尊。大祭三貳，中祭再貳，小祭壹貳，皆有酌數。唯齊酒不貳，皆有器量。"鄭注云："齊酒不貳，為尊者質，不敢副益也。杜子春云：'齊酒不貳，

---

　　① （漢）鄭玄注、（唐）賈公彥疏：《周禮注疏》，上海古籍出版社 2010 年版，第 746、749、750 頁。

　　② （漢）鄭玄注、（唐）賈公彥疏：《周禮注疏》，上海古籍出版社 2010 年版，第 751 頁。

　　③ （漢）鄭玄注、（唐）賈公彥疏：《周禮注疏》，上海古籍出版社 2010 年版，第 163 頁。

謂五齊以祭，不益也。其三酒，人所飲者，益也。"① 用"三酒"的對象是人，用"五齊"的對象是神，是以"三酒"在祭禮中的等級也明顯低於"五齊"。

　　祭祀中所用的各類酒水等級森嚴，常用來祭神的"鬯"包括"鬱鬯""秬鬯"。"彝"盛"鬱鬯"用以祼祭，而"秬鬯"用為祀"外神"，且不盛於"彝"，《周禮·小宰》中賈公彥有云："《鬯人職》秬鬯不入彝尊，則別有尊矣。不言者，略耳。"又："《禮記·表記》云：'親耕粢盛，秬鬯，以事上帝'，上帝得有秬鬯者，案《春官·鬯人職》'掌共秬鬯'下所陳社稷山川等外神，皆用秬鬯，不用鬱。廟言灌，且亦天地無祼也。天地無人職用鬯者，唯有宗廟，及祼賓客耳。"② "尊"所盛放的"五齊"用於祭祀天地，雖然也不是供人飲用的酒，但是"齊"比"鬯"類等級稍低，所以盛於"尊"。而"罍"等級更低，用"罍"配以"三酒"，合乎禮制等級規範。

　　是以，所謂的"諸臣自酢"，意味著"罍"的功能與前文"六尊六彝"有本質區別，"罍"盛放的是"酒"而非"齊"或"鬯"，而"彝""尊"所盛的"鬯""齊"均是祭祀禮神用酒，人所不能飲，這一點使其與"彝""尊"二者的地位截然不同。雖然從酒類的本質來看，"鬯""齊""酒"都是用穀物、植物發酵製成，廣義上都可以稱為"酒"，但是禮儀功能上的區別，使"罍"不具有"彝""尊"等宗廟祭祀禮器的特殊性。祭禮中設置"罍"，主要為了滿足君臣飲酒的需要，從這個角度來看，"罍"與一般儀典使用盛酒器沒有本質上的差別。或許也正因為此，經籍和銅器銘文中以"彝"或"尊彝"作為禮器共名，而"罍"僅作為專名，無法統指其他禮器。

---

①　（漢）鄭玄注、（唐）賈公彥疏：《周禮注疏》，上海古籍出版社 2010 年版，第 166 頁。

②　（漢）鄭玄注、（唐）賈公彥疏：《周禮注疏》，上海古籍出版社 2010 年版，第 86 頁。

　　聶崇義對"罍"的闡釋極為詳盡，其中多加按斷，也對舊圖記載提出很多質疑。只不過其中有與《三禮圖》中其他內容矛盾之處：

　　　案，《司尊彝職》云："春祠、夏禴，祼用雞彝、鳥彝，皆有舟（六彝皆受三斗）。朝踐用兩獻尊（音素何反。六尊皆受五斗）。諸臣之所酢也。"張鎰引阮氏圖云："瓦為之，受五斗，赤雲氣，畫山文，大中身，兖平底，有蓋。"張鎰指此瓦罍為諸臣所酢之罍，誤之甚矣。此瓦罍正謂祭社之太罍也。又《開元禮》云："宗廟春夏每室雞彝一、鳥彝一、犧尊二、象尊二、山罍二。"但於罍上加一山字，並不言容受之數。案，《周禮》六尊之下唯言皆有罍，並無山罍、瓦罍之名。又不知張鎰等各何依據，指此山、瓦二罍以為諸臣所酢者也。況此六罍廁在六尊之間，以盛三酒，比於六尊，設之稍遠。案《禮記》以少為貴，則近者小而遠者大，則此罍不得容五斗也。又《爾雅·釋器》云："彝、卣、罍，器也。"郭璞云："皆盛酒尊。"又曰："小罍謂之坎。"注云："罍，形似壺，大者一斛。"又曰："卣，中尊也。"此欲見彝為上尊，罍為下尊也。然則六彝為上，受三斗。六尊為中，受五斗。六罍為下，受一斛，是其差也。案《詩·周南風》："我姑酌彼金罍。"孔疏毛傳指此諸臣所酢之罍，而受一石者也。又引《禮圖》，依制度刻木為之。又鄭注《司尊彝》云："罍刻而畫之，為山雲之形。"既言刻畫，則用木矣。又引《韓詩說》士用梓無飾，言其木體，則士已上同用梓而加飾耳。又毛以金罍大一石，禮圖亦云大一斛，毛說"諸臣之所酢"，與《周禮》同，天子用黃金為飾。今據孔、賈疏義，毛、鄭傳注，此罍用木不用瓦，受一石非五斗明矣。謹以黍寸之尺依而計之，口徑九寸五分，脰高三寸，中徑七寸五分，脰下橫徑九寸，底徑九寸，腹中橫徑一尺四寸，上下中徑一尺六寸，足高二寸，下徑一尺，畫山雲之形。①

這部分的論證非常精彩，首先，聶崇義提出，《開元禮》的內容有誤，文獻明確記載"山尊"即"山罍"，則可知"山罍"的確與"罍"並非同類器。《通典》中也有類似記載："春夏每室雞彝一、鳥彝一、犧罇二、象罇二、山罍二。"② 此處引《開元禮》是為了説明"山"字之誤，結合《司尊彝》所載，聶氏認為原文應作"宗廟春夏每室雞彝一、鳥彝一、犧尊二、象尊二、罍二"，此處的"山"字是誤添。但聶崇義以此反駁張鎰對"瓦罍"的用途界定有誤，則顯得有些牽強，張氏僅言"瓦罍"，並未提及"山罍"，不知聶氏引"山罍"相關內容是為何意。況且若只為糾正《開元禮》中的謬誤，直言"山罍"為"山尊"而非"罍"即可，無需將"瓦罍""山罍"混為一談。

其次，聶崇義認為張氏所説的"瓦罍"不是"諸臣所酢之罍"，而是"祭社之太罍"，主要是依據《甸人》中"大罍，瓦罍也"一説。聶氏此説是有道理的，《甸人》中既然專門指出"大罍"的材質，就説明在"罍"這類器物中僅有"大罍"是瓦製，否則釋為"瓦罍"就不具備辨義功能。再結合鄭玄所説："天子以玉飾，諸侯、大夫皆以黃金飾，士以梓"，此處所列三種材質均未提及"瓦"，説明"罍"中沒有瓦質，也從側面證明"瓦罍"與"罍"不是同一器物。因此，聶崇義駁張圖所説"此瓦罍為諸臣所酢之罍"之論，基本可信。

"罍"與飲器"五爵"一樣，需根據不同使用者的身份，製作出不同等級的器物，這也是"罍"不同於"彝""尊"之處。祭祀禮神的酒器往往不需要考慮身份等級，只要能符合祭禮需要即可，

---

① （宋）聶崇義：《新定三禮圖》，通志堂刊本，清康熙十二年（1673），尊彝圖卷第十四。

② （唐）杜預：《通典》，中華書局 1988 年版，第 2922 頁。

是以同一類"彝"或"尊"的材質大多是一致的。所謂的同類器皿需用不同材質區別身份，僅僅是針對人的做法。由此可知，周人對"事神"和"事人"的禮儀，採取兩種不同的價值觀，"事神"之禮重精神輕物質，如祭天、地的禮儀強調本性、質樸，不採用進獻昂貴的禮器，只需要器物能彰顯時人對天地自然的態度即可；"事人"之禮則更重視物質和等級差異，各階級禮器材質截然不同，且不同階層的禮器不可混用，高等級貴族所用的器皿多為珍貴材質所作。

　　在論述"彝"的材質問題時，聶崇義的邏輯有些難以理解，他認為"彝"為木製，結合禮圖和文獻記載來看，既然是供諸臣所用的盛酒器，不為金玉而為漆木器，的確有一定可能。但是聶氏引提出的證據是《司尊彝》言"刻而畫之"，所以"既言刻畫，則用木矣"，這種推論就不太合理了。《司尊彝》所言全文是"山彝，亦刻而畫之，為山雲之形"，是以刻畫山雲紋飾指的是"山彝"，即"山尊"，而非"彝"。前文聶崇義論述"山尊"時同樣引述了這一內容，説明他很清楚這句話描述的主體是"山彝"。此處卻又省略"山彝"二字，用來論證"彝"之形制，則無法自圓其説。

　　有關"彝"的形制，《爾雅》有注云："彝，形似壺大者，受一斛。"① 意指"彝"器之形與常見的"壺"類酒器最為接近，只是尺寸略大，此與"尊""彝"的身份等級相符。其紋飾風格則僅有賈公彥簡述一句："彝者，取象雲雷，故從人君下及諸臣同如是。"前文已經論述，"彝"字取自"雷"，所以此類器物帶有雲雷紋為飾也是合理的。至於"彝"的材質，既然文獻提及可分為玉石、黃金、漆木三等，則據《司尊彝》中"彝"的功能和地位，大致有三種可能性。首先，既然"彝"的主要用途是"諸臣之所酢"，那麼可以排除最高級別的玉製。其次，《毛詩》及《儀禮》注中都

---

① （晉）郭璞注、（宋）邢昺疏：《爾雅注疏》，中華書局 2009 年版，第 5654 頁。

提到過"金罍"，從構詞角度來講，"金罍"和"瓦罍"結構相同，"金""瓦"是為了強調材質，如果"罍"多為金屬製，則單稱"罍"即可。這種構詞說明常見的"罍"不是金屬製，《司尊彝》中未對"罍"加以說明，這就表示其為常見材質。最後，從"罍"字本身角度判斷，"罍"本作"㽍"，從木，"罍"為後起的異體字。是以《段注》云："㽍或從缶。蓋始以木，後以匋。"[1]段玉裁的理解是對的，造字伊始所選擇的意符最能體現字本義。大多數禮器器名的本義，或其字形所從的意符，都與作器材質有關，比如字形從"角"的"觚""觶"，從"瓦"的"甒""瓹"，玉禮器的器名用字更是不勝枚舉。因此，"諸臣所酢"之"罍"為漆木器最為合理，於儀典場合、用器人身份均無矛盾之處。

從聶圖來看，"罍"的器身部分和"山尊"基本一致，最大區別在於器身紋飾不同。"罍"的紋飾問題，前文亦多有論述，雖然此器的紋飾尚未能找到確鑿論據，但聶圖所繪"雲雷紋"顯然於三代形制不合。此外，"山尊"形制固定，尚古樸素，顯然不會出現"罍"這種以"玉""金"材質作器的情況，是以現今所見的出土銅器"罍"，蓋多為盛"三酒"之"罍"，嚴謹地說，青銅"罍"應即為文獻描述的"金罍"。青銅"罍"中有"圓形罍""方形罍"兩類，兩種器型差異較大，應當各自應對應不同的器物。其中"圓罍"多稱"罍"，"方罍"卻沒有自名為"罍"的情況，反而多稱"尊彝"。由此推斷，這類"方罍"很可能並不是"罍"。

綜合日前資料來看，"圓罍"的形制更符合"罍"的定義，尤其值得注意的一點是，青銅"圓形罍"多為對出，這也符合儀典中"罍"需要兩件共用的記載。有學者提出，戰國時期銅器上的刻畫宴樂圖中，有見一種圓形罐狀盛酒器，器物呈圓腹、折肩、細頸之形，

---

① （清）段玉裁：《説文解字注》，上海古籍出版社 1981 年版，第 261 頁。

多成對出現，並配有挹注器，此類即為供諸臣饗宴所用的“罍”
（圖3.71、3.72）。① 這種刻畫圖像頗具參考價值，以圖3.71為例，
其中除了繪有盛酒器、盛食器之外，參加饗宴的人手中還持有“喇
叭形”飲酒器，與前文所論“觶”形飲器非常類似，説明圖中描繪
的確為貴族宴飲的場景。據《儀禮》記載判斷，其中帶有挹注器的
罐形盛酒器，為“尊”“罍”皆有可能。這些場景中的盛酒器均為
圓形，這也佐證了“罍”為圓形器的可能性較大。

圖3.71　《山彪鎮與琉璃閣》收錄銅鑑刻紋（局部）

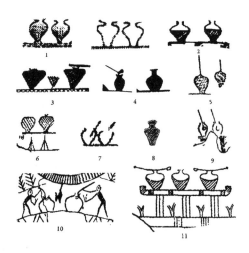

圖3.72　《酒之爵與人之爵》中收錄各類刻畫宴樂圖中的似“罍”盛酒器

---

① 郭寶鈞：《山彪鎮與琉璃閣》，科學出版社1995年版，第19、21頁；閻步克：《酒之爵與人之爵》，生活·讀書·新知三聯書店2023年版，第96頁。

圖 3.73　大罍圖《三禮圖》匏爵卷第十二（左為鎮江本　右為通志堂本）

　　有關 "大罍" 的内容主要載於《罍人》，其餘禮經文獻中鮮有論及。根據《罍人》的記載，"大罍" 的確是和 "罍" 功能截然不同的酒禮器，是以聶崇義將其單列一類是合理的。《三禮圖》云：

> 　　大罍有盖，祭社尊也。《罍人》云："凡祭祀社壝用大罍。"注："大罍，瓦罍也。"賈疏云："壝，謂委土爲壇，壝内作壇而祭也。若三壇同壝之類。"此經與《封人》及《大司徒》皆云 "社壝" 者，但直見外壝而言也。知大罍是瓦罍者，瓬人爲瓦簋，據外神明此罍亦用瓦，取質略之意。①

　　"大罍" 用於祭 "社"，即祭祀土地之神。"社" 所代表的祭祀對象為 "神" 或 "公"，但此説存在一定爭議。《郊特牲》中孔疏引《五經異義》云："今《孝經説》曰：'社者土地之主'，土地廣博，不可徧敬，封五土以爲社。古左氏説共工爲后土，后土爲社。許君謹案亦曰：'春秋稱公社，今人謂社神爲社公，故知社是上公，非地祇。' 鄭駮之云：'社祭土而主陰氣，又云社者神地之道。謂社神但

---

　　① （宋）聶崇義：《新定三禮圖》，通志堂刊本，清康熙十二年（1673），匏爵圖卷第十二。

言上公，失之矣。人亦謂雷曰雷公，天曰天公，豈上公也。'"① 按許説，"社"是"公"，非"地祇"，而按鄭説則應為"神"。

就"社"與"地"的問題，金鶚之説較為通達：

> 《禮運》云："天子祭天地，諸侯祭社稷"，是社卑於地可知。且祭地專於天子，而祭社下達於大夫士，至於庶人，亦得與祭，社之非地明甚。蓋祭地是全載大地，社則有大小。天子大社，祭九州之土，王社祭畿内之土，諸侯國社祭國内之土，侯社祭藉田之土，鄉大夫置社祭一鄉之土，州長置社祭一州之土，與全載之地異。又地有上中下，上為山嶽，中為平原，下為川瀆。社雖兼五土，而為農民祈報，當以平原穀土為主，是社與嶽、瀆各分地之一體，與全載之地尤異。此社神與地神所以分也。然對文則別，散文則通。凡經典郊社並稱者，皆祭地之通名為社。②

此説對"社""地"的本質區別，以及"社"用為祭神之禮的緣由，解釋得非常合理。"社"所對應的是人類活動的土地範圍，是人類社會有了"疆域領土"概念之後的産物，而"地"由始至終指的都是自然天成的"土地"。是以，祭"地"與祭祀"鬼神"是一個道理，皆是為了祈求未知的、人力不可控的因素，能保佑國家風調雨順。人類無法操控這些未知因素的走向，因此也並不賦予其他意識形態上的意義。而"社"則不同，"社"的影響力屬於人為因素，所謂祈禱"社稷永固"之義，更多是投射在社會、政權層面。根據商周時期的祭禮規則來看，成對或成組的祭祀對象，大多處於同等地位。是以，古人將"天"於"地"相對而祭，"社"與

---

① （漢）鄭玄注、（唐）孔穎達正義：《禮記正義》，上海古籍出版社 2008 年版，第 1058 頁。

② （清）金鶚：《求古録禮説》，清光緒二年孫熹刻本，《社稷考》，卷九。

"稷"相對而祭，前者是自然概念，人力所不能及，而後者則會被人為因素左右。"社"由"人"決定，"地"是由"自然"決定，則"社"的地位低於"地"是非常合理的。

由"大罍"的用途來看，將其材質定為瓦器基本可信。以瓦器祭"社"，一方面能體現出周人自然、尚質的理念，可以與祭天的陶製禮器相呼應；另一方面，陶瓦器本身又與"土地"一類的概念最為貼切，用來祭祀土地之神較為合理。如王昭禹所説："大罍，瓦罍也。社，土神，用瓦罍則以土氣故也。"① 此與聶崇義所言"質略之意"同理。

與其他禮器圖不同的是，聶崇義對"大罍"的形制、尺寸、紋飾來源未加任何説明，也沒有引述舊圖內容。這説明，"大罍"圖是他通過解讀文獻，完全依照自己的理解所繪，沒有器物或圖釋作為參考。"大罍"圖的形制基本與"罍"一致，只不過器身紋飾不同，其紋飾略顯雜亂，可看出似山川之形。若以"大罍"的祭祀對象而言，以土地山川為紋飾是可以的，但是從周人祭天的禮器風格來看，"大罍"這類祭祀地神的器物，也應該是以素面無紋為上，"大罍"是盛"鬯"之器，等級甚高，這類禮器會更注重自然、崇古等特徵。是以，"大罍"很可能不同於"罍"的繁複裝飾，大致會呈現為樸素的陶瓦製酒尊形象。聶崇義顯然也注意到了"此罍亦用瓦，取質略之意"這一特點，但是他在圖釋中將器身紋飾繪製得過於複雜，並不符合"質略"這一原則。

至此，"罍"和"大罍"兩類禮器的用途、形制基本明確。禮經中除這二者之外，還有幾件器物與"罍"有關，陳祥道將其歸納為五類："罍之別有五，山罍、金罍、大罍、小罍、水罍也。"② 陳氏將"山罍"歸入"罍"一列，應是為了保留另一種可能性。雖然經籍皆以"山罍"釋"山尊"，但是並不意味著二者為同一物，既然有

---

① （宋）王昭禹：《周禮詳解》，清文淵閣四庫全書本，卷十八。
② （宋）陳祥道：《禮書》，書目文獻出版社 1988 年版，第 373 頁。

“山罍”之名，很可能是本就存在此類器物，只不過恰巧“山罍”之形與“山尊”極為接近。“山罍”屬於“罍”，說明它相對於“尊”等級更低，且在當時也較為常見，所以才會用其名解“山尊”。

　　“小罍”之名見於《爾雅》：“小罍謂之坎。”① 是以其形制蓋與“罍”接近，只是尺寸略小。罍圖卷十三中錄有“洗罍”（舊圖稱為“洗壺”），也就是陳氏所說的“水罍”，此亦即《儀禮》盥洗禮中多見的水器“罍”，並非酒器。此類禮儀中多以“罍”“洗”和“枓”三者為組合禮器，需一起使用，其中“罍”用於盛水，“枓”用為挹注器，“洗”為棄水器。② “水罍”值得探討之處在於，經籍有言“水罍”無論尊卑全用金屬製器，即均是“金罍”。是以，此類水器很可能在出土的銅器“罍”中佔據一席之地。此器雖用途、材質不同，但器物形制未見特殊説明，蓋與“罍”大同小異。

　　綜上所述，“罍”為祭禮中“諸臣自酢”所用的盛酒器，用於盛放供人飲用的“三酒”。“罍”的作器材質，依據不同用器人身份，可分為玉、金、木等類別，配合“六尊”使用的“罍”應是木製酒器。聶崇義對“罍”的大致器型判斷合理，但文釋中存在矛盾之處，且聶氏所繪紋飾與先秦器物風格不符。“大罍”為陶瓦器，形制應與“罍”接近，但是“大罍”應樸素無紋。

第五節　卣、蜃尊、概尊、散尊

　　此節四器雖然也可稱“尊”，但其身份和功能均與“六尊”不同，器物等級略低於“六尊”，而又高於“罍”，且並非用於《司尊彝》所載的裸禮流程。“蜃”“概”“散”三尊之名見於《周禮·鬯

---

① （晉）郭璞注、（宋）邢昺疏：《爾雅注疏》，中華書局 2009 年版，第 5654 頁。
② 黃以周：《禮書通故》，中華書局 2007 年版，第 1946 頁。凌廷堪：《禮經釋例》，江西人民出版社 2017 年版，第 221 頁。

人》，其餘文獻中鮮見。《鬯人》云："廟用脩，凡山川四方用蜃，凡祼事用概，凡䢮事用散。"[①] 此處"卣"與"蜃、概、散"並列，表示此三尊地位低於上述六尊，與"卣"地位等同。"鬯人"掌"秬鬯"，也即"卣、蜃、概、散"所盛之物，"秬鬯"等級同樣低於"鬱鬯"。賈公彥云："《鬯人職》秬鬯不入彝尊，則別有尊矣。"又："案《春官·鬯人職》'掌共秬鬯'下所陳社稷山川等外神，皆用秬鬯，不用鬱。廟言灌，且亦天地無祼也。天地無人職用鬯者，唯有宗廟，及祼賓客耳。"[②] "鬱鬯"實於祼禮用彝，"六尊"實"齊"，"秬鬯"則實於略低於前者的"卣、蜃、概、散"四類"中尊"，以祭祀外神之用，其器物身份與酒和祭祀對象皆可匹配。

一　卣

聶圖中未收錄"卣"圖，僅有"蜃""概""散"三尊。陳圖中有"卣"圖（圖3.74），但是器物形制與書中其他"尊"類似，這種帶有"壺嘴"的制式並無太多參考價值，書中也沒有對此圖作任何評述。雖然圖釋沒有太大幫助，但書中對於"卣"的性質和功能梳理得頗為清晰。陳祥道曰：

圖3.74　卣圖《禮書》卷第九十六

《書》曰："秬鬯二卣。"《詩》與《左傳》曰："秬鬯一卣。"《爾雅》曰："彝、卣、罍，器也。"又曰："卣，中尊。"郭氏曰："不大不小。"蓋卣盛鬯之器也。古者人臣受鬯，以卣不以彝，則鬯之未祼也實卣，其將祼者則實彝矣。《周禮·鬯

① （漢）鄭玄注、（唐）賈公彥疏：《周禮注疏》，上海古籍出版社2010年版，第736頁。

② （漢）鄭玄注、（唐）賈公彥疏：《周禮注疏》，上海古籍出版社2010年版，第86頁。

人》："廟用脩者，謂始禘時，自饋食始。卣，漆尊也。'脩'
讀曰'卣'，卣，中尊，謂獻象之屬。尊者彝爲上，罍爲下。"
然卣盛鬯，而獻尊之屬盛齊酒，則卣與獻象異矣。其飾或漆或
畫，不可考也。①

　　儘管"卣"與"六尊"所盛酒類有別，但經籍云"卣是犧象之
屬"，又稱"卣"爲"中尊"，説明"卣"與"尊"形制應較爲接
近。甲金文中"卣"字亦經常出現，大多仍是用作酒器之義，如
"秬鬯一卣"。有些金文銘文中將"卣"和"瓚"同列爲賞賜器物，
如毛公鼎"賜女秬鬯一卣，裸圭瓚寶"，師詢簋"賜女秬鬯一卣、
圭瓚"等。是以"卣"的地位雖低於"彝""尊"，但也是可以和
"瓚"一同使用的酒器，正如同"壺"和"瓚"經常成對出現。
　　"卣"字的本義蓋與酒器無關，《説文》無卣字，但收"卤"
字："卤，艸木實垂卤卤然，象形。"②《段注》："如許説則木實垂者
其本義，假借爲中尊字也。"③ 甲骨文中的"卣"常作"🌢""🌣"
"🌢🌢""🌢"等字形，從字形分析，確實類似"艸木實垂"之象，特
別是有些字形下半部分有"器皿"，而"卣"所表示的是器皿中的
果實，而非器皿本身，更加説明此字與器物無關。但徐中舒先生反
對許説，認爲酒器正是"卣"字本義，"🌢"象圓弧形酒器，"🍶"
乃承器之座。此字應有兩種釋義，其一是酒器，其二是從于省吾先
生的説法，讀爲脩，綿長之義。④ 據于先生的觀點，甲骨文中常見的
"卣雨"應該指的就是"調和之雨"，是一個相對於"災害之雨"而
言的概念。⑤ 而朱鳳瀚則提出甲骨文字中添加了"皿"的字形和原
本的獨體字之間是有差異的，他認爲"🌢"字本義表果實，假借爲器

---

① 陳祥道：《禮書》，書目文獻出版社1987年版，第372頁。
② （漢）許慎：《説文解字》，中華書局1963年版，第143頁。
③ （清）段玉裁：《説文解字注》，上海古籍出版社1981年版，第317頁。
④ 徐中舒主編：《甲骨文字典》，四川辭書出版社1989年版，第759頁。
⑤ 于省吾：《釋卣雨》，《甲骨文字釋林》，中華書局2009年版。

名："殷墟卜辭、金文中⟨字或加形符⟨作⟨或⟨，系從⟨，⟨聲，即
⟨字，乃器名卣之專用字，已是形聲字。"①

容庚認為文獻中所見的"攸"與"脩"，或皆是"卣"的通假
字："卣或假攸及脩為之。《詩·江漢》：'秬鬯一卣'，釋文'卣本
作攸'。《周禮·鬯人》：'廟用脩'，注'脩讀曰卣。卣，中尊。'"②
馬承源的論述重點略有不同："卣是器名，為犧象之屬，為中尊，並
不確指一種獨特的器形。可見漢儒對於古代卣的形象，已無法説得
具體。所謂卣是中尊，從來解釋為'不大不小'，但今稱的青銅卣大
小各異，容量出入很大，絕不符合中等'不大不小'的原則。"並
且提出："據字音和器型，甫或當讀為缶。甫、缶古同聲，韻部為旁
轉，故卣或古之缶。缶有尊缶為容酒器，有盥缶為容水器。今所稱
之卣，或即尊缶之初形。"又云："個別卣有自名為'弄'的，如
'王乍姃弄'。弄是弄器，則卣中有一部分為生活用具，而不是專鑄
的祭器。"③ 文中提及的兩件銘文比較特別的"卣"，其器型與常見
的青銅"卣"並無大異。至於"卣"和"缶"之間的關係，雖有一
定理據，但與其他定名存疑的銅器同理，既然銅器"卣"並非真正
意義上的"卣"，則"卣"之名便不能用來證明器的身份。馬説
"卣""缶"本同源尚可通達，但"今所稱之卣，或即尊缶之初形"
則不大可能。

王國維《釋由》一文中也有相關論述，提出《説文》中的
"甹"即是"由"字，而"甹"和"卣"也有很大關聯："⟨者，古
文卣字也。卣字古文作⟨盂鼎，作⟨毛公鼎，作⟨伯晨鼎，作⟨彔伯
敦及吳尊蓋，石鼓文迪字亦作⟨。而殷墟卜辭盛鬯之卣則作⟨，作
⟨。知⟨所以知⟨，⟨即⟨之省。又知説文盧盧二字，一從由，一從
⟨，即⟨與⟨之變，實一字而繁簡異也。卣為尊屬，惟缶亦然。許君

---

① 朱鳳瀚：《中國青銅器綜論》，上海古籍出版社2009年版，第200頁。
② 容庚：《商周彝器通考》，上海人民出版社2008年版，第313頁。
③ 馬承源：《中國青銅器》，上海古籍出版社2003年版，第216頁。

云‘東楚名缶’，曰由與卣同音，蓋猶三代遺語也。本義既爾，假借之義亦然。"① "缶"本應為陶瓦器，但此字作器名的情況較多，出土銅器中有見自名為"缶"和"尊缶"的器物，器物多呈圓罐形，帶有器蓋，但此類器物流行時間大多在春秋戰國時期，學界多認為屬於楚系銅器。

出土銅器中沒有發現自名為"卣"的器物，蓋因為"卣"多為漆器，所以難以確定對應器型。目前被稱為"卣"的銅器，大多使用"寶尊彝""旅彝""宗彝"等共名。容庚認為："而詩書左傳及毛公鼎皆言‘秬鬯一卣’者，蓋彝者禮器之共名，而卣者其專名。"② 但是以文獻對"卣"的描述來看，這一類出土銅器恐怕與"卣"無關。"卣"地位較低，即使出現特殊的銅製"卣"也不大可能列入"尊彝"屬。"卣"的銘文中常見"尊彝"等共名，則說明此類器物也是孝享禮器。更有銘文顯示，這種器物可能和裸器"彝"有關，西周銅器"叔趯父卣"中有見自名作"小鬱彝"，表明此器功能是盛"鬱"，與"卣"大不相同（圖3.75）。

圖3.75　叔趯父卣 器型即銘文③

① 王國維：《觀堂集林》，中華書局1959年版，第276頁。
② 容庚：《商周彝器通考》，上海人民出版社2008年版，第313頁。
③ 圖片出自李伯謙主編：《中國出土青銅器全集》（2），科學出版社2018年版，第60頁。

　　銅器“卣”的定名也起於宋代，《考古圖》中收錄 8 件“卣”，至《博古圖》數量大幅增加至 53 件，自此“卣”類的定名漸成定論，此二書中收錄的“卣”基本與今日稱“卣”的銅器一致。《殷周青銅器通論》中將此類銅器的基本特徵概括為：“其狀橢圓，大腹細頸，上有蓋，蓋有紐；下有圈足，側有提梁。”作者不僅注意到了“卣”的器型變化，並且指出歷史上“卣”出現的時間節點：“但所見的只是殷代及西周中期之物，西周後期以後便不見了。”① 書中還提到，早期的卣形制大多較為規整，後來銅卣受其他器型的影響，演化出各種裝飾較為繁複、造型奇特的器型，例如“鳥獸形卣”（圖 3.76、3.77）。

圖 3.76　饕餮食人卣②　　　　圖 3.77　大保卣③

　　此類銅器究竟該如何定義，還是要參照其自身的信息。除上文提及自名“小鬱彝”外，1985 年與河南平頂山出土一件器物，外型與“提梁卣”非常類似，但自名為“壺”（圖 3.78）。有學者據此提出，青銅“卣”其實應該定名為“壺”。④ “壺”作為上古時期最

①　容庚、張維持：《殷周青銅器通論》，中華書局 2012 年版，第 53 頁。
②　現藏巴黎基美亞洲藝術博物館（Musée National des Arts Asiatiques Guimet）。
③　現藏日本神戶白鶴美術館。
④　劉昭瑞：《爵、尊、卣、盉的定名和用途雜議》，《文物》1991 年第 3 期。

主要的盛酒器，種類衆多，形制分類也十分複雜。雖然"壺"中有很多帶有提梁的器型與"卣"類似，但是二者仍然有些區別。"壺"的頸部通常長且細，因此頸部到腹部的線條非常明顯。而"卣"的體形更圓，雖然頸部也稍微收細，但高度和線條比例都有差異。因此，這件銅器實際上應該稱"少姜壺"，無論器型還是銘文中的自名，都明確表示這件器物應該屬於"壺"，並不是"卣"。更有學者專門研究了"卣"和"壺"應如何區分，僅憑藉是否有提梁或者器型形狀來判斷不夠準確。可根據器蓋的扣合方式上來判斷"壺"和"卣"，兩種器物的蓋子一個是"内塞式"，另一個是"外扣式"："以承接方式區別卣與壺，即將母蓋承子口的歸為卣，母口承子蓋者稱為壺。"① 也就是說，"壺"的蓋子通常是插在瓶口處，合口之後，蓋的内沿有一部分會接觸到壺身的内側。而"卣"則正相反，通常是蓋子外沿略長，合口之後整體覆蓋在口沿處，不接觸容器内部。"少姜壺"外形雖與"卣"相似，但此器應仍是"壺"。

圖 3.78　少姜壺 器型及銘文②

由此分析，青銅"卣"最有可能的身份，是"壺"的一種變體，器物性質應為"六彝""六尊"之屬。盡管從外型判斷，青銅

①　張昌平：《論濟南大辛莊遺址 M139 新出青銅器》，《江漢考古》2011 年第 1 期。

②　圖片出自李伯謙主編：《中國出土青銅器全集》(10)，科學出版社 2018 年版，第 307 頁。

“卣”最接近“壺尊”，但是“壺尊”並不盛鬱鬯，其為“六彝”
之一的可能性最大。“六彝”之中“黃彝”和“蜼彝”皆盛“鬱
鬯”，二器的形制也均不明朗，或許可從青銅“卣”的器型特徵角
度出發，探尋其是否可能與“黃”“蜼”二彝存在關聯。

　　綜上，宋人定名為“卣”的青銅器，與文獻記載的“卣”並非
同一器物。根據青銅“卣”的銘文分析，這種器物蓋為孝享禮器，
很有可能是“六彝”之一。“卣”字是假借字，字本義與器皿無關，
因此字形與器型之間象形度不高。禮經記載的“卣”雖然同樣為盛
酒器，但是對應的是所謂的“中尊”，材質多為漆器，其地位比
“六彝”“六尊”稍低。

二　蜃尊

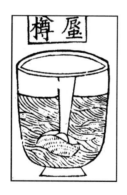

圖3.79　蜃尊圖　《三禮圖》匏爵卷第十二（左為鎮江本 右為通志堂本）

“蜃尊”一節中引述的內容頗為全面：

　　　　蜃尊、概尊、散尊，阮氏並不圖載。此三尊名飾①雖殊，以

---

　　①　鄭氏本此句中“尊”字皆作“樽”。鎮江本惟“蜃尊”處作“樽”，其餘作
“尊”。

義例皆容五斗，漆赤中者。臣崇義按，《周禮·鬯人》云：
"廟①用脩，凡山川四方用蜃，凡埋事用概，凡釁事用散。"後
鄭云："卣、蜃、概、散，皆漆尊。畫爲蜃形，蚌曰含漿，尊之
象也。卣，中尊也，謂獻象之屬。"然概中尊皆容五斗，其蜃、
概、散等，又列於中尊之下，與卣同曰"漆尊"，故知皆受五
斗。今以黍寸之尺計之，口徑一尺二寸，底徑八寸，足高一②
寸，下徑九寸，底至口上下中徑一尺五分，乃容五斗之數。（此
蜃尊既舊無圖載，未詳蜃狀。有監丞李佐堯，家在湖湘，學亦
該覽，以職分咨訪，果得形制。）③

　　據聶崇義所述，舊圖本不見此三尊，由於沒有圖釋且參考信息
有限，因此聶氏在闡釋這幾件器物時添加了很多個人見解。由於
"蜃"形制不詳，聶氏便通過多方走訪，覓得某件其認爲可信的器物
作爲參考。這段內容反映出的信息十分矛盾，一方面證明聶氏作圖
並非後人評説的"嚮壁虛造"，但另一方面，此舉似乎又與禮圖的創
作宗旨不符。

　　具體來看，雖然聶崇義這幅"蜃尊"圖是依照實物所繪（圖
3.79），但是這種直接繪有"蚌蛤"形狀的尊器，卻又與三代古器
的風格相去甚遠。即使拋開器型本身不論，所謂"蜃尊"之名，究
竟是否應該解爲"蚌蛤"之義，還有待研究。鄭玄認爲："蜃，畫
爲蜃形。蚌曰合漿，尊之象。"疏云；"蚌蛤，一名含漿。含漿，則
是容酒之類，故畫爲蜃而尊名也。"④ 意即由於"蜃"與盛酒之義有
關，所以器身繪"蜃"形作紋飾。照此説法，"蜃"之名只表紋飾，

---

　　①　鄭氏本"廟"字作"庿"。
　　②　鄭氏本作"二"，鎮江本與通志堂本同。
　　③　（宋）聶崇義：《新定三禮圖》，通志堂刊本，清康熙十二年（1673），匏爵圖卷第十二。
　　④　（漢）鄭玄注、（唐）賈公彥疏：《周禮注疏》，上海古籍出版社2010年版，第736—737頁。

與器型無關。

但是按先鄭所説，"蜃"應名為"蟆"。釋"蟆"為"蜃"是杜子春的觀點，鄭玄從杜説。黃以周釋"蟆""蜃"之名義較為詳細：

> 《㡌人》："故書蜃或為蟆。"杜子春云："蟆當為蜃，書亦或為蜃。"鄭司農云："蟆，器名。"以周案：故書蜃為蟆，"或"字衍。杜從故書，故云"蟆當為蜃"。又引"書亦或為蜃"，是故書或自作蜃也。
>
> 先鄭從故書作"用蟆"，脩、蟆、概、散皆器之以義名者，其説本通。杜子春破蟆為蜃，用水中蜃以飾尊也，《掌蜃職》："祭祀共蜃器"，是其義。後鄭以脩、蜃、概、散皆漆尊，蜃又畫以蜃形，説又不同。①

黃以周所説的"用水中蜃以飾尊也"，應是對"蜃"之名較為合理的解釋。《周禮·掌蜃》："祭祀，共蜃器之蜃。"鄭注云："飾祭器之屬也。《㡌人職》曰：'凡四方山川用蜃器。'《春秋》：定十四年秋，'天王使石尚來歸蜃。'蜃之器以蜃飾，因名焉。鄭司農云：'蜃可以白器，令色白。'"②又皮錫瑞云："蜃灰可以飾物，祭器皆用之，因謂祭器爲蜃也。"③

類似説法可以提供一種思路，以"蜃"類生物的蚌殼作為裝飾，尤其是用來裝飾漆器，與先秦作器風格頗為相符，其工藝蓋與玉石、綠松石和象牙鑲嵌異曲同工。此類觀點在今日的出土器物中也可以找到佐證，早在上世紀三十年代，西周墓葬中已經出現過一種"嵌貝漆器"（圖3.80），之後的西周墓中不斷出土類似器物，且地域

---

① （清）黃以周：《禮書通故》，中華書局2007年版，第1721、1946—1947頁。

② （漢）鄭玄注、（唐）賈公彥疏：《周禮注疏》，上海古籍出版社2010年版，第601頁。

③ （清）皮錫瑞：《駁五經異義疏證》，中華書局2015年版，第176頁。

圖 3.80 獸面風鳥紋嵌螺鈿罍 西周①

分佈非常廣泛。② 證明"嵌貝"是當時各個地區普遍掌握的製作工藝，且各類禮器中均有使用。上世紀八十年代，曾有學者據北京琉璃河遺址出土的漆器，提出可將我國螺鈿鑲嵌工藝的歷史追溯至西周時期，但當時對於"嵌貝"工藝是否能等同於螺鈿鑲嵌尚存爭議。③ 近年來有考古學家證實，商周時期已經存在頗為完善的螺鈿鑲嵌工藝，並且提出此類漆器就是《周禮》中記載的蜃器。④ 是以，螺鈿鑲嵌漆器早在商周時期便已經是禮器中的固有類屬，這種工藝不限於"尊"，在很多類別的禮器中均有使用。所謂的"蜃尊"，並非器物形制或紋飾與"蜃"之形有關，而是指用"蜃"作為器身裝飾的盛酒器。

除了對"蜃尊"名義的解讀外，黃以周還認為"謨"為尊名更佳通達，但沒有多加解釋"謨"與"概""散"通為何義。"概""散"二名尚且可説與作器材質、紋飾風格相關，但"謨"與尊器之間的關聯性卻微乎其微。段玉裁引《説文》之古文"謨"字，提出"謨""蜃"二名混淆是由於字形相混所致：

---

① 中國漆器全集編輯委員會：《中國漆器全集》（1 先秦），福建美術出版社 1997 年版，第 26 頁。

② 張飛龍、吳昊：《先秦漆器的重要考古發現 Ⅰ夏商至西周時期》，《中國生漆》2017 年第 4 期。

③ "琉璃河出土的漆器和漆豆，器表鑲嵌的蚌飾都經鋸割或裁切成片，並磨成長方形、圓形、三角形或其它特定的形狀，拼嵌出饕餮、鳳鳥、圓渦等圖案紋樣，有的蚌片上還有劃紋，符合螺鈿的特定含義，確是螺鈿漆器無疑。"殷瑋璋：《記北京琉璃河遺址出土的西周漆器》，《考古》1984 年第 5 期。

④ 洪石：《商周螺鈿漆器研究》，《中原文物》2018 年第 2 期。

古文謨字作，與蜃篆文相亂者，字之誤也。杜意直用水中蜃爲尊，鄭君意蜃不可爲尊，但以漆畫爲蜃形，以蚌名含漿，有尊盛酒之象，故用爲畫而取名也。先鄭從故書作謨。①

段玉裁所釋“謨”“蜃”古文相混尚且可通，但是對杜説的解釋似乎有些失當，杜氏並未直言“用水中蜃爲尊”，僅言“謨當爲蜃。蜃，水中蜃也”。段氏未採納《掌蜃》注疏中的觀點，仍以“漆畫爲蜃形”來理解。

《鬯人》解“蜃尊”之功能爲“凡山川四方用蜃”，即是用以祭祀“山川四方”的酒器，所謂“四方”即“四望”。周聰俊認爲此處所指的“山川”和“四望”是兩個不同的概念：

山川之祭，所祭之山川必近而且小，就其他而祭之，故不曰望；四望既本遙祀之名，所祀之山川必大而且遠，不得祭與其地，望而祀之，故曰望。此山川之祀與四望之祀所以不同也。天子四望所祀山川既必大而且遠，則非寰宇之內名山大川無以當之，故周禮大宗伯“四望”，鄭注云：“五嶽、四鎮、四瀆”是也。②

此内容與賈公彦所云“則山川用蜃者，大山川”基本相符，所謂“山川”並不是指一般的山水，而是指最具代表性的“名山大川”，更進一步地理解，這種“寰宇之内名山大川”，其實指的就是君主所擁有的“江山社稷”。只不過在祭禮當中，爲了尊重自然，不會刻意强調人類社會的規則，但“四望”這種説法，本身就含有這層意義。除象徵意義外，祭祀用“鬯”説明等級較高，雖然祭祀山川是外神，但是一樣屬於高規格祭禮，所祭祀的對象也自然不會是

---

① （清）段玉裁：《周禮漢讀考》，清嘉慶刻本，卷三。
② 周聰俊：《三禮禮器論叢》，文史哲出版社 2011 年版，第 97 頁。

一般等級的"神"。

如此看來，"蜃"之名的確不如"謨"更具代表性，若以"謨"為名，雖然與器物關聯不大，但是"謨"字可表達早期君主的權威身份，或與"山川四望"之義更為相合。而"蜃"字的本義，許慎釋為"雉入海，化爲蜃。"[1] 意即古時某種被神化的動物形象。盡管這種定義說明"蜃"在當時並非普通飛禽走獸，但是又尚不足以列入"神獸"的範疇。是以，"蜃"之義與"山川四望"之間確無聯繫，這一器名僅表示器物裝飾風格，與禮義層面無關。

彼時聶崇義並不了解先秦存在螺鈿鑲嵌漆器的情況，所以其所參考的實物顯然也與"蜃尊"不符。即便拋開裝飾工藝，僅從圖釋所呈現的紋飾風格來看，此器也並不符合周代高等級祭器的特點。根據各類祭天地的禮器可知，周人在面對自然神的時候習慣於彰顯禮器的本性特徵，反而不會飾以過於繁複的紋飾。"蜃尊"雖是祭祀外神的禮器，但是這種審美傾向，應是不會隨著祭祀對象不同而隨意變化的。

三　概尊

圖 3.81　概尊圖　《三禮圖》匏爵卷第十二（左為鎮江本 右為通志堂本）

---

[1]　（漢）許慎：《説文解字》，中華書局 1963 年版，第 281 頁。

“山川四方用蜃”，下文又云“凡埋事用概”，“概”與“蜃”的祭祀對象的確有些關聯，但二者又截然不同。《三禮圖》釋“概尊”云：

> 形制、容受如蜃尊。臣崇義按，《鬯人職》云：“凡祼事用概①。”後鄭云：“概，漆尊以朱帶者。”賈義云：“概尊，朱帶玄纁相對，既是黑漆爲尊，以朱絡腹。故名概尊，取對概之義也。”《大宗伯》云：“貍沈祭山林川澤。”後鄭又云：“祭山林曰貍，川澤曰沈。”然則貍沈之類，皆用概尊。②

《鬯人》中有“祼事用概”一文，鄭玄認爲此處“祼事”應是“埋事”之訛誤，因祼祭應用六尊六彝：“祼，當爲‘埋’字之誤也。”疏云：“鄭破祼爲埋者，若祼則用鬱，當用彝尊，不合在此而用概尊，故破從埋也。埋，謂祭山林。”③《周禮訂義》引鄭鍔之説：

> 祼事用雞鳥六彝，見於《司尊彝》之官，《鬱人》亦曰，凡祭祀賓客之祼事，和鬱鬯以實彝而陳之，則祼事不用概明矣。《大宗伯》有貍沈疈辜之祭，此下有疈事用散之文，則此祼字爲貍字無疑矣。④

此説甚爲通達，“祼”用在此處於禮制不合，會造成前後矛盾。據賈公彥所説，此處的“埋”是指“山林”，即《大宗伯》所説的“山林川澤”。“山林川澤”同上文所述的“山川四望”有很大區别，

---

① 鎮江本作“概”，應爲形訛。

② （宋）聶崇義：《新定三禮圖》，通志堂刊本，清康熙十二年（1673），匏爵圖卷第十二。

③ （漢）鄭玄注、（唐）賈公彥疏：《周禮注疏》，上海古籍出版社2010年版，第736頁。

④ （宋）王與之：《周禮訂義》，清文淵閣四庫全書本，卷三十三。

雖然二者均是自然山川，但是寓意截然不同。如周聰俊所説，"山川四望"是境內最具代表性的名山大川，強調的是極致的大、闊、高之義，選擇祭祀這些山川，一方面是由於敬畏自然，另一方面也是象徵著王權的至高無上和權威性。而"山林川澤"則指的是"百物所生"，即人類與其他各物種繁衍生息的基本物質條件，此處所指的"山林"不需要以高大取勝，更重要的是其所象徵的環境資源。鄭鍔云："山林川澤，材用百物之所出，人所取足而為之神者，初無私焉，其功利及物可謂平矣。"① 這些自然資源就如同古人口中"取之不盡，用之不竭"的寶藏，早期人類在自然的庇佑下得以生存，而後又取漁牧、農耕所得的各類收穫來敬神，表達自己的感恩之心。這種因物質滿足，而對自然界產生的景仰，也是"禮"最初的來源之一。

　　"概尊"在祭禮中的功能較容易理解，但從"概"字本義，卻難以推知器物形制。鄭玄云"概"的形制為"概，尊以朱帶者。"賈公彥云："云'概尊以朱帶'者，玄纁相對，既是黑漆爲尊，以朱帶落腹，故名概。概者，橫概之義，故知落腹也。"② 又鄭鍔云："祼事用概，概亦漆尊也。上下黑漆，以朱落其腹為飾，猶橫概然。"③ 諸説均以"朱帶裝飾"解其形，聶崇義所繪圖釋也是如此（圖3.81）。賈説所釋"朱帶"與"概"的關係雖然略顯牽強，但截至目前也沒有更合適的解釋。祭祀山川的禮器也應體現出周人尚質的理念，就這件"概尊"的形制來看，形制紋飾簡約，與這一原則基本不矛盾。但是上古盛酒器基本不會作直上直下的筒形，聶圖"蜃""概""散"三尊皆作此形，想必與其最初參照的實物形制有關。

---

① （宋）王與之：《周禮訂義》，清文淵閣四庫全書本，卷三十三。
② （漢）鄭玄注、（唐）賈公彥疏：《周禮注疏》，上海古籍出版社2010年版，第736、737頁。
③ （宋）王與之：《周禮訂義》，清文淵閣四庫全書本，卷三十三。

四 散尊

圖 3.82 散尊圖 《三禮圖》匏爵卷第十二（左為鎮江本 右為通志堂本）

相比起上述二尊，"散尊"在典籍中的描述顯得更為簡要。以"散"為名的器物大多代表著簡單，且器物等級相對較低。與三禮所載其他名"散"的禮器情況一致，"散尊"素面無紋，雖是漆器，但沒有添加任何形式的裝飾，這與飲器"五爵"中的"散"非常相似（圖 3.82）。文釋云：

> 形制、容受如概尊。臣崇義按，《鬯人職》："云凡疈事用散尊。"後鄭云："散，漆尊無飾曰散。"賈義云："對概、蜃、獻、象等曰尊，各有異物為飾。言此散尊唯漆而已，別無物飾，故曰散。"《大宗伯》云："疈辜祭四方百物。"後鄭又云："疈，疈牲胷也。"賈疏云："此無正文，盖見當時疈磔牲体者，皆從胷臆疈析之。言此疈辜，謂披析牲體，磔禳及蜡祭也。蜡祭百神與四方百物，是其一事。如此之類，乃用散尊。"①

---

① （宋）聶崇義：《新定三禮圖》，通志堂刊本，清康熙十二年（1673），匏爵圖卷第十二。

由《鬯人》記載可知，"散尊"是用於祭祀"疈事"的禮器，即《大宗伯》所云"疈辜祭四方百物"，這種祭禮聽起來與一般的祭祀獻牲類似，但結合前面二尊的祭祀對象可知，此處"疈辜"並不僅僅是字面意義上的"肢解牲畜獻祭"。從禮義的角度分析，前兩件尊器祭祀山川四望和山林川澤，寓示著君王至高無上的權利和國家的自然資源。是以"散尊"所象徵的，自然也不會是"祭祀之牲"這樣單一的概念。周聰俊提出："此疈辜所祭，蓋四方之小神"，並認為這也正是其位於"山林川澤"之下的原因。[1] 此説或許只是具前後内容猜測所得，不能作為定論，但是這個方向大體是正確的。如同《爾雅》中將"彝""尊""罍"按照身份等級從大到小排列，此處三尊明顯也是依從這樣的邏輯順序。"山川四望"等級最高，代表"大神"；"山林川澤"居中，代表"山林萬物之神"；"疈辜"為最末，則為"小神"。"疈辜"本身代表著用於祭祀的牲畜，且"疈"字專門強調是被劈開的牲。這種意象的字不只一個，不少學者認為甲骨文中的"卯"字，即表示將犧牲從中間剖成兩半之義。説明"疈辜"與尋常的犧牲有很大區別，應是為了強調其"肢解""分析"之義。

總體來説，鄭玄所注"卣、蜃、概、散，皆漆尊"，表示這些器物形制接近，均是漆木製盛酒器，器型大同小異。"蜃""概""散"之名應是對應其各自器物紋飾風格，"蜃尊"以螺鈿鑲嵌為飾，"概尊"器腹部帶有條帶裝飾，"散尊"則素面無紋，三名均與器型和禮儀内涵無關。只不過，此三件器物雖然不比"六彝""六尊"，但同樣也是重要的祭器，但卻僅在《鬯人》中有記載，這未免有些不合常理。結合其他禮器分析，不能排除這三件酒器存在"一器異名"的現象，即可能在其他經籍中用其他器名表示。正如同"瓦甒"和"瓦大"本為一物，"瓦甒"本祭天之器，而《燕禮》

---

① 周聰俊：《三禮禮器論叢》，文史哲出版社 2011 年版，第 100 頁。

中稱"瓦大"便可用於饗禮。又如"匏爵"與"合巹"同樣本是一物，"匏"用於婚禮場合則更名"巹"。是以，嘗試考證其他禮經中記載的酒器，尋找形制、用途與上述三尊接近者，或許會是一種可行的思路。

第 四 章

瓚器圖類釋

　　依照器物功能分類，"瓚"類均屬於"挹注器"，且與"彝""舟"同為裸器之屬，在祭禮中主要用於將"鬱鬯"自"尊""彝"中舀出。因此，這類器物是裸禮中必不可少的輔助性禮器。除實用價值之外，"瓚"類在儀典中，還具有重要的象徵意義。"瓚"又稱"玉瓚""裸玉"，多以玉石製作，與上述諸類飲酒器、盛酒器均不相同。據三禮記載，選擇以玉石作"瓚"是有原因的。《大宗伯》云：

　　　　凡祀大神、享大鬼、祭大示，帥執事而卜日，宿，眂滌濯，涖玉鬯，省牲鑊，奉玉盛，詔大號，治其大禮，詔相王之大禮。
　　　　疏云：
　　　　"涖玉鬯"者，天地有禮神之玉，無鬱鬯。宗廟無禮神之玉，而有鬱鬯。但宗廟雖無禮神玉，仍有圭瓚、璋瓚，亦是玉，故《曲禮》云："玉曰嘉玉"，郊特牲云："用玉氣"，是也。①

　　宗廟祭祀雖無祭玉，但玉石製的"瓚"可以替代禮神之玉，同

---

　　① （漢）鄭玄注、（唐）賈公彥疏：《周禮注疏》，上海古籍出版社 2010 年版，第 692 頁。

時又不會破壞"以玉禮神"的傳統。"瓚"類既象徵儀典用玉，又具有實用功能，它的身份兼具了"尊彝"等實用禮器和"典瑞"等象徵禮器兩種功能，如同這兩類禮器之間的過渡。是以，若按照材質分類，"瓚"本應歸入"玉禮器"類，但現參照其功能，將其單列為"瓚器"一類，上承"尊彝器"，下啟"瑞玉器"。

第一節　圭瓚、璋瓚

圖4.1　圭瓚圖《三禮圖》尊彝卷第十四（左為鎮江本 右為通志堂本）

"圭瓚"又稱"裸圭"，即使同為"瓚"類，"圭瓚""璋瓚"與"大璋瓚""中璋瓚""邊璋瓚"也是有區別的。首先，"圭瓚""璋瓚"均用於宗廟裸祭，《周禮·鬱人》："凡裸玉，濯之，陳之，以贊裸事。"鄭注云："裸玉，謂圭瓚、璋瓚。"但二器對應不同等級的身份，"圭瓚"的等級高於"璋瓚"，賈疏引《祭統》云："君執圭瓚裸尸，大宗執璋瓚亞裸。"又云："若然天子用圭瓚，則后亦用璋瓚也。"[1] 而"圭瓚""璋瓚"之間的等級差異，主要體現在用玉不同。"圭"與"璋"二字本身即均為玉禮器之一，《說文》：

―――――――――

① （漢）鄭玄注、（唐）賈公彥疏：《周禮注疏》，上海古籍出版社2010年版，第732頁。

“圭，瑞玉也，上圜下方。”又：“璋，剡上爲圭，半圭爲璋。”① 二玉的形制和象徵意義截然不同，但彼此之間又存在關聯，天子用“圭瓚”，后用“璋瓚”，很可能即與“半圭爲璋”之制有關。而其後的“大璋瓚”“中璋瓚”“邊璋瓚”三器則是君王祼祭山川所用，三器均爲“璋瓚”屬，説明其等級同樣低於“圭瓚”。

《三禮圖》對於“瓚”類形制的闡釋主要集中在“圭瓚”部分，“瓚”器總體的形制應是大同小異，基本均以“圭瓚”爲標準，其餘皆云類此。文釋曰：

> 《玉人》云：“祼圭尺有二寸，有瓚，以祀廟。”後鄭云：“祼謂以圭瓚酌鬱鬯以獻尸也。瓚如槃，大五升，口徑八寸，深二寸，其柄用圭，有流，前注。”流謂鼻也，故下注云：“鼻，勺流也。凡流皆爲龍口。”又案《大雅·旱麓》箋云：“圭瓚之狀，以圭爲柄，黄金爲勺，青金爲外，朱中央。凡圭博三寸。”又《肆師職》云：“大祀用玉帛牲牷，次祀用牲幣，小祀用牲。”後鄭云：“大祀，天地宗廟。”臣崇義謹詳疏義，自蒼璧②以禮昊天，至此圭瓚以祀宗廟，於禮神玉帛牲牷之外，别有燔瘞玉帛牲體。其日月星辰社稷，但有禮神之玉，無燔瘞之玉也。其宗廟雖在大祀，惟説祼圭以禮神，亦無所燔之玉。今案諸家禮圖並無此説，故形制差誤。然圭柄金勺既異，其牝牡相合處各長可三寸，厚一③寸，博二寸半，流道空徑可五分，其下三璋之勺皆類此。④

聶崇義對“圭瓚”形制的理解主要依據鄭注，認爲“瓚”應是

---

① （漢）許慎：《説文解字》，中華書局1963年版，第289、11頁。
② 鎮江本作“壁”，應爲形訛。
③ 鎮江本“一”字之處爲空缺。
④ （宋）聶崇義：《新定三禮圖》，通志堂刊本，清康熙十二年（1673），尊彝圖卷第十四。

形狀如盤，有"圭"製器柄，有流口（圖4.1）。器物本身材質是黃金，中心部分有朱漆，外層則為"青金"，據《説文》所釋"鉛，青金也。"① 指器物外層包裹了鉛。若據此説，則"圭瓚"大體上仍是一件金屬器，並非整器均為玉製。就圖釋細節來看，聶崇義基本上還原了鄭注的描述，器物形似盤，柄似圭，帶有龍口。只不過從器物使用的角度來看，所謂的"龍口"不一定就要飾以"龍首"，這樣的器型未免有些不成比例。目前所見的商周時期挹注器，器型大多簡約實用，所謂的"龍口"很可能是指器物上的特殊形狀，或者某種簡約裝飾。

"瓚"字本義實則並非專指此挹注器，而是與玉石有關。《説文》釋為："三玉二石也。"② 此語出自《玉人》："天子用全，上公用龍，侯用瓚，伯用將。"先鄭注云："全，純色也。龍當爲尨，尨謂雜色也。玄謂全純玉也。瓚讀爲餐牘之牘。龍、瓚、將皆雜名也。卑者下尊，以輕重爲差，玉多則重，石多則輕。公侯四玉一石，伯子男三玉二石。"③ 是以，"瓚"字本義是指玉石等級的一種，所謂"三玉二石"大致是五分之三的玉摻雜五分之二的石。但是鄭注所謂"公侯四玉一石"，明顯指"公"和"侯"為同一等級，則於"上公用龍，侯用瓚"一説矛盾。對此段玉裁認為："鄭云：公侯四玉一石，則記文不當，公侯分別異名。許説爲長。戴先生曰：'此蓋泛記用玉爲飾之等。'"④

許慎未曾提及其"瓚"作挹注器之用，段玉裁認為，很可能是由於"瓚"字在早期文獻中僅作玉料之義，挹注器之"瓚"則以別字。⑤ 此説很有道理，許氏絲毫未曾提及"瓚"作裸器之功能，

---

① （漢）許慎：《説文解字》，中華書局1963年版，第293頁。

② （漢）許慎：《説文解字》，中華書局1963年版，第10頁。

③ （漢）鄭玄注、（唐）賈公彥疏：《周禮注疏》，上海古籍出版社2010年版，第1622頁。

④ （清）段玉裁：《説文解字注》，上海古籍出版社1981年版，第11頁。

⑤ "此與裸圭之瓚異義。許不言裸圭之瓚者，蓋其字古祇作贊，黃金爲勺，不用玉也。《詩》謂之玉瓚、圭瓚者，以瓚助裸圭也。"（清）段玉裁：《説文解字注》，上海古籍出版社1981年版，第11頁。

的確不合常理，最有可能的解釋，便是彼時此字尚無此用例。以《玉人》中"全"為"純"，"龍"為"尨"的訓釋來看，"瓚"訓為"贊"之義應大體無誤。

近年來在古文字學領域，對"瓚"字形義的研究頗多，有學者認為，"瓚"之本字應是"瑒"字，根據《説文》所釋，"瑒"即"圭"。① 但結合經籍内容分析，"瓚"釋為"圭"未必合適。《説文》："瑒，圭尺二寸，有瓚，以祠宗廟者也。"② 出自《玉人》："裸圭尺有二寸，有瓚，以祀廟。"③ 説明"瑒"即"圭"之別稱是沒錯的，但既然云"有瓚"，則表示"圭"和"瓚"並非同一器物，此處與"圭"並舉，很可能是指二器可以配合使用。《典瑞》云："裸圭有瓚，以肆先王，以裸賓客。"鄭司農注云："於圭頭爲器，可以挹鬯裸祭，謂之瓚。"④ 將此與"圭尺二寸，有瓚"連起來看，可知"瓚"是在"圭"的基礎上發展出的挹注器。既然在"裸圭"之名下專門云"有瓚"，説明兩個問題，其一，通常其他"圭"屬玉器是沒有"瓚"的；其二，"圭瓚"上的"圭"和"瓚"是各自獨立的兩個部分，"瓚"在不與"圭"同用的時候，也是單獨的禮器。是以，"瓚"和"圭"很可能並非一體，早期的"圭瓚"需要將二者拼合使用。

這一點在出土器物中可以找到佐證，甲金文字中的"瓚"多為獨體字。金文銘文中可見稱"圭瓚"的情況，但均是被羅列於王賞賜的物品清單中，多見"秬鬯一卣"和"圭瓚"並列出現。金文"瓚"字多作"𤪽"，是典型的獨體象形字，只是單純依照文字難以推測其

---

① 周聰俊：《三禮禮器論叢》，文史哲出版社 2011 年版，第 111 頁。

② （漢）許慎：《説文解字》，中華書局 1963 年版，第 11 頁。

③ （漢）鄭玄注、（唐）賈公彥疏：《周禮注疏》，上海古籍出版社 2010 年版，第 1625 頁。

④ （漢）鄭玄注、（唐）賈公彥疏：《周禮注疏》，上海古籍出版社 2010 年版，第 769 頁。

所象之物。① 有學者考證，"瓚"應是一種"玉柄形器"，器型既似"勺柄"又似"圭"（圖4.2），文中又對"🏛"字之形作出剖析，認為其象玉柄形器"瓚"附在青銅"同"之上（圖4.3）。② 所謂"玉柄形器"在殷墟婦好墓中已有出土，但罕有自名，圖2中的"小臣玉柄器"有見自名為"瓚"，證明此器應屬"瓚"類無疑。但是"玉柄形器"這樣直上直下的器物，顯然無法用為挹注器。從圖片觀察，"小臣玉柄器"的下端略呈楔形，類似於木器銜接部位常見的"榫頭"，應是為接入某一部件之用。③ 殷墟也曾出土類似玉器，其下端也呈類似形狀，可知並非巧合（圖4.4）。據此判斷，原本其下端可能附有某種勺形器，類似於出土銅器中一類較為特別的"斗""勺"（圖4.5），其器多帶有短小空心的銅柄，但此類銅柄過短，顯然不能直接用來挹取，應需要銜接在更長的柄上使用。④ 蓋"小臣玉柄器"所附的"勺"材質較難保存，所以出土時只餘玉柄部分。是以，"圭瓚"的形制蓋與文獻描述大體相同，這隻"玉柄形器"便是器柄，真正用

① 李零先生認為，此字下半是像束腰、喇叭形的筒形器；上半形似言，但不是言字，像插入銅器中的銅棒，中有半圓形突起，下連圓錐形漏斗。並提出："西周金文的瓚字，字形變化較大，上半像瓚柄，中間用弧線表示器口，下面是器，弧線連接的雙口表示什麼，令人費解。我懷疑，東周時期的瓚，可能類似梁帶村M27的'蓋尊'，蓋頂以圭、璋、瓚為飾。這個字，貌似冎字，並非冎字。像冎是字形訛變的結果。"李零：《商周酒器的再認識——以觚、爵、觶為例》，《中國國家博物館館刊》2023年第7期。

② "從考古發現來看，'瓚'字字體中各個部分均可找到對應部件。𠂤為玉柄形器的象形；禾為同中飾件及漏斗形器的象形；廾為'同'的象形，三者皆可與考古實物相吻合。"李春桃：《從斗形爵的稱謂談到三足爵的命名》，《歷史語言研究所集刊》，第八十九本第一分（2018/03），第52—60頁。

③ 有學者稱此類"玉柄形器"末端為"短榫"，認為是作鑲嵌之用。經統計，商代"玉柄形器"未見任何鑲嵌物，周代有見用蚌片、綠松石、玉條組成的附飾。因"玉柄形器"剖面分別呈扁長方形、方形和圓狀，所以不同形狀的器物應具有不同功能。曹楠：《三代時期出土柄形玉器研究》，《考古學報》2008年第2期。

④ 李學勤先生曾提出，圭瓚是在此類"玉柄形器"圭的端部加上金屬的勺，以供挹取鬯酒使用。李學勤：《説祼玉》，《重寫學術史》，河北教育出版社2002年版，第55頁。林巳奈夫也曾提出"玉炳形器"與"青銅枓"需要銜接使用的可能。林巳奈夫：《殷周青銅器綜覽》（第一卷），上海古籍出版社2017年版，第137頁。

於挹取酒液的，應是下端已經遺失的"勺"。至於"圭瓚"和"璋瓚"之別，大致可據其玉柄長短和形狀來判斷。

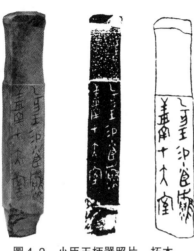

圖 4.2　小臣玉柄器照片、拓本、銘文摹本

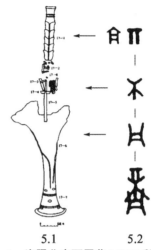

圖 4.3　洛陽北窰西周墓 M155 所出玉柄形器

圖 4.4　殷墟出土玉柄①

圖 4.5　出土銅器"斗"和"亞弜斗"②

① 中國社會科學院考古研究所：《殷墟玉器》，文物出版社 1982 年版，圖 115。

② 圖片出自李伯謙主編：《中國出土青銅器全集》（11），科學出版社 2018 年版，第 163 頁。中國社會科學院考古研究所、安陽市文物考古研究所：《殷墟新出土青銅器》，雲南人民出版社 2008 年版，第 101 頁。

近年來也有不少考古學家反對這種觀點，認為"瓚"之形應即作"玉柄形"，並非如文獻所載，更因"玉柄形器"無法作為挹取酒液，於是認為文獻描述有誤，"瓚"本就不為挹注器。例如何景成根據對"瓚"的甲金字形分析，提出傳世文獻中將"瓚"描述為"玉柄金屬勺"是不對的，出土器物中的"玉柄形器"是"瓚"無誤，但其身份並非挹注器，而是"裸玉"。並依據鄭注："裸玉，謂圭瓚、璋瓚"一說，認為很多出土玉器都應歸入"瓚"的範疇："瓚應該解釋成裸玉，指裸禮時用以贊裸事的玉器。從文獻和考古資料來看，用於裸禮的玉器主要有圭、戈、璋、璧、珥、琅等，而以圭、璋為主。這些玉器亦可用於其他祭祀活動中，而用於裸禮的圭、璋則稱為圭瓚、璋瓚。"① 嚴志斌贊同其說，也認為"瓚"不應附有"勺"，並提出："瓚可能是一種泛稱，而不是某一種器物的專稱，情形恰如銅器中的'彝'。但'裸玉三品'之圭瓚、璋瓚與璜瓚估計是瓚的主要種類。"② 何景成之說雖有參考價值，但其中卻有邏輯矛盾之處。其通過對字形的分析得出結論，"瓚"本義表"裸玉"，並認為鄭注的描述不正確。但是鄭玄解釋得非常明確，"裸玉"僅包括"圭瓚、璋瓚"，並未提及其他玉器，說明"裸玉"便等同於"圭瓚、璋瓚"。因此，說"瓚"字本義為"裸玉"並無大錯，但是此說分明與經注一致，並不足以據此來否定舊說，而在此基礎上認為"瓚"僅作"玉柄形"，沒有挹注功能，便更加缺乏依據。

類似觀點在器物研究角度可能有一定道理，但是文獻中記載的各類玉禮器分工明確，"裸玉"與"六玉""六瑞"是完全不同的禮器，在功能和形制上均不相同。據《周禮》所載，"圭""璋""璧"等玉器均各自分屬於"六玉"或"六瑞"，其中"六玉"通常用於祭祀和喪葬，因此不能因為出土器物中出現多種玉禮器，便

———————————

① 何景成：《試論裸禮的用玉制度》，《華夏考古》2013 年第 2 期。
② 嚴志斌：《小臣𣪘玉柄形器詮釋》，《江漢考古》2015 年第 4 期。

將其均歸入"裸玉"的範疇。此外，文獻明確記載"瓚"是挹注器，這是它最主要的特徵，也使其成為玉禮器中極為特別的一類，與"圭""璋"等無實用功能的玉器差別顯著。是以，"圭瓚""璋瓚"的形制和身份應有別於其他玉禮器，不應將"裸玉"與"六玉"或"祭玉"的概念混淆。

目前所見的出土銅器中，未見自名"瓚"者，"伯公父爵"曾被林巳奈夫稱為"瓚"，但是此器自名為"爵"，當知不為"瓚"。① 又有江西出土一件"斗形器"，也曾被稱為"瓚"。② 此器最大特點是，器身成青銅觚狀，而柄為"圭"形，學者應是據此定名（圖4.6）。但是此器並不帶有流口，若用作挹注器並不合適，據器型判斷當為飲酒器。類似器物不止這一件，只是大多被列為"斗""勺"之屬。如現藏法國巴黎基美博物館③的"亞舟勺"（圖4.7），除杯柄之外，器型與前者非常接近。但此兩件器物均為平底或帶有圈足，器柄較短，應更接近"斗"屬，與真正挹注酒液所用的"勺""瓚"類器物是有區別的。

還有學者提出，所謂"瓚"其實即與"斗""勺"為同一物，只是由於周代習慣將祭祀儀典中所用的日常器具，冠以特殊名稱。④ 更有學者以《禮記·曲禮下》所云為例：

凡祭宗廟之禮，牛曰一元大武，豕曰剛鬣，豚曰腯肥，羊

---

① 孫慶偉曾提出："圭瓚、璋瓚的劃分應是指其柄部形制似圭、似璋，而非指以玉圭、玉璋為柄，所以不論瓚以銅、陶、漆、木或玉製作，均應有圭瓚和璋瓚之別。" 並在文中列舉兩件"玉瓚"為例，認為其屬於"璋瓚"。但其作為論據的"玉瓚"與"伯公父爵"形制完全一致，此二器並非挹注器，當屬"爵"或"玉爵"類。孫慶偉：《周代裸禮的新證據——介紹震旦藝術博物館新藏的兩件戰國玉瓚》，《中原文物》2005 年第 1 期。

② 江西省文物考古研究所：《江西新淦大洋洲商墓發掘簡報》，《文物》1991 年第 10 期。

③ 即 Musée National des Arts Asiatiques Guimet。

④ 沈薇、李修松：《裸禮與實物資料中的"瓚"》，《中原文物》2014 年第 5 期。

日柔毛，雞曰翰音，犬曰羹獻，雉曰疏趾，兔曰明視，脯曰尹祭，稿魚曰商祭，鮮魚曰脡祭，水曰清滌，酒曰清酌，黍曰薌合，梁曰薌萁，稷曰明粢，稻曰嘉蔬，韭曰豐本，鹽曰鹹鹾，玉曰嘉玉，幣曰量幣。①

圖4.6　商雲雷紋青銅瓚 商代晚期②

圖4.7　亞舟勺 商代晚期③

　　這些論據説明，周人在祭禮中的確會將祭品、器物的俗稱加以潤色，改成更為典雅的稱呼。④ 這種説法雖然不無道理，但是祼禮所用的酒禮器身份較為特別，似乎不能完全按照一般的物品來衡量。有學者提出反駁意見，認為"六彝""六尊"取名的規律，均是在同類器名中增加修飾詞，而不是完全改為不相關的新名稱，並舉例祼禮中有稱"勺"的器物，沒有必要再另造一名。⑤ 但值得注意的是，文中引述的"勺"類祼器出自《禮記·明堂位》，原文為："灌尊，夏后氏以雞夷，殷以斝，周以黃目。其勺，夏后氏以龍勺，殷

　　① （漢）鄭玄注、（唐）孔穎達正義：《禮記正義》，上海古籍出版社2008年版，第207頁。

　　② 此器現藏江西省博物館，圖片來源：https://www.jxmuseum.cn/collection/ztsc/qtq/56bed0269633ac41f86b0c89161225fd/47934b2c89774533b6e0d93aa0aa38fa。

　　③ Maud Girard-Geslan, *Bronzes archaïques de Chine*, Tresors du Musee Guimet, 1995, p. 85。

　　④ 陳曉明：《祼禮用玉考》，《雞西大學學報》2011年8期。

　　⑤ 張雁勇：《〈周禮〉天子宗廟祭祀研究》，博士學位論文，吉林大學，2016年。

以疏勺，周以蒲勺。"① 説明有一類與"六彝"相配的挹注器，本應稱為"龍勺""疏勺""蒲勺"，並且是自夏代流傳下來的裸器。如此便印證了先前學者"一物異名"的觀點，是以《明堂位》中所謂的"三勺"很有可能與"瓉"為同類。又或者"瓉""勺"本為一物，但外形存在區別，總體來説應是形制接近的器物。

　　這一點在出土器物中也能找到印證，如青銅"獸首觥"有帶"勺"的器型，"獸首觥"應屬"彝"類，其中所附帶的挹注器，同樣也應歸入"瓉"（圖4.8）。又如西周早期的"作寶瓉罐"，自名作"瓉罐"，其所附挹注器形制與圖4.8相同，可證此器亦為"瓉"（圖4.9），可知"瓉"類為"勺"形之挹注器應是沒有問題的。但上述二"瓉"均是銅器，與帶有"玉柄形器"的"圭瓉""璋瓉"不同。此外，戰國銅器刻畫"宴樂圖"中，多有描繪飲酒、盛酒的場景，其中挹注器與出土器物中的"勺"非常類似，同樣可證"瓉""勺"之形（圖4.10）。

圖4.8　費引觥②　　　　　圖4.9　作寶瓉罐（器型及銘文）③

　　① （漢）鄭玄注、（唐）孔穎達正義：《禮記正義》，上海古籍出版社2008年版，第1266頁。

　　② 上海博物館編：《上海博物館藏青銅器》，上海人民美術出版社1964年版，第16頁。

　　③ 深圳博物館、隨州市博物館編：《禮樂漢東：湖北隨州出土周代青銅器精華》，《文物出版社》2012年版，第108頁。

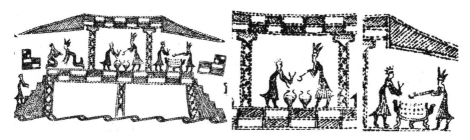

圖 4.10　刻紋宴樂畫像橢桮內畫像摹本（局部及細節）①

　　由此分析，"瓚" 原本可能是一種廣義的概念，並非 "裸玉"
專屬，而是泛指通常裸禮中 "彝""尊" 所附帶的挹注器，其等級
和形制較為普通，多呈 "長柄勺" 形。據《周禮》對 "圭瓚""璋
瓚" 地位等級的描述，此二者可算作挹注器中最為尊貴者，而普通
的 "瓚" 定然是與之不同的。"瓚" 與 "圭瓚""璋瓚" 之別便如
同 "爵" 與 "玉爵"，前者的概念範疇大於後者，後者是前者更為
特殊的型態，其形制更繁複，在祭禮中的地位也更尊貴。

圖 4.11　璋瓚圖《三禮圖》尊彝卷第十四（左為鎮江本　右為通志堂本）

　　"璋瓚" 的形制在《三禮圖》中沒有多加描述，只說是 "一同
圭瓚"，唯一區別在於器柄所用的玉不同：

————————

①　馬承源：《漫談戰國青銅器上的畫像》，《文物》1961 年第 10 期。

璋瓚者，皇后酌鬱鬯獻尸禮神之器也。其制一同圭瓚，但用璋爲比①，瓚器小耳。故《司尊彝》注云：“祼謂以圭瓚酌鬱鬯，始獻尸也。后於是以璋瓚酌亞祼。”是也。此璋瓚口徑亦四寸，深二寸，柄長九寸，其下亦宜有槃。口徑六寸，深一寸，足高一寸，徑四寸，一如圭瓚槃形制。②

“璋”爲“半圭”，其等級也低於“圭”，所以“璋”在祼禮中代表地位稍低的人，如《毛詩·棫樸》：“濟濟辟王，左右奉璋。”傳云：“半圭曰璋。”箋云：“璋，璋瓚也。祭祀之禮，王祼以圭瓚，諸臣助之亞祼以璋瓚。”③ 所謂的“半圭曰璋”本身不難理解，但若僅有此一說，似乎缺少一些實際根據。對此，《毛詩·斯干》中孔穎達所疏內容較為合理：“知璋半圭者，《典瑞》云：‘四圭有邸以祀天，兩圭有邸以祀地，圭璧以祀日月，璋邸射以祀山川。’從上而下遞減其半，故知半圭曰璋。”④ 隨著祭禮的對象從祭天、地、日月、山川地位逐漸降低，祭玉也呈現為四圭、兩圭、圭、半圭的遞減模式。

既然“璋”爲“半圭”，說明“璋瓚”的形制也會比“圭瓚”降等。聶崇義認為“璋瓚”和“圭瓚”形制一致，如若當真如此，只怕所謂“半圭”只能在“柄”的長短上加以體現。但是參看聶崇義的圖釋（圖4.11），他似乎也沒有表現出“柄”的長短有何區別，除柄部比“圭瓚”少了些許紋飾以外，形制幾乎完全一致。如此一來，“圭瓚”“璋瓚”二圖之形過於雷同，很難區別二者之間的差異。

---

① 鄭氏本作“柄”，鎮江本與通志堂本同。
② （宋）聶崇義：《新定三禮圖》，通志堂刊本，清康熙十二年（1673），尊彝圖卷第十四。
③ （漢）毛亨傳、（漢）鄭玄箋、（唐）孔穎達疏：《毛詩正義》，中華書局2009年版，第1106頁。
④ （漢）毛亨傳、（漢）鄭玄箋、（唐）孔穎達疏：《毛詩正義》，中華書局2009年版，第937頁。

第二節　大璋瓚、中璋瓚、邊璋瓚

《周禮·玉人》中對大、中、邊三璋瓚的形制作出了統一解釋，大、中二瓚皆為九寸，邊璋瓚為七存，體型略小；"大璋瓚"有加紋飾，"中璋瓚"則"殺紋飾"，而邊璋瓚是"半紋飾"，這便是三者之別。三器形制相同，材質也和"圭瓚"一致，均是"黃金"和鉛所製。按照器型描述來看，此三瓚也是典型的挹注器，單看經注記載，似乎和"圭瓚"沒有太大區別。

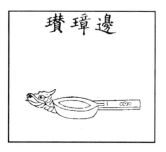

圖 4.12　大璋瓚、中璋瓚、邊璋瓚圖《三禮圖》匏爵卷第十二①

聶崇義對"大璋瓚"解釋的重點放在紋飾方面，聶崇義繪製的所有"瓚"均有龍首為飾，這應該是受到"圭瓚"所説"龍口"的影響（圖 4.12）。《三禮圖》云：

> 《玉人》云："大璋九寸，射四寸，厚寸，黃金勺，青金外，朱中，鼻寸，衡四寸，有繅。"注云："射，剡出者也。嚮上，謂之出。謂剡四寸半已上，其半已下加文飾焉。"勺謂酒樽中勺也，鼻者，勺流也。凡流皆爲龍口。衡，古文"橫"，謂勺

---

①　此三圖各本圖釋均無差異，僅引通志堂本為例。

口徑也。周天子十二年一巡守，所過大山川，禮敬其神，用黄駒以祈沈，則宗祝先用大璋之勺，酌欝鬯以禮神。臣崇義按，此經及疏并阮氏《圖》並不言三璋各有文飾，惟後鄭云："大璋加文飾，中璋殺文飾，邊璋半文飾。"但解三璋得名大、中、邊之義，都不言文飾之物。又按，《易·文言》曰："雲從龍，風從虎。"又《聘義》説玉之十德，其一曰："氣如白虹，天也。"言玉之白①氣，明天之白氣也。然則璋瓚既以勺鼻爲龍頭，其二璋半已下皆宜瑑鏤雲氣以爲飾，其祼圭勺②已下亦宜瑑鏤雲氣以飾之。若祭宗廟，皇后亞獻即执此璋瓚以祼尸，后有故，則大宗伯執以亞祼。③

根據《玉人》記載可知，三璋與"圭瓚""璋瓚"的主要差異在於用途："三璋之勺，形如圭瓚。天子巡守，有事山川，則用灌焉。"④ 因此"大璋瓚"用於祭大山川，"中璋瓚"祭中山川，⑤ "邊璋瓚"祭小山川，⑥ 禮器等級和用途均十分明確。這種按照山川大

---

① 鎮江本作"曰"，應爲形訛。

② 鄭氏本作"半"，鎮江本與通志堂本同。

③ （宋）聶崇義：《新定三禮圖》，通志堂刊本，清康熙十二年（1673），匏爵圖卷第十二。

④ （漢）鄭玄注、（唐）賈公彦疏：《周禮注疏》，上海古籍出版社 2010 年版，第 1627 頁。

⑤ 《三禮圖》所列中璋瓚、邊璋瓚文釋内容基本雷同，正文不再贅述。姑且列於注釋，以供參考。"中璋九寸，其勺口徑亦四寸，鼻射寸數。外内金色（鎮江本作"也"），皆如大璋，其文飾則殺焉。天子巡守所過中山川，殺牲以祈沈，宗祝亦先用此中璋之勺酌酒以禮其神。今按阮氏、梁正《圖》内三璋之勺及祼圭所説節略，多不依經。故後人圖畫皆失形制，其圭勺之狀有如書箏（鎮江本、鄭氏本均作"箬"）者，有如羹魁兩邊有柄者。其三璋之勺則並無形狀，惟畫勺鼻爲獐犬之首，其柄則畫爲雛尾。皆不盈寸，二三紛繆，難以盡言。"

⑥ "邊璋七寸，其勺口徑亦四寸薄，鼻射寸數。内外金飾，朱中，並同於大璋、中璋。唯文飾半於大璋之飾爲别。天子巡守所過小山川，殺牲以祈沈，則宗祝先以邊璋之勺酌灌其神。三璋之勺形制並同圭瓚，但璋勺各短（鄭氏本作"矩"）小耳。又舊《圖》三璋之下，雖不言槃，有可矣。其制亦同瓚，槃口徑皆可六寸。"

小等級排列禮器的做法，與前文所論"蜃尊""概尊""散尊"異曲同工。"三尊"中的"蜃尊"祭"山川四望"，為等級最高者，代表祭祀對象是大神；"概尊"祭"山林川澤"，較"蜃尊"低一等；"散尊"祭"疈辜"，等級為最末，表示祭祀小神。兩廂對比來看，則"三尊"和"三璋"之間共同之處甚多，不僅等級之分明顯，更重要的是，《周禮》強調"三尊"祭祀對象是自然神，"三璋"祭祀大小山川，祭禮的對象也是一致的。"三尊"為盛"鬯"之器，同樣用於祼禮，而祼祭均需要配以挹注器。綜上所述，"三璋"很可能即為與"蜃""概""散"三尊配套的挹注器。

　　綜合來看，"圭瓚""璋瓚"是用於宗廟祭禮的祼禮，而"三璋"地位明顯更低，若與前二者同等使用則不合禮制，所以與"三璋"相配的尊器自然也不會是"六彝""六尊"之屬。因此，用為祭祀自然神的"三尊"與"三璋"的身份最為匹配。

　　就"三尊"和"三璋"的紋飾風格來看，"蜃尊"應與"大璋瓚"配對使用，二者均為等級最高、紋飾豐富的形制。"概尊"居中，與"中璋瓚"相配，應注意的是，"中璋瓚"所謂的"殺紋飾"並不是指不帶紋飾，《爾雅》疏云："自上而下降殺以半，故知璋半珪也。"[1] 由此可知，所謂"殺紋飾"是指減掉一半的意思。而最末等的"邊璋瓚"，雖然尺寸較小，但是帶有"半紋飾"，此處的"半"，應是指在"中璋瓚"已減掉一半紋飾的基礎上，再次減半。與之相對的"散尊"則是完全樸素無紋，雖然二者紋飾風格不完全相同，但是大體仍然能保持一致。

　　就聶崇義繪製的"三璋"圖來看，三件器物的差別僅體現在"柄"部的紋飾，但鄭注所説"中璋瓚"為"殺紋飾"，"邊璋瓚"為"半紋飾"，在聶圖中似乎並沒有得到直接體現，"中璋瓚"的紋飾顯得有些繁複。此三器與"圭瓚""璋瓚"的差別很小，盡管這幾類"瓚"的形制很有可能確是大同小異，但是既然有等級高低之

---

[1] （晉）郭璞注、（宋）邢昺疏：《爾雅注疏》，中華書局 2009 年版，第 5657 頁。

分，則在圖釋上還是需要體現出區別的。聶圖中這幾件"瓚"過於類似，極易相互混淆。

古今很多討論聶圖正誤的學者，大多聚焦在"瓚"圖上添加的"龍口"是否合理，但事實上，聶氏所繪的"瓚"圖最主要的弊病不在於"龍口"，而在於過於雷同的形制。文獻中既然明確記載了紋飾上的區別，這便是辨識幾類瓚器最主要的依據，有必要著重表現。倘若聶崇義對"三璋"的紋飾風格有其他見解，那麼大可在圖釋或文釋中直接標明。現在這幾幅圖釋相似度如此高，但又並不是完全一致，需要在細枝末節處尋找其中差異，若是將"中璋瓚"或"邊璋瓚"圖單獨拿出來，則根本無法判斷出準確的器名。就這一點來說，此三圖並沒有達到直白且簡明易懂的闡釋效果，

第 五 章

瑞玉圖類釋

　　聶本《三禮圖》中涉及玉器的内容共有兩章，一為《玉瑞》，一為《祭玉》。據文獻記載，周代的瑞玉稱“瑞”，而祭祀用玉稱“器”，二者是截然分開的，鄭玄在《周禮·典瑞》中已經有明確定義：“人執以見曰瑞，禮神曰器。”①“六瑞”的概念載於《周禮·大宗伯》，可以將此類玉器理解為區別貴族不同階層身份的象徵：“以玉做六瑞，以等邦國，王執鎮圭，公執桓圭，侯執信圭，伯執躬圭，子執穀璧，男執蒲璧。”② 類似的内容在《玉人》和《典瑞》中也有論述。與“六瑞”相對的則稱“六器”或“六玉”，這些器物則不再表示等級身份，而是專門用於各類祭禮，《周禮·大宗伯》云：“以玉做六器，以禮天地四方，以蒼璧禮天，以黃琮禮地，以青圭禮東方，以赤璋禮南方，以白琥禮西方，以玄璜禮北方，皆有牲幣，各放其器之色。”③ 又《儀禮·覲禮》云：“方明者，木也，方四尺。設六色，東方青，南方赤，西方白，北方黑，上玄，下黃。設六玉，

---

　　① （漢）鄭玄注、（唐）賈公彥疏：《周禮注疏》，上海古籍出版社 2010 年版，第 765 頁。

　　② （漢）鄭玄注、（唐）賈公彥疏：《周禮注疏》，上海古籍出版社 2010 年版，第 679—681 頁。

　　③ （漢）鄭玄注、（唐）賈公彥疏：《周禮注疏》，上海古籍出版社 2010 年版，第 687—689 頁。

上圭，下璧，南方璋，西方琥，北方璜，東方圭。”鄭注：“六色象其神，六玉以禮之。”①

“六瑞”與“六玉”除了用途不同之外，在形制和禮義象徵方面的差別也很顯著。作為證明身份等級的器物，“六瑞”便如同一種原始狀態的“印信”，這六類玉器也僅具這一項功能。“六瑞”之中的“四圭二璧”，不但沒有統一使用同一種玉器，而且器物作四二之分，也並未注重分配的對稱性。這說明，“六瑞”的設置更關注玉器與每個具體階層之間的協調性，並不刻意強調整體的系統性。對於當時的統治者而言，突出各階層之間的等級差異，藉此鞏固權力，防止僭越，比整體協調性更重要。

“六玉”的情況則截然不同，六件玉器分別對應天、地、東、南、西、北六個祭祀對象，並且六器分別為“璧”“琮”“圭”“璋”“琥”“璜”，用器未見重復，玉器形制和顏色也都按照自然神的屬性來搭配。說明“六玉”的搭配是經過縝密設計的，既考慮到各自祭祀對象的特徵，也兼顧了玉禮器的系統性。這也可以從側面證明，玉禮器中用為祭神的“六玉”，比象徵人之屬性的“六瑞”更為重要，地位更高。此外，“六玉”之名非常直白，僅指示其形制和顏色，“六瑞”之名則多附加了禮義層面的意義。按照禮器的發展規律分析，“六玉”的起源要早於“六瑞”，玉禮器的初始功能是祭祀禮神，而“六瑞”作為標誌身份之器，應是較晚時期的產物。

值得注意的是，近年出土玉器證實，《周禮》對玉禮器的闡釋不能代表三代玉禮器的全部內涵，但書中記載的祭祀對象、玉器形制等信息也並非空穴來風，先秦的玉禮器可依據功能，大致分為“玉

---

① （漢）鄭玄注、（唐）賈公彥疏：《儀禮注疏》，上海古籍出版社 2008 年版，第 844 頁。

祭器”和“玉瑞器”兩種。①

　　《三禮圖》對於兩類玉器的分類、定義沒有太大的問題，但是在一些具體形制和紋樣方面的闡釋仍存在偏差。結合出土器物來看，部分玉器圖的形制也略有些出入。本章稱“瑞玉”，意在以“瑞”指“玉瑞”，“玉”指“祭玉”。論述依“圭”“璧”“璋”“琮”“琥”“璜”為序，各類之下再分為若干小類。“圭”“璧”二器類屬較為豐富，每節的論述順序先以“六瑞”，再以“六玉”，其他同類的玉禮器均附在其後；其餘四器無“六瑞”，則均以“六玉”為先。

第一節　圭

　　玉禮器中最為重要的一類即是“圭”，其在所有玉器中所佔數量最多。《三禮圖·玉瑞》中收錄“大圭”“鎮圭”“桓圭”“信圭”“躬圭”“穀圭”“琬圭”“琰圭”，《三禮圖·祭玉》中收錄“青圭”，在六類玉禮器中數量最多。“圭”不僅在文獻中出現的頻率較高，在青銅器冊命銘文中，“圭”也同樣多見。《説文》釋“圭”之本義為：“瑞玉也，上圜下方。”② 《説文》中又收錄古文字形“珪”，此字是在“圭”的基礎上，為表示“玉圭”之義另造的新字，但是很快又棄之不用，經籍仍慣用“圭”。

　　“玉圭”這種尖首長條狀器物的形制來源，各家説法不一，當

---

　　①　“約成書於戰國晚期至西漢早期的《周禮》，記述的雖非周代禮制的實情，但該書作者將遠古文化內涵予以理想化、規範化後，提出對理想社會政治制度與百官職守的總構思。書中記錄禮拜天地四方的各式‘祭玉’，用作表彰身份的各式‘瑞玉’，這些現象的確廣存於新石器時代晚期以來華夏大地上的許多族群中。”鄧淑苹：《玉禮器與玉禮制初探》，《南方文物》2017 年第 1 期。

　　②　（漢）許慎：《説文解字》，中華書局 1963 年版，第 289 頁。

代學者多傾向於是早期的"石斧"或"玉戈"為原型，"玉戈""石戈"不同於真正作為兵器的"銅戈"，無法用來征戰殺戮，它只是一種"禮儀用器"。這種用武器造型來象徵權利或貴族身份的行為並不鮮見，如"玉鉞""玉戈"即象徵著王權，"王"字的本象斧鉞之形，上部分兩橫象"柲上刻溝之兩沿"。① 早期氏族部落階段，生殺大權意味著王權，手握殺人兵器的人即掌握著權利，即可稱王。孫慶偉先生將上古時期用玉制度分為三個階段，以良渚、紅山文化為代表的新石器時期玉禮器為"巫玉"；至龍山時期便轉變為象徵世俗權力的"史玉"；而周代玉禮器則稱"德玉"。其中的"巫玉"代表神權，"史玉"則象徵王權，作為"史玉"制度的代表，"玉圭"成為夏商時期的主禮器，是王權取代神權的標誌。② 但盡管"圭"同樣象徵王權，卻與"王"的情況稍有不同，"圭"所表達的意思應是"規章""法度"，而非武器。作為玉禮器則是用來區別身份等級，並不表示"威懾"，更非"殺戮"之義。

"圭"字既然從"重土"，則本義應與玉石無關。《周禮·典瑞》云："土圭以致四時日月，封國則以土地。"注云："土圭，測日景之圭。"③ 此即"圭表"，也就是監測日影以測算時間的"日晷"。甲骨文中的"圭"作""，④ 象"土圭"之形，與此義相合，可見用為"圭臬"之"圭"才是此字之本義。⑤ 在此義基礎上分析，則

---

① 吳令華主編，吳其昌著：《吳其昌文集》，《金文名象梳證·兵器篇》，三晉出版社 2009 年版，第 46—47 頁。

② 孫慶偉：《禮以玉成：早期玉器與用玉制度研究》，北京大學出版社 2022 年版，第 2—12 頁。

③ （漢）鄭玄注、（唐）賈公彥疏：《周禮注疏》，上海古籍出版社 2010 年版，第 771 頁。

④ 字形出自劉釗、洪颺、張新俊：《新甲骨文編》，福建人民出版社 2009 年版，第 732 頁。

⑤ 此處參考鮑鼎之說。古文字詁林編纂委員會：《古文字詁林》第十冊，上海教育出版社 2004 年版，第 295—300 頁。

“圭”作為象形字，蓋為“晷”的初文。“圭”象徵時間，又引申為制度、典章，引申為玉禮器中地位最尊貴者，倒也頗為恰當。由此分析，“土圭”上尖下鈍，正是呈“尖首條狀”，因此“玉圭”的形制很可能便是取自“土圭”（日晷）之原形。“六瑞”之中“圭”類玉器尤其豐富，也是意在強調“規章制度”和“規範”的重要性。

　　有學者將東漢以來歷代學者對“玉圭”形制的定義逐個分類，得出四個不同系統，分別是許慎《説文》系統、鄭注《周禮》系統、漢代碑畫系統和吳大澂《古玉圖考》系統，文中將各本中圖釋並列比較（圖5.1）。① 四種不同系統探討的重點主要在玉圭首部形狀、玉圭花紋及其所代表的等級。今日所見的玉圭多出土於商代和西周墓葬，經對比可知，早期圭首有尖有圜，至西周墓葬中的玉圭基本均為尖首，圭體俱呈長條狀（圖5.2）。整體來看，“圭”的形制始終較為統一，沒有經歷劇烈演變。

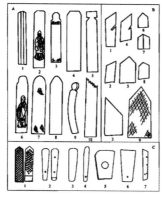

圖5.1　各本典籍中的“圭”

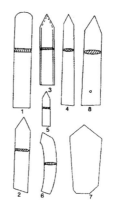

圖5.2　出土“玉圭”器型

① 圖5.1、圖5.2亦出於此文。孫慶偉：《西周玉圭及相關問題的初步探討》，《文物世界》2000年第2期。

一 鎮圭、桓圭、信圭、躬圭

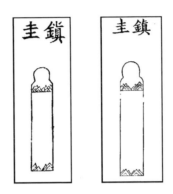

圖 5.3 鎮圭圖《三禮圖》玉瑞卷第十（左為鎮江本 右為通志堂本）

此四器均為“六瑞”之屬，據《大宗伯》記載，“六瑞”的主要用途是“以等邦國”，賈疏云：“既命諸侯，當齊等之，使不違法也。”① 此處所謂“齊等”，指的是“六瑞”依次按照不同身份等級，規定了用玉規制，不得踰矩，也即所謂的彰顯身份等級差異，因此“等”在此應意味著“等級”，“以等邦國”即表示“使邦國等級井然”之義。《三禮圖》對“鎮圭”釋義最為詳盡，其餘三器則論述得較為精簡：

　　鎮圭，《大宗伯》：“以玉作六瑞，以等邦國。王②執鎮圭。”長尺二寸，以鎮安天下，蓋以四鎮山爲琢飾，③ 故得鎮名。《典

① （漢）鄭玄注、（唐）賈公彥疏：《周禮注疏》，上海古籍出版社 2010 年版，第 679 頁。
② 鄭氏本、鎮江本無“王”字。
③ 《三禮圖》中“琢飾”一詞，三禮經注中多作“琢飾”，按《禮記·郊特牲》：“大圭不琢，美其質也。”鄭注：“‘琢’當為‘琢’字之誤也。”可知作“琢飾”不誤，三禮中“琢飾”均表“琢飾”，下不贅述。

瑞》曰："王執鎮圭，搢大圭以朝日。"① 又曰："珍圭以徵守，
以恤凶荒。"鎮圭以徵守者，若漢時徵郡守以竹使符也。諸侯亦
一國之鎮，故以鎮圭徵之凶荒。則民有遠志，不安其土。故王
使使執鎮圭以往，致王命以安之。鎮圭大小之制，當與琬圭、
琰圭相依。孔義云："凡圭廣三寸，厚半寸，剡上，左右各寸
半。"又注云：尹拙議："以鎮圭用五采組，約中央，以備失
墜。"竇儀云："詳《周禮》《儀禮》經疏之義，自天子公侯已
降及聘使所執圭璋，皆有絢組。約圭中央，備其失墜。新《圖》
圭繅叙必以合正文，則餘制皆顯矣。"②

　　"鎮圭"是天子所持之"圭"，也是"六瑞"中等級最高者。除
彰顯天子身份之外，"鎮圭"還有另一功能，即在國家面臨重大災難
時，可用為"使符"。這種用法在等級制度嚴格的周代應是可行的，
即便"圭"上不帶有文字信息，單依靠玉器的形制便可代表天子身
份。此處"鎮"取"安"之義，鄭玄認為是用四鎮之山為飾，表達
天子鎮安四方、天下安定之義。所謂"四鎮"，《周禮·大司樂》
云："凡日月食，四鎮、五嶽崩，大傀異災，諸侯薨，令去樂。"鄭
注："四鎮，山之重大者，謂揚州之會稽，青州之沂山，幽州之醫無
閭，冀州之霍山。"③ 但是此處鄭玄所說的以四鎮為飾，未必指一定
作四鎮山之形，孫詒讓認為，四鎮之說只是表示"鎮圭"帶有山形
紋飾："鄭意此鎮圭即璪刻為山形，以山莫大於鎮，故以為名，非謂
必分象會稽等四山也。"④ 此說可從，鄭玄云"蓋以四鎮之山為璪
飾"，說明他並非根據"鎮圭"實際形制描述，只是表示推測之意。

---

① 鎮江本和鄭氏本無"日"字。
② （宋）聶崇義：《新定三禮圖》，通志堂刊本，清康熙十二年（1673），玉瑞圖
卷第十。
③ （漢）鄭玄注、（唐）賈公彥疏：《周禮注疏》，上海古籍出版社 2010 年版，
第 853—854 頁。
④ （清）孫詒讓：《周禮正義》，中華書局 1987 年版，第 1380 頁。

蓋因此處以"鎮安"釋"鎮圭"之名義，而此意象又極易與"山"關聯，是以"四鎮"之名恰好對應"鎮圭"。

聶崇義繪製的"鎮圭"完全依照鄭注所說，於器物四緣繪以四山形紋飾，上半部分為半圓形（圖5.3）。段玉裁云："圭之制，上不正圓。以對下方言之，故曰上圓。上圓下方，法天地也。"[1] 聶氏此圖很可能即參考許慎"上圓下方"一說，認為"圭"上部分是圓形。但是聶氏未曾留意到《曲禮》中孔疏有云："凡圭，廣三寸，厚半寸，剡上，左右各寸半。"[2]《說文》釋"剡"為"銳利也"[3]。因此"剡上"即說明，"圭"均應是上部較為尖銳之形。具體到"鎮圭"的形制與其他"圭"類有何區別，則經籍無定說。清代學者吳大澂曾提出，器物中間帶有圓孔的"圭"即"鎮圭"（圖5.4）。[4] 但是夏鼐認為此說不可信，此類上部分呈方形，器身帶有孔的"圭"皆應歸入兵器或工具類。[5] 夏說較為合理，此類"斧鉞"形的玉器應與一般的"圭"並非同一物。

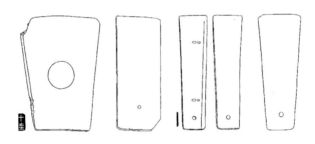

圖5.4　《古玉圖考》收錄"鎮圭"

除形制之外，幾類"玉圭"之間的材質差異也不容忽視，器皿

---

①　（清）段玉裁：《說文解字注》，上海古籍出版社1981年版，第693頁。

②　（漢）鄭玄注、（唐）孔穎達正義：《禮記正義》，上海古籍出版社2008年版，第136頁。

③　（漢）許慎：《說文解字》，中華書局1963年版，第91頁。

④　（清）吳大澂：《古玉圖考》，清光緒十五年上海同文書局石印本，第1—7頁。

⑤　夏鼐：《商代玉器的分類、定名和用途》，《考古》1983年第5期。

類"禮器"多以材質區別身份，玉器亦然。根據《玉人》記載："天子用全，上公用龍，侯用瓚，伯用將。"先鄭注云："全，純色也。"鄭玄云："全，純玉也。"① 此二注有細微差別，先鄭認為"全"的概念依靠顏色來區分，並不以材質為主。此處當從鄭玄，各類"禮器"的尊卑之分顯示，區別等級身份更多依靠的是材質本身。"龍""瓚""將"分別代表了"石"和"玉"的比例，所謂"玉多則重，石多則輕"，按照等級尊卑，材料中石頭的含量依次遞增，與用玉之人的身份相符。《説文》："全，完也。全，篆文全从玉，純玉曰全。"② 《玉藻》云："天子佩白玉而玄組綬，公侯佩山玄玉而朱組綬，大夫佩水蒼玉而純組綬，世子佩瑜玉而綦組綬，士佩瓀玟而縕組綬。"注云："玉有山玄、水蒼者，視之文色所似也。"③ 天子所佩為白玉，無特殊紋色，白玉也與周人所尚本性質樸相合，可證鄭玄所説無誤。上述材料雖然沒有提及"鎮圭"的材質，但是以此類推，天子所執的"鎮圭"同樣也應是等級最高的純玉，以白玉可能性最大。

除《三禮圖》外，其他禮圖文獻中也都著録了"鎮圭"，這些文獻中均採用鄭注"四鎮之山爲瑑飾"的説法，但每位學者對"四鎮"的表達方式卻又都不一樣。這種現象頗具代表性，即使各本所描繪的內容相同，但最終呈現出的圖釋卻差異甚大，倘若在不知道"四鎮"的前提下，單看圖釋恐怕很難理解作者想表達的意思（圖5.5）。《禮書》以"三角形組合"來表示"山"，器身上下左右四個方向各繪一組三角形紋飾，以象徵四境體量龐大的山峰。《六經圖考》則較為簡化，用器身四個不同方向的波折線條象徵"四鎮"，這也是幾幅圖中最抽象的表達方式。纂圖本中描畫的山峰稍微繁複一些，並沒有刻意強調"四鎮"象徵的方向性，且不拘於山形的數

---

① （漢）鄭玄注、（唐）賈公彥疏：《周禮注疏》，上海古籍出版社 2010 年版，第 1622 頁。

② （漢）許慎：《説文解字》，中華書局 1963 年版，第 109 頁。

③ （漢）鄭玄注、（唐）孔穎達正義：《禮記正義》，上海古籍出版社 2008 年版，第 1230 頁。

量，此圖更貼近"群山"之義。綜合來看，聶崇義繪製的山之形較為細膩，但是上下各一列紋飾的設計，僅能突出"山"，容易忽略"四"的意象。這一點在陳祥道和楊甲的圖釋中均得到了強調，雖然"三角形"和"波折形"紋飾稍顯抽象，但勝在表意簡單直白，作為象徵意義的裝飾紋樣也並不突兀。

圖5.5　鎮圭圖　從左至右分別出自《禮書》卷第五十二、《六經圖考》
圭璧璋瓚藻藉制圖、《纂圖互注周禮》天子圭璋藻藉之圖

上述列舉的四幅"鎮圭"圖是非常典型的示例，充分説明人們在事物認知和主觀解讀方面存在的巨大差異，而這種差異所導致的不確定性，也正是後代學者認為禮圖文獻不可信的主要原因。但是究其根本，只要對器物的本質屬性和名義理解無誤，即使圖釋風格有些差異也無傷大雅。在缺乏實物參考的情況下，只要這些圖釋可以幫助人們瞭解"鎮圭"的含義，便已達到作禮圖的目的。

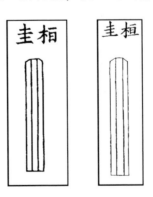

圖5.6　桓圭圖《三禮圖》玉瑞卷第十（左為鎮江本　右為通志堂本）

排在"鎮圭"之下的是"桓圭"（圖5.6），為"公"一級貴族所執的"瑞玉"。《三禮圖》云：

> 《大宗伯》云："公執桓圭。"注云："公者，二王之後及王之上公也。"《玉人》云："命圭九寸，謂之桓圭，公守之。"其信圭、躬圭皆言命圭，而云守之者，以其朝覲執焉，居則守之也。後鄭云："雙植謂之桓。"賈釋云："象宮室之有桓楹也，以其宮室在上，須桓楹乃安。天子在上，須諸侯乃安也。"蓋亦以桓楹爲琢飾也。①

聶崇義所繪"桓圭"，器身帶有兩條直線爲飾，取鄭注所說的"雙植謂之桓"，表示公之於天子，如同"棟梁"，是統治階層穩固的基礎。《説文》釋"桓"爲"亭郵表也"。②據段注所說，此即後世所作的標誌性"華表"："《檀弓》注曰：'四植謂之桓'，按二植亦謂之桓，一柱上四出亦謂之桓。《漢書》：'瘞寺門桓東'，如淳曰：'舊亭傳於四角面百步，築土四方，有屋，屋上有柱出高丈餘，有大板貫柱，四出，名曰桓表。縣所治，夾兩邊各一桓。陳宋之俗言"桓"，聲如"和"，今猶謂之"和表"。'師古曰：'即華表也。'"③《玉人》云"桓圭"的材質是"龍"，即"龙"，表"雜"之義，鄭注"公侯四玉一石"，表示摻有少量石料的玉材。此處未說明具體材質，但依照《玉藻》所說"公侯佩山玄玉"，可知其大致風格。

"桓圭"釋義較為簡單，諸家圖釋也都不複雜。其中陳祥道所繪的圖釋和聶圖完全一致；而楊甲所繪的"桓圭"不帶有紋飾，書中

---

① （宋）聶崇義：《新定三禮圖》，通志堂刊本，清康熙十二年（1673），玉瑞圖卷第十。
② （漢）許慎：《説文解字》，中華書局1963年版，第121頁。
③ （清）段玉裁：《説文解字注》，上海古籍出版社1981年版，第257頁。

亦沒有解釋不繪紋飾的緣由（圖5.7—圖5.8）。

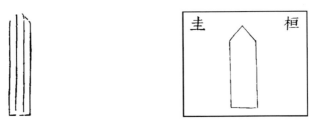

圖5.7　桓圭圖《禮書》卷第五十三　　圖5.8　桓圭圖《六經圖考》圭璧璋瓚藻藉制圖

圖5.9　信圭圖《三禮圖》玉瑞卷第十（左為鎮江本 右為通志堂本）

位於"桓圭"之下一等，為"侯"所持的"信圭"（圖5.9）。《三禮圖》云：

> 《大宗伯》云："侯執信圭。"注云："信圭、躬圭皆長七寸。蓋皆象以人形為瑑飾，文有麤縟耳，欲其慎行以保身。"①

聶崇義認為"信圭"飾人形，此説源於鄭注。鄭玄認為："'信'當為'身'，聲之誤也。"因此釋"信"之義為"慎行以保

① （宋）聶崇義：《新定三禮圖》，通志堂刊本，清康熙十二年（1673），玉瑞圖卷第十。

身"。賈公彥云:"古者舒申字皆爲信,故此人身字亦誤爲信,故鄭云聲之誤也。云'身圭、躬圭,蓋皆象以人形爲琢飾'者,以其字爲身躬,故鄭還以人形解之。云'文有麤縟耳'者,縟,細也。以其皆以人形爲飾,若不麤縟爲異,則身躬何殊而別之?故知文有麤縟爲別也。"① 鄭、賈之説並非空穴來風,金文銘文中,多見有"信"字作從"言"從"身"之形(圖5.10),值得注意的是,這幾個字形均出自戰國晚期銅器,早期資料中則未見。可見在當時,"人"與"身"這兩個意符可以互換。由此推斷,"信圭"爲"身圭"之誤一説是有道理的。

圖5.10 "𧥛"(信)從左至右分別出自梁上官鼎、中山王響壺、信陰君庫戈②

聶崇義直接將直立人形繪製在圭身中央,表情動作端莊,形象中規中矩。而後陳祥道、楊甲二人的圖釋皆受聶圖影響,是以此三本禮圖的"信圭"如出一轍(圖5.11)。聶氏"信圭"圖單獨來看沒有太大問題,但是和後文的"躬圭"相對比來看,則顯得紋飾過於類似,難以分清"身""躬"二圭之間的差別。盡管根據鄭注,"信圭""躬圭"可由紋飾粗細程度來區分,但是所謂的精細與否很難界定,可以理解爲線條的粗細,也可以理解爲風格的粗獷或精細,而聶崇義的圖釋中也並沒有體現出二圭紋飾存在粗細之別。

---

① (漢)鄭玄注、(唐)賈公彥疏:《周禮注疏》,上海古籍出版社2010年版,第680頁。

② 以上字形均出自董蓮池編著:《新金文編》,作家出版社2011年版,第257頁。

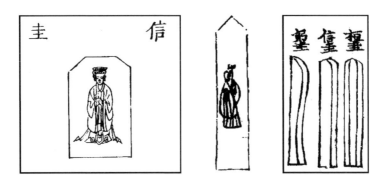

圖5.11　信圭圖 從左至右分別出自《六經圖考》圭璧璋瓚藻藉制圖、
《禮書》卷第五十三、《纂圖互注周禮》諸臣圭璋藻藉之圖

　　對"信圭"紋飾理解差異最大的是《纂圖互注周禮》本圖釋，
此本沒有採用"人形"為飾，而是單純用線條來表示"人"之義。
並且結合書中"桓圭""信圭""躬圭"三圖來看，作者顯然認為三
器的紋飾大同小異，"桓圭"以"雙植"為飾，"信圭"用單線條表
示"人形"，"躬圭"則用曲線形表示"躬身"。《纂圖》本的理解
乍看之下粗糙，卻也不失為一種思路。聶圖的紋飾最大優勢在於契
合名義，但同時也有兩個弊端，一是過於繁複，先秦時期的玉器不
大可能有這樣類型的紋飾，二是與"躬圭"紋飾難以分辨。與之相
比，《纂圖》本的風格則簡約直白，在"桓""信""躬"三者風格
統一的同時，又能分辨其中差異。唯一的劣勢在於，這種過於抽象
的風格對讀者來說，需要對"六瑞"具備一定的瞭解，否則很容易
誤解其義。

　　"信圭"之下為"伯"一級所持"躬圭"，《三禮圖》云：

　　　　《大宗伯》云："伯執躬圭，七寸。"孔《義》引江南儒者解之
　　　　云："直者為信，其文縟細。曲者為躬，其文麤略。"義或然也。①

――――――――――

　　① （宋）聶崇義：《新定三禮圖》，通志堂刊本，清康熙十二年（1673），玉瑞圖
卷第十。

圖 5.12　躬圭圖《三禮圖》玉瑞卷第十（左為鎮江本 右為通志堂本）

　　依照《説文》所述，"躬"之正字應為"躳"，本義為"身
也"。① 段注云："从呂者，身以呂爲柱也。疾執信圭，伸圭人形直。
伯執躳圭，躬圭人形曲。鞠躬者，斂曲之皃也。"② 聶崇義對"躬
圭"的理解也比較直白，圖釋作拱手躬身的人形（圖5.12），如
前所述，這種紋飾表達方式過於含蓄，所謂的"躬""曲"之義沒
有得到明確的體現，也使得"信""躬"二圭紋飾區別太小，難以
分辨。

　　《六經圖》和《禮書》所繪"躬圭"均與聶圖相同。《纂圖》
本則用簡明的曲線表示"躬圭"（圖5.11），雖然較為抽象，不能完
全詮釋出"躬身"之義，但是至少可與"曲者爲躬"之義相合。此
外，"伯"一級所持的玉器材質與前文"信圭"又不相同，《玉人》
既云"伯子男三玉二石"，説明自"伯"以下所使用的玉料等級均
比較低。在等級存在明顯差異的情況下，"躬圭"的紋飾與"信圭"
定然也存在區別，是以鄭玄所説"躬圭""信圭"二者"文有麤縟"
是有道理的，只不過具體呈何種紋飾，又如何表達"麤縟"之別，
則尚不可知。

---

① （漢）許慎：《説文解字》，中華書局1963年版，第152頁。
② （清）段玉裁：《説文解字注》，上海古籍出版社1981年版，第343頁。

二　青圭

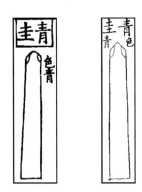

圖5.13　青圭圖　《三禮圖》祭玉卷第十一（左為鎮江本 右為通志堂本）

　　"青圭"為"祭玉"，是"六玉"之一，與前四類"圭"的性質不同。《大宗伯》載"六玉"的用途是"以禮天地四方"，是以"祭玉"類的玉禮器的功能是祭祀禮神，非是區別身份之用。《三禮圖》云：

　　　　《大宗伯》云："以青圭禮東方。"注云："以立春祭蒼精之帝，而太昊、句芒食焉。"圭銳，象春物初生，其牲幣皆如圭色。其圭亦九寸，厚寸，博三寸，剡上各寸半。此以下壇兆①各隨方於郊設。②

　　"六玉"的顏色與所祭之"神"的代表色一致，"青"本義即為"東方色也"。上古時期按照顏色對應四方之神的習慣，應是起源於對"土"的崇拜，各色祭品所對應的即土地之色，《尚書·禹貢》："厥貢惟土五色"，傳云："王者封五色土為社，建諸侯則各割其方色土與之，使立社。燾以黃土，苴以白茅，茅取其潔，黃取王者覆

①　鎮江本作"比日下壇兆"，鄭氏本作"此已下壇兆"。
②　（宋）聶崇義：《新定三禮圖》，通志堂刊本，清康熙十二年（1673），祭玉圖卷第十一。

四方。"孔疏云："《韓詩外傳》云：'天子社廣五丈，東方青、南方赤、西方白、北方黑，上冒以黃土。將封諸侯，各取其方色土，苴以白茅，以爲社。明有土謹敬絜清也。'"① 這種説法基本與上古習俗相符，在行政區域概念出現之前，先民利用土地顏色劃分地區，是最直觀的方式。而後這種概念與祭祀鬼神結合起來，逐漸演變爲依據土地顏色祭祀各個地區的"神"。玉石原本也是土地所出的產物，用以祭祀各方神祇最爲適宜。

至於"青圭"的形制，根據鄭注"以立春，祭蒼精之帝"，以及"圭銳，象春物初生"這兩點可知，用"圭"代指東方之神，並不是因爲"圭"與東方有關，而是因爲"圭"的形狀與初生之物類似，而"東方之神"象徵春季，因此以"圭"爲代表。"祭蒼精之帝"的"蒼"本義爲"草色也"，同樣也與春季有關。由此可知，"青圭"的特徵一定會與"春"有直接關聯，很可能是以青色玉作"青圭"，又或者用紋飾表示"青色"之義。孫詒讓認爲，"青圭"應是一種與"水蒼玉"大同小異的顏色："《廣雅·釋器》云：'蒼，青也。'《毛詩·采芑》傳云：'蔥，蒼也。'《爾雅·釋器》云：'青謂之蔥。'郭注云：'淺青也。'據毛郭説，則蒼蔥並青之淺者。《玉藻》云：'大夫佩水蒼玉。'此蒼璧即水蒼玉，與下青圭色小異。"② 此説可從，"青圭"的材質顏色應略深於"水蒼玉"，但二者差異不大。

聶崇義並沒有説明"青圭"所用的是否青玉料，但是在圖釋中標出"色青"二字（圖5.13），説明玉器的顏色是"青圭"區別於其他"圭"的主要特徵。其所繪圖釋與一般圭形無異，只是在尖端部分添加了兩個半弧形的裝飾，文釋中沒有對紋飾做出任何解釋，單看圖釋也無法理解其與"青"這一意象之間的關係。《六經圖》中的"青圭"繪出了與聶圖類似的半弧形紋飾，只不過將紋飾的位

---

① （漢）孔安國傳、（唐）孔穎達正義：《尚書正義》，中華書局2009年版，第81—82頁。

② （清）孫詒讓：《周禮正義》，中華書局1987年版，第1392—1393頁。

置略微下移（圖 5.14）。《纂圖》本則與前者思路不同，其圖上部分有兩處對稱的缺失，形成了一個類似瓶頸的形狀，很可能是此本將聶圖、楊圖畫出的半弧形紋飾理解為"挖空"之義。《禮書》中的"青圭"則不帶有任何紋飾，與通常所見的"圭"形沒有任何區別，陳氏文釋中也沒有多做説明。

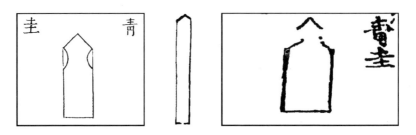

圖 5.14　青圭圖　從左至右分別出自《六經圖考》圭璧璋瓚藻藉制圖、《禮書》卷第五十三、《纂圖互注周禮》六器圖

綜合上述信息，首先，"青圭"為青色玉器應當無疑；其次，聶崇義繪製的弧形紋飾所謂何意暫無從知曉，更不知此紋飾與"青"的關係。根據三禮的記載來看，禮天地的器物往往尚質樸素，因此"青圭"很可能不帶有特殊紋飾，只是以特殊的質地和顏色表示其祭器身份。

三　大圭、穀圭、琬圭、琰圭

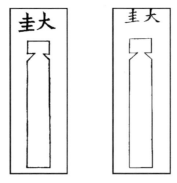

圖 5.15　大圭圖《三禮圖》玉瑞卷第十（左為鎮江本　右為通志堂本）

“大圭”雖不屬於“六瑞”和“六玉”，但它也是天子所用的玉器。“大圭”與衆不同之處在於，它並非單純象徵身份，同時還可具備一定的實用性，這是大多數玉禮器都不具備的。《三禮圖》云：

> 《玉人職》云：“大圭長三尺，杼上終葵首，天子服之。”注云：“王所搢大圭也，或謂之珽。”《玉藻》曰：“天子搢珽，方正於天下也。”杼，殺也。終葵，椎也。以齊人謂椎爲終葵，故云“終葵，椎也”。爲椎於杼上，明無所屈也。此對諸侯荼前屈後直，大夫前屈後屈。故《玉藻》注云：“此珽亦笏也。謂之珽者，言珽然無所屈也。《相玉書》曰：‘珽玉六寸，明自炤。’”然則六寸之珽，據上不殺者，椎頭也。玉體瑜不掩瑕，瑕不掩瑜，善惡露見，是其忠實，故云“明自炤”也。故君子於玉比德焉，言其忠實也。比他圭最長，故得大圭之名。以其搢於衣帶之間，同於衣服，故以服言之。①

“大圭”需要插在衣服上，表達天子“無所屈”之義，“大圭”或稱“珽”，“珽”即爲“玉笏”。《典瑞》云：“王晉大圭，執鎮圭，繅藉五采五就，以朝日。”賈公彥云：“謂插大圭長三尺玉笏於帶間，手執鎮圭尺二寸。”②《毛詩·長發》：“受小球大球，爲下國綴旒，何天之休。”箋云：“綴猶結也。旒，旌旗之垂者也。休，美也。湯既爲天所命，則受小玉，謂尺二寸圭也，受大玉，謂珽也，長三尺。執圭搢珽，以與諸侯會同，結定其心，如旌旗之旒縿著焉。擔負天之美譽，爲衆所歸鄉。”③　又《左傳桓公二年》：“袞、冕、

---

① （宋）聶崇義：《新定三禮圖》，通志堂刊本，清康熙十二年（1673），玉瑞圖卷第十。

② （漢）鄭玄注、（唐）賈公彥疏：《周禮注疏》，上海古籍出版社 2010 年版，第 765 頁。

③ （漢）毛亨傳、（漢）鄭玄箋、[唐] 孔穎達疏：《毛詩注疏》，中華書局 2009 年版，第 1352 頁。

黻、斑。”注云：“斑，玉笏也。”疏云：“天子之笏以玉爲之，故云
‘斑，玉笏也。’《管子》云：‘天子執玉笏以朝日’是有玉笏之文
也。禮之有笏者，《玉藻》云：‘凡有指畫於君前，用笏，造受命於
君前，則書於笏。’《釋名》曰：‘笏，忽也。君有命則書其上，備
忽忘也。’或曰笏可以簿疏物也。徐廣《車服儀制》曰：‘古者貴賤
皆執笏，即今手板也。’然則笏與簿，手板之異名耳。《蜀志》稱秦
密見大守以簿擊頰，則漢、魏以來皆執手板，故云‘若今吏之持簿’
《玉藻》云：‘笏，畢用也，因飾焉。’言貴賤盡皆用笏，因飾以示
尊卑。”① 其他等級的“笏”與多數禮器一樣，也是以材質、紋飾作
爲區分。《玉藻》：“笏，天子以球玉，諸侯以象，大夫以魚須文竹，
士竹本象可也。”注：“球，美玉也。文，猶飾也。大夫、士飾竹以
爲笏，不敢與君並用純物也。”② 由此可知，“大圭”的大致形制與
“笏”接近。雖然通常的“笏板”還可作臨時書寫之用，但天子所
用的玉笏應無需具備這種功能。

　　聶崇義繪製的“大圭”最特別之處在於上半部分，這種頂端呈
方形的設計與其他“圭”的形制大不相同（圖 5.15）。此舉很可能是
根據《玉藻》中的“天子搢珽，方正於天下也”一說，但同時也不
能排除，聶崇義參考了後世“笏板”的形制。根據“笏”的原始用
途和演變過程來看，其形制的確應為簡單的板形或長條狀，上部分作
方形是有道理的，但是沒有必要在“大圭”的頸部挖空兩角作為修
飾。《郊特牲》云：“大羹不和，貴其質也。大圭不琢，美其質也。”③
這表示“大圭”以質為本，不需要過多裝飾。其餘幾本禮圖中的“大
圭”圖，應皆受到聶圖的影響，器物形制基本一致（圖 5.16）。

---

① （晉）杜預注、（唐）孔穎達正義：《春秋左傳正義》，中華書局 2009 年版，
第 92 頁。

② （漢）鄭玄注、（唐）孔穎達正義：《禮記正義》，上海古籍出版社 2008 年版，
第 1215 頁。

③ （漢）鄭玄注、（唐）孔穎達正義：《禮記正義》，上海古籍出版社 2008 年版，
第 1082 頁。

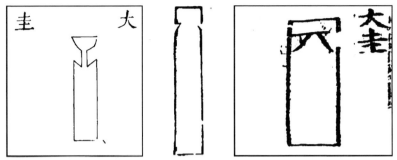

圖 5.16　大圭圖　從左至右分別出自《六經圖考》圭璧璋瓚藻藉制圖、
《禮書》卷第五十一、《纂圖互注周禮》天子圭璋藻藉之圖

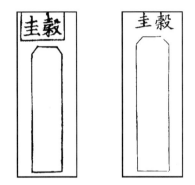

圖 5.17　縠圭圖《三禮圖》玉瑞卷第十（左為鎮江本　右為通志堂本）

"縠圭"的功能較為特殊，它是天子用於"聘女"的禮器。《三
禮圖》云：

> 《玉人》云："縠圭七寸，天子以聘女。"注云："納徵加於
> 束帛。"賈釋云："自士已上，皆用玄纁、束帛，但天子加以縠
> 圭，諸侯加大璋，亦七寸。"《典瑞》云："縠圭以和難，以聘
> 女。"後鄭云："縠圭亦工使之瑞節也，縠，善也。其飾若粟文。
> 然仇讎和之者，若《春秋》宣公及齊侯平莒及郯，晉侯使瑕嘉
> 平戎于王也。其聘女則以納徵。"①

————————————

① （宋）聶崇義：《新定三禮圖》，通志堂刊本，清康熙十二年（1673），玉瑞圖
卷第十。

　　照《典瑞》所説，"穀圭"也是天子的一種"瑞節"，只不過並非用於國家政治角度，只用於婚禮中的"納徵"，以示天子身份。"鎮圭""大圭"和"穀圭"都是象徵天子身份的玉器，卻依據具體用途詳細區分，一方面説明，當時的統治階層對於玉器的使用劃分得頗為細緻；另一方面而言，既然專門為"納徵"設置一件玉圭，説明當時對婚禮儀典較為重視。

　　文獻中對"穀圭"的形制未作描述，因此聶圖繪製得十分簡潔，玉器全素無紋，但通過此圖無法解釋何謂"穀"之義（圖5.17）。鄭玄明確釋"穀"之義為"其飾若粟文然"，不知聶崇義為何忽視這一信息。《大宗伯》中釋"穀璧"時曰"穀所以養人"，此説應也可以用於釋"穀圭"，"穀圭"既然用於婚禮，玉器象徵"百穀"之意象，也是合乎儀典場合的。聶圖中的"穀璧"紋飾存在較大爭議，今日可見的出土實物中有大量帶有"穀紋"的玉璧，其紋飾如同細小穀物顆粒，均勻佈滿玉器表面作為裝飾，以"穀"為名可謂十分貼切（圖5.18）。而鄭玄所謂的"若粟文然"，也正與"穀紋"相合，是以"穀圭"之紋飾也應是如此。只不過截止目前為止，戰國時期帶有"穀紋"的"璧""璜"等器物較為常見，"穀圭"卻未有發現。

圖5.18　帶有穀紋的出土玉器
從左至右分別為穀紋玉環、穀紋玉璜、青玉穀紋柄形管（三件均為戰國玉器）①

---

　　① 《穀紋玉環》，《中国国家博物馆馆刊》2016年第9期。欣弘主編：《2020古董拍賣年鑒》（玉器），湖南美術出版社2020年版，第1頁。欣弘主編：《2018古董拍賣年鑑》（玉器），湖南美術出版社2018年版，第30頁。

《六經圖》參照聶圖，同樣作無紋“穀圭”，而《禮書》和《纂圖》本則均繪製了帶有“穀紋”裝飾的玉圭（圖5.19）。二圖的紋飾顯然也是出自主觀上對“穀”的理解，與上古時期“穀紋”有區別，但相比起聶圖版本的“穀圭”，此二圖釋的解讀更為可信，也更接近上古時期紋飾風格，尤其是《纂圖》本中的“穀紋”排列更為規則，最接近戰國玉器上的紋飾。

圖5.19 穀圭圖 左出《禮書》卷第五十五 右出《纂圖互注周禮》天子圭璋藻藉之圖

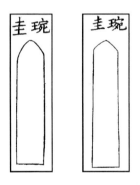

圖5.20 琬圭圖《三禮圖》玉瑞卷第十（左為鎮江本 右為通志堂本）

“琬圭”同樣也是王之“瑞節”，只不過是用於“結諸侯之好”。《三禮圖》云：

　　《玉人》云：“琬圭九寸，而繅以象德。”後鄭云：“琬，猶圓也。玉使之瑞節也。諸侯有德，王命賜之，使者執琬圭以致命焉。”故《典瑞》云：“琬圭以治德結好”，“治德”即《玉人》

注云："諸侯有德，王命賜之"也。"結好"謂諸侯使大夫來聘，既而為壇會之使，大夫執以命事焉。《大行人》曰："時聘以結諸侯之好"。纆，藉也。先鄭云："琬圭無鋒芒，故治德以結好。"①

"琬圭"的形制特點在於"圓""無鋒芒"，結合"圭"的器型，可知這種"圭"的頂端應不帶有尖角，大概率會呈現為圓潤的形狀。《說文》釋"琬"為"圭有琬者。"② 段玉裁云："此當作圭首宛宛者，轉寫譌脫也，琬宛疊韻。"又云："圜剡之，故曰圭首宛宛者。"③ 說明"琬"之名即由"宛"衍生而來，表示"宛曲""宛轉"之義。

所謂的"圜剡之"之形本應該較容易表達，但是聶崇義繪製的"琬圭"之"圓"形卻並不是非常明顯，反倒是其後的"琰圭"顯得更加圓潤一些。這種"圓形圭"本應該與其他玉圭差異顯著，但聶圖中卻沒有體現出來。而反觀《禮書》中的"琬圭"之形就顯得合理得多（圖5.21），陳圖中這一形制應比聶圖更為貼切。

圖5.21　琬圭圖　《禮書》卷第五十五　　　圖5.22　殷墟婦好墓出土玉圭

殷墟婦好墓中曾出土幾件類似圭形的玉器，上端成圓角，器身帶有豎直陰線刻紋，呈深綠色或黃褐色，考古報告認為其似《古玉圖考》中

① （宋）聶崇義：《新定三禮圖》，通志堂刊本，清康熙十二年（1673），玉瑞圖卷第十。

② （漢）許慎：《說文解字》，中華書局1963年版，第11頁。

③ （清）段玉裁：《說文解字注》，上海古籍出版社1981年版，第12頁。

的“琬圭”（圖5.22）。① 孫慶偉認為，此類“琬圭”可能是龍山或大汶口時期的遺物。② 但此類器物下端均帶有圓孔，與傳統概念中的“圭”略有區別，且器身的豎直刻線，反倒與文獻所載的“桓圭”的更為接近。

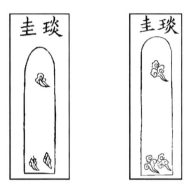

圖5.23　琰圭圖　《三禮圖》玉瑞卷第十（左為鎮江本 右為通志堂本）

“琰圭”與“琬圭”同用為“瑞節”，但二者的作用卻正好相反，“琬圭”用於對諸侯示好，“琰圭”則是用於“除慝”，即誅殺逆惡之義。《三禮圖》云：

《玉人》云：“琰圭九寸，判規以除慝，以易行。”賈釋注云：“判，半也。凡圭，琰上寸半。琰圭，琰半以上，至首而規，又半已下為琢飾。諸侯有為不義，使者征之，執以為瑞節也，經云‘除慝’，謂誅逆惡也。易行，謂去煩苛也。”然則煩苛非惡逆之事，直謂政教煩多而苛虐也。是知諸侯有惡行，故王使人執之以為瑞節。易，去之也。又後鄭《典瑞》注云：“除惡行，亦於諸侯使大夫來覜，既而使大夫執而命事於壇。”

① 中國社會科學院考古研究所：《殷墟婦好墓》，文物出版社 1980 年版，第116—117 頁。
② 孫慶偉：《禮以玉成：早期玉器與用玉制度研究》，北京大學出版社 2022 年版，第 75 頁。

《大行人職》曰："殷覜①以除邦國之慝。"又先鄭《典瑞》注云："琰圭有鋒芒，傷害征伐誅討之象，故以使易惡行，令爲善也。則以此圭責讓諭告之。"詳先鄭"鋒芒"之言有違判規之義，背經取法，唯得圭名。②

"琰圭"既然有掃除奸邪之用，則器物本身形制也應該帶有肅殺的特徵，因此鄭玄云"琰圭有鋒芒"，此說正與先鄭所云"琬圭無鋒芒"相對。這表明"琬圭""琰圭"二器各自代表著一正一邪，對有德行的諸侯宛轉示好，對品行不端者則懲奸除惡。這兩件玉器既代表了天子用人、執政的權力，同時也暗示作為君王必須有明辨善惡的能力，方能安邦定國。這些寓意反映在器型上則為一圓一尖，"琰圭"應呈明顯的"尖形圭"。

由此可知，聶圖的"琰圭"形制與"琬圭"同樣值得商榷，圖釋並沒有體現出"琰圭"的鋒芒，反而顯得十分圓潤（圖5.23），使人不禁懷疑聶氏是否誤將此二圖顛倒。《禮書》所繪的"琰圭"為中規中矩的"尖形圭"；《六經圖》中的"琰圭"則為不對稱形式，與諸家皆不相同（圖5.24）。大部分"圭"多見對稱結構，這種形制的"琰圭"較為奇特，此器應是將"鋒芒"理解為"刀刃"之形，所以僅一側較為鋒利。

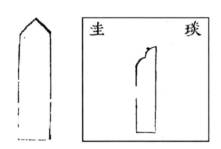

圖5.24　琰圭圖　左出《禮書》卷第五十五　右出《六經圖考》圭璧璋瓚藻藉制圖

---

①　此字鄭氏本訛為"規"。鎮江本雖作"覜"，但此字有明顯的改動痕跡。

②　（宋）聶崇義：《新定三禮圖》，通志堂刊本，清康熙十二年（1673），玉瑞圖卷第十。

第二節　璧

　　"璧"是出土玉禮器中最為常見的一種，玉璧通常為圓形，早期偶爾可見方形或異形玉璧。《説文》："璧，瑞玉，圜也。"① 又《爾雅》云："肉倍好。"② 據《爾雅》描述，"璧"的特點是外層的玉比中間的孔大一倍，倘若孔過大而玉太薄，則應為"環"屬。③ "璧"可謂千百年來最常見，用途最廣的玉器，其形制從古到今幾乎沒有變化，是以聶圖中的器型也大體無誤。其中爭議的焦點，主要在於玉璧的紋飾風格，對照各類出土玉璧，可糾正禮圖中不當的紋飾。

一　穀璧、蒲璧

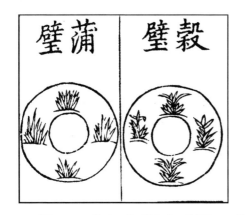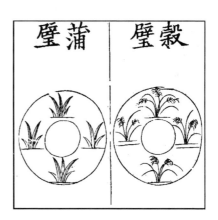

圖 5.25　蒲璧、穀璧圖《三禮圖》玉瑞卷第十（左為鎮江本 右為通志堂本）

---

①　（漢）許慎：《説文解字》，中華書局 1963 年版，第 11 頁。
②　（晉）郭璞注、（宋）邢昺疏：《爾雅注疏》，中華書局 2009 年版，第 80 頁。
③　夏鼐先生提出，"肉""好"關係之説是漢代經學家故弄玄虛，出土玉璧並不限於經籍所言的璧、瑗、環三種比例，此三者可皆稱為"璧環類"或"璧"。夏鼐《商代玉器的分類、定名和用途》，《考古》1983 年第 5 期。杜金鵬認為，現有的商代璧、瑗、環看不出功能上的顯著差異，可將外廓作圓形、中央有圓孔的玉器統稱為璧。杜金鵬：《殷商玉璧名實考》，《文物》2023 年第 7 期。

　　"穀璧" 和 "蒲璧" 是 "六瑞" 之中排在末尾的兩件玉器，象徵著身份最低的 "子" 和 "男"，其中子之 "穀璧" 較男之 "蒲璧" 地位又稍高一些。《三禮圖》云：

　　　　《大宗伯》云："子執穀璧，五寸，諸侯自相見亦執之。"《曲禮》疏云："其璧則內有孔，謂之好。外有玉，謂之肉。故《爾雅》云：'肉倍好謂之璧，肉好若一謂之環。'" 此五等諸侯各執圭璧，朝於王及自相朝所用也。又云："穀所以養人。" 蓋琢穀稼之形爲飾。

　　　　《大宗伯》云："男執蒲璧，五寸。" 曲禮疏引此注云："蒲爲席，所以安人。" 蓋琢蒲草之形爲飾。①

　　所謂的 "穀" 和 "蒲"，指的即是璧上所繪花紋，"穀" 即爲 "穀紋"，"蒲" 爲 "蒲紋"。三禮對 "穀紋""蒲紋" 僅作義理上的解釋，並未詳述其紋飾特徵，這主要是由於其在三代時期頗爲常見。甚至時至今日，此類紋飾在我們日常生活中同樣不陌生，只是難以在不知名的前提下，將其形與 "穀""蒲" 二義結合，是以對經學家造成諸多困擾。聶氏對這兩種紋飾的理解顯然不恰當（圖5.25），《周禮》中有疏云："穀所以養人。蒲爲席，所以安人。"② "穀" 爲 "百穀之總名"，"蒲" 的本義是 "水草"，且 "可以作席"。就字面意義上來講，聶崇義所繪圖釋並不算有錯，只不過其所表現的 "穀" 和 "蒲" 太過直白，沒有兼顧先秦時期偏於抽象的裝飾風格。三代時期對這類紋飾大多不會 "依形象事"，其命名也慣於採用較爲委婉的方式，甚至會帶有一些聯想成分。相比之下，陳祥道所繪的 "穀璧" 便合理許多，其紋飾已然與先秦實物無異（圖5.26）。如黃以

---

　　① （宋）聶崇義：《新定三禮圖》，通志堂刊本，清康熙十二年（1673），玉瑞圖卷第十。

　　② （漢）鄭玄注、（唐）賈公彥疏：《周禮注疏》，上海古籍出版社2010年版，第681頁。

周所説："聶圖穀作稼形，陳書作散穀。程氏創物小記圖曹氏藏穀璧，如陳氏言。"① 有趣的是，陳氏對"穀璧"理解精準，但"蒲璧"之形卻與聶圖無異。陳圖"穀璧""穀圭"二器的紋飾，皆與先秦玉器中的"穀紋"非常接近，其文釋中未作解釋，但照此推測，陳氏很可能有實物為據。

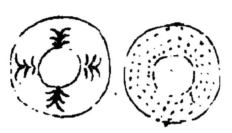

圖5.26　蒲璧、穀璧圖　《禮書》卷第五十三

今日考古出土玉器中常見"穀""蒲"二紋，有學者列舉出同為龍形玉珮的情況下，飾"穀紋"與飾"蒲紋"之間的區別（圖5.27）。不難看出，所謂的"蒲紋"是因為其紋飾風格與蒲草編成的蓆子十分類似；而"穀紋"則是因細密的點狀裝飾，與穀物、粟米之形較為接近。可見此處所謂的"蒲紋"指的已經不是象其本義"蒲草"，而是引申為象"蒲席"之紋，也就是《司几筵》中"諸侯祭祀席蒲筵繢純"一文提到的"蒲筵"。② 由"蒲草"到"蒲席"的確需要一定的聯想，因此在缺乏實物參照的情況下，宋明時期多數解經圖均選擇直白地表現"穀""蒲"二義。聶氏也是如此，其圖未作任何發散，選擇以較為保守的"望文生義"的方式來進行闡釋，僅照字面意思描繪紋飾。盡管在今日看來，聶圖難免顯得荒謬，但在當時來看，此舉可算是較為穩妥的"權宜之計"。將無法解釋的內容，以最直白的方式呈現出來，可以最大程度上避

① （清）黃以周：《禮書通故》，中華書局2007年版，第2370頁。
② （漢）鄭玄注、（唐）賈公彥疏：《周禮注疏》，上海古籍出版社2010年版，第756頁。

免曲解三禮本意。

圖5.27　上圖為蒲紋、下圖為穀紋①　圖5.28　左為穀璧（戰國）右為蒲璧（漢代）②

　　“蒲紋”和“穀紋”之間也存在一定關連，《周代用玉制度研究》中指出，“蒲紋”和“穀紋”之間應該存在時代差異。原因在於：“蒲紋其實是製作穀紋的最初定位工序，穀紋流行於整個戰國時期，後因製作工序簡化，蒲紋逐成為獨立紋飾，並盛行於戰國晚期和漢代。”並由此提出，這兩種玉璧應該只是代表時代之別，不代表持有者的身份差異。③ 就目前出土的玉璧來看，“蒲璧”在戰國階段的確較為鮮見，大多戰國玉璧均為“穀紋”，至漢代開始“蒲璧”數量漸多（圖5.28），因此，二器代表不同年代之説也有一定道理。但是既然“蒲紋”是“穀紋”的“初始工序”，則也有可能為了體現身份差別，所以為地位最低的“男”配備這類工序較為簡易的紋飾，由此體現等級差異並彰顯等級地位。

---

　　①　此圖出自孫慶偉《周代用玉制度研究》，上海古籍出版社2018年版，第194頁。

　　②　欣弘主編：《2020古董拍賣年鑒》（玉器），湖南美術出版社2020年版，第6頁。易興宏主編：《2005古董拍賣年鑒》（玉器），湖南美術出版社2005年版，第8頁。

　　③　孫慶偉：《周代用玉制度研究》，上海古籍出版社2018年版，第194頁。

二　蒼璧

圖 5.29　蒼璧圖《三禮圖》祭玉卷第十一（左為鎮江本 右為通志堂本）

不同於上述兩類玉璧的性質，"蒼璧"用為"六玉"之中禮天的玉器，依照"六玉"的命名規則，"蒼"指玉器的顏色。《三禮圖》云：

> 按《大宗伯》云："以蒼璧禮天，牲幣亦如璧色。"後鄭云："以冬至，祭天皇大帝，在北極者。於地上之圜丘。"蒼璧者，天之色。圜璧、圜丘皆象天體，以禮神者必象其類也。下皆倣此。臣崇義又案，《玉人》云："璧好三寸。"賈釋云："古①人造璧應圜，圜徑九寸。"其注又引《爾雅》云："肉倍好謂之璧。郭璞云：'肉，邊也。好，孔也。'"然則兩邊肉各三寸，與此三寸之好，共九寸也。阮、鄭二《圖》皆云"蒼璧九寸，厚寸。"是據此而言也。又《玉人》"璧好三寸"之下云："璧九寸，諸侯以享天子。"以此而言，是有九寸之璧也。案崔靈恩《三禮義宗》云："昊天及五精之帝，圭、璧皆長尺二寸。"今檢

---

① 鄭氏本作"玉"，鎮江本與通志堂本同。

《周禮》《爾雅》皆長尺二寸之璧，未知崔氏據何文以爲。①

　　此段釋文多在探討"璧"的尺寸問題，但對於"蒼璧"對應的顏色未多加論述，僅引"天之色"，所以在圖釋中標註爲"色青"（圖5.29）。禮天玉器象徵天之色固然合理，但倘若"蒼璧"爲"色青"，就意味著"蒼璧"與"青圭"顏色一般無二。但"六玉"的顏色應是各不相同的。此處應是聶氏對"蒼"的理解不當，"蒼"和"青"的確相似，但二者之間仍有明顯差異。據孫詒讓考證，"蒼"應該是"淺青色"，"蒼璧"即"水蒼玉"。②"蒼璧"禮"天"，玉器應是接近天空的淺青色；"青圭"禮東方，象初春之色。是以"青"應爲草綠或青綠，"蒼"本指水藍或天藍，蒼色比青色略淺。當然，依照古人做玉器的習慣，很可能大體顏色偏淺的藍綠色系玉石皆爲"蒼"，較之顏色略爲偏深的則屬"青"。

　　除常見的圓形玉璧外，紅山文化曾出土一種造型較爲特殊的玉璧，學者多稱爲"雙聯璧"或"三聯璧"（圖5.30），此類玉器的形制特殊，似與"玉"字古文字形所象的"三玉之連"頗爲接近，是以，此類玉器很可能與"玉"字和"禮"字初文之形有關。據統計，此類聯璧在我國黑吉地區、遼河流域、海岱地區和江淮地區的新石器晚期及銅石並用早期墓葬中多有發現。目前共計出土三十餘件，其中"雙聯璧"和"三聯璧"佔多數，"四聯璧"僅一件。③這類"聯璧"與"圓形璧"關係密

---

　　①　（宋）聶崇義：《新定三禮圖》，通志堂刊本，清康熙十二年（1673），祭玉圖卷第十一。

　　②　"蒼璧者，《廣雅·釋器》云：'蒼，青也。'《毛詩·小雅·採芑》傳云：'蔥，蒼也。'《爾雅·釋器》云：'青謂之蔥。'郭注云：'淺青也。'據毛郭説，則蒼蔥並青之淺者。《玉藻》云：'大夫佩水蒼玉。'此蒼璧即水蒼玉，與下青圭色小異。賈疏云：'易云："天玄而地黃。"今地用黃琮依地色，而天不用玄者，蒼玄皆是天色，故用蒼也。'"孫詒讓：《周禮正義》，中華書局2013年版，第1392—1393頁。

　　③　阿如娜、袁波文：《中國新石器時代的玉聯璧》，《草原文物》2017年第2期。欒豐實《連璧試析》，楊伯達主編：《中國玉文化玉學論叢》，紫禁城出版社2007年版，第366頁。

切，玉璧最早的形態是"單圓孔方形璧"，後演變為"圓形璧"，而這種"聯璧"則是在圓形璧的基礎上演變而來的。①

圖5.30　雙聯璧和三聯璧 紅山文化晚期②

此類玉器在墓葬中的擺放位置多處於骸骨的胸部或背部，其功能尚未有定論，目前考古學界多將聯璧歸為一種飾物，有學者認為此類聯璧可用於單獨配戴，也可縫於衣帽上或作為套件的組成部分，配戴在高等級神職人員或部落首領身上，作為身份等級象徵。也有可能是當時社會對生殖崇拜的一種體現。③ 但從玉禮器本身的性質分

①　"玉璧最早的形態是單圓孔方形璧，但孔壁邊緣有一個用於系帶的穿孔，之後方形壁逐漸發展為方圓型璧，最終演變為圓形璧。隨著人們審美觀念的提高，用於系帶的穿孔日漸規範，逐漸演變為集系帶與禮天功能於一身的圓孔，單孔璧開始向雙孔璧過渡，雙孔性質發生質變。當用於祭祀的雙孔孔徑對等時，雙聯璧正式定型；為了便於系帶，又開始鑽出新孔，雙聯璧上再次出現用於系帶的鑽孔；當用於系帶的新鑽孔再次具備祭祀功能後，雙聯璧開始向三聯璧過渡。"馬海玉：《紅山文化玉璧創型理念及其功能研究》，《赤峰學院學報》（漢文哲學社會科學版），第40卷第9期，2019年9月。

②　遼寧省文物考古研究所、朝陽市龍城區博物館：《遼寧朝陽市半拉山紅山文化墓地的發掘》，《考古》2017年第2期。

③　欒豐實：《連璧試析》，楊伯達主編：《中國玉文化玉學論叢》，第379頁。阿如娜、袁波文：《中國新石器時代的玉聯璧》，《草原文物》2017年第2期。付麗琛、孫國軍：《淺析紅山文化玉璧的功能》，《赤峰學院學報》（漢文哲學社會科學版），第36卷第6期，2015年6月。

析，認為"玉璧""聯璧"用為隨葬裝飾品似乎並不合理。首先，紅山玉器大多為非實用性器物，其主要功能在於顯示神權、王權，玉器所代表的禮儀内涵十分豐富，可大致概括為神器和禮器兩個方面。[①] 其次，璧類玉器在上古時期的功能是非常明確的，其器型和字本義都與"天"密切相關。盡管戰國之後的玉璧逐漸失去了祭禮層面的意義，常有作為飾物配戴的情況，但這是由於"禮崩樂壞"之後，禮與禮器整體性質産生變化所致。在早期階段，玉禮器在祭禮層面的意義仍是其首要功能，因此定會與一般裝飾品有本質區別。是以，"聯璧"的性質應並非飾品，此器代表者某種固定的禮義。

值得注意的是，紅山玉禮器出土的墓葬性質較為特殊，多為神職人員的墓葬，且多為紅山文化特有的"積石冢"。據統計，"積石冢"最大特點在於，陶石器隨葬的墓不僅少而且等級低，高等級墓和有隨葬玉器的墓，都僅用玉器隨葬而不葬陶石器，學者稱此現象為"唯以玉葬"，並據此提出玉器才是最早的禮器，"為玉為禮"便是禮的初意。[②] 是以不難判斷，此類墓葬中的墓主均屬於社會中的最高層。此外，這類墓葬的功能不僅是為安葬死者，同時也是舉行宗教祭祀活動的場所，由此推斷，紅山玉禮器的使用者應是主持各種祭祀活動的祭司，即為"巫"或"史"。[③] 孫慶偉先生則認為，紅山和良渚文化的用玉制度均屬於"巫玉"，此時的玉器尚未涉及"史玉"階段。[④] 以紅山墓葬中所出玉器形制判斷，孫先生之説可信，此時的玉器代表的是"神權"，尚未過渡到真正的

---

① 呂昕娛：《試析紅山文化玉禮器》，《赤峰學院學報》（漢文哲學社會科學版）2011 年第 12 期。

② 郭大順：《紅山文化的"唯玉為葬"與遼河文明起源特徵再認識》，《文物》1997 年第 8 期。

③ 呂昕娛：《試析紅山文化玉禮器》，《赤峰學院學報》（漢文哲學社會科學版）2011 年第 12 期。

④ 孫慶偉：《禮以玉成：早期玉器與用玉制度研究》，北京大學出版社 2022 年版，第 2—5 頁。

"王權"。

　　除墓主身份外，墓葬中"聯璧"出土的位置值得注意，彼時高等級墓葬中常見用於入殮的玉禮器，其擺放位置大多與當時的喪葬習俗密切相關，並非無章可循。"六玉"的主要用途雖是祭祀禮神，但在用作隨葬器時，其功能和意義也會隨之發生變化。《周禮·典瑞》云："駔圭、璋、璧、琮、琥、璜之渠眉，疏璧琮以斂屍。"鄭注："以組穿聯六玉溝瑑之中以斂屍，圭在左，璋在首，琥在右，璜在足，璧在背，琮在腹，蓋取象方明，神之也。疏璧琮者，通於天地。"疏云："又案《宗伯》，璧禮天，琮禮地，今此璧在背在下，琮在腹在上，不類者，以背爲陽，腹爲陰，隨屍腹背而置之，故上琮下璧也。云'疏璧琮者，通於天地'者，天地爲陰陽之主，人之腹背象之，故云疏之通天地也。"① 早期先民多認爲背爲陽，象天，所以在入殮時將玉璧放在背後，這也與紅山墓葬中聯璧的擺放位置相合。有考古學家指出："在有玉璧出土且位置關係明確的紅山文化墓葬中，玉璧都置於人骨架的下面，且多成對出現。頭部兩側是擺放玉璧最重要的位置，其次是背部身下；此外，左右臂、左右手、左右股骨、左右小腿骨下擺放玉璧都呈兩兩相對態勢。考古發現玉璧置於身下的現象與歷史文獻記載高度一致。"② 玉璧原本即代表著上古時期人們對"天"的認知，則其意義與其他玉禮器不同。在紅山文化中也是如此，有學者指出，《周禮》記載的"蒼璧禮天"一說，以"六玉"對應天地及四方，明顯已經加入了陰陽五行的觀念，證明此時禮制已經非常成熟完備，因此可追溯玉璧

---

　　① （漢）鄭玄注、（唐）賈公彥疏：《周禮注疏》，上海古籍出版社 2010 年版，第 780—781 頁。

　　② 馬海玉：《紅山文化玉璧創型理念及其功能研究》，《赤峰學院學報》（漢文哲學社會科學版），第 40 卷第 9 期，2019 年 9 月。

禮天的功能應更為久遠。① 其他學者亦有類似論斷，墓葬出土情況可證明紅山所出 “玉璧” 類禮器皆與祭天關係密切。②

　　談及紅山玉器便不得不涉及到良渚玉器，今日所見與三禮典籍記載較為相符的 “圭” “璧” “璋” “琮” 等玉禮器，多出自良渚文化，是以多有學者認為《周禮》所載玉禮器系統應襲自良渚文化，與紅山文化無直接關係。但紅山與良渚兩地所出玉器關係微妙，二者並非毫無關聯。有學者通過對比紅山和良渚文化的玉禮器，認為《周禮》中的 “六器” 原形，應是參照了紅山、良渚文化和商代的一些玉器。③ 近年又有學者對一些具體玉器進行考證，認為雖然紅山未見出土 “玉琮” 類器物，但卻出土了大量 “無底筒形器”，這表明與 “琮” 類器物之間仍有關聯，這應是由於兩地文明和生活方式的差異造成的祭祀路徑不同，使得器物形制和使用方式略有差異，

---

　　① “在遠古先民看來，蒼天像拱起的穹廬，雖遙不可測，但天地是相通的。因而玉璧中間穿孔，四周邊緣薄，中間厚，體現了天地相同、方圓結合的特點。正是因為玉璧源於天而用於天，所以其為 ‘六器’ 之首。經過時間延伸，其被賦予的精神價值也在不斷被放大。紅山文化晚期出現的雙聯璧、三聯璧、牙璧、三孔器、卷勾形玉大概均與單孔玉璧有關。根據牛河梁 N2ZIM2 出土的玉璧使用情況推斷，紅山文化居民在祭祀活動中把人體分為頭、上身、下身三部分。一枚雙聯璧可能和上身、下身對應；一枚三聯璧則分別和人體的頭部、上身、下身相對應。雙聯璧和三聯璧的出現取代了單孔璧的大規模使用。” 馬海玉：《紅山文化玉璧創型理念及其功能研究》，《赤峰學院學報》（漢文哲學社會科學版）2019 年第 9 期。

　　② “在紅山文化的墓葬中，玉璧一般擺放於墓主人的身體上、下四周，牛二墓 21 內出土的 10 件玉璧，呈對稱狀置於墓主人的頭骨兩側、臂骨兩側、大腿骨外側及下腿骨下面。從墓葬玉璧位置可見其裝飾功能大大減弱，而象徵含義增強了：圓形的象徵蒼天，中間的圓孔象徵太陽，方形玉璧象徵大地，所以它成為原始先民們用來祭祀蒼天和太陽並同時祈求天地保佑的禮器。” 呂昕娛：《試析紅山文化玉禮器》，《赤峰學院學報》（漢文哲學社會科學版）2011 年第 12 期。

　　③ “ ‘六器’ 中璧、琮、璜，紅山、良諸時代已有。考古資料似暗示，殷人對琮璧不感興趣，故考古發現很少。周人對琮璧頗具情趣，給它們戴上 ‘禮’ 的皇冠。很明顯，《周禮》 ‘六器’ 中是參照了紅山、良諸文化和商代的一些玉器編定的。” 殷志強：《紅山、良渚文化玉器的比較研究》，《北方文物》1988 年第 1 期。

"玉琮"與"無底筒形器"二者實為殊途同歸。① 又如上文提及的紅山文化特有的"唯玉為葬"形式，在良渚文化中也存在類似情況。② 同樣，"聯璧"雖多見於紅山文化，但也並非此區域獨有："此後的紅山文化玉器因素在東南沿海地區也常有露頭。如山東大汶口文化和環太湖地區的松澤文化和相鄰文化中常有紅山文化玉璧和多聯璧出現。"③ 玉禮器的成因和傳襲多與宗教、祭禮密不可分，玉璧的產生和演變過程更是如此。尤其在早期階段，"璧"作為"六玉"之首，代表"天"和"天神"，內涵特殊且等級尊貴，此類高等級禮器的製作和使用必然遵從嚴格的禮儀章程，既不會是隨意為之，也不可能僅用作隨身裝飾品。

據上述分析可知，"聯璧"與一般形態的"璧"用途基本一致，均具有祭天之功能。這些"聯璧"的顏色大體較淺，亦基本與"蒼"色相符。是以這類玉璧與祭天之禮有直接關係，意義重大。古時先民用"蒼"這種顏色的玉器祭天的習慣，可以追溯至紅山時期，彼時先民已經會有意識地挑選與祭祀對象性質相符的玉器。與此同時，"玉"之古文字形"丰"與"禮"字初文"豊"中"三玉"之形，與"聯璧"形制非常接近，此類玉璧，很可能即為"玉"字原本所象之形。

第三節 璋

《周禮》所載"瑞玉"中沒有"璋"類，這表示"璋"沒有區別階層身份的功能。據學者考證，"璋"類玉器也是西周冊命儀典中

---

① 馬海玉：《紅山文化玉璧創型理念及其功能研究》，《赤峰學院學報》（漢文哲學社會科學版）2019 年第 9 期。

② 汪遵國：《良渚文化"玉斂葬"述略》，《文物》1984 年第 2 期。

③ 郭大順：《從世界史的角度研究紅山文化》，《第八屆紅山文化高峰論壇論文集》，遼寧大學出版社 2014 年版。

必須用到的玉禮器。① 金文銘文中的"璋"多作"章"，可見"章"
應為本字。文獻多將"璋"的形制描述為"半圭為璋""合二璋成
圭"等，即指"璋"外形較小，僅為"圭"的一半。"璋"的器型
特徵以及用途爭議較大，尤其是考古學者，大多不同意三禮中對
"璋"的描述，並認為現稱為"璋"的出土玉器，其定名正確性仍
有待商榷。

一　赤璋

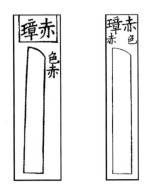

圖 5.31　赤璋圖　《三禮圖》祭玉卷第十一（左為鎮江本 右為通志堂本）

"赤璋"作為"六玉"之一，在"璋"類中地位最為重要。"赤
璋"的用途是在立夏之日"禮南方"，因為象徵南方土地，所以稱
"赤"。《三禮圖》云：

> 《大宗伯》云："以赤璋禮南方。"注云："以立夏，祭赤精
> 之帝，而炎帝、祝融食焉。"牲幣皆如璋色。半圭曰璋，夏物半
> 死而象焉。熊氏云："祀中央黃帝亦用赤璋。"② 臣崇義今案，
> 上下經文祀五精之帝，玉幣各如其色，季夏土王，而祀黃帝於

---

① 孫慶偉：《周代用玉制度研究》，上海古籍出版社 2018 年版，第 214 頁。
② 鎮江本作"赤用亦璋"。

五帝之内，禮用赤璋，獨不如其色，於理未允。上已準①孔義，
依先師所説，用黄琮九寸爲當，熊氏之義亦存，異來哲所擇。②

　　聶圖所繪"赤璋"極其簡要（圖5.31），聶氏認爲"赤璋"應
是呈長條狀的玉器，其中一邊呈傾斜狀。不僅如此，各本禮圖所繪
"赤璋"均與《三禮圖》一致，説明諸家皆認同此圖形制。聶圖
"赤璋"的由來，很可能是由於"半圭曰璋"一説，遂將"璋"理
解爲中間剖開的"圭"。

　　這種"半圭形"的玉器在出土器物中的確曾有
發現，但是考古學家提出，凡出這種"半圭璋"的
都屬於西周的低等級墓（圖5.32），高等級墓葬中
則未見，這些器物大多製作粗糙，有些甚至是邊角
料。③ 是以學者多認爲，將這類玉器定名爲"璋"
未必合適。另有學者經過統計得出結論，出土器物
中的"璋"以石料爲主，製作簡單，無論材質還是
做工，都與"六玉"中其他玉器相差甚遠。④ 也就

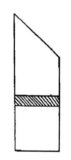

圖5.32　出土玉璋

是説，目前考古發現的玉璋中，尚未找到能與"赤璋"之地位相匹
配的器物。"赤璋"不同於祭祀天地之器，倘若是用於祭地的玉器形
制樸素，尚可認爲是由於周人崇尚自然。但目前"六玉"唯有"赤
璋"做工粗糙，則理應是另有原因。

　　"璋"類的情況頗爲特殊，目前似乎也未找到合理的解釋。近年
來，"圭""璧""琮"等其他類型的玉器均有見大量出土，按理説
"璋"也不應該例外。《典瑞》記載了"六玉"可作爲"斂尸"之
用，其中也明確提到了"璋"，所以可排除"璋"不用作隨葬器這

---

　　①　鄭氏本、鎮江本均作"准"。

　　②　（宋）聶崇義：《新定三禮圖》，通志堂刊本，清康熙十二年（1673），祭玉圖
卷第十一。

　　③　孫慶偉：《周代用玉制度研究》，上海古籍出版社2018年版，第214—215頁。

　　④　李天勇、謝丹：《璋的考辨——兼論三星堆玉器》，《四川文物》1992年第S1期。

種可能。是以，從邏輯角度分析，目前這種情況大致有幾種可能性，一是典籍記載有誤，"璋"的形制或需要重新衡定；二是自宋以降，學者對於"半圭為璋"這一説法的理解有誤，繼而導致定名訛誤，目前所見的玉璋並不是真正的"璋"。既然目前"名"與"實"無法對應，且出土器物中的"璋"類無一例外地均與典籍記載不符，則應是後一種可能性較大。"半圭為璋"所表達的意思，很可能並非自宋以來的理解方式。

二　牙璋、大璋

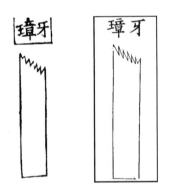

圖 5.33　牙璋圖　《三禮圖》玉瑞卷第十（左為鎮江本 右為通志堂本）

"牙璋"和"大璋"的用途均是"瑞節"，"牙璋"是王調兵之用的兵符；"大璋"是諸侯一級用於"聘女"的禮器，相當於天子所用的"穀圭"。《三禮圖》云：

> 《典瑞》云："牙璋以起軍旅，以治兵守。"先鄭云："牙璋瑑以爲牙，牙齒，兵象，故以牙璋發兵，若今銅虎節發兵也。"後鄭云："牙璋，亦王使之瑞節。兵守，用兵所守也，若齊人戍遂，諸侯戍周之類。"又《玉人》云："牙璋、中璋七寸，厚寸，以起軍旅，以治兵守。"後鄭云："二璋皆有鉏牙之飾於琰

側。"知然者，以其二璋同起軍旅故也。蓋大軍旅則用牙璋以起之，小軍旅則用中璋以起之也。首言牙璋、中璋不言牙者，但牙璋文飾多，故得牙名，而先言之也。中璋次於牙璋，明亦有牙也，以文飾差少，故惟有中璋之名，不言牙也。《典瑞》不言中璋者，以其大小等，故不見也。①

鄭玄謂"牙璋"即如同後世所用的"虎符"，依照《典瑞》對其功能的描述來看，此説可從。先鄭明確表示"牙璋琢以爲牙"，鄭玄又進一步説明"二璋皆有鉏牙之飾於琰側"，且聶崇義也强調"牙璋文飾多，故得牙名"，但是最後呈現出的圖釋本身卻未見紋飾，僅有少量鋸齒狀的裝飾，但這種造型應並非先鄭所指的"琢以爲牙"（圖5.33）。圖中這種"牙"之形未免過於凶煞，也不太符合商周時期作器的風格。這種所謂的"琢以爲牙"和"鉏牙之飾"，應不會是如此直白地以"牙"狀爲飾，更有可能是指一種帶有高低起伏之形的裝飾。例如孫詒讓釋"玉琮"時引述《白虎通義》，認爲"琮"的形制應是"圓中，牙身，方外曰琮。"② 這三個特點基本與今日稱爲"琮"的玉器一致，由此可知，所謂的"牙身"即指"琮"表面的紋飾。"琮"的紋飾實際爲"楞格狀"（圖5.34），但是側面看起來的確有"牙"的效果。以此爲參考，則所謂"皆有鉏牙之飾於琰側"，很可能即是指"牙璋"邊緣飾有類似風格的裝飾。

今日學界大多以"牙璋"之名賦予一類形似戈而邊緣帶有波楞狀雕刻裝飾的玉器，此説最早起於《古玉圖考》（圖5.35），吳大澂判斷此器的依據是"此獨有旁出之牙，故曰牙璋"。③ 但20世紀很多學者都曾駁斥吳氏的觀點，如夏鼐認爲這種"刀形端刃器"屬於武器的一種，因發現的"璋"都沒有刃部，所以並非實用的武器，

---

① （宋）聶崇義：《新定三禮圖》，通志堂刊本，清康熙十二年（1673），玉瑞圖卷第十。

② （清）孫詒讓：《周禮正義》，中華書局1987年版，第1396頁。

③ （清）吳大澂：《古玉圖考》，清光緒十五年上海同文書局石印本，第21—22頁。

也並非瑞玉。① 至 1990 年，香港大灣遺址出土一件類似器物，此器引起業界頗多討論，隨後"牙璋"之名便逐漸固定下來。此件"牙璋"的整體風格與商文化較為接近，李學勤先生通過對比山西、河南、山東和四川三星堆等地出土的"牙璋"，認為此器大約可分為三個類型，且彼此之間存在年代順序："第一類型為龍山晚期以至較後的時代，第二類型約當夏至商代前期，第三類型為商代後期。"而大灣這件"牙璋"與偃師二里頭等地所出最為接近，可歸入第二類型，下限即不晚於殷墟初年。② 鄧聰認為："大灣牙璋之鉏牙形式，上尖一側較厚，下尖一側較薄等風格，都是保持了較早期的龍山時期玉雕風格，另一方面，牙璋上刻紋則明顯與商文化相關。"③

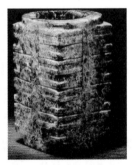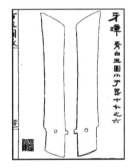

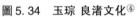

圖 5.34　玉琮 良渚文化④　　　　圖 5.35　《古玉圖考》牙璋

此類玉器造型獨特，全國各地出土量頗為可觀，可知它是非常重要的一類器物。⑤ 但稱其為《周禮》記載的"牙璋"卻未必準確，

① 夏鼐：《商代玉器的分類、定名和用途》，《考古》1983 年第 5 期。

② 李学勤：《論香港大灣新出牙璋及有關問題》，《南方文物》1992 年第 1 期。

③ 鄧聰：《香港大灣出土商代牙璋串飾初論》，《文物》1994 年第 12 期。

④ 欣弘主編：《2018 古董拍賣年鑒》（玉器），湖南美術出版社 2018 年版，第 14 頁；欣弘主編：《2019 古董拍賣年鑒》（玉器），湖南美術出版社 2019 年版，第 13 頁。

⑤ 值得注意的是，盡管"牙璋"出土範圍相當廣泛，但未必所有玉器均是由當地自行製作，如著名的山西神木縣石峁遺址曾出土大量玉璋，但有學者指出，此地的玉器可能皆是交流或劫掠的結果。孫慶偉：《禮以玉成：早期玉器與用玉制度研究》，北京大學出版社 2022 年版，第 9 頁。

自 20 世纪九十年代至今，很多學者都曾提出這種玉器並非“牙璋”。如王永波認為：“耜形端刃器的器闌，亦即牙璋論者所謂的‘鉏牙之飾’位於柄體交界處，與鄭玄的‘有鉏牙之飾於琰側’的解説不符。就形狀而論，耜形端刃器的器闌早期為瘤狀或斜角狀，中後期演化為複雜的獸形飾，與鉏牙之飾亦即撩牙的形狀相去甚遠，即使把鉏牙之飾的形狀理解為鋸齒狀飾件，也無法使其與耜形端刃器的器闌造型吻合。”[1] 孫慶偉也提及，此類玉器在兩周時期已經絕跡，不大可能是在周代佔據重要地位玉禮器，“牙璋”之名屬“望文生義”。[2] 此兩家所質疑的重點都頗為合理，鄭玄強調“牙璋”的“牙”應是“飾於琰側”，今所見刀形端刃器的裝飾卻全部集中在“刀柄”位置，顯然與鄭説不符。此器的年代問題也不容忽視，“牙璋”的流傳若僅止於西周，即使《周禮》中能留有痕跡，但至漢代鄭玄時應該已經難覓其形，如若“牙璋”實物不存而又無形制記載，鄭玄如何能準確描述“有鉏牙之飾於琰側”。縱觀各類玉禮器，有些器物由先秦一路流傳至明清，有些雖然至後世鮮見，但至少在兩漢時期仍應有實物存世。是以，目前多數學者認可的這類刀形玉器，實則也並非《周禮》記載的“牙璋”。

綜上所述，一直以來人們對於“璋”類玉器形制的認知，很可能是有問題的。聶崇義的理解固然有不合理之處，但有趣的是，宋代其餘各本禮圖的“牙璋”之形，均與聶圖相同，紋飾裝飾風格亦無差別。宋人所見的先秦玉器較為匱乏，對“牙”與“璋”之形的理解都只能止步於字面意義。就“牙璋”之名本身而言，禮圖中的闡釋並沒有根本性的錯誤，並且“璋”的形制至今都沒有被徹底顛覆，説明宋人的理解基本符合多數人的思維模式。

---

[1]　王永波：《耜形端刃器的起源、定名和用途》，《考古學報》2002 年第 2 期。

[2]　孫慶偉：《周代用玉制度研究》，上海古籍出版社 2018 年版，第 216 頁。

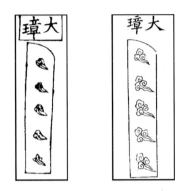

圖 5.36　大璋圖《三禮圖》玉瑞卷第十（左為鎮江本 右為通志堂本）

“大璋”是與“穀圭”同一功能的玉禮器，用於婚禮，但地位在其下一等。《三禮圖》云：

> “大璋七寸，射四寸，厚寸，諸侯以聘女。”注云：“亦納徵加于束帛也。”上云“大璋九寸”，此七寸。得云大璋者，以天子穀圭七寸以聘女，諸侯不可過於天子而用九寸也。謂用大璋之文以飾之，故得大璋之名。又案“三璋之勺”注云：“大璋加文飾，中璋殺文飾，邊璋半文飾”，則此璋雖七寸，取於大璋加文飾之義，謂遍於璋體瑑雲氣，如大璋也。①

聶崇義判斷“大璋”帶有紋飾的依據是鄭玄所説“謂用大璋之文以飾之”，即“大璋瓚”之紋飾，但鄭玄釋“大璋瓚”也只説“加紋飾”，未對紋飾類別多作解釋，聶圖將紋飾理解為“雲氣”（圖5.36）。以“大璋”的用途來分析，諸侯用於“聘女”的玉器帶有些許裝飾是很正常的，只不過紋飾風格有必要再行斟酌。由天子“穀圭”的風格來看，低其一等的“大璋”首先應在形制上偏小

---

① （宋）聶崇義：《新定三禮圖》，通志堂刊本，清康熙十二年（1673），玉瑞圖卷第十。

一些，其次，裝飾風格也不會比"穀紋"更豪華。《六經圖考》採納了聶崇義的理解，圖釋與之大同小異。《禮書》和《纂圖》本則均認為"大璋"應為素白不帶紋飾（圖5.37）。

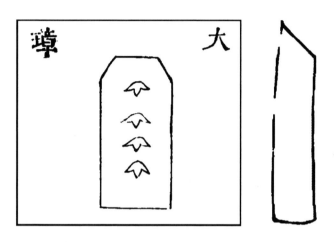

圖5.37　大璋圖　左出《六經圖考》圭璧璋瓚藻藉制圖 右出《禮書》卷第五十五

第四節　琮

　　"琮"是出土器物中較常見的玉禮器，此類器物最大的爭論焦點在於其功能，考古學界通常把外壁呈四方形，內壁呈筒狀，且上下中通的玉器稱為"琮"，但這種玉器的形制來源和禮義功能均不明朗。"琮"多被認為是祭地禮器，《説文》釋"琮"為"瑞玉，大八寸，似車釭"。[①] 段玉裁注："'如車釭'者，蓋車轂空中不正圜，為八觚形，琮似之。"[②] 多數學者認為這種"八觚形"的"琮"象徵著"天圓地方"，即內層圓形為"天"，外層方形為"地"。

---

① （漢）許慎：《説文解字》，中華書局1963年版，第11頁。
② （清）段玉裁：《説文解字注》，上海古籍出版社1981年版，第12頁。

一　黃琮

圖 5.38　黃琮圖《三禮圖》祭玉卷第十一（左為鎮江本 右為通志堂本）

"黃琮"也是"六玉"之一，因作祭地之用，色亦象地為黃。《三禮圖》云：

> 《大宗伯》云："以黃琮禮地，牲幣亦如琮色。"後鄭云："以夏至日，祭崑崙之神，於澤中之方丘。"黃者，中之色，琮八方以象地。此比大琮每角各剡出一寸六分，長八寸，厚寸。臣崇義又按，《禮記・郊特牲》疏引先師所説"祀中央黃帝亦用黃琮"，然其琮宜九寸，以別於地祇。今國家已依而行之。①

"黃琮"象地之説，與前文所述"黃彝"的意象相符，"黃"表"地"十分通達。《玉人》中鄭玄云"大琮"的形制是"其外鉏牙"，此與《白虎通義》所説的"圓中牙外曰琮""圓中牙身玄外曰

---

① （宋）聶崇義：《新定三禮圖》，通志堂刊本，清康熙十二年（1673），祭玉圖卷第十一。

琮”相符。① 這種“牙”或“鉏牙”指的就應是“玉琮”器身上“橫槽”式紋飾，與所見出土實物基本吻合。

聶圖所繪製的“黃琮”較為抽象（圖 5.38），先秦時期的“琮”應是一種外方內圓的柱狀玉器，且器身高度不定（圖 5.39）。有學者認為，良渚文化中“琮”的器型來源，是套在手上的玉方鐲。② 《三禮圖》中將其繪成平面的餅狀物，類似於某種外緣呈波浪形的實心玉璧。聶圖對“琮”形制的理解主要有兩個問題，其一是認為“琮”是實心無“好”，其在第二十卷中有詳細說明，認為《玉人》所說諸多“琮”之形制，並不言有“好”，由此“故知諸琮本無好也”。③ 《宋史·聶崇義傳》中也載有相關內容，可知聶氏對《白虎通義》所說不認可。④

圖 5.39　組琮與大琮 商代⑤

---

① 後人考證“圓中牙身玄外曰琮”當作“圓中牙身方外曰琮”。（漢）班固撰集、（清）陳立疏證：《白虎通疏證》，中華書局 1994 年版，第 349、679 頁。

② 鄧淑苹：《玉禮器與玉禮制初探》，《南方文物》2017 年第 1 期。

③ （宋）聶崇義：《新定三禮圖》，通志堂刊本，清康熙十二年（1673），卷第二十。

④ “又據尹拙所述禮神之六玉，稱取梁桂州刺史崔靈恩所撰《三禮義宗》內‘昊天及五精帝圭、璧、琮、璜皆長尺二寸，以法十二時；祭地之琮長十寸，以傚地之數’。又引《白虎通》云：‘方中圓外曰璧，圓中方外曰琮。’崇義非之，以爲靈恩非周公之才，無周公之位，一朝撰述，便補六玉闕文，尤不合禮。”（元）脫脫：《宋史》，中華書局 1985 年版，第 12796 頁。

⑤ 中國社會科學院考古研究所：《殷墟玉器》，文物出版社 1982 年版，圖 12、圖 13。

對此清人已有較為詳細的研究，據孫詒讓考證，聶氏之說出自阮圖："《五代會要》引《阮氏圖》云：'黄琮無好。'《唐郊祀録》引《三禮義宗》云：'祭地之琮長十寸，以放地數之十。'《聶氏禮圖》又引《義宗》云：'黄琮十寸有好。'聶崇義云：'江都集禮依白虎通説，琮外方内圓有好。案：黄琮八寸而無好。《玉人職》云："琢琮八寸。"其黄琮取寸法於此。其《玉人職》説諸琮形狀，並不言好，故知諸琮本無好也。'又云：'黄琮比大琮每角各剡出一寸六分，長八寸，厚寸。'案：聶從阮諶説，與崔、潘不同。琮有好與否，經注並無文。依許君説似車釭，車釭中空以函軸，琮形似之，則是有好矣。《白虎通》以琮圓中對璧方中，則亦似謂有好，潘徽説殆不誤。以下五玉，聶義並與崔異，疑皆本阮、鄭圖也。"① 孫氏提出的論據甚有道理，《説文》既云"似車釭"，則必然是中空之形。黄以周也持類似觀點："《白虎通義》：'圓中牙外曰琮'，謂牙以内其形本圓也，後有圖可按視之。又云：'内圓象陽，外直爲陰，外牙而内湊，象聚會也，后夫人之財也。'外牙申言直，内湊申言圓牙。雖邪剡，視内圓爲直，内圓非孔，故曰内湊。湊者合也，豈孔之之謂乎！"② 孫、黄之説理據通達，可知彼時學者不僅意識到聶圖理解有誤，而且已經大致推導出了此類玉器的形制。

其二，"琮"的外層應呈帶有稜角的"方形"，而不應是聶圖所繪的圓形或弧形。此處聶氏的處理方式略有些難以理解，即使拋開先秦"琮"的形制，按照古人慣有的"天圓地方"觀，若要與"八方"之説對應，理應以線段繪成正八角形。尤其"黄琮"與其他"琮"的地位不同，用以祭地的玉器應強調方正平直之形，而聶氏卻選擇以弧線來表現此義，的確不合常理。相比之下，黄以周繪

---

① （清）孫詒讓：《周禮正義》，中華書局1987年版，第1682—1683頁。
② （清）黄以周：《禮書通故》，中華書局2007年版，第1891頁。

製的"琮"更為合理，此圖雖然也與先秦玉琮不同，但至少其對"八方"之形的理解並無不妥之處（圖5.40）。黃氏對"琮"的理解也頗為精準，僅據文獻描述便解析出了"琮"的形制和意義，殊為難得："琮形如以兩正方交互相疊，成八銳角，角各出二寸，通其上下兩角射四寸。撡其四正角視之，其中正方八寸；撡其八角視之，其中正圜。《逸禮》曰'圓中'，鄭注曰'八方'，兩義兼具。聶圖作鈍角，或作角邪銳，而失方圓形，皆未是。"[1] 宋人各本均將"琮"繪成實心玉器，清人參照《白虎通義》，結合"內圓""八方"之形，所得結論已經於三代實物非常接近。

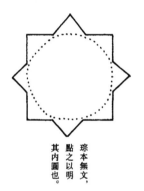

其內圓也。　點之以明　琮本無文，

圖5.40　大琮圖《禮書通故》卷第四十九[2]

禮圖中的"琮"多作"八角形"，但事實上，絕大多數出土"玉琮"都是四角形。真正意義上的"八角琮"十分罕見，山西襄汾縣陶寺龍山文化晚期墓葬中，曾出土一件製作精良的"八角玉琮"（圖5.41）。只不過這件琮的"八角"其實也並不明顯，考古報告描述其為，外周以四條豎條分隔成"對稱但距離不等"的八角形。[3] 簡

---

① （清）黃以周：《禮書通故》，中華書局2007年版，第2376頁。

② （清）黃以周：《禮書通故》，中華書局2007年版，第2375頁。

③ 高天麟、張岱海：《山西襄汾縣陶寺遺址發掘簡報》，《考古》1980年第1期。

單來説即是，這件玉器從數學角度來看，的確是有“八角”，但是若以肉眼觀察，由於平面中間所呈現出的“角”太不明顯，看起來仍像是“四角琮”。是以，通常情況下的“琮”仍是以四角形為主，聶圖繪製的“琮”應未參考過出土實物，圖中誇張的八角之形主要是為表現“琮八方以象地”之説。

圖5.41　玉琮 山西襄汾縣陶寺龍山文化晚期

圖5.42　《禮書》卷第五十四

《禮書》和《纂圖》本中的“黃琮”圖較為獨特，陳祥道將其理解為一個簡單的“矩形”，應該是取“地方”之義（圖5.42），《纂圖》本從陳圖之制。除出土器物外，漢碑中也有類似的玉禮器圖釋，頗值得參考（圖5.43）。《隸續》中收録漢代多幅碑拓圖釋，可以看到“六玉”或“六瑞玉”中均有一件中空的多邊形玉飾。雖然每幅圖中的“琮”邊緣數量、形狀不一致，但是所有圖釋均繪製成稜角清晰的直邊。這些漢碑中的“六玉”之形頗為接近，整體對於“圭”“璧”“璋”等器型的理解也與出土玉器較為一致，可知彼時應尚存較為完整的玉禮器系統。①

---

① 曾有金石學家考釋，疑“柳敏碑”為後人偽作。如《金石萃編》：“近時不知何人始數致拓本，江南藏碑者皆有之。予審視再四，疑後人用舊文刊刻，不及細檢，致多脱誤，其可訾者數端。”則此碑的産生時間或許未及漢代，需再行詳考。中國東方文化研究會歷史文化分會編《歷代碑誌叢書》第四冊，（清）王昶：《金石萃編》，江蘇古籍出版社1998年版，第4—221頁。

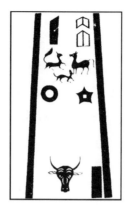

圖5.43　《隸續》所録漢代石碑（由左至右）單排六玉碑、六玉碑、
益州太守碑、柳敏碑①

二　駔琮、大琮

圖5.44　駔琮、大琮圖《三禮圖》玉瑞卷第十②

　　"駔琮"和"大琮"的功能與其他玉禮器差異較大，此二器是
后所用的禮器。"駔琮"是"權"，"大琮"則是后所持的身份等級
標誌，相當於王所持有的"鎮圭"。《三禮圖》云：

_____

① （宋）洪适：《隸續》，清文淵閣四庫全書本，卷第五。
② 此二圖各本圖釋均無差異，此僅引通志堂本為例。

《玉人》曰："瑑琮五寸，宗后以爲權。"又曰："瑑琮七寸，鼻寸，有半寸，天子以爲權。"後鄭讀"瑑"爲"組"，謂以組繫琮，因名組琮。以玉飾豆，即名玉豆，是其類也。先鄭解組琮，以爲稱錘，以起量。既用爲權，故有鼻。又賈釋云："量自是斗斛之名，此權衡而爲量者。對文，量與權衡異；散文，權衡亦得量名，以其量輕重故也。"天子組琮既有鼻，明后組琮亦有鼻也。

《玉人》云："大琮十有二寸，射四寸，厚寸，是謂內鎮，宗后守之。"後鄭云："如王鎮圭也，射，其外鉏牙。"賈釋曰："言大琮者，對上'瑑琮五寸'者爲大也。言'十有二寸'者，并角徑之爲尺二寸也。云'射四寸'者，據角各二寸，兩廂并四寸。'內鎮'者，對天子執鎮圭爲內，謂若內宰對太宰，內司服對司服，皆爲內之比也。王不言外者，男子陽，居外是其常。但婦人陰，主內治，故得稱內也。云'其外鉏牙'者，據八角鋒言之，故云鉏牙也。"①

聶圖中的"大琮"與"黃琮"幾乎沒有外型上的差別，"瑑琮"則添加了"組"藉以"繫琮"（圖 5.44）。"瑑琮"既然是"權"，則其體積大小和重量應是相對固定的，想必其形制也會比其他玉器更加嚴謹。此處之"瑑"不表示紋飾或顏色，鄭注訓其爲"組"，表示"瑑琮"上的附加部件，這一名稱結構與其他玉禮器有較大區別。

"大琮"既然象徵后的身份，則同樣是等級較高的禮器。從王和后各自所持的玉器來看，王持"圭"，"圭"象天，爲祭天之禮器；后持"琮"，"琮"象地，爲祭地之禮器，是以"鎮圭"和"大琮"這一組象徵王、后的禮器，同時也代表了天和地。如果從周人禮天地的角度來看，"大琮"象地，則的確不應該過於繁複，聶崇義繪製

---

① （宋）聶崇義《新定三禮圖》，通志堂刊本，清康熙十二年（1673），玉瑞圖卷第十。

的 “大琮” 沒有附加任何紋飾，與 “黃琮” 幾乎一致，主要也是為了表達王后的身份高貴，以及崇尚質樸的特徵。理論上來説，聶氏認為 “大琮” 樸素無紋，應是大體無誤的。

第五節　白琥

圖5.45　白琥圖　《三禮圖》祭玉卷第十一（左為鎮江本 右為通志堂本）

“白琥” 是 “六玉” 中 “禮西方” 之器，幾類玉器中也唯有 “琥” 之名與動物相關。《三禮圖》云：

> 《大宗伯》云：“以白琥禮西方，牲幣皆如琥色。” 注云：“以立秋，祭白精之帝，而少昊、蓐收①食焉。” 琥猛，象秋氣嚴。鄭《圖》云：“以玉長九寸，廣五寸，刻伏虎形，高三寸。” 臣崇義又桉，孫氏《符瑞圖》云：“白琥西方義獸，白色黑文，一名騶，尾倍其身。” 故《開元禮》避諱而云：“禮西方白帝以騶虞” 是也。又《晉中興書》云：“白琥，尾參倍其身。” 又《尚書大傳》説 “散宜生等之於陵氏取怪②獸，尾倍其

---

① 鄭氏本作 “収”，鎮江本與通志堂本同。
② 鄭氏本鎮江本均作 “恠”。

身，名曰虞。”後鄭云：“虞，蓋騶虞也。”《周書》曰：“英林
酋耳，若虎豹，尾長參倍其身。”“於陵”“英林”音相近，其
是之謂乎。①

　　對比出土器物來看，《三禮圖》中的“琥”似直接描繪了“白
虎”這一形象（圖5.45），“白虎”身下帶有“承臺”，形制類似於
玉璽。虎的形象應該是據孫氏所説的“白琥西方義獸，白色黑文”
云云所繪，但事實上，鄭注所説的“刻伏虎”其實是建立在平面基
礎上而言，所謂的“伏虎”，大體會是呈虎形的片狀玉飾，而並非後
世玉器雕刻中常見的立體、具象的風格。聶崇義沒有考慮到玉禮器
雕刻製作的可行性，將“白琥”的裝飾風格繪製得過於精細。同時
也沒有意識到商周時期作器慣用抽象概念，“白琥”作為禮神祭器，
當與其他“六玉”風格一致，不大可能呈立體繁複之形。聶圖中的
其他玉器雖然也都有值得商榷之處，但形制大多無誤，闡釋“璧”
象天，“琮”象地等意象時，對器物的整體風格均能把握到位，但唯
獨“白琥”圖與其他玉器格格不入。

　　《禮書》《六經圖考》中的“白琥”均與《三禮圖》一致，應
是參考了聶圖的形制所繪。前文論及其他玉器時，陳圖和楊圖往往對
禮器風格有自己的理解，但此處“白琥”圖卻是例外。很可能陳楊兩
家對於“白琥”圖的釋義方式，也沒有找到更優方案。由此可以看
出，宋代禮學家對“虎”這類動物造型的理解，通常停留在中古時期
常見的立體風格，難以將其轉化為更抽象化或藝術化的形象，因此多
採用“直譯”的方式，力求將“虎”形還原得惟妙惟肖。但實際上，
這種概念和邏輯上的差異，卻恰恰是造成闡釋出現偏差的主要原因。

　　“琥”的身份曾受到很多學者質疑，認為六器中的“琥”應更
為“瑁”，如上一節提及的漢代“六玉碑”“柳敏碑”中皆是以

――――――――――――

① （宋）聶崇義：《新定三禮圖》，通志堂刊本，清康熙十二年（1673），祭玉圖
卷第十一。

"琄"代"琥"。"琥"類玉器同樣早在先秦時期便已經存在，特別是中山王墓中有見玉器自名為"虎"，學者因而斷定此類器物便是經籍中所指的"琥"（圖5.46）。這類"玉琥"的用途類似於"珩"，應是一種可以懸掛的裝飾玉器。① 經學者統計，春秋墓葬中出土的"玉琥"最多，戰國墓偶有出土，其器大多風格多樣，製作精美，且有成對或多件同出的情況（圖5.47、5.48），其用途很可能為喪葬玉或"符"，即相當於"銅虎符"。② 就"白琥"的功能和"六玉"整體風格而言，中山王墓中出土的"玉琥"應更貼近"白琥"的原貌，這件器物線條簡單抽象，但又能隱約辨別出"虎"之形，造型小巧又不過分繁複，與其他玉禮器風格相符。

圖5.46　中山王墓 玉琥

圖5.47　美國新弗瑞爾美術館藏玉琥 戰國

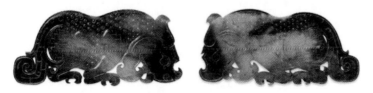

圖5.48　美國哈佛大學藝術館藏玉琥 戰國

---

① 孫慶偉：《周代用玉制度研究》，上海古籍出版社2018年版，第193頁。
② 多麗梅：《東周時期的玉琥》，《文物天地》2016年第10期。

這種型態和功能，倒是與《説文》中對"琥"的定義一致："發兵瑞玉，爲虎文。"[1] 但是段玉裁對許慎的解釋並不贊同："《周禮》：'牙璋以起軍旅，以治兵守。' 不以琥也。漢與郡國守相爲銅虎符，銅虎符從第一至第五，國家當發兵，遣使者至郡國合符，符合乃聽受之。蓋以代牙璋也，許所云未聞。"[2] 從邏輯角度分析，段玉裁的觀點是對的，玉器中已有"牙璋"充作兵符之用，若再設置"琥"作此用未免重複。是以，"琥"類玉器的功能，恐怕仍有待進一步研究。

第六節 玄璜

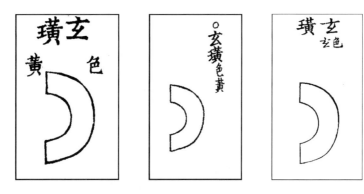

圖5.49 玄璜圖 《三禮圖》祭玉卷第十一（左爲鎮江本 中爲鄭氏本 右爲通志堂本）

"玄璜"是"六玉"中最末一件，它也代表著一年中最後一季的祭祀活動。《三禮圖》云：

> 《大宗伯》云："以玄璜禮北方，牲幣皆如璜色。"後鄭云："以立冬，祭黑精之帝，而顓頊、玄冥食焉。半璧曰璜，象冬閉藏，地上無物，唯天半見。"賈釋云："列宿爲天文，草木爲地

---

① （漢）許慎：《説文解字》，中華書局1963年版，第11頁。

② （清）段玉裁：《説文解字注》，上海古籍出版社1981年版，第12頁。

文。冬草木零落，唯列宿在天，故云唯天半見。"①

"玉璜"在出土玉器中較為常見，此類玉器在新石器時代已經存在，因此確定其形制並不困難（圖 5.50、5.51）。即使不參考實物，鄭玄所謂"半璧曰璜"，便已經將其形制交代得非常清楚。② 是以聶圖繪製的"玄璜"器型應無任何爭議，《禮書》和《六經圖考》中的圖釋也與聶圖無異。但值得注意的是，鎮江本和鄭氏本"玄璜"二字下作"色黃"，通志堂本則作"色玄"（圖 5.49）。此處明顯可見宋本存在訛誤，通志堂本予以校正。"玄璜"一詞中"璜"為玉器之名，"玄"表顏色，器物"色玄"本應是很明確的，況且倘若"玄璜"作黃色便會與"黃琮"顏色重複。宋本訛誤的緣由，或是因筆誤，又或許是聶崇義誤解了"牲幣皆如璜色"一文。

圖 5.50 北陰陽營遺址出土玉璜 新石器時代③　圖 5.51 黃玉交龍紋璜 西周④

---

① （宋）聶崇義：《新定三禮圖》，通志堂刊本，清康熙十二年（1673），祭玉圖卷第十一。

② 今日所見大部分玉璜並不一定達到"半璧"的形制，如圖 2、3、6 中的"璜"，嚴格來說應更接近於"半環"。但此類"弧形"玉器都可歸入"璜"的範疇："凡玉器中其基本形態如半璧、半瑗、半環，或不足半璧、半瑗、半環之圓弧形器皆可定名為璜。"周南泉：《玉璜綜論——古玉研究之六》，《故宮博物院院刊》1996 年第 3 期。

③ 李文：《玉玦 玉璜（新石器時代）》，《南京大學學報》（哲學·人文科學·社會科學版）2014 年第 2 期。

④ 欣弘主編：《2020 古董拍賣年鑒》（玉器），湖南美術出版社 2020 年版，第 1 頁。

　　"玄" 與 "黑" 二色在字義上雖然是有差別的，但在實際使用中，"玄" 往往與 "黑" 之義通用。二者的本質差别，實際也只在於顏色深淺略有不同。"玄" 字《説文》釋為："幽遠也，黑而有赤色者爲玄。"[①] 段玉裁云："凡染，一入謂之縓，再入謂之䞓，三入謂之纁，五入爲緅，七入爲緇。而朱與玄，《周禮》《爾雅》無明文。鄭注《儀禮》曰：'朱則四入與'，注《周禮》曰：'玄色者，在緅、緇之間，其六入者與。' 按纁染以黑則爲緅。緅，漢時今文禮作爵，言如爵頭色也，許書作纔。纔既微黑，又染則更黑，而赤尚隱隱可見也，故曰黑而有赤色。至七入則赤不見矣。緇與玄通俏，故禮家謂緇布衣爲玄端。"[②] 所謂的 "黑" 與 "玄"，用在紡織品上尚可分别 "黑" 與 "黑中帶赤" 的細微差異，但是在玉器上只怕很難看出區别。"玄璜" 之所以用 "玄" 不用 "黑"，一方面是為了強調與冬季相應的 "北方之神"，另一方面很可能是為使 "六玉" 合以禮。對玉器本身而言，"玄璜" 的材質應該就是黑色或偏黑的深色玉石。

　　玉璜由新石器時代直至兩漢均有出土，其顏色、形制衆多，裝飾繁複。以殷墟所出玉璜為例，其中有 "魚形璜" "龍形璜"，又有無紋玉璜，器物尺寸更是大小不一（圖 5.52—5.54）。經學者研究可知，玉璜的發展過程大致可分三階段，第一階段是商代早中期，為玉璜初步興起階段，此時玉璜多為素面，形制單一；其次是商代晚期和西周早中期，為興盛階段，形制愈發多樣，出現魚、鳥、人、龍、獸等形；第三階段是西周晚期和春秋戰國時期，為鼎盛期，其形制、紋飾以及製作工藝不斷進步。[③]

---

① （漢）許慎：《説文解字》，中華書局 1963 年版，第 84 頁。
② （清）段玉裁：《説文解字注》，上海古籍出版社 1981 年版，第 159 頁。
③ 韓鵬：《商周時期玉璜研究》，《今古文創》2023 年第 8 期。

圖 5.52　玉璜

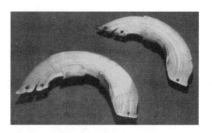

圖 5.53　魚形璜

圖 5.54　龍形璜[1]

　　此外，玉璜這種"半璧"之形的來源，也是個有趣的問題。既然"璧"象天之形，則"璜"所象之形也應與天有關。有些學者認為"璜"與彩虹相關，但郭寶鈞先生提出一種頗有創見的看法，認為"璜"形與日影有關："朝時日出，暑景在西，夕時日落，暑景在東，自朝至夕，暑景移動軌跡，略為半圓形，其狀頗似璜。《説文》：'璜，半璧也'，故以玄璜禮北方，暑在北也，且光赤而暑玄也。"文中同時附有日影移動之形的示意圖（圖 5.55）。[2] 此説最大的優勢在於，可將"璜"與"天""玄"和"北方之神"幾個意象結合起來，對於闡釋"璜"和"六玉"系統的整體概念均有啟發意義。郭先生認為"圭""璋""琮"等器型來源，皆與日影、日暑之義有關。前文已述，"圭"之形原本便來源於"土圭"，由此分析，

────────────

　　① 圖 5.52—5.54 出自中國社會科學院考古研究所：《殷墟玉器》，文物出版社 1982 年版，圖 8、11、15。

　　② 郭寶鈞：《古玉新詮》，中國科學院歷史語言研究所集刊 1948 年版，第 24、26 頁。

早期玉器的形制也許的確與此類意象密切相關。

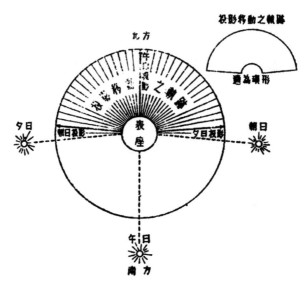

圖 5.55　玄璜禮北方推測圖

第 六 章

宋代禮圖文獻的研究價值及
"以圖釋禮" 的核心目的

　　禮圖文獻古已有之，並非宋人獨創，宋代於禮圖而言，是個十分矛盾的階段。盡管北宋初期的禮圖備受關注，但伴隨著金石學的興起，專研出土器物的圖錄類著作日益增多，而禮圖中著錄的圖釋則大多被認為是臆造的產物，不被學界接受。時人多認為，"以器為尊" 的研究形式比傳統圖釋更為可靠，也更有利於推動古史和經學研究，從而禮圖的地位被迅速取代。與此同時，後世多以出土器物形制對照各家禮圖，在發現器與圖無法對應時，便認為禮圖不可信，但此類觀點有失公允。其中，聶崇義《新定三禮圖》首當其衝，書中圖釋被後人諸多嘲諷，甚至時至今日，此類觀點仍未改變。是以，宋代禮圖的研究價值及其中的圖釋性質，多年以來始終未得到準確評價。

　　事實上，以器物考證禮圖這種研究思路，並不符合禮圖的創作宗旨。自誕生伊始，繪制禮圖的目的，便是為瞭解讀三禮文獻系統中記載的各類禮器。從宋代至今，人們對此類文獻的性質普遍存在誤解，多數考釋禮圖訛誤的研究中，也無法擺脫 "以器證圖" 的傳統思路。因此，本章將基於前文各章節的研究結論，對宋代禮圖文獻的研究意義和本質屬性等問題進行探討，並以聶崇義《新定三禮

圖》爲例，分析此書的內容和研究思路，以期重新闡釋禮圖文獻的
價值。

第一節　“索象於圖”——宋代禮圖
文獻的地位及其研究價值

　　伴隨著各類解經圖的興盛，宋人深刻體會到“圖”這類特殊文
獻的重要性。《通志總序》云：“圖成經，書成緯，一經一緯，錯綜
而成文。古之學者，左圖右書，不可偏廢。”① 又《圖譜略·索象》：
“見書不見圖，聞其聲不見其形；見圖不見書，見其人不聞其語。圖
至約也，書至博也，即圖而求易，即書而求難。古之學者爲學有要，
置圖於左，置書於右，索象於圖，索理於書，故人亦易爲學，學亦
易爲功，舉而厝之，如執左契。”② 類似觀點在各本禮圖中也均有體
現，③ 可知宋人對“圖書並舉”以研習典籍的方式非常認可。基於
這種思路，宋代禮圖由形式到內容均發展到空前高度，使這一時期
的禮圖文獻地位卓然。

一　宋代禮圖對後世的影響及其重要性
　　總體而言，宋代禮圖在歷史上的作用，可以用“承上啟下”概
括。今日學者大多認可禮圖文獻“始於漢代，興於兩宋”，由東漢鄭
玄始作禮圖，傳承至北宋聶崇義時，已有六家之圖。聶崇義奉旨撰

---

① （宋）鄭樵：《通志》，中華書局1987年版，第3頁。
② （宋）鄭樵：《通志》，中華書局1987年版，第837頁。
③ 《六經圖》序云：“古之學者，左圖右書，索象於圖，索理於書，故其義可陳，
其數可紀，舉而厝之，如合符節。”《三禮圖》序云：“九經，禮居其三，其文繁，其
器博，其制金故殊，學者求其辭而不得，必爲圖以象之，而其義始顯。即書以求之，
不若索象於圖之易也。”（宋）楊甲《六經圖考》，潘宷鼎重訂禮耕堂刊本，清康熙六
十一年（1722）。（宋）聶崇義：《新定三禮圖》，通志堂本，清康熙十二年（1673）。

圖，博采六圖之精粹，再加考訂按斷，著錄為《新定三禮圖》，是以聶圖被認為是東漢以來的集大成者。在聶崇義之後，又有陳祥道《禮書》、楊甲《六經圖》，以及三禮專圖《纂圖互注周禮》《纂圖互注禮記》、林希逸《鬳齋考工記解》、楊復《儀禮圖》等著作，形式繁多，詳略兼備，呈百花齊放之勢。

至於元明階段，禮圖文獻式微，相關論著較少；① 清代時伴隨著禮學的繁盛，禮圖文獻出現復興。② 而清代禮圖之所以能取得如此可觀的成就，也離不開宋人奠定的基礎，③ 據學者統計，明清時期禮圖的發展脈絡可歸納為七類，且均是承襲自不同的宋代禮圖。④ 是以，宋代的禮圖文獻在歷史發展過程中佔據舉足輕重的地位，宋人繼承了漢儒創制的原始禮圖，在其基礎上深入鑽研，確定了禮圖的著述形制和研究思路，從而開啟了清代三禮名物研究的熱潮。

宋人對禮圖的熱衷是有原因的，最初是出於“恢復古制”的目的，試圖將三禮所涉及的禮器，以圖像形式表現出來，方便皇家製作宗廟彝器，同時也有助於理解各類儀典流程。而後伴隨著金石學和復古運動的興起，“禮器”的概念從名到實都發生了劇變，研究禮器之所本也逐漸改變。宋代金石學家大多重“器”而輕“禮”，而禮學家則對出土實物參照不多，在這種情況下，禮圖文獻和金石圖錄之間的關係變得十分微妙，二者均是以“圖”的形式呈現，看似相類，但治學的根本理念卻截然不同，並開始呈現出分屬不

---

① “元明二代，理學孤行，經學積衰，禮圖之作，亦遠不及趙宋一代。”周聰俊：《禮圖考略》，花木蘭文化出版社 2017 年版，第 16 頁。

② “有清一代，禮家輩出，圖譜之作，亦日趨精密。非但宮宰（宮室、朝廟、明堂）、儀節、服飾（冠服、喪服）、器物（尊彝鼎俎、玉瑞符節、樂器舞器、車輿旌旗、射器兵器、喪葬飾具），以及井田、宗法等各有專篇，而附諸禮學著述者尤能兼圖名物器用與行禮之節次。”周聰俊：《禮圖考略》，花木蘭文化出版社 2017 年版，第 18 頁。

③ “細譯清人禮圖著述，大抵多因宋儒規模而加密。宋人奠定禮圖發展之基石，開後世寬廣研究之門徑，清儒沿襲其支脈發展，而使禮圖之用，發揮極致。”周聰：俊《禮圖考略》，花木蘭文化出版社 2017 年版，第 18 頁。

④ 周聰俊：《禮圖考略》，花木蘭文化出版社 2017 年版，第 19—24 頁。

同學科的趨勢。這種趨勢逐漸演變為“經學”“禮學”與“金石學”“考古學”之間的本質差異，即以傳世文獻為本還是以出土資料為本。

從三禮研究本身來看，宋代禮學思想與禮圖的關係可謂是相輔相成，二者互相促進，使禮學研究在宋代盛極一時。宋人對“禮”的重視程度是多方面的，從物質角度的文本、名物，到思想理論層面均有頗多建樹。這種從物質到思想的全面發展，使禮圖成為研究三禮名物和禮學思想的必備資料。三禮畢竟與其他經史文獻不同，各類禮器貫穿始終，在不了解器物型態的情況下，僅憑文字描述很難釐清繁複的儀典流程，更無法理解古人藉由禮器所表達的思想。是以要理解“禮”的全貌，須以熟識名物為必備基礎。

禮圖對宋人禮學研究的重要程度，由禮圖的多樣性便可一窺究竟。宋代禮圖形式十分豐富，有些重文釋，有些則偏重圖釋，兩種著述模式偏重的詳略不同，各有優劣。而各家的研究方向廣狹兼具，既有全面研習三禮的著作，也有研習某一單經或某類禮器的專著，①各本的側重點各不相同。如此不僅特色分明，避免重復單一的研究內容，也方便後人根據需要選擇不同著作進行研習。

就禮圖本身而言，其優勢便在於“直觀”，圖片所展現出的“簡明易懂”是文字很難匹敵的。三禮記載的禮器眾多，其中對有些器物形制的描述過於簡略，讀起來似是而非，即便經過注疏的闡釋，也依然存疑甚多。在去古未遠的兩漢階段，器物形制與先秦差異不大，或許尚且容易理解，但千年之後，人們對各類器物的定義和理解均發生了翻天覆地的變化，那些未能準確記載名義的禮器，會演變成後人閱讀文獻最大的障礙。三禮不同於其他諸經，其中繁複的禮儀和器物均是承載禮義的關鍵，是研習過程中無法忽視的。而禮

---

① “宋人禮圖，可大別為三：一曰合三禮為圖，二曰三禮各專經為圖，三曰彙集六經各專經為圖。”周聰俊：《禮圖考略》，花木蘭文化出版社 2017 年版，第 9 頁。

圖借助圖釋的直觀性來彌補文字描述的不足，可謂是三禮文獻最好的補充材料。

二　聶崇義《新定三禮圖》的研究價值

就目前可見的宋代禮圖而言，學界大多認可聶本禮圖為最優者。據目前研究來看，書中確有頗多疏漏，圖釋也偶有穿鑿，但是書中大部分内容並非憑空捏造，其所繪圖釋大多有可靠的文獻參考，且書中對禮器的理解不乏見地獨到之處。此書自宋以來始終未得到足夠客觀公正的評價，在此我們不妨先拋開既往的偏見，從以下兩個角度系統分析聶圖的研究價值。

1. 聶圖對禮圖文獻發展的貢獻

由於學界對此書内容爭議不斷，所以後世針對聶圖的研究，大多停留在文獻版本等方面，其作為禮圖本身的價值多被忽視。但事實上，聶圖是後世禮圖發展，乃至金石學興起的重要基礎。

從著錄内容分析，聶圖的貢獻主要在於兩方面，一是補充並修訂了舊圖，將舊圖中遺漏的禮器盡數錄入，又對其中訛誤之處進行更訂；二是考證三禮名物制度，廣泛徵引文獻，並以三禮記載互證，又在此基礎上對名物的象徵意義進行闡釋。① 聶圖基本囊括了三禮儀典中的各類禮器，收錄的門類及數目十分全面，引述、論證豐富詳備，且圖釋繪制精緻，細節嚴謹。書中在考證禮器形制的同時，更兼有禮義層面的闡釋，藉此強調"禮"與"器"之間的内在聯繫。

此外，聶圖所建立的禮圖系統，更對此後各本禮圖的著述形式産生深遠影響。此書的著述形式真正做到了"左圖右書"，方便閱讀時將圖釋與考證内容進行對照。其圖釋和文釋並重，在"以文證圖"的同時，也兼顧"以圖釋文"。據統計，聶圖中絕大部分内容均是

---

① 潘斌：《宋代"三禮"詮釋研究》，人民出版社 2018 年版，第 207—212 頁。

“一圖一文”的模式，僅有個別例外情況。① 這種條目明晰、圖文對照的形式，使讀者對禮器形制一目了然，最大限度地發揮出了圖釋的作用。這種著録模式，可作為禮圖乃至其他圖録類文獻的範本，只可惜這一形式在其後的多本宋代禮圖中未得到繼承。比如陳祥道《禮書》，此書重論述，但圖釋十分簡約，更有很多器物未附圖釋。雖考釋內容豐富，但是且此書分類和版面不夠簡明，每章著録多件器物，並沒有分條逐析進行論述，多是數個器物合併在一起討論。這種形式更類似於讀書札記，雖然不影響對文釋內容的閱讀，但圖釋的系統性和規律性則稍顯不足。因此。盡管陳圖考證精詳，體量龐大，但其著録形式，卻導致《禮書》的直觀性遠不如聶圖。又如楊甲《六經圖》則與陳圖截然相反，楊圖更重視圖釋，其圖均繪製得十分詳細，但文釋過於簡單，幾乎沒有考釋性質的內容。相比起前兩者，《六經圖》更類似於以收録圖像為目的的“圖録”，而非以“解經”“釋禮”為出發點。是以，聶圖在著述內容和形式上，都要更勝一籌，可以代表宋代禮圖文獻的最高水準。

2. 聶圖所據材料的可信性

宋代金石學家多認為《新定三禮圖》的圖釋內容，是僅據文獻“紙上談兵”所得，不足為據。這種想法至今仍被學界廣為認可，尤其是考古學家多持此類觀點，但實際情況並非如此。之所以提出這樣的觀點，是因為經過研究，可得出如下兩個結論：（1）、聶崇義作禮圖的研究思路是沒有問題的，他堅持從三禮本身入手，還原典籍記載的禮器系統，並基本達到了“以圖釋例”的目的；（2）、在當時的環境下，聶氏所參考的資料已經相當完備，並且其所據資料並

---

① “其他還有‘一文二圖’式 15 例，‘一文三圖’式 4 例，‘一文四圖’式 3 例，‘一文五圖’式 1 例，‘一文六圖’式 1 例，‘二文二圖’式 9 例，‘二文三圖’式 2 例，‘三文三圖’式 4 例，‘四文四圖’式 1 例，‘有文無圖’式 5 例。據卷三《冠冕圖》‘皮弁’言‘凡於《圖》中重見者，以其本旨不同也’，故多文多圖皆為異說之例。”喬輝：《聶崇義〈三禮圖〉編撰體例考索》，《貴州大學學報》（社會科學版）2015 年第 5 期。

不只是傳世文獻，書中部分圖釋明顯受到了出土器物形制的影響。①

　　首先需要明確的一點是，聶圖中的圖釋究竟是否正確，與聶崇義的參考資料、研究思路是否可信，這是兩個概念。而圖釋的正確與否，也不應一概而論，很多學者在評論聶圖正誤時，所據的前提標準便存在誤區。聶圖中有錯漏不假，但並非出於作者臆造，其中不少訛誤實則反應出當時歷史環境的制約。彼時學者所見材料有限，且學術界整體對三禮名物認知不足，很多問題無法得出精準判斷。

　　聶崇義所據材料主要分為三個部分，分別是三禮注疏、前代禮圖以及少量當時所見的宗廟禮器，有學者指出也包括部分唐朝《禮》《令》中的材料。② 聶本參考的前代禮圖共有六本，其中最主要參照的是"舊圖"，即隋朝隋文帝敕撰的《三禮圖》，同時多有參考鄭圖、梁圖等本。③ 自魏晉至隋唐，義疏之學日漸式微，禮學研究的重點由闡釋經典轉為"制度法象"。就聶崇義著錄的情況來看，其所據的六本禮圖，基本已是宋初時期能收集到的相當全面的材料。聶氏考據三禮注疏，在六本禮圖互相對照的基礎上詳加分析，最終得出自己的判斷，他在書中也曾強調圖釋形制的參考來源："今定此器玉並依禮圖、《爾雅》、三禮經注、孔賈義疏、毛傳鄭箋，不敢雜取它文，曲從外義。苟違正典，斯謬良多。"④ 值得注意的是，即使在有前代圖釋可參考的情況下，聶氏依然堅持以三禮記載為尊，在遇到

---

　　① 前文分論部分對聶圖的考據僅占全書内容十之一二，聶圖條目繁雜，禮器類目衆多，本書尚不能全部考據清楚。是以，此節對其優劣的歸納和評述，主要基於前文論證過的幾十副禮器圖。

　　② 喬秀岩、葉純芳：《聶崇義〈三禮圖〉版本印象》，《版本目錄學研究》2014年第00期。

　　③ 六本禮圖即鄭玄《三禮圖》、阮諶《三禮圖》、夏侯伏朗《三禮圖》、張鎰《二禮圖》、梁正《三禮圖》，及隋文帝敕撰《三禮圖》。據研究，聶崇義所據各本禮圖，基本在《隋志》和兩唐書中都有著錄。馮茜：《聶崇義〈新定三禮圖〉與宋初禮學》，《朱熹禮學基本問題研究》，中華書局2015年版，第432—433頁。

　　④ （宋）聶崇義：《新定三禮圖》，通志堂刊本，清康熙十二年（1673），卷第二十。

舊圖與三禮內容相衝突時，多是依照文獻描述自作新圖，如"爵""六彝""罍""大罍""大璋瓚"等圖皆是如此。據學者考證，以往流傳的六本禮圖，其圖釋內容的確不夠嚴謹。① 有鑒於此，聶崇義謹尊三禮經注，對舊圖採取審慎辯證的態度，嚴格考據，並非一味承襲。這種研究思路，使聶圖一改前代禮圖來源混亂的情況，成為真正意義上闡釋三禮的圖類著作。在這種情況下，書中所得出的結論，顯然不會是簡單的"臆造"。

後世對聶本禮圖的評價較為兩極化，禮學研究者多認可其價值，而金石學家則多加貶斥。② 金石學家對於聶圖的批判，大多集中在圖釋的可信度方面，特別是金石圖錄問世之後，學者多以出土器物對照聶圖，從而認為其圖釋皆與古器不合。③ 這種針對聶圖的批評意見，其實包含著兩層邏輯：一是認為聶圖所圖器物形制，與金石學家建立的古器物系統無法對應；二是認為聶氏未參照實際器物，僅依照三禮文獻，所圖皆是嚮壁虛造。這兩層邏輯都不能成立，其中第一層邏輯需要與金石學進行對比研究，將於下一節詳述；而第二層邏輯中所指摘的問題，卻頗值得深入分析。

首先，金石學家多認為聶氏僅參照傳世文獻，對出土器物缺乏關注，更推而廣之認為禮圖類文獻是"尊文釋器"，④ 這種說法並不符合實際情況。聶崇義雖以三禮文獻為主要材料，但同時也多方參考實際器物，這些器物包括當時的宗廟禮器，也有聶氏四處搜羅到

---

① "舊圖性質複雜，其圖象並不單純源於經典，其中不少是出自某一時期實際使用的器物。"馮茜：《聶崇義〈新定三禮圖〉與宋初禮學》，《朱熹禮學基本問題研究》，中華書局 2015 年版，第 437 頁。

② "歷史上，對《新定三禮圖》的態度一分為二，一是像宋代學者那樣，批評其圖'以意為之'、'未可為據'，現代考古學者多繼承此說；其次是像黃以周等禮學家，對《新定三禮圖》十分重視，因為黃以周研究經文、注疏，而《新定三禮圖》是第一部真正表現注疏學說的禮圖。"馮茜：《聶崇義〈新定三禮圖〉與宋初禮學》，《朱熹禮學基本問題研究》，中華書局 2015 年版，第 431—432 頁。

③ 喬輝：《歷代三禮圖文獻考索》，中華書局 2020 年版，第 186—188 頁。

④ 陳芳妹：《青銅器與宋代文化史》，臺灣大學出版中心 2016 年版，第 2 頁。

的出土器物。如；

    （1）今見祭器內，有刻木爲雀形，腹下別以鐵作脚距，立在方板，一同雞彝鳥彝之狀，亦失之矣。①

    （2）此蜃尊既舊無圖載，未詳蜃狀。有監丞李佐堯，家在湖湘，學亦該覽，以職分咨訪，果得形制。②

    這些器物的形制和出處，也許在今人看來，並不算完全可靠的出土資料，但是這可以證明聶氏十分注重參考實物，尤其在面對典籍描述不詳的禮器時，聶氏並非憑藉主觀想像隨意描繪，而是盡力尋找與三禮文獻描述相符的器型。後世之所以誤認爲聶氏僅尊典籍，是由於書中類似記載的確不多見。但這主要是因爲北宋初期可供參考的出土器物有限，並不能據此判斷聶氏主觀上不關注古器物。

    反過來說，倘若從 "釋禮" 的角度來看，過度依賴古器物，反而有可能會造成闡釋禮器的障礙。如前所述，作禮圖的目的，在於還原三禮著述的禮器系統，因此，出土器物的形制只能作爲輔助參考。如果過於執著圖釋與出土器物相匹配，則最終呈現出的圖釋性質就不再是禮圖，而是出土器物圖錄。

    況且，三代古器物本身的形制，也存在很大的不確定性。"禮器" 伴隨著 "禮" 的發展，在社會生活中不斷演變，特別是各類日常儀典所用的實用禮器，更是進化極快。而其中用於隨葬的器物，特別是銅器，大多帶有特殊的意義，或是彰顯貴族身份，或是紀念重大事件，器物地位十分尊貴，並不是真正用於日常儀典的禮器。是以今日我們所見的出土器物中，即使器型相同，卻往往既有漆木製又有銅製，甚至還有金銀製和玉製，作器風格更是花樣繁多。而

---

    ① 節選自 "玉爵"，聶崇義：《新定三禮圖》，通志堂刊本，清康熙十二年（1673），卷第十四。

    ② 節選自 "蜃尊"，聶崇義《新定三禮圖》，通志堂刊本，清康熙十二年（1673），卷第十二。

這些器物中，真正能與三禮記載的官方器型完全一致的“標準範例”，反而並不多。説明當時的貴族階層，在人力物力允許的情況下，不會拘泥於只製作“標準化禮器”。① 這一點並不難理解，對多樣化審美的追求，以及對精緻裝飾品、藝術品的喜好，是人類從古至今的共同特點。此類根據常規的“標準化禮器”衍生出的、更加精美的“藝術化禮器”，屬於極具個人特色的器物，形制或多或少會有別於官方範本。而此類器物所強調的“個性化”特徵，自然也不會被載入官方文獻當中。

三禮文獻大多屬於檔案文書性質，其所記載的“禮器”是“標準器”，這種“標準器”多是作為“官方範本”，強調“規範性”和“普遍性”，無需強調個人特色，也不需要過於繁複的裝飾風格。這種文獻層面的“官方記載”，和實際使用的“私人用品”之間存在的差異，著實會造成不少誤解。面對樣式、材質各異的出土器物，學者須具備精確的衡量標準，能夠判斷三禮典章中“標準化禮器”的形制，並辨析“標準禮器”和“特殊禮器”之間的區別，如此才能判斷哪一類出土器物更符合三禮中的描述。否則，若將所有材質、風格的同類器物混為一談，均用來與三禮對讀，則極易混淆各類禮器的性質，陷入無法抉擇的局面。

對禮圖而言，將三禮禮器系統轉換成簡明的圖釋，方為“以圖釋禮”的精髓。在此過程中，所依靠的主要材料的確應為文獻本身，而不必過度追求“經”和“器”雙方向互證。聶崇義應如實反映三禮的原貌，盡量還原“標準範例”，而無需兼顧各類“衍生品”。但如前所述，聶氏仍是無法避免地受到了實物的影響，而值得注意的是，這些參照實物所繪的圖釋，卻大多都值得商榷。

書中飽受爭議的“爵”圖便是最好的示例（圖6.1），三禮文獻中並沒有“爵”器身帶有鳥雀裝飾的記載，書中可參考的僅有材質、尺寸、功能等信息，據此很難判斷“爵”的形制。所以聶崇義依據

---

① 類似內容可參見前文“觚”“觶”等章節，此不贅述。

典籍描述，在宗廟禮器中鎖定了一種"鳥雀杯"造型的器物。而事實上，雖有證據表明這類"鳥雀杯"與"爵"有一定關係，但其與三禮中的"標準化爵"卻存在差距。① 以這種"藝術化"痕跡突出的器物來對應"標準器"，讓人覺得有違古制，是以此圖被無數學者多加嘲諷。

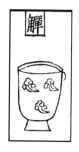

圖6.1　聶本"五爵"圖釋②

再進一步從"禮器組合"的角度分析，聶氏對"爵"圖的處理還反映出更深層面的問題。在缺乏資料的情況下，適當參考實物無可厚非，但若執著於尋找相符器型，忽略"釋禮"本身，顯然是不合適的。聶崇義僅關注宗廟彝器中的"爵"之型態，卻忽視了三禮記載的"五爵"應是一套成系統的禮器，由"爵"至"散"容量遞增，以"爵"為尊而"散"為卑，分別代表儀典中不同用器人的身份等級。③ 三禮中對五件禮器均沒有明確的外型描述，從邏輯上來

① 具體內容參照第二章第一節"爵"。

② 圖釋出自聶崇義《新定三禮圖》，鎮江府學本，南宋淳熙二年（1175），匏爵圖卷第十二。

③ 經籍多言"五爵"存在升數等差，此説出於《禮記·禮器》中的鄭注，三禮中未能找到對"五爵"尺寸更精准的論述，但對其各自所對應的用器人身份描述較多。是以有學者提出，"五爵"不一定有容量上的等差（《禮記·禮器》中只云散大於爵，角大於觶），但它們是可以區別的五種飲器，與使用者的身份、場合與禮儀的性質有關。鄭憲仁：《對五種（飲）酒器名稱的學術史回顧與討論》，《野人習禮——先秦名物與禮學論集》，上海古籍出版社2017年版，第160頁。

説，即使其外型不完全相同，也理應大同小異。而聶圖中的"五爵"
呈現為形態各異，沒有明顯關聯性的器物。特別是"爵""觚"
"觶"三者差異甚大，尤其"觚""觶"二圖杯柄處的差異十分微
妙，這表明聶氏繪制以上三器均參考過實物，否則理應依照舊圖，
將其繪成外型一致的飲器，只著重描述尺寸差異，及其所對應的身
份等級即可。聶氏一方面參考經注，一方面也參照實物，希望能兩
方面信息兼顧，但此舉反而導致圖釋於兩方皆不合，也顯得聶崇義
對"釋禮"的理解流於表面。

　　此外，在今日器物研究已經發展得十分成熟的情況下，還有一
點應得到當代學者正視。學界抨擊聶圖系統名實不符，多是建立在
"以器物為出發點"的角度，在默認現有出土器物形制無誤的前提
下，以"器"為本，去衡量"圖"的正誤。事實上，這種思路並不
能成立。聶圖有謬誤不假，但在指摘之前，需要先釐清禮圖文獻的
研究思路。禮圖既然是從三禮角度闡釋禮器，若要證其訛誤，理應
建立在分析文獻的基礎上，而不能僅以出土器物來證其真偽。譬如
以三足銅器為"正"，指責《三禮圖》中的"爵""角"之圖為
"誤"，這根本是一種邏輯上的混亂。

　　總體而言，聶圖並非"全憑臆斷""嚮壁虛造"之作，書中蘊
含禮學、器物學、經學等多個領域的研究成果，其價值應得到充分
重視。此書在北宋初期為統治者制定禮儀規範、恢復古制提供依據；
幫助禮學家更直觀地理解儀典流程和器物形制；為後世禮圖提供了
值得參考的撰述體例。於今人而言，聶圖廣泛徵引舊圖，保留了部
分已經亡佚的早期禮圖文獻，為我們瞭解宋代以前的禮圖內容提供
了大量資料；並以圖釋形式，記錄下了宋人對三禮文獻的闡釋邏輯，
及其進行禮學研究的基本思路，這方面的研究價值尤其值得重視。

　　與此同時，聶圖也反映出宋代禮圖普遍存在的缺點。由於參考
資料匱乏，且思維模式受限，部分禮圖存在明顯的訛誤，這需要我
們在研究中注意甄別圖釋細節。但"以圖釋禮"這種形式大多言之
有物，並非屢遭詬病的全憑想像之作。這一點在聶圖中體現的尤為

明顯，遇到個別無法確定形制的器物，聶氏會根據典籍描述，將禮器類別界定清晰，並未出現酒器、水器、食器相混淆的情況。其中存疑的圖釋，也多是在器物紋飾風格方面存在偏差，整體形制大體可通。書中一些內容的確呈現出主觀聯想的跡象，但這種聯想也大多有所依憑。從另一方面而言，這些帶有主觀聯想和理解偏差的圖釋，也可作為範例，幫助我們研究宋人對文獻的理解方式，以及上古和中古時期的審美差異等問題。在這些"形而上"問題的研究中，"圖"所體現出的重要性不言而喻，特別是涉及到古人意識、思維邏輯的問題時，單憑文字描述很難闡釋清楚，而"圖"卻可以呈現出事半功倍的效果。

第二節　"因名圖器"和"因器定名"

所謂"因名圖器"一說，是當代學者從考古學研究的角度，為禮圖文獻總結出的"研究方法論"，著重表達其所據資料的主觀性，與強調客觀性的"因器定名"相對。① "因名圖器"與陳芳妹所說的"尊文釋器"大同小異，非常直接地反應出了禮圖文獻的"表"。從表面上看，禮圖所繪的內容，的確先有"名"後圖"器"，此說無可厚非。但若是從深層次來分析，禮圖所據並不是簡單的"名"和"文"，而是其背後的"禮"。

宋代對於禮圖學和金石學而言都是個頗為特殊的時期，二者均

---

① "《三禮圖》，最初也是宋代器物學的基礎，其來源是東漢禮學，特別是三禮鄭玄注。這種圖解雖然也包含著一定的器物學知識，即東漢時期的器物學知識，但它是因名圖器，僅據禮文揣測，並無事實根據，所繪圖像，與真實器物差異很大，也是從書本到書本。後來的金石圖錄，和它有根本區別，就在於它們是因器定名，從器形和定名入手，在此基礎上重新制定分類標準。只有在缺乏自名的情況下，它才沿用《三禮圖》的概念，或斟酌器形，自擬器名。"李零：《鑠古鑄今》，（香港）中文大學出版社2005年版，第46頁。

在這一時期得以迅速發展，為各自學科奠定了基本的學科框架，並沿用至今。這一時期禮圖與金石器物之間的關係也最為密切，金石學考證器物離不開三禮名物，而禮圖中對出土器物同樣有所參照。儘管時至今日，二者的研究思路已經截然不同，但"圖"與"器"本是互為表裏，在研究三禮名物和禮學等相關問題時，不應由於學科體系不同而區別對待。

一　禮圖文獻對金石學興起的貢獻

儘管宋代金石學家不認可禮圖文獻的研究思路，但卻無法否認，以《新定三禮圖》為代表的"三禮名物之學"，正是金石學興起的基礎之一。① 特別是對於青銅器而言，名物研究在其中所起的作用至關重要。而專門針對三禮文獻所做的禮圖，便相當於是為金石學家提供了分類明確、便於檢索且內容全面的文獻資料。學者可根據出土銅器的大體形制，對應禮圖中的圖文信息，即使圖釋內容與器物無法對應，也可以根據文釋內容來證明自己對器物的判斷，從而提高其研究效率和學科發展速度。一門學科尚在初期階段，各方面建設不完備，學者對相關知識的掌握也不夠系統，因此，借鑑既有學科的研究成果和經驗，幾乎是所有新興學科的必經之路。

宋代各個時期的金石學家對禮圖均有參照，並不僅限於金石學產生初期，如：

（1）右終南古敦銘，大理評事蘇軾為鳳翔府判官，得古器於終南山下。其形制與今《三禮圖》所畫，及人家所藏古敦皆不同，初莫知為敦也。②

（2）右《漢韓明府孔子廟碑》，其略云：君造立礼器，樂之音符。鍾磬瑟鼓，雷洗觴觚。爵鹿柤桓，籩柗禁喜。修飾宅

---

① 李零：《鑠古鑄今》，（香港）中文大學出版社 2005 年版，第 44 頁。
② （宋）歐陽修：《集古録》，清文淵閣四庫全書本，卷一。

廟，更造二輿。所謂鹿者，禮圖不載，莫知為何器。”①

（3）古爵雀字通，紹興間，奉常鑄爵，正作雀形，如禮象所繪，知其有所本也。②

　　而參考禮圖內容釋器的情況，在專門的銅器圖録當中更為多見，以《考古圖》為例，書中直接引用禮圖進行論證的有如下幾處：

　　（1）按今《禮圖》所載牛、羊、豕鼎，各以其首飾其足。此鼎之足以牛首為飾，蓋牛鼎也。（卷一　牛鼎）

　　（2）冠亦象之，所謂毋追，夏后氏之冠。今《禮圖》所傳毋追，全似敦形。（卷三　散季敦）

　　（3）按此器略如今《禮圖》所載，其腹文為象。禮有象尊，而不聞象彝，疑記有脱略。（卷四　師艅象彝）

　　（4）按《司尊彝》：“春祠、夏禴，再獻用兩象尊。”鄭衆謂：“象尊，以象鳳凰。”或曰：“以象骨飾之。”阮諶《禮圖》曰：“畫象形於尊腹。”王肅以為：“犧象尊為牛象之形，背上負尊。”魏太和中，青州掘得齊大夫送女器，為牛形，背上負尊。先儒之説既不同，乃為立象之形於蓋上，又與先儒之解不同。（卷四　象尊）

　　（5）今《禮圖》所載爵皆于雀背負琖，經、傳所不見，固疑不然。今觀是器，前若嚙，後若尾，足脩而鋭，其全體有象于雀。其名又曰舉，其量有容升者，則可謂之爵無疑。（卷五　中爵）

　　（6）李氏《録》云：“此器口可容二爵，足容一爵。”《禮圖》所謂：“二升曰觚。”腹作四稜，削之可以為圓，故曰“破觚為圓足之四稜”。（卷五　觚）

<hr />

① （宋）趙明誠：《金石録》，四部叢刊續編景舊抄本，卷第十五跋尾五。
② （宋）程大昌：《演繁露》，清嘉慶學津討原本，卷十四。

（7）按《舊禮圖》云："洗，乘槃，棄水之器。其為畫水紋，菱花及魚以飾之。"（卷九 雙魚洗）

（8）按《舊禮圖》云："鼎，士以鐵為之，大夫以銅為之，諸侯飾以白金，天子飾以黃金。"（卷九 金飾小鼎）①

不難看出，呂大臨對聶本禮圖，以及其他前代舊圖的瞭解非常深入，雖然他並不是全然認可禮圖的結論，但其中很多觀點仍被呂氏引為論證材料。類似的參考和徵引在其後的《博古圖》等著作中更為常見。由此可知，雖然很多學者不認可聶圖的價值，是禮圖確為宋代金石學家的重要參考資料。

此外，禮圖在梳理三禮典籍的同時，還對器物形制和功能進行大致分類，這也為金石學創建青銅器分類系統奠定了基礎。就聶本禮圖來看，其以禮器的用途為標準，將"器皿類"禮器分為"匏爵""尊彝""鼎俎"三卷，同時藉由分類強調了禮器的性質和地位。如"尊彝"均是與祼禮等重要祭禮有關的禮器，而"匏爵"則收錄了日常儀典使用的酒器。是以"爵"和"玉爵"雖然形制大同小異，但"玉爵"用於宗廟祭祀，"爵"用於日常饗宴，所以"玉爵"歸入"尊彝"屬，"爵"歸"匏爵"屬。

這種分類模式顯然也影響了金石學，《考古圖》的篇章劃分即表現出類似趨勢。《考古圖》前五卷為食器和酒器類，其中第四卷為"彝卣尊壺罍"，第五卷為"爵屬豆屬雜食器"。呂氏將"尊彝"類與其他酒器分開，且未將"爵"與"尊彝"器混為一談。如果僅從器物本身來看，"三足爵"的製作工藝之繁複，顯示出其地位並不比"壺""卣"等器低；而"青銅觚"又與"尊"類的外型特徵十分接近，沒有必要分屬兩類。這説明呂氏是依照名物概念進行分類，他清楚"爵"應是飲器，其性質不同於祼禮用器，並且認可"爵"的地位低於"尊彝"之屬，否則不會將"爵"與其他雜器歸為一

① 以上 1—8 均出自呂大臨《考古圖》，清文淵閣四庫全書本。

類。其後的《博古圖》《嘯堂集古錄》《歷代鐘鼎彝器款識法帖》等書，雖分類更加細緻，但基本沿襲了這一模式。① 自此之後，銅器圖錄的分類模式基本定型並沿用至今。現今的器物圖錄，大體仍據食器、酒器、水器、雜器之序，各類屬下的器物排序邏輯也基本與宋人一致。

除上述兩方面的貢獻之外，禮圖的興盛還使當時社會對“圖”類文獻的看法徹底改觀：

> 宋之前雖然也有各種圖譜出現，但是這些圖譜由於複製技術的限制，傳播影響範圍有限。而《三禮圖》則不同，它是在國家意志推動下在全國頒行的圖譜，又佐之以宋代廣泛應用的摹拓與印刷技術，其影響的深度與廣度非以往的圖譜所能企及。它改變了知識階層對於禮學的認知方式，使文人從‘望文想象’的文字空間進入到‘觀其形模’的圖像世界。而在這個過程中，文人對於圖的直觀、便捷和準確的優勢，也會有更深刻的體會。這就會使文人開始重視圖在文化傳播、傳承中的價值。②

在此之前，“圖”類著作並不受重視，如鄭樵所說：“漢初典籍無紀，劉氏創意，總括群書，分爲七略，只收書，不收圖，藝文之目，遞相因習，故天禄、蘭臺，三館四庫，内外之藏，但聞有書而已。蕭何之圖，自此委地。後之人將慕劉班之不暇，故圖消而書日盛。”③ 這種情況至宋代出現了顯著變化：“圖譜學的真正興起是從宋代開始的。在經學研究當中，重視圖譜也是宋代經學的一大特色，

---

① 其後圖錄多在每一細類中按器物產生的時間順序依次排列，但整體類屬和順序沒有變化。如《博古圖》中的酒器先以“彝”“尊”等，其後“爵”“斝”“觚”“觶”類順序羅列。

② 史正浩：《宋代金石圖譜研究》，河南大學出版社 2017 年版，第 15 頁。

③ （宋）鄭樵：《通志》，中華書局 1987 年版，第 837 頁。

同時禮圖學也成為宋代禮學的一個重要分支。"① 學者對"圖"類文獻的看法改觀，這也對其後的經學、禮學發展影響頗深。② 這種社會意識形態的改變，對於一門新興學科的推動作用可想而知。禮圖作為自上而下推行的的範例，使學界對圖類文獻廣為接受，並且深諳其優勢，這也自然有助於金石器物圖錄的傳播。

二　金石學對禮圖文獻的影響

金石學興起的過程和意義，前人早已充分探討，在此無需贅述。但是金石學對禮圖和三禮文獻研究的影響，則有必要稍加梳理。古器物圖錄是金石學的產物，這種文獻雖然也以"圖"的形式呈現，但本質屬性與禮圖截然不同。而正是這種圖錄的出現，徹底否定了禮圖文獻的研究方式，並迅速取代其地位，成為禮器研究領域的主力。③

1. 對聶崇義《新定三禮圖》的影響

金石學對聶圖的影響最為顯著，聶圖被疑為臆造之形，一度成為眾矢之的，至今仍多遭貶斥。而這種質疑的源頭，便是金石學家以出土器物形制，來證禮圖之是非。上一節中曾提及，諸家對聶本禮圖的批評，主要集中在"圖"可信度問題上，認為聶氏所圖器物形制，與金石學家建立的古器物系統無法對應。此類觀點影響甚廣，自宋代以來始終未曾改觀，至今仍是很多學者對聶圖的慣有印象。如《雲麓漫鈔》有云："《三禮圖》，出於聶崇義，如爵作雀背承一器；犧象尊，作一器，繪牛象。而不知爵三足，有雀之彷彿，而實不類雀，犧象皆作牛象形，空其背腹以實酒，今郊廟盡用此制，而

---

①　劉豐：《北宋禮學研究》，中國社會科學出版社 2016 年版，第 17 頁。

②　"北宋時期，圖書學派十分流行，成為學術界的一大思潮。宋中期的道學家周敦頤和邵雍都是從圖書學派中分化出來的哲學家。宋明的哲學史也可以說是從圖書學派開始的。"朱伯崑：《易學哲學史》，北京大學出版社 1988 年版，第 9 頁。

③　陳芳妹：《青銅器與宋代文化史》，臺灣大學出版中心 2016 年版，第 7 頁。

國子監所畫，與方州所用，則從崇義説，不應中外自為差殊。”① 這一評論頗具代表性，其中涉及的“爵”“犧尊”“象尊”等器至今仍爭論不斷。但此説顯然是從金石學自身的學科視角出發，在默認己方所知為正的前提下，駁對方之誤，全然忽略了禮圖文獻的性質，觀點未免過於片面。

首先，以“器”證“圖”之説，是在未經瞭解禮圖研究思路的前提下，僅以自己認可的結論為依據進行批評，忽略了對方學科的屬性。這種思維方式，不僅顯示出金石學研究中的漏洞，且與傳統經學、禮學相比，更帶有顯著的“學科邏輯差異”。其次，上述提到的幾件器物，恰恰都是金石學定名中的值得存疑之處。以“三足爵”為例，宋代學者在未經詳細考據的前提下，將其與三禮記載的飲酒器“爵”相混，將器物“三足”之形與“雀”之義強行關聯，由此導致數百年的定名錯位現象。② 聶圖中的“鳥雀杯爵”雖然也存在理解不精準之處，但是比起金石學定名的“三足爵”，聶圖中的定義反而更為可靠。

至於金石學家定名“三足爵”的依據，在《考古圖》中可略窺究竟。大臨主要依據的是某三足爵銘文中的“𠂤”字，呂氏釋其為“舉”，並認為：“以上四器，形制、文飾相似，謂之舉者，舉，亦爵觶之名。因獻酬而舉之，故名其器曰舉。如杜蕢洗而揚觶，以飲平公，因謂之杜舉是也。《鄉飲酒》記：凡舉爵，三作而不從爵。知獻必舉爵也。主人舉者，主人所舉獻賓之爵也。今《禮圖》所載爵皆于雀背負踐，經傳所不見，固疑不然。今觀是器，前若噣，後若尾，足脩而鋭，其全體有象于雀。其名又曰舉，其量有容升者，則可謂之爵無疑。”③ 時至今日我們已經知曉，此説無論是對文字的闡釋，還是對“舉”和“爵”所産生的聯想，均是不可靠的。經籍皆

---

① （宋）趙彦衛：《雲麓漫鈔》，中華書局1996年版，第57—58頁。
② 詳細論述見前文《匏爵圖類釋》一章中的《爵》篇，此不贅述。
③ （宋）呂大臨：《考古圖》，清文淵閣四庫全書本，卷五。

云“爵”象“雀”，但“三足爵”一形卻明顯是擬“鳥”之態所造。宋人沒有詳細辨析“雀”“鳥”二字本義之別，便下此定論，遂造成理解上的偏差。[①] 即便拋開二字釋義相近的因素，如果呂氏參照三禮，理解“五爵”飲器系統的性質，應不會將“三足爵”誤認作飲器“爵”，這一問題在其對“觚”的定名上同樣有所體現。

　　然而，正是這類定名尚且值得商榷的器物，卻輕而易舉地取代了禮圖中的“爵”之形，成為數百年來學界公認的“爵”。器物定名雖然並非器物研究領域的核心，但卻是這是一切研究的基礎，倘若定名存在訛誤，其後一系列考證必然會出現“指鹿為馬”的現象。這種錯誤帶來的最直接的後果，便是學者對經典的誤讀，以“五爵”為例，在學者對器物定名形成根深蒂固的印象之後，再研讀文獻時，便會下意識將三足銅器的形制代入三禮中的“五爵”，繼而便會發現器名與典籍描述無法對應。倘若在不質疑定名正誤的前提下，會導致兩種可能，一是就此認為三禮記載與事實不符；二是默認三禮屬實，器物也屬實，而後強行找尋二者之間的關聯。正如呂氏以《儀禮》“舉爵”證“三足爵”；又如古今無數學者試圖證明“三足爵”器型與“爵”字之間的關係，以及“三足爵”上各個部件在飲酒時的用途。類似論斷不勝枚舉，但由於基本概念的錯位，導致種種探索皆是徒勞。而這種錯位理解還會導致更棘手的問題，即對三代時期的禮制、生產生活方式產生誤解。例如以銅器為禮器之標準，忽略作器材質在禮制中的重要性；又如在默認三足器為“五爵”之後，會誤認為三代時期的飲器形制與後世飲器差異很大。這些誤解對文獻、歷史、考古等領域的研究，均是莫大的障礙。

　　時至今日，我們不能否認聶圖中存在的局限性，但是就其整體研究價值而言，書中的疏漏之處其實瑕不掩瑜。這本該是一部很值得後人深入研究的著作，並且在聶氏研究的基礎上，後輩學者可以進一步差缺補漏，完善禮圖系統，從而促進相關領域的發展。

━━━━━━━━

　　① 詳細論述見前文《尊彝圖類釋》一章中的《鳥彝》篇，此不贅述。

但由於金石學的衝擊，導致聶圖長久以來未能得到公正的評價，書中很多頗具創見性的研究成果，本可以為後人的研究提供極具參考價值的思路，可惜也大多湮沒在對禮圖的負面評價當中，鮮有問津。

2. 對後世禮圖研究的影響

金石圖錄的廣泛傳播，導致後世禮圖的創作思路發生質變，其中最直觀的體現，便是禮圖開始將出土器物圖收入其中。這就意味著，自宋代後期開始，禮圖不再以三禮文獻系統為本，圖釋性質已然與器物圖錄產生混淆，背離了“以圖解經”的原則。

以《纂圖互注周禮》為例，此本中多見青銅器圖與聶圖並舉的情況。盡管據學者研究，這類纂圖互注版本的經籍是以營利為目的，版刻較為隨意，校勘也不嚴謹，整體質量並不高。[①] 但是這類“通俗讀本”，更能表現出器物學在當時社會的認可度，並從側面折射出其對禮圖的影響。書中錄有“籩豆簠簋登爵之圖”，其中的“爵”著錄二圖，一是聶崇義所繪的“鳥雀杯”，二則是出土銅器中的“三足爵”；“簋”也是如此，在聶圖基礎上又以“青銅簋”之圖並列；“新舊鼎俎之圖”中同樣如此（圖6.2）。“鼎”“簋”二器均是食器，銅器本身帶有自名，可與文獻內容相對應，形制不難判斷。但“三足爵”與飲酒器的概念差別如此之大，卻也被三禮研究領域廣泛接受，則金石圖錄在當時的影響力可見一斑。正如有學者指出，纂圖本對《三禮圖》中的文釋部分大多未加引用，說明此本對器物本身的重視程度，已經超出了對“禮”的闡釋。書中僅記錄名物形制，也不再追求“釋禮”之“本”。[②] 在南宋著錄《周禮》的讀本

---

① 張麗娟：《宋代經書注疏刊刻研究》，北京大學出版社2013年版，第218頁。

② “纂圖本禮圖與《三禮圖》的區別就在於它從根本上改變了注文性質與圖文關係，即由文本本位、‘依經作圖’，轉向了圖像名物本位、集注諸說的‘以文注圖’。”又：“纂圖本引錄《三禮圖》的核心則在圖而不在文，文字的意義只在於注解圖形相關的名物度數，《三禮圖》原有的經學特徵在纂圖本中已蕩然無存。”馮茜：《宋刻纂圖本〈周禮〉中的禮圖與禮學》，《中國經學》2018年第1期。

中，"器"已成為核心。禮圖愈加注重器物形制的"正確性"，卻忽略了"器"背後的"禮"方為判斷正誤的標準。

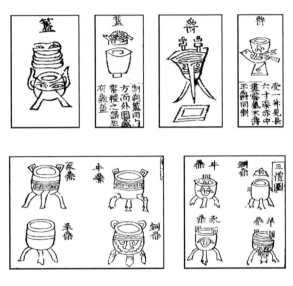

圖6.2　《纂圖互注周禮》收錄"簠""爵""鼎"圖①

　　除著錄目的發生變化以外，纂圖本的圖釋細節也體現出此本"依器繪圖"的特點。纂圖本所呈圖釋的紋飾細節均與青銅器極其接近，幾乎與器物圖錄中的描線圖一般無二。而對禮圖而言，具體細節並非必要，其對釋讀文獻而言並沒有太大意義。②"以圖釋禮"的重點，在於用簡明易懂的"符號性圖釋"闡釋禮器的形制、地位及其所代表的"禮"，除非形制上的細節是闡發禮義的關鍵，否則便不是必備元素。就這一點來看，纂圖本已有本末倒置之嫌。此外，引述材料的混亂，同樣是纂圖本的弊端："首先，《三禮圖》的作者聶

---

　　①　（漢）鄭玄注、（唐）陸德明音義：《纂圖互注周禮》，清康熙四十五年，朝鮮刻本，哈佛燕京圖書館藏，纂圖互注周禮一。
　　②　"在作圖上，《三禮圖》圖像簡潔，其性質是經注疏的示意圖，纂圖本則增飾了更多細節。"馮茜：《宋刻纂圖本〈周禮〉中的禮圖與禮學》，《中國經學》2018 年第 1 期。

崇義强調作圖的經典、經説憑據，故每稱引經文、注疏，論證層次
分明；其次，聶崇義注文多關涉經學討論，纂圖本於經注疏每混淆
不別，凡與經學相涉者，往往盡皆刊落。”① 這種思路顯然已不再是
以“經”證“圖”，只是因循既有禮圖形式堆砌材料，應有的探討
考釋也不復存在。

　　這種情況至後世愈演愈烈，將銅器圖收入禮圖漸成常態。如明
代《闕里志》一書，皆採銅器形制，完全摒棄禮圖之形，圖釋所附
的文字内容更是簡略，僅有尺寸升數信息。而器物紋飾卻繪製得十
分精緻，可謂惟妙惟肖，幾乎已經不輸金石器物圖（圖6.3）。《闕
里志》圖顯然已被出土器物圖同化，其性質已與禮圖的本義大相
徑庭。

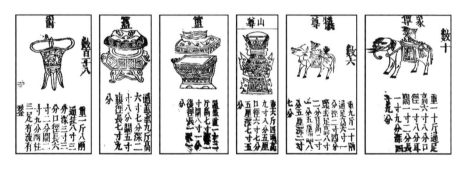

圖6.3　《闕里志·禮器圖》收録“爵”“簋”“簠”“山尊”“犧尊”“象尊”圖②

　　又如明代《三才圖會》中所録《器用》卷，與上述禮圖的著述方式
不同的是，此書將禮器分為兩大類，一類為“鼎”“罍”等出土銅器的
描線圖，其圖釋也多參照《博古圖》，個別器物圖還附有銘文；另一類
則為三禮所載“雞彝”“鳥彝”等僅存名義的禮器，這類圖釋則多與宋
代禮圖大同小異（圖6.4、6.5）。另有明代劉績著《三禮圖》，禮器形

　　① 馮茜：《宋刻纂圖本〈周禮〉中的禮圖與禮學》，《中國經學》2018 年第
1 期。

　　② （明）孔胤植：《闕里志》，哈佛燕京圖書館藏，清刻本，卷二。

制、度量多以《博古圖》為主要參照，基本完全捨棄三禮經注（圖6.6），是以《四庫全書總目提要》評價此舉“殊為顛倒”。①

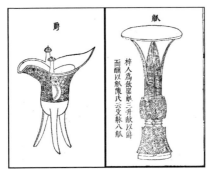

圖6.4　《器用》（一）“爵”“觚”圖

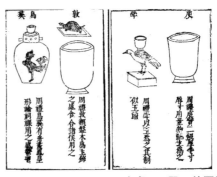

圖6.5　《器用》（二）“鳥彝”“斝”等圖②

圖6.6　劉績《三禮圖》所錄“爵”“斝”“觚”諸圖③

　　需要說明的是，上述情況主要出現在器皿類禮器中，時人對其餘禮器的認知，大多未出現顛覆性的改變。以玉禮器為例，由於專門的古玉器研究興起較晚，是以宋代禮圖所著的形制在明清兩朝仍受到廣泛認可。如《三才圖會》中收錄的各類玉器圖，便與聶圖、

　　①　“考漢時去古未遠，車服禮器猶有存者。鄭康成圖雖非手撰，要為傳鄭學者所為。阮諶夏侯伏朗張鎰梁正亦皆五代前人。其時儒風淳實，尚不以鑿空臆斷相高。聶崇義參考六本，定為一家之學。雖踳謬沿譌，在所不免。而遞相祖述，終有典型。至宣和博古圖所載，大半揣摩近似，強命以名。其間疏漏多端，洪邁諸人已屢攻其失。績以漢儒為妄作，而依據是圖，殊為顛倒。”（清）永瑢等撰：《四庫全書總目》，中華書局1965年版，第176頁。
　　②　（明）王圻、王思義：《三才圖會》，明萬曆37年原刊本。
　　③　（明）劉績：《三禮圖》，四庫全書本，卷三。

陳圖基本一致（圖6.7）。出土器物中也可見同樣情況，以明中期墓葬中出土的玉圭為例（圖6.8），其形制和紋飾與宋代禮圖著録的“鎮圭”“桓圭”“穀圭”一般無二（圖6.9—6.11）。尤其“穀圭”在明代貴族墓葬出土較多，雖細節和材質稍有差異，但其上“穀紋”大致相同。① 盡管如今考古學家多認為，圖中紋飾並不符合上古玉圭的風格。但這些出土玉器説明，直至明代中期，時人對玉禮器形制的認知，仍來自宋代禮圖。這種現象反映出，在金石學的影響範圍之外，舊有禮圖中的圖釋仍是統治者製器的參照標準。

圖6.7　《器用》（二）“蒲璧”“穀璧”“白虎”圖③

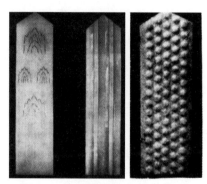

圖6.8　明代墓葬出土玉圭②

圖6.9　宋代禮圖所繪“鎮圭”圖④

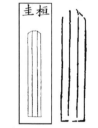

圖6.10　宋代禮圖所繪“桓圭”圖⑤

① 陸錫興：《論明代土圭制度》，《南方文物》2017年第3期。
② 左為明定陵朱翊鈞墓出土“鎮圭”“桓圭”，右為朱祐檳墓出土“穀圭”。圖片出自周南泉：《論中國古代的圭》，《故宮博物院院刊》1992年第3期。
③ （明）王圻、王思義：《三才圖會》，明萬曆37年原刊本。
④ 左出自《六經圖考》圭璧璋瓚藻藉制圖，右出自《纂圖互注周禮》天子圭璋藻藉之圖。
⑤ 左出自《三禮圖》玉瑞卷第十（通志堂本），右出自《禮書》卷第五十三。

圖 6.11　宋代禮圖所繪 "穀圭" 圖①

　　自宋以來，學界普遍認可金石器物的研究思路，三禮文獻在古器物研究面前僅作為參考資料。這種思路成為慣性之後，一系列 "先入為主" 和 "以器為先" 的觀點幾乎無法避免。而正是這種 "先入為主"，也使後人忽視了宋代金石學研究的局限性。就宋代對於青銅器的研究情況來看，很多金石學家不僅缺乏對三禮文獻的系統性認知，而且對出土銅器的瞭解也不夠深入。單就《考古圖》《博古圖》對銅器的定名就可看出，當時的學者既不清楚 "五爵" 在儀典中的用途，也不瞭解三足銅器的性質，否則不至於將三足器冠以飲器之名。古文字考釋方面也是如此，例如薛尚功考釋銅器銘文雖多有創建，但是就其將蟲鳥篆書定為夏代遺物，可知時人對古文字源流及演變規律缺乏系統概念。②

　　此類因時代局限性造成的訛誤本無可厚非，但是數百年來的學術進步，已經可以讓我們站在一個更加公正客觀的視角去衡量古人的研究。宋代金石學與禮圖文獻研究中皆存在無法避免的謬誤，不應因二者取向和研究方法不同便區分孰優孰劣。

三　金石學與禮圖文獻取向辨析

　　前文已述，金石學與禮圖之間存在本質的不同，兩種思維模式各有優勢，本不具備可比性。但若單純從禮器研究方向來看，"禮學

---

　　①　左出自《禮書》卷第五十五，右出自《纂圖互注周禮》天子圭璋藻藉之圖。

　　②　（宋）薛尚功：《歷代鐘鼎彝器款識法帖》，海城于氏景引明崇禎朱氏刻本，民國 24 年，卷第一。

之器"與"金石之器"的研究畢竟多有交集，釐清二者研究角度的差異之處，更有助於我們理解兩類學科的屬性。

1. "依形"與"依義"

金石圖錄以實物為對象，其研究多以"器"和"名"為首要依據。而考據器名首要的參考資料是器物銘文，若其帶有自名，只需將銘文釋讀準確，則該器物的定名便迎刃而解。在定名界定清晰之後，器物的具體形制、材質、裝飾風格都已確鑿，只需原樣謄錄信息，即成圖錄。因此，金石學研究中的"器"與"名"是直接對應的關係，其中"器"是"顯性條件"，連同器物所承載的形制、紋飾等信息也均呈顯性，唯有"名"是"隱性條件"，需進行考釋。

是以定名對於金石器物研究尤為重要，特別是面對缺乏自名的器物，更需要謹慎對待。原本器物自帶的"顯性條件"是其研究的一大優勢，但倘若"名""實"無法對應，便會導致一系列概念的錯位，這種優勢反而會成為後續研究中的最大障礙。"因器定名"的研究思路必須要從釐清定名開始，孔子所謂的"必也正名""名不正則言不順"用在此處恰如其分。

禮圖則恰恰相反，代表名物的"器"為末，其所承襲的"禮"方為本。禮圖的資料來源是三禮經注疏，在分析文獻的過程中，已知的確切信息僅有"名"，而具體的形制、紋飾都需要根據文字記載進行翻譯、闡釋。因此，禮圖文獻中的"名"與"器"並非直接對應，而是將"器"分解，由"名"分別對應"器"的各方面因素，最後將這些要素進行整合，呈現出完整的圖釋。這一過程，類似於一種"一對多"的關係，其中僅有"名"以及其所代表的"禮"是"顯性條件"，其餘一切信息均是"隱性條件"。這也是其研究中最大的風險所在，由於缺乏實體參照，一旦思路出現偏差，或對文獻的分析不夠嚴謹，結論則謬以千里。

正因如此，禮圖文獻的研究難度，其實遠比器物學研究要大得多。學者需要綜合衡量器物各個方面的信息，由器型到材質、尺寸，最後再闡釋器物的功能及其所蘊涵的"禮"。這個過程所考驗的絕不僅僅是對文獻的通曉程度，更需要具備"禮"的宏觀概念，在分析"禮"的思想、制度、儀典等內容時，可以游刃有餘地闡釋其中要義，繼而再翻譯成圖像語言。是以，盡管二者最終呈現出的都是圖像形式，但禮圖是由文字翻譯成圖像，器物圖録卻是由三維實物直接轉化為二維圖像，省略了翻譯這一步驟。

因此，這兩種研究思路所呈現出的風險性，具有顯而易見的差異。出土器物是確實存在的，將其作為研究主體會更加穩妥，即使研究中出現訛誤，也只是人對器物的理解存在偏差，但"器"和器物圖本身的研究價值均不會受到影響；以"禮"為出發點則完全不同，"圖"為主觀理解的產物，一旦出現根本性的錯誤，所繪禮圖便全然失去參考價值。

除基本的名義闡釋之外，禮圖更注重對禮器身份、等級和性質的界定。因此，即便對"禮義"理解無誤，能否構建三禮文獻的系統性，也是禮圖研究中頗具難度的考驗。就目前資料來看，宋代禮圖中僅有聶崇義能做到堅持以三禮經注疏為本，盡量避免其他文獻的干擾，這一點可謂是非常明智的。相比之下，陳祥道並沒有參照聶圖，僅尊三禮經注為參考資料，而是旁徵博引，廣泛接納所有類別的材料。據學者統計，陳圖中徵引書目共有五十餘種之多。① 是以宋人多認為陳圖較聶圖更佳精詳，如範祖禹《乞看詳陳祥道禮書札子》云："臣伏見太常博士陳祥道專意禮樂二十餘年，近世儒者，未見其比。著《禮書》一百五十卷，詳究先儒義説，比之聶崇義圖，尤為精當該洽。"② 今人也大多持類似觀點。③ 陳圖這樣處理的好處是，可以廣泛吸收更多不同性質的材料，開拓研究思路；但缺陷在

---

① 馮茜：《宋刻纂圖本〈周禮〉中的禮圖與禮學》，《中國經學》2018 年第 1 期。
② 秦蕙田：《五礼通考》，中华书局 2020 年版，第 109 页。
③ "陳祥道的禮學並沒有一個基於經典權威或經學理念建立的文獻秩序，更不以鄭玄或某家之説爲標準，而是以名物制度爲綱，博考文獻，綜合論證。"馮茜：《宋刻纂圖本〈周禮〉中的禮圖與禮學》，《中國經學》2018 年第 1 期。

於，陳圖所建立的研究系統與聶圖有本質區別，書中最終呈現出的，並非是與三禮相符的禮器系統。

彼時的禮器研究領域，各類文獻材料的性質不同，可信度也參差不齊，在這種情況下，"求全面"和"求專精"只能佔據其一，將眾多不同類別的材料熔於一爐，很容易顧此失彼。相比起聶圖專注解構三禮文本，陳圖所界定的研究範圍不夠清晰，導致其性質更接近於"三禮名物叢考"。且所據資料過於龐雜，反而模糊了"釋禮"的關鍵。這也是導致陳圖不如聶圖論述清晰、分類有序的原因之一。

總體而言，金石器物圖錄所依靠的實體是禮器的"形"，其優勢是如實記錄器物型態，可以呈現古器物的細節，但是不存在"釋"的過程，禮器背後的"禮"已經化為參考材料；禮圖憑借的實體是"義"，一切以"禮"為本，所謂"以圖釋禮"不僅僅其核心目的，更是真正意義上的研究方法論。

2. "以禮為尊"和"以器為尊"

此所謂"以禮為尊"，並不是簡單的"僅尊文獻"，而是將整個"禮"的系統放在首位，從這個原點出發，逐一研究禮器在其中的作用。是以，禮學家無論研究哪一類禮器，其研究思路都是"由大到小""由整體到具體"的過程。這種宏觀概念對於具體問題的研究，無疑是有很大幫助的。而早期金石學則不具備這種整體性和系統性的思路，而早期金石學則不具備這種整體性和系統性的思路，而多是"就器論器"，這種思維模式從表面看來沒有問題，但事實上，無論器物學、考古學的思路如何有別於傳世文獻，但其最終的研究目的，總歸要與三代時期的歷史和社會制度相關聯。從這個角度來看，"就器論器"的研究思路稍顯片面。所謂"禮器"二字，在金石學家面前，僅見"器"而不見"禮"，器物背後蘊含的禮義內涵被全然忽視，僅討論器物形制和器用。此時的"禮器"已不再具備"禮"的意義，而是被還原成了普通的"器"。"器"的外在信息固然重要，但"禮器"畢竟不同於一般古代藝術品，研究意義並不僅止於"器"本身，而是爲藉此梳理三代禮制原貌，從而瞭解上古社會的等級制度、思想、生産生活方式等信息。

與此同時，金石學這種"以器爲尊"的思路，其實也暴露出其最大的缺陷。禮器與文字一樣，是在上古經歷漫長的演變過程而誕生的産物，每一類均有其源流。僅尊"器"而不尊"禮"，等同於忽略器物的"生成背景"，在"知其然而不知其所以然"的情況下，出現訛誤便在所難免。金石學對"五爵"一衆禮器的定名便是很好的例證。存世的三禮文獻也許的確不足以反映三代禮制的全貌，但它畢竟是迄今爲止最接近三代禮制的文獻材料。研究禮器的形制和功能，應先從三禮入手，由宏觀的"禮"過度到具體的"器"，方爲更加周全的思路。從這個角度來看，研究金石器物，反而應更強調對三禮文獻的熟悉程度。否則，缺乏文獻資料的佐證和對禮器背景的探究，在不具備"禮"的系統概念的前提下，空談器物本身，則"以器爲尊"的研究便很容易變成看似客觀，實則無切實依據的"臆斷"。

從另一角度來看，倘若宋代金石學家不認可三禮文獻的記載，大可不參照文獻內容，自行創造一套禮器定名原則，這樣兩個學科可以真正做到互不干涉，無論器物定名正確與否都不會影響三禮研究。但事實上，彼時學者考證器物定名大多慣用三禮爲據，說明當時對此類文獻的認可度沒有問題。但宋人一邊徵引三禮作爲定名之依據，一邊卻又未作深入探討，這才導致辛苦創制的銅器定名分類系統，反而成爲了相關學科發展中的隱形障礙。

金石器物與傳世文獻之間矛盾的本質，就如同漢代的今古文之爭，時人認爲古本更接近孔子時代，比世代傳承的今本更可信。但古今本孰優孰劣並不完全取決於文本自身，更重要的是學者的研究思路。正如當代學者所說，文獻材料最重要的是可靠性和明白性，古本時代雖早，但如何闡釋卻全在於後代學者的理解；而今本歷經代代相傳，有可靠的師承關係，其所傳遞的聖人之道反而更可信。①

---

① 徐剛：《古文源流考》，北京大學出版社 2008 年版，第 261 頁。

同理，金石學參照的雖是“古本”，但其研究初興，認知有限，所得結論謬誤頗多，“可靠性”和“明白性”顯然不足；而三禮文獻歷經世代闡釋和研究，已將文本琢磨得足夠透徹。在這種情況下，禮圖和三禮文獻的優勢十分顯著。

幾個世紀以來，金石學成為研究禮器領域的主流學科，現代考古學的興起，更使禮學對器物研究幾乎喪失了話語權。尤其近些年來，中國考古學追求西方考古學所強調的客觀性原則，認為出土文獻、出土器物方為真實可靠的材料，並習慣用出土資料來質疑傳世文獻的真實性，器物學與三禮文獻、禮圖研究的矛盾也正在於此。然而“因名圖器”所據為“名”；“因器定名”所據為“器”，“器”和“名”從本質上來講，均是人造的產物。僅因學者認為“器”屬於“眼見為實”，且為三代時期所作，所以“器”比文獻記載的“名”可靠。這種質疑，屬於缺乏正確的“史料觀”，也是對傳世文獻性質認識不足的體現。

所謂的“紙上材料”不可信之説，是認為傳世文獻是古人編纂加工過的內容，又經過千百年傳承，所以其中的不確定性非常高。但事實上，中國的文獻材料早在先秦階段，就已經出現了明確的“史料”和“非史料”的區別。真正用於記錄歷史事實的文獻，大多屬於官方檔案文書性質，這些文本並非隨意偽造或憑空杜撰而來，雖然傳承中難免錯訛，但整體而言仍是較為可信的材料。“傳世文獻”並不等同於“虛構”“故事”或者“文學創作”之類的概念，將所有文獻不加分辨，一概歸為不可信的“紙上材料”，這更像是一種因不願深入探究而尋找的托辭。

除了對傳世文獻本身的質疑之外，更有很多學者將三禮成書較晚，無法反應商周禮制這一點作為依據，提出三禮文獻不能作為研究禮器和三代禮制，特別是商周禮制的參考資料。客觀地説，鑒於傳世文獻的複雜情況，合理的質疑理所應當，但是在未經詳細辨析的情況下一概否決，則是不可取的。以《儀禮》為例，前人多質疑其與出土材料無法對照，近年來已有不少學者具體研究過禮經文本存在的問題，並系統剖析過其文本的可信度。

　　首先需要注意的是，《儀禮》與其他文獻最大不同之處在於，今《儀禮》十七篇是經秦火之後殘存的内容，“士”以上的高等級貴族儀典都沒能留存下來，因此現存内容的範圍不足以囊括殷周禮典。① 這也是導致今日很多高等級貴族墓葬中出土的器物，與《儀禮》無法對應的原因之一。而“士”禮和與之等級相仿的“鄉禮”得以保留的原因，恰恰是因其級別低：“因政治變革而被廢棄的都屬大夫以上的禮典；士禮接近民間，與民風土俗練習較多，又不存在僭上的問題，不必要也不可能禁止其舉行，在秦火中沒有受到影響。”② 高等級禮制的記載亡佚，“士”禮中又體現不出高等級禮器的情況，“經”與“器”二者等級不匹配，自然難有交集。

　　其次，成書時間晚，並不代表此類文獻不值得參考。正如有學者在考證“古文《尚書》”問題時提出，晚出的文本未必等同於“偽書”，經過後人整理編纂的文本也不意味著不可信，我們應詳細考察文本源流和成書過程，證實其編輯加工是否有根據，内容是否可靠，而非棄之不用。③ 三禮文獻的情況也是如此，這類記錄儀典章程性質的書籍，絶不可能是出自一時一人之手。這類文獻大多有其源流，所謂的成書時間，只能表示其最終成為可以流傳的“紙製作品”的時間。有學者認為，早在《儀禮》未成書階段，書中記載的儀典條文實際已經存在，否則各類禮儀實行無據，只不過收藏在官府，尚未公之於衆。還有學者提出，《儀禮》成書前的典籍，均為記錄某個具體儀典的舉行流程，之後將這些具體示例的人和事去掉，再經過總結歸納，便形成了《儀禮》，這一點在很多先秦典籍中都可

---

① 沈文倬：《略論儀典的實行和〈儀禮〉書本的撰作》，《菿闇文存》，商務印書館 2006 年版，第 7—8 頁。

② 沈文倬：《從漢初今文經的形成説到兩漢今文〈禮〉的傳授》，《菿闇文存》，商務印書館 2006 年版，第 526 頁。

③ 徐剛：《古文源流考》，北京大學出版社 2008 年版，第 45—46 頁。

以找到依據。① 沈文倬先生也曾指出，禮書文本出於後人追記，可能對禮典發展中出現的分歧作過整齊劃一的修改，但主要内容没有大的差異。與此同時，禮典是先於文字紀錄而存在的，它絕不是一個人憑空創造，而是在歷史進程中不斷擴充完善的，因此禮書的成書年代，不能等同於禮典産生的時間。② 從"禮"的産生和發展過程來看，沈先生對此問題的理解相當精準。

沈先生就此觀點在先秦文獻中廣泛考證，證實《尚書》《逸周書》《左傳》《毛詩》等作均可證明，春秋以前各種儀典已經在各級貴族中普遍實行。並提出，其中最有力的證據莫過於《論語》："孔子是知禮者，擔任過贊禮一類的職務，所以在他和弟子們的問答中反映了那麼多禮的理論和禮的實踐，但在他所有有關禮的言論中没有直接援引《儀禮》的原文，有力地證明其時禮書還不存在，各種門類的禮典還没有被記錄成文。過去有人主張禮書製作之後才會有禮典的實行，這種説法與事實恰恰相反，因而是錯誤的。"③

這一點在出土文獻中同樣可以找到佐證，現代學者大多認可三代時期的"禮"起源於祭祀，而甲骨文中的卜辭，絕大部分正是用來記錄各類祭禮、占卜的内容和流程。這種"記錄條文"性質的檔案文書，很有可能就是《儀禮》的來源之一。商人將占卜、祭祀的

---

① 吳麗娛主編：《禮與中國古代社會》（先秦卷），中國社會科學出版社2016年版，第229—236頁。

② "後來，歷史考古學者用西周彝銘來對照，發現它在文體、語詞上不像是西周的文字，而所述名物與出土實物相比較，也不盡符合，從而考定它的撰作時代當在春秋、戰國之間，這是可取的。但是他們把書中所記述各類禮典的内容也説成是春秋、戰國某一諸侯國的實制，以前根本不存在這種禮典，我們認為這也是片面的。之所以出現這樣或那樣的偏頗之説，是由於把禮典和禮書看作一個東西了。如果認識到有了事實才又可能對事實進行記錄，那麼，上文所論證的由禮物、禮儀所構成的各種禮典早已存在於殷和西周時代，而'禮書'則撰作於春秋之後，那就没有什麼可以懷疑的了。"沈文倬：《略論儀典的實行和〈儀禮〉書本的撰作》，《菿闇文存》，商務印書館2006年版，第7—8頁。

③ 沈文倬：《略論儀典的實行和〈儀禮〉書本的撰作》，《菿闇文存》，商務印書館2006年版，第22—25頁。

過程和結果作為前辭、命辭、占辭、驗辭記録在甲骨上，而這一套卜辭系統也基本就是一套完整的儀典流程。從卜辭的系統性和完整性來看，自商代開始，古人已經有全面記録祭禮流程，並且作為重要檔案文書妥善保存的習慣。而這種習慣，伴隨著商人的各類儀典，同樣被周人所繼承，則西周時期存在類似的檔案記載是非常合理的。

在過去一段時間內，受西方學者影響，國內學者質疑傳世文獻的觀點也越發多見。甚至有些更為偏激的漢學家提出，不僅是傳世文獻，就連青銅器銘文也不是客觀可信的"一手史料"，因銘文中多存在"嘏辭"之類的文體模板，內容更有誇張成分，帶有主觀加工跡象，不能反應事實。① 但若以這種邏輯來看，任何出土器物均出自人手加工，其製作過程離不開主觀的干預，則所謂的主客觀已然成為悖論。事實上，三代時期禮器的形制顯然存在一套標準，這也是學界認為"器"更可信的原因之一。但很多學者經常忽略一點，"器"有標準，"名"也一樣有標準，文獻記載的制度、條例並不是隨意編造得來。其中有些內容也許存在不精確之處，但若就此認為其不可靠則未免偏見過深。

面對這種情況複雜的文獻，我們理應對其進行細緻的分析和歸納總結，從而發掘其中更接近史實的內容。以銅器銘文為例，其中記載的作器目的、緣由，以及紀録祖先功績等信息往往並非空穴來風，若能仔細辨析，拋棄虛誇的辭藻模式，會發現其核心內容一般不虛。與此同時，若僅就一兩篇銘文進行分析，其可信性必然大打折扣，但若能做到廣泛研習各時期、各類銘文，再利用數據統計的方法將其中有效信息提取出來，互相類比，當其中類似或相同信息累積到一定量的時候，就可以得出較為準確可信的判斷。西方考古學不接受文獻，是因為西方早期文化系統中缺乏"史料"的概念，其所謂的"古文獻"多侷限在文學、宗教領域，這類材料文學色彩過於濃厚，固然不足信。所以西方考古學和文獻學的研究思路多是

---

① 羅泰：《宗子維城》，上海古籍出版社 2017 年版，第 55—58 頁。

涇渭分明，互不干涉，這在其學術訓練中形成了根深蒂固的思維模式。但這種模式，顯然並不適用於漢民族的文史研究。

在考古學和文獻學研究領域中，究竟應如何客觀地看待現有材料是頗為常見的問題。三禮中的內容自然不能照單全收，但這些文獻是目前記載三代禮制最系統的資料，在未能找到更加全面、可信的材料之前，理應詳細分析、梳理，從中找出相對可靠的內容。甚至可以說，在上古史研究領域，我們並不是在可信的資料中尋找謬誤，而是在大多數“不可信”的材料中，探尋相對真實客觀的信息。歷史上任何文字、器物資料，若要完全去除主觀加工的影響，幾乎是不現實的。考古學強調的客觀性雖然重要，但一味否定或貶低文獻材料的價值，也同樣不夠客觀。文獻和考古作為兩個互補性極強的專業，理應互通有無，三代時期的材料尤其匱乏，更應充分利用，以審慎的態度逐一分析考據，而非一概予以摒棄。

綜上所述，宋代金石學在古器物研究方面的貢獻不容忽視，這一學科的繁盛不僅極大推動了器物學、古文字領域的研究，也在其後發展中對上古史、古文獻研究助益甚多。宋人在器物研究中的貢獻毋庸置疑，正如當代學者所說，這種由研究傳世文本到研究出土實物的突破，在學術史上具有劃時代意義。

宋人對古器物研究的傾斜，不僅對當時諸本禮圖的聲望產生影響，時至今日，對於禮圖的專門研究仍大多停留在文獻版本方面，鮮少從“釋禮”“解經”的角度探討其中內容。偶有個別考據書中圖釋之是非的研究，也大多難逃既有舊說的影響，慣以出土器物證禮圖之謬。金石學家多認為出土實物才是可靠、客觀的研究材料，可正是由於對三禮文獻的參考不足，導致其所創造的銅器定名系統錯漏百出。這些訛誤實則大多也是出自宋人定名時的“臆斷”，所得結論並未多方參考文獻史料，全憑主觀理解便草率定名。而這就導致一種十分微妙的局面，“器”雖是“實”，但所賦之“名”卻為“虛”；所據器物可信，但是學者定名卻不可信。是以，即便其研究的出發點是客觀實物，但最終結果卻與禮圖文獻被詬病的“主觀臆斷之謬”，並沒有本質上的區別。單是“以器爲尊”，全然忽視文獻典籍的參考價值，這與金石學家所抨擊的聶崇義“只尊三禮”“罔顧器物”之舉，幾乎如出一轍。由此可見，金石學與禮圖文獻之間，只是兩種不同的研究思路，二者之間本是平等關係，並沒有高低上下、孰優孰劣之分。

第三節　“釋禮歸仁”：禮圖與出土實物之間存在差異的原因[①]

宋代禮圖的發展過程、研究價值，以及禮圖和器物圖録之間的關係，皆已論述完畢，接下來可進一步分析禮圖的本質屬性。並從不同層面，分別探討禮圖文獻和出土器物之間存在偏差的具體原因。

一　客觀原因：資料匱乏與審美差異

產生差異的客觀原因，首先是由於北宋初期相關研究的欠缺，尤其是缺乏專門針對古器物的研究。如葉國良先生所説：“第漢代以後、宋代以前，鐘鼎出土甚尠，偶有之，復難免以祥瑞和骨董視之，未措意於考證。”[②] 自東漢至宋代期間，針對器物的專門研究幾乎是一片空白。是以短時間之內，很難建立起系統完善的研究方法。與此同時，金文研究尚未興起，大多數學者對古文釋讀知之甚少。禮器系統歷經千年輾轉，傳承至宋初時，早已不復商周舊制。當時對三禮名物研究的艱難程度，在聶圖中表露無遺。聶崇義本人以三禮見長，位及國子司業兼太常博士，其在三禮名物方面的知識淵博程度可見一斑，而即便如此，其所撰論著仍舊未能闡明禮器系統。尤其值得

---

① “釋禮歸仁”一説出自李澤厚先生著作《由巫到禮 釋禮歸仁》，此處借用以表示“禮”在三代時期經由儀式、制度最終上升爲思想的過程，並不爲探討“仁”這一概念。

② 葉國良：《宋代金石學研究》，臺灣書房出版有限公司 2011 年版，第 4 頁。

注意的是，《三禮圖》中的圖釋並不只為著書，更是為了造樣以奉與皇族宗廟祭祀使用，因此也並非聶崇義一人"閉門造車"所得，而是經過當時一衆禮官共同審核的結果。聶崇義在《祭玉》卷前注云：

> 自周顯德三年冬十月奉堂帖令，依故實模畫郊廟祭器、祭玉。至四年春，以圖樣進呈。尋降勑命指揮，昨聶崇義檢討禮書、禮圖，模畫到祭器、祭玉數拾件。仍令國子監、太常禮院集禮官、博士同共考詳，合得前代制度。既依典禮，孰不僉同。況臣崇義自叨受命，敢不竭誠祖述經文，研覈法度。由是玉瑞、玉器之屬，造指尺、璧羨以規之。冠冕、鼎俎之屬，設黍尺、嘉量以度之。所謂繩墨誠陳，不可欺以曲直；規矩誠設，不可欺以方圓也。勑下諸官考詳後，便下少府監，依式樣製造其祭器。①

《宋史·聶崇義傳》也載有當時撰作禮圖的過程，其中明確記載了除聶崇義以外的參與者：

> 未幾，世宗詔崇義參定郊廟祭玉，又詔翰林學士竇儼統領之。崇義因取三禮圖再加考正，建隆三年四月表上之，儼爲序。太祖覽而嘉之，詔曰："禮器禮圖，相承傳用，寖歷年祀，寧免差違。聶崇義典事國庠，服膺儒業，討尋故實，刊正疑訛，奉職效官，有足嘉者。崇義宜量與酬獎，所進三禮圖，宜令太子詹事尹拙集儒學三五人更同參議，所冀精詳，苟有異同，善爲商確。"五月，賜崇義紫袍、犀帶、銀器、繒帛以獎之。拙多所駁正，崇義復引經以釋之，悉以下工部尚書竇儼，俾之裁定。儼上奏曰："伏以聖人制禮，垂之無窮，儒者據經，所傳或異，年祀寖遠，圖繪缺然，蹖駁彌深，丹青靡據。聶崇義研求師説，耽味禮經，較於舊圖，良有新意。尹拙爰承制旨，能罄所聞。

---

① （宋）聶崇義：《新定三禮圖》，通志堂本，清康熙十二年（1673），卷第十一。

尹拙駁議及聶崇義答義各四卷，臣再加詳閲，隨而裁置，率用增損，列於注釋，共分爲十五卷以聞。”詔頒行之。①

由此結合後世學者對聶圖的批評，可知時人對上古禮器系統認知之匱乏。即便經一衆學者共同參詳，也難以考釋其真容。這一點在一些具體的圖釋中也可一窺究竟，前文已述聶氏並未排斥參照實物。盡管在理論上，出土器物不應全盤照搬，但若有實物輔助，書中諸多由理解偏差導致的謬誤本可避免。比如最典型的“穀璧”和“蒲璧”便是如此，倘若彼時有類似研究，或存在可參照的玉器，理解“穀”“蒲”二義並非難事。

而“穀紋”“蒲紋”的問題又可以引出造成圖、器差異的另一個原因，宋代去古已遠，時人生產、生活方式及審美觀都已發生巨大變化。先秦階段的禮器造型、紋飾多以抽象爲主，即便是借用了自然界的形象，也不大可能照搬原型，多是將其進行抽象化或線條化處理，僅保留部分相似特徵。如玉器中的“白琥”，先秦時期對“虎形”的表現十分抽象，這種抽象化處理，一方面會留有豐富的藝術想像空間，另一方面也可爲器物製作省去不必要的麻煩。類似的思路在青銅器、漆器製作領域體現得尤爲突出。常見的青銅器紋飾大多源於自然界的具體意象，但用於裝飾器物時，這些紋飾早已經高度抽象化、藝術化，於其本來面目相去甚遠。後世伴隨著社會生產力的發展，人們的作器水準日漸提高，所偏好的雕刻和繪畫風格便也日趨寫實，無論玉器、漆器或瓷器，都傾向於用具體生動的紋樣來裝飾。是以在後人的概念中，上古抽象的裝飾風格和帶有聯想性質的器型，逐漸成爲想像空間中的“盲區”。綜合數本宋代禮圖的情況來看，宋人在沒有實物參照的情況下，一般會習慣性地按照具象思維模式，去闡釋文獻中的內容。這也可以解釋，爲何聶氏“望文生義”繪出的圖釋，往往反而會比上古實物更爲繁複。由此不難

---

① （元）脱脱：《宋史》，中華書局 1985 年版，第 12794 頁。

看出，儘管聶氏的主觀聯想有文獻作為參照，但倘若對文字描述的理解角度不當，或是對上古思維模式、審美風格缺乏瞭解，則所得結論也會出現頗多謬誤。

二　根本原因："以圖釋禮"的核心目的及其意義

上述均是導致禮圖和古器物之間存在差異的原因，但並非其根本。就"釋禮"的本質目的而言，繪製圖釋是為闡釋"禮"的概念。因此，圖釋中的禮器自然被賦予了經學家對於三禮典籍的主觀理解。而"釋禮"的重點在於解讀三禮系統，圖釋只求切合典籍，其作用如同字典，重在"釋"，而不強調藝術觀賞性。有學者提出，文獻記載的禮器"名"大於"實"，其器物之名也未必是先秦實際存在的禮器。在禮學領域，"禮器"的實體並不重要，其所承載的"禮義"才是重點。① 三禮中對禮器的記載以"禮義"為先，為了更突出"禮義"概念，弱化了對器物形制的描述，僅以器物所代表的祭祀對象或等級身份為重點。

這種說法有一定道理，《周禮·司尊彝》中對"六彝""六尊"的記載便是如此，寥寥數語僅強調了其各自所對應的祭禮和器物組合形式，至於具體形制及器名來源則只字未提。說明在當時的概念中，祭禮本身才是紀錄的重點，器物在這些儀典面前僅是"禮義符號"，不需要詳述其名義。這也可以解釋，為何很多出土器物在三禮中難以找到對應信息，因"器"在"禮"的系統中並非核心。"禮器"進入三禮系統之後，成為承載儀典的"符號"，這些"器"是

---

①　"按照器物'自名'來定名的禮器，首先必須有實物作為'名'的'實'，而依據經典的禮學不同，禮器的名後面，是不需要實際器物的。這並不是說禮經中的器物不曾在歷史中切實存在過，而是說，進入禮學之後，它們首先變成了承載特定禮義的概念，很大程度上脱離了它們原有的實物形態。因此可以説，金石學、考古學和禮學所建立的器物體系，其實質差別在於，前者試圖恢復一套客觀存在的實物體系，而後者則是依據經典文獻，經過經典闡釋建立起來的概念體系。"馮茜：《聶崇義〈新定三禮圖〉與宋初禮學》，《朱熹禮學基本問題研究》，第 444 頁。

“禮”之“末”，儀典所要表達的思想，以及承載思想的“人”才是“禮”之“本”。而千百年之後，禮制系統和承載儀典、思想的“人”均已消失，僅剩“器”留存於世，若僅憑借器物本身，難以體現出“禮”的要義。而考古學慣以“器”為核心，所以會在“器”與文獻對應無果的情況下，認為三禮文獻與三代實際使用的禮器，應是兩個系統。但事實上，以“器”為核心是一種“本末倒置”的思路，三代時期的“禮”和禮制，應是以“儀典”“禮義”為本，“器”並非重點。

　　以“六彝”中的“斝彝”為例，聶崇義繪制的“斝彝”之所以被詬病，表面上看是由於器型與後人認可的“三足斝”不符，但是從“釋禮”的角度來看，問題的主要癥結並不在於器型。① 所謂的“斝彝”器型究竟為何，直至今天學術界仍無定論。由於沒有明確的器型，學者通常會引述“斝”即“稼”之義，藉此作為探討“斝”類問題的起點。從目前研究來看，釋“斝”為“禾稼”是較為通達的，“斝彝”或“稼彝”應象徵禾稼穀物類，作為裸禮所用彝器，表達了殷商時期對穀物豐收的重視。彝器背後的禮儀概念，可與自然時節的輪回相呼應，也可表達三代時期統治者對自然神的崇敬。因此，即使在器型存疑的情況下，沒有必要執著與器型紋飾等信息正確與否，可以重點闡釋器物背後的含義。但聶崇義僅將鄭注所謂的“畫禾稼”按照字面意思來解釋，卻並沒有深入闡釋“斝彝”的象徵意義，釋文中也沒有解讀器名與裸禮之間的關係。在這種情況下，無論他對器型的判斷正確與否，其實都沒有真正達到“釋禮”的目的。

　　相比起內在精髓而言，禮器表象是否“盡如古昔”反倒是其次。三禮中所記載的“禮”，是在當時祭禮的基礎上，所產生的更為理想化和完善化的形態。聶崇義既然意在“釋禮”，則應重在闡述“禮”，而不是復原“器”。倘若《三禮圖》真正做到對三禮的完全

---

① 具體內容參見前文《斝彝》篇。

闡釋，即使圖釋因理解不當存在些許瑕疵，也無可厚非。作圖過程中產生一定的聯想實屬正常，但是這種聯想不應僅僅基於器名本身。禮圖文獻應更多關注器物的使用場合及象徵意義、身份等級，從而藉由圖釋，將對應不同等級、祭禮的禮器加以區別，如此才能便於讀者理解禮器與儀典之間的關係。就“斝彝”而言，倘若聶圖參照註疏內容，著重於闡述“禾稼”與穀物、釀酒、酒禮器、祼禮之間的關係，那麼即使器型不符，至少也能幫助後人理解其中的寓意，這在禮學研究來看仍是有價值的。

儘管“斝彝”圖所釋欠妥，但聶圖中也有不少較為精彩的闡釋。例如對“罍”和“大罍”所做的論述就很有代表性，這兩件器物形制大同小異，均是用於盛酒的尊類器物，但是二者使用的場合、地位、材質以及用器人均有很大區別。聶崇義指出“罍”是“諸臣所酢之罍”，為漆木器；而“大罍”則是“祭社尊也”，是以“大罍”應為陶瓦器。類似示例在書中還有很多，兩件名稱、用途和形制均大同小異的器物，僅通過外形判斷似乎應歸為一類，但事實上二者在儀典中的作用和意義卻截然不同。這一點對於禮學研究十分關鍵，[①]卻也正是現行的器物分類系統中所缺失的部分。今日的器物分類系統，是由宋人所建立的銅器分類模式直接套用在陶器、漆器、玉器上。但不同材質的器物不僅地位有別，用途也不相同，有些看似相近的器物卻區別甚大，不應混為一談。

倘若禮圖局限於器型和器名等表象，不關注其在禮儀層面所象徵的內涵，學禮之人也就無從體會“器”與“禮”的微妙關係。禮圖文獻在二者之間便如同一道橋梁，對文圖內容適當的分析推演，叫將各類祭禮與器物聯繫起來，讓人有更深一層的理解。“以圖釋禮”的核心，便是以圖為媒介來表達“禮”，彰顯

---

① “聶崇義依據經典，在不同場合、不同性質的罍之間做出區分，這一點在禮學討論中是非常重要的，唯其如此，禮器才能真正寓托禮義，而不僅僅是器用而已。”馮茜：《聶崇義〈新定三禮圖〉與宋初禮學》，《朱熹禮學基本問題研究》，第 440 頁。

各類祭祀儀典的特徵，及其所傳達的內涵，藉此幫助人們理解
"禮"的精髓。

三　從祭禮到思想："釋禮"對象的蛻變過程

除了"以圖釋禮"的本質問題之外，還有一點也應引起重視。
"釋禮"的對象是"禮"，但"禮"的概念並不是一成不變的。由殷
商至戰國，"禮"的定義和內涵經歷了多次變遷，正是這些變遷，使
三禮中所記載的"禮"，包含了不同時期所產生的多個層面，而這也
是研究中經常令人困擾之處。

從今天的視角來看，"禮"主要包含了儀典、制度、名物和思想
方面的意義。但是這些含義並非一蹴而就，而是逐漸形成的產物。
"禮"最初的型態是伴隨各類殷商祭禮產生的儀典，這一時期的
"禮"主要強調"形而下"層面的儀式化作用。至西周階段，則演
變出法制層面的意義，並形成了系統完備的禮儀制度，其中包括社
會制度、刑法、禮器等多個領域。但需要注意的一點是，西周的禮
制體系，也是一個逐漸完善的過程，並非一開始就存在整齊完備的
等級制度。從現有的考古證據來看，西周早期階段，周人對於商人
的殷禮曾有過全面系統地繼承，而後到昭王、穆王階段，遂逐漸建
立起周人自身的政治、文化制度。[①] 而到東周時期，由於禮制的消
亡，"禮"的地位大不如前，統治階層也愈加忽視"禮"及其所代
表的制度，唯有"禮"的思想，伴隨著儒家文化的思想體系流傳於
世。但是這種後世較為熟悉的、思想層面的內涵並不能代表"禮"
的全部，三代時期的禮制是一種由上至下的政治性、宗教性的制度，
"禮"的思想是這種制度在形而上概念中的投射。

由商至周，從儀式化轉變為制度化的"禮"，是統治階層的重要
工具，也是全社會共同的文化、思想歸屬之一。伴隨著"禮崩樂

---

① 吳麗娛主編：《禮與中國古代社會》（先秦卷），中國社會科學出版社 2016 年
版，第 92—114 頁。

壞", "禮" 不再具備法製作用，轉而以思想道德層面的教化意義流傳後世，形成了獨特的思想體系。是以多有學者認為，春秋以前的 "禮" 是純粹的 "禮儀"，而後才發展出了 "禮義"，春秋時期是 "禮" 由外在向內在發展的重要階段：

> 劉澤華先生認為春秋之前，人們對禮並不分什麼義和數，質和文。當時遵從禮之儀，也就實現了禮之質。到了春秋，人們開始把禮分為禮之儀和禮之質。所謂儀，指的是外在的行為規範，又可稱之為形式；質則指內容和精神。從春秋開始，人們才開始給禮以理論的論證。陳來先生認為春秋時代文化的演變，在倫理層面，可以說就是從 "儀式倫理" 主導變為 "德行倫理" 主導的演變。顏世安先生認為春秋以前有禮儀制度卻無 "禮" 觀念，春秋以後的戰國時代貴族制度消亡，主流社會也不再流行 "禮" 觀念。實際上 "禮" 觀念流行衹有春秋霸政以後二百餘年，大多數統治階級成員真正以 "禮" 為核心觀念，相信靠 "禮" 可以解決一切重大社會問題的時代，那是歷史上 "禮" 觀念的黃金時代。①

春秋時期的 "禮" 由儀典發展為思想，這一判斷應是大體無誤的，但是這並不是 "禮" 的唯一一次轉變。李澤厚先生曾指出，三代時期的 "禮" 曾經歷過兩次明確的轉變，其一是周公制禮作樂，這是一種 "由巫到禮" 的過程，"禮" 在周代以前源於祭祀之禮，並沒有進入法制體系，西周之後，這種源自巫術的儀式，開始成為宗法制度的載體；第二次轉變，則是禮崩樂壞之後，孔子提出 "釋禮歸仁" 一說，將 "禮" 上升到純粹的思想層面，於是 "禮" 便脫胎於巫術和法制，在宗法制度消亡之後，重新以一種新的型態被納

---

① 吳麗娛主編：《禮與中國古代社會》（先秦卷），中國社會科學出版社 2016 年版，第 240—241 頁。

入儒家文化的核心。① “禮” 首先在商周交替之際，由 “巫” 所代表的 “祭禮” 轉變成制度化的 “禮”，而後才是春秋時期思想層面的蛻變。是以有學者認為，春秋戰國時期的禮崩樂壞，並非真正的衰亡，而是一種社會轉型的表面現象。② 此時處於文化思想層面的 “禮”，已經完全進入到 “形而上” 領域，與先前的 “祭禮” 和 “禮樂制度” 有著本質上的區別。

據此可知，“禮” 是先由 “祭禮” 轉變為 “制度”，再經 “制度” 昇華為 “思想”，三者之間存在明確的先後順序，並非同時出現。這種源流關係，決定了在 “釋禮” 研究過程中，需要具備溯源和斷代的意識。“禮” 所蘊涵的思想，即 “禮義”，是最晚產生的；向前追溯是體現地位等級的 “禮制”；而最早產生的是 “禮儀”。明確這一點，對我們的研究思路頗有助益，禮器作為 “禮” 外化而來的物質外殼，自然也不是一成不變的。倘若我們將這一系列分析與出土器物相結合，可得出以下結論：（1）商代和西周早期出土的器物，應主要關注其形制，只需分析符合要求的禮器名物之 “形” 即可，不需要過多關注這時期禮器的 “義”；（2）西周中期和晚期等級制度成熟之後，禮器應具有辨別身分等級的作用，此時的器物最能體現西周禮制的特徵；（3）春秋之後，“禮” 的思想趨向成熟，則要闡釋器物在 “禮義” 層面的內涵，理論上這一時期的禮器，也與三禮經註疏中的內容重合率最高。

前文已述，“以圖釋禮” 的研究角度，之所以與金石學、考古學多有齟齬，很大程度上是由於兩個系統之間無法對應。這一矛盾學界已多有探討，但是如何妥善解決，仍是較為棘手的問題。倘若我們依照 “禮” 發展的不同階段，分別進行有針對性的研究，或許是一種可行的思路。“禮” 的演變過程，可謂是典型的由具體到抽象，

---

① 李澤厚：《由巫到禮 釋禮歸仁》，生活·讀書·新知三聯書店 2015 年版，第102—119 頁。

② 吳麗娛主編：《禮與中國古代社會》（先秦卷），中國社會科學出版社 2016 年版，第 255 頁。

由一般學科上升到哲學領域。這種發展方式，決定了任何針對"禮"的研究，都必須兼顧"具體"和"抽象"兩個方面，因此也更易造成困擾。在這種情況下，釐清"禮"的發展脈絡，將不同階段的"禮"分開探討，避免纏繞，可省去很多不必要的麻煩。與此同時，盡可能地利用材料，並嘗試從多角度進行分析，方為更加高效的研究思路。

結　語

在"禮"進入"形而上"研究領域之後，禮器的儀典、制度功能也逐漸成為一種象徵符號，形制日益精簡。而此時也正是禮圖文獻的濫觴期，時人開始利用輔助資料以加深對"禮"的理解。自漢至宋，各個時期的禮圖雖形式各異，但是"釋禮""解經"的目的均是一致的。宋代是禮圖文獻發展的分水嶺，這一時期的圖類文獻受到空前重視，學術系統已臻完備，著作頻出。但與此同時，禮圖的性質、地位均受到根本性的影響，自聶圖之後，禮圖的權威性遭到各方質疑，逐漸被學界冷落。

由於金石學的影響，宋代後期產生的禮圖中，大多存在將出土器物圖直接收錄其中，導致圖釋性質界定不清的問題。因此，北宋早期的禮圖，更能體現出"釋禮"的研究價值。其中又以聶崇義《新定三禮圖》最值得深入研究，此書無論從著錄形式、圖文內容或是所據資料來源等方面均較為嚴謹，最大程度上還原了各類禮器的本質屬性。書中對大部分器物的形制理解皆有所依憑，或以三禮經注疏為據，或以當時的宗廟禮器為據，更有個別器型參照了出土實物。因此，後世認為聶崇義作圖全憑文獻記載和主觀想像，這種指責與事實不符。

聶圖中雖然偶有疏漏，也存在對三禮經注理解不到位之處，但是總體而言，後世所指摘的訛誤，一方面源於當時歷史環境的局限性；另一方面則是"以圖釋禮"的本質屬性所致。後人大多受到出土器物的影響，會先入為主地將出土銅器帶入禮器的原型，由此認為禮圖的闡釋有誤，但這種邏輯並不成立。先秦時期的隨葬器與個人需求、身份、喜好密切相關，大多是帶有特殊紀念意義的器物，這種器物的性質，不能等同於官方儀典使用的禮器。是以，三禮記載的禮器系統，與用於隨葬的“私人禮器”之間存在差異，本就是必然現象。而以三禮為本的禮圖文獻，其創作目的在於還原規範化、標準化的禮器系統，所呈現的自然也是“標準器圖”。若從這一角度來衡量，則聶圖中大部分圖釋都可達標，其中個別無法確定形制的器物，聶氏也將其在禮器系統中的類別、用途和地位詳加闡述，這對後續研究同樣有莫大幫助。

後代學者多以圖釋正誤與否來評判禮圖的優劣，但卻經常忽略，“以圖釋禮”的核心目的在於解讀三禮系統，並不在於復原三代隨葬器。不同於出土器物研究，禮圖只求切合典籍，重在“釋禮”，而非考證三代用器的實際情況，這一點便是其與金石學之間的根本差異。可以認為，禮圖的作用便如同注疏，是研究三禮的輔助性資料，屬於經類文獻，而非史類文獻。

參考文獻

一　專著

1. 典籍

（漢）班固著、（唐）顔師古注：《漢書》，中華書局 1962 年版。

（漢）班固撰集、（清）陳立疏證：《白虎通疏證》，中華書局 1994
年版。

（漢）司馬遷撰、（南朝宋）裴駰集解、（唐）司馬貞索隱、（唐）
張守節正義：《史記》，中華書局 1982 年版。

（漢）許慎：《説文解字》，中華書局 1963 年版。

（漢）楊雄：《方言》，中華書局 2016 年版。

（漢）鄭玄注、（唐）孔穎達正義：《禮記正義》，上海古籍出版社
2008 年版。

（漢）鄭玄注、（唐）賈公彦疏：《儀禮注疏》，上海古籍出版社
2008 年版。

（漢）鄭玄注、（唐）賈公彦疏：《周禮注疏》，上海古籍出版社
2010 年版。

（漢）鄭玄注、（唐）陸德明音義：《纂圖互注周禮》，12 卷，圖説
編目 1 卷，南宋建安刊本，靜嘉堂文庫藏。

（漢）鄭玄注、（唐）陸德明音義：《纂圖互注周禮》，12 卷，圖説
編目 1 卷，清康熙四十五年，朝鮮刻本，哈佛燕京圖書館藏。

（魏）王弼注，樓宇烈校釋：《老子道德經注校釋》，中華書局 2008
年版。

（魏）鄭小同：《鄭志》三卷，清武英殿聚珍版叢本書。

（南朝宋）范曄撰、（唐）李賢等注：《後漢書》，中華書局 1965年版。

（唐）杜預：《通典》，中華書局 1988 年版。

（宋）陳祥道：《禮書》，《北京圖書館古籍珍本叢刊 3》，書目文獻出版社 1987 年版。

（宋）程大昌：《演繁露》，清嘉慶學津討原本。

（宋）董逌：《廣川書跋》，浙江人民美術出版社 2016 年版。

（宋）洪适：《隸續》，清文淵閣四庫全書本。

（宋）呂大臨：《亦政堂重修考古圖》，10 卷，清乾隆十七年黃氏亦政堂校刊本 1752 年版。

（宋）呂大臨：《考古圖》，上海書店出版社 2016 年版。

（宋）聶崇義：《新定三禮圖》，20 卷，通志堂刊本，清康熙十二年（1673）。

（宋）聶崇義：《新定三禮圖》，20 卷，鎮江府學本，南宋淳熙二年（1175）。

（宋）聶崇義：《重校三禮圖》，20 卷，析城鄭氏家塾刻本，南宋淳祐七年（1247）。

（宋）歐陽修：《集古錄》，清文淵閣四庫全書本。

（宋）沈括：《夢溪筆談》，四部叢刊續編景明本。

（宋）王黼編纂：《重修宣和博古圖》，廣陵書社 2010 年版。

（宋）王與之：《周禮訂義》，清文淵閣四庫全書本。

（宋）王昭禹：《周禮詳解》，清文淵閣四庫全書本。

（宋）薛尚功：《歷代鐘鼎彝器款識法帖》，浙江古籍出版社 2012 年版。

（宋）楊甲：《六經圖考》，清康熙耕禮堂刻本。

（宋）葉夢得：《避暑錄話》，大象出版社 2019 年版。

（宋）趙明誠：《金石錄》，四部叢刊續編景舊抄本。

（宋）趙彥衛：《雲麓漫鈔》，中華書局 1996 年版。

（宋）鄭樵：《通志》，中華書局 1987 年版。

（元）脱脱：《宋史》，中華書局 1985 年版。

（明）孔胤植：《闕里志》，清刻本，哈佛燕京圖書館藏。

（明）劉績：《三禮圖》，四庫全書本。

（明）王圻、王思義：《三才圖會》，明萬曆 37 年原刊本。

（明）張自烈、廖文英：《正字通》，康熙二十四年秀水吳源起清畏
　　堂刊本。

（清）陳奐：《詩毛氏傳疏》，清道光二十七年陳氏掃葉山莊刻本。

（清）陳澧：《東塾讀書記》，上海古籍出版社 2012 年版。

（清）程瑤田：《通藝錄》，黃山書社 2008 年版。

（清）戴震：《考工記圖》，商務印書館 1955 年版。

（清）段玉裁：《説文解字注》，上海古籍出版社 1981 年版。

（清）段玉裁：《周禮漢讀考》，清嘉慶刻本。

（清）黃以周：《禮書通故》，中華書局 2007 年版。

（清）金鶚：《求古録禮説》，清光緒二年孫熹刻本。

（清）馬國翰：《玉函山房輯佚書》，《續修四庫全書》，上海古籍出
　　版社 1990 年版。

（清）馬瑞辰：《毛詩傳箋通釋》，中華書局 1989 年版。

（清）李遇孫：《金石學録三種》，浙江人民美術出版社 2017 年版。

（清）凌廷堪：《禮經釋例》，江西人民出版社 2017 年版。

（清）皮錫瑞：《駁五經異義疏證》，中華書局 2015 年版。

（清）秦蕙田：《五禮通考》，中華書局 2020 年版。

（清）阮元校刻：《十三經注疏》（清嘉慶刊本），中華書局 2009
　　年版。

（清）孫希旦：《禮記集解》，中華書局 1989 年版。

（清）孫詒讓：《周禮正義》，中華書局 1987 年版。

（清）王傑輯：《西清續鑑甲編》，清宣統三年上海商務印書館石印
　　寧壽宮寫本。

（清）王先慎：《韓非子集解》，中華書局 1998 年版。

（清）吳大澂：《説文古籀補》，商務印書館，中華民國二十五年版。

（清）吳大澂：《古玉圖考》，浙江人民美術出版社 2013 年版。

（清）吳大澂：《古玉圖考》，清光緒十五年上海同文書局石印本。

（清）永瑢等撰：《四庫全書總目》，中華書局 1965 年版。

（清）俞樾：《群經平議》，清光緒春在堂全書本。

（清）張之洞：《書目答問匯補》，中華書局 2011 年版。

2. 論著及圖錄

Asian Art Museum of San Francisco, *The Asian Art Museum of San Francisco: selected works*, San Francisco: The Museum; Seattle: Distributed by the University of Washington Press, 1994.

Jessica Rawson, *Western Zhou ritual bronzes from the Arthur M. Sackler collections*, Harvard University Press, 1990.

Maud Girard-Geslan, *Bronzes archaïques de Chine*, Tresors du Musee Guimet, 1995.

艾鍔風（herausgegeben von Gustav Ecke）：《使華訪古録：德國駐華大使陶德曼藏青銅器》（*Frühe Chinesische Bronzen aus der Sammlung Oskar Traumann*），輔仁大學出版社 1939 年版。

安金槐主編：《中國陶瓷全集》，上海人民美術出版社 2000 年版。

寶雞青銅器博物院編著：《青銅鑄文明》，世界圖書出版社 2010 年版。

曹建墩：《先秦古禮探研》，社會科學文獻出版社 2018 年版。

曹建墩：《三禮名物分類考釋》，商務出版社 2021 年版。

曹瑋主編：《周原出土青銅器》，巴蜀書社 2005 年版。

曹瑋主編：《陝北出土青銅器》，巴蜀書社 2009 年版。

陳芳妹：《青銅器與宋代文化史》，臺灣大學出版中心 2016 年版。

陳夢家：《美帝國主義劫掠的我國殷周銅器集録》，科學出版社 1962 年版。

陳夢家：《西周銅器斷代》，中華書局 2004 年版。

陳佩芬：《夏商周青銅器研究》，上海古籍出版社 2004 年版。

島邦男：《殷墟卜辭研究》，上海古籍出版社 2006 年版。

董蓮池編著：《新金文編》，作家出版社 2011 年版。

馮茜：《唐宋之際禮學思想的轉型》，生活·讀書·新知三聯書店
　　2020 年版。

故宮博物院編：《故宮青銅器圖典》，紫禁城出版社 2010 年版。

故宮博物院編：《故宮青銅器》，紫禁城出版社 1999 年版。

古文字詁林編纂委員會：《古文字詁林》，上海教育出版社 2004
　　年版。

郭寶鈞：《古玉新詮》，中國科學院歷史語言研究所集刊 1948 年版。

郭寶鈞：《商周銅器群綜合研究》，文物出版社 1981 年版。

郭寶鈞：《山彪鎮與琉璃閣》，科學出版社 1995 年版。

郭沫若：《兩周金文辭大系圖錄考釋》，科學出版社 2002 年版。

郭沫若：《卜辭通纂》，科學出版社 2002 年版。

胡厚宣主編：《甲骨文合集釋文》，中國社會科學出版社 2009 年版。

胡玉康：《戰國秦漢漆器藝術》，陝西人民美術出版社 2003 年版。

李伯謙主編：《中國出土青銅器全集》，科學出版社 2018 年版。

李濟：《李濟考古學論文選集》，文物出版社 1990 年版。

李濟、萬家保：《中國考古報告集新編：古器物研究專刊（第二本）
　　殷墟出土青銅爵形器之研究》，“中央研究院”歷史語言研究所
　　1966 年版。

李建偉、牛瑞紅：《中國青銅器圖錄》，中國商業出版社 2000 年版。

李零：《鑠古鑄今》，（香港）中文大學出版社 2005 年版。

李零：《萬變》，生活·讀書·新知三聯書店 2016 年版。

李學勤：《重寫學術史》，河北教育出版社 2002 年版。

李學勤、艾蘭（Sarah Allan）：《歐洲所藏中國青銅器遺珠》，文物出
　　版社 1995 年版。

李澤厚：《由巫到禮 釋禮歸仁》，生活·讀書·新知三聯書店 2015
　　年版。

李宗焜：《甲骨文字編》，中華書局 2010 年版。

遼寧省文物考古研究所編著：《牛河梁紅山文化遺址發掘報告（1983—2003 年度）》，文物出版社 2012 年版。

林歡：《宋代古器物學筆記材料輯錄》，上海人民出版社 2019 年版。

林巳奈夫：《殷周青銅器綜覽》（第一卷），上海古籍出版社 2017 年版。

劉豐：《北宋禮學研究》，中國社會科學出版社 2016 年版。

劉節：《古史考存》，人民出版社 1958 年版。

劉釗、洪颺、張新俊：《新甲骨文編》，福建人民出版社 2009 年版。

羅泰：《宗子維城》，上海古籍出版社 2017 年版。

羅振玉：《三代吉金文存》，中華書局 1983 年版。

羅振玉：《增訂殷墟書契考釋》，中華書局 2006 年版。

呂章申主編：《中國國家博物館百年收藏集粹》，安徽美術出版社 2014 年版。

馬承源：《中國青銅器》，上海古籍出版社 2003 年版。

馬承源主編：《商周青銅器銘文選》，文物出版社 1988 年版。

馬敘倫：《讀金器刻詞》，中華書局 1962 年版。

馬敘倫：《說文解字六書疏證》，上海書店 1985 年版。

潘斌：《宋代"三禮"詮釋研究》，人民出版社 2018 年版。

彭林：《三禮研究入門》，復旦大學出版社 2012 年版。

錢玄：《三禮名物通釋》，江蘇古籍出版社 1987 年版。

喬秀岩、葉純芳：《朱熹禮學基本問題研究》，中華書局 2015 年版。

喬輝：《歷代三禮圖文獻考索》，中華書局 2020 年版。

清華大學出土文獻研究與保護中心編、李學勤主編：《清華大學藏戰國竹簡》（五），中西書局 2015 年版。

裘錫圭：《裘錫圭學術文集》，復旦大學出版社 2012 年版。

泉屋博古館編集：《泉屋博古》（中國古銅器編），泉屋博古館 2002 年版。

容庚：《金文編》，中華書局 1985 年版。

容庚：《商周彝器通考》，上海人民出版社 2008 年版。

容庚、張維持：《殷周青銅器通論》，中華書局 2012 年版。

容媛輯、容庚校：《金石書録目》，商務印書館 1936 年版。

山西省考古研究所、海金樂、韓炳華編著：《靈石旌介商墓》，科學
　　出版社 2006 年版。

商承祚：《説文中之古文考》，上海古籍出版社 1983 年版。

商承祚：《甲骨文字研究》，天津古籍出版社 2008 年版。

上海博物館編：《上海博物館藏青銅器》，上海人民美術出版社 1964
　　年版。

上海博物館編：《中國青銅器展覽圖録》，五洲出版社 2004 年版。

上海博物館、陝西省考古研究院編：《金玉華年：陝西韓城出土周代
　　芮國文物珍品》，上海書畫出版社 2012 年版。

沈文倬：《菿闇文存》，商務印書館 2006 年版。

深圳博物館、隨州市博物館編：《禮樂漢東：湖北隨州出土周代青銅
　　器精華》，文物出版社 2012 年版。

史正浩：《宋代金石圖譜研究》，河南大學出版社 2017 年版。

宋鎮豪主編：《商代史》，中國社會科學出版社 2010 年版。

孫海波：《甲骨文編》，中華書局 1965 年版。

孫機：《漢代物質文化資料圖説》，文物出版社 1991 年版。

孫慶偉：《周代用玉制度研究》，上海古籍出版社 2018 年版。

孫慶偉：《禮以玉成：早期玉器與用玉制度研究》，北京大學出版社
　　2022 年版。

湯勤福主編：《中華禮制變遷史（先秦卷）》，中華書局 2022 年版。

唐蘭：《唐蘭先生金文論集》，紫禁城出版社 1995 年版。

唐蘭：《唐蘭論文集》，上海古籍出版社 2018 年版。

王長豐：《殷周金文族徽研究》，上海古籍出版社 2015 年版。

王鍔：《三禮研究論著提要》，甘肅教育出版社 2001 年版。

王國維：《觀堂集林》，中華書局 1959 年版。

王贊源：《周金文釋例》，文史哲出版社 1980 年版。

溫少峰、袁庭棟：《殷墟卜辭研究（科學技術篇）》，四川省社會科

學院出版社 1983 年版。

吳麗娛主編：《禮與中國古代社會》，中國社會科學出版社 2016 年版。

吳令華主編、吳其昌著：《吳其昌文集》，三晉出版社 2009 年版。

吳十洲：《西周禮器制度研究》，商務印書館 2016 年版。

吳鎮烽：《商周青銅器銘文暨圖像集成》，上海古籍出版社 2012 年版。

徐剛：《古文源流考》，北京大學出版社 2008 年版。

欣弘主編：《2018 古董拍賣年鑒》（玉器），湖南美術出版社 2018 年版。

欣弘主編：《2019 古董拍賣年鑒》（玉器），湖南美術出版社 2019 年版。

欣弘主編：《2020 古董拍賣年鑒》（玉器），湖南美術出版社 2020 年版。

徐中舒主編：《甲骨文字典》，四川辭書出版社 1989 年版。

閻步克：《酒之爵與人之爵》，生活·讀書·新知三聯書店 2023 年版。

楊伯達主編：《中國玉文化玉學論叢》，紫禁城出版社 2007 年版。

楊樹達：《積微居甲文説·耐林廎甲文説·卜辭鎖記·卜辭求義》，上海古籍出版社 2006 年版。

楊曉能：《另一種古史：青銅器紋飾、圖形文字與圖像銘文的解讀》，生活·讀書·新知三聯書店 2008 年版。

葉國良：《宋代金石學研究》，臺灣書房出版有限公司 2011 年版。

易興宏主編：《2005 古董拍賣年鑒》（玉器），湖南美術出版社 2005 年版。

于省吾：《甲骨文字釋林》，中華書局 2009 年版。

張光直：《古代中國考古學》，生活·讀書·新知三聯書店 2013 年版。

張克名：《殷周青銅器求真》，中華叢書編審委員會 1965 年版。

張麗娟：《宋代經書注疏刊刻研究》，北京大學出版社 2013 年版。

張天恩主編，陝西省古籍整理辦公室、陝西省考古研究院編：《陝西金文集成》，三秦出版社 2016 年版。

鄭憲仁：《野人習禮——先秦名物與禮學論集》，上海古籍出版社 2017 年版。

中國東方文化研究會歷史文化分會編：《歷代碑誌叢書》第四冊，江蘇古籍出版社 1998 年版。

中國漆器全集編輯委員會編：《中國漆器全集》，福建美術出版社 1993—1998 年版。

中國青銅器全集編輯委員會編：《中國青銅器全集》，文物出版社 1993—1998 年版。

中國陶瓷全集編輯委員會編：《中國陶瓷全集》，上海人民美術出版社 2000 年版。

中國社會科學院考古研究所、安陽市文物考古研究所：《殷墟新出土青銅器》，雲南人民出版社 2008 年版。

中國社會科學院考古研究所：《殷墟玉器》，文物出版社 1982 年版。

中國社會科學院考古研究所：《殷墟婦好墓》，文物出版社 1980 年版。

中國社會科學院歷史研究所：《甲骨文合集》，中華書局 1999 年版。

周聰俊：《三禮禮器論叢》，文史哲出版社 2011 年版。

周聰俊：《饗禮考辨》，文史哲出版社 2011 年版。

周聰俊：《祼禮考辨》，文史哲出版社 1994 年版。

周聰俊：《禮圖考略》，花木蘭文化出版社 2017 年版。

周法高主編，張日昇、徐芷儀、林潔明編纂：《金文詁林》，香港中文大學出版社 1975 年版。

朱伯崑：《易學哲學史》，北京大學出版社 1988 年版。

朱鳳瀚：《中國青銅器綜論》，上海古籍出版社 2009 年版。

朱劍心：《金石學》，文物出版社 1940 年版。

鄒衡：《夏商周考古學論文集》，文物出版社 1980 年版。

（臺北）故宮博物院編輯委員會編：《商周青銅酒器特展圖錄》，臺北故宮博物院 1989 年版。

二　期刊

阿如娜、袁波文：《中國新石器時代的玉聯璧》，《草原文物》2017年第 2 期。

曹斌：《青銅觶的分布以及相關問題》，《文博》2015 年第 5 期。

曹楠：《三代時期出土柄形玉器研究》，《考古學報》2008 年第 2 期。

陳定榮：《酒樽考略》，《江西文物》1989 年第 1 期。

陳戍國、陳雄：《從"周因殷禮"到"周文鬱鬱"——西周宗法禮樂制度的建構》，《湖南大學學報》（社會科學版）2019 年第 4 期。

陳曉明：《裸禮用玉考》，《雞西大學學報》2011 年第 8 期。

戴尊德：《太原東太堡發現西漢孫氏家銅鑑》，《考古》1982 年第 5 期

鄧聰：《香港大灣出土商代牙璋串飾初論》，《文物》1994 年第 12 期。

鄧淑苹：《玉禮器與玉禮制初探》，《南方文物》2017 年第 1 期。

董珊：《從作册般銅黿漫説"庸器"》，北京大學震旦古代文明研究中心編《古代文明研究通訊》2005 年總第 24 期。

杜金鵬：《殷商玉璧名實考》，《文物》2023 年第 7 期。

杜迺松：《談青銅器定名中的一些問題》，《故宮博物院院刊》1979 年第 1 期。

杜迺松：《青銅器与金文書目簡述》，《故宮博物院院刊》1987 年第 3 期。

杜迺松：《青銅匕、勺、斗考辨》，《文物》1991 年第 3 期。

多麗梅：《東周時期的玉琥》，《文物天地》2016 年第 10 期。

馮茜：《宋刻纂圖本〈周禮〉中的禮圖與禮學》，《中國經學》2018年第 1 期。

佛朗西斯科·路易斯、楊瑾：《何家村來通與中國角形酒器

（觥）——醉人的珍稀品及其集藏史》，《陝西歷史博物館館刊》
2017 年。

傅曄：《金爵新論》，《文博》1992 年第 4 期。

高天麟、張岱海：《山西襄汾縣陶寺遺址發掘簡報》，《考古》1980
年第 1 期。

郭大順：《紅山文化的 "唯玉為葬" 與遼河文明起源特徵再認識》，
《文物》1997 年第 8 期。

郭洪濤：《唐恭陵哀皇后墓部分出土文物》，《考古與文物》2002 年
第 4 期。

郭沫若：《長安縣張家坡銅器群銘文匯釋》，《考古學報》1962 年第
1 期。

顧劼剛：《周公制禮的傳說和〈周官〉一書的出現》，《文史》1979
年第 6 輯。

固始侯古堆一號墓發掘組：《河南固始侯古堆一號墓發掘簡報》，
《文物》1981 年第 1 期。

管理：《稱觴獻壽：淺說江西南昌西漢海昏侯墓出土玉羽觴》，《美
成在久》2023 年第 1 期。

韓鵬：《商周時期玉璜研究》，《今古文創》2023 年第 8 期。

韓巍：《簡論作冊吳盉及相關銅器的年代》，《中國國家博物館館刊》
2013 年第 7 期。

何景成：《試論裸禮的用玉制度》，《華夏考古》2013 年第 2 期。

胡厚宣：《釋殷代求年於四方和四方風的祭祀》，《復旦學報》1956
年第 1 期。

華喆、李鳴飛：《〈析城鄭氏家塾重校三禮圖〉與鄭鼎關係略考》，
《文獻》2015 年第 1 期。

黃盛璋：《釋尊彝》，《歷史地理與考古論叢》，齊魯書社 1982 年版。

霍雨豐：《角形玉杯和來通杯》，《文物天地》2021 年第 4 期。

洪石：《商周螺鈿漆器研究》，《中原文物》2018 年第 2 期。

賈洪波：《关于青銅尊》，《歷史教學》1993 年第 4 期。

賈洪波：《河南二里头遺址出土的合金铜爵》，《歷史教學》1993 年
　　第 9 期。

賈洪波：《爵用新考》，《中原文物》1998 年第 3 期。

江蘇省文物管理委員會：《江蘇丹徒縣煙墩山出土的古代青銅器》，
　　《文物參考資料》1955 年第 5 期。

江蘇省文物管理委員會：《江蘇丹徒煙墩山西周墓及附葬坑出土的小
　　器物補充材料》，《文物參考資料》1956 年第 1 期。

江西省文物考古研究所：《江西新淦大洋洲商墓發掘簡報》，《文物》
　　1991 年第 10 期。

孔德成：《説兕觥》，《東海學報》，第六卷第一期。

李濟、萬家保：《殷墟出土青銅爵形器之研究》，《中國考古報告集
　　4》，“中央研究院”歷史語言研究所 1966 年版。

李春桃：《從斗形爵的稱謂談到三足爵的命名》，《歷史語言研究所
　　集刊》，第八十九本第一分（2018/03）。

李京華：《洛陽西漢壁畫墓發掘報告》，《考古學報》1964 年第 2 期。

李凱、王建玲：《話説玉耳杯——“觴”、“羽觴”、“耳杯”的關
　　聯》，《文博》2007 年第 5 期。

李凱：《“觚不觚”再釋》，《四川文物》2009 年第 5 期。

李零：《楚國銅器類説》，《江漢考古》1987 年第 4 期。

李零：《楚燕客銅量銘文補正》，《江漢考古》1988 年第 4 期。

李零：《讀楊家村出土的虞逑諸器》，《中國歷史文物》2003 年第
　　3 期。

李零：《論西辛戰國墓裂瓣紋銀豆——兼談我國出土的類似器物》，
　　《文物》2014 年第 9 期。

李零：《商周銅禮器分類的再認識》，《中國國家博物館館刊》2020
　　年第 11 期。

李零：《説楚系墓葬中的大鼎——兼談楚系墓葬的用鼎制度》，《中
　　國國家博物館館刊》2023 年第 1 期。

李零：《商周酒器的再認識——以觚、爵、觶為例》，《中國國家博

物館館刊》2023 年第 7 期。

李小成：《三禮圖籍考》，《唐都學刊》2012 年第 1 期。

李天勇、謝丹：《璋的考辨——兼論三星堆玉器》，《四川文物》1992 年第 S1 期。

李文：《玉玦 玉璜（新石器時代）》，《南京大學學報》（哲學·人文科學·社會科學版）2014 年第 2 期。

李學勤：《郿縣李家村銅器考》，《文物參考資料》1957 年第 7 期。

李學勤：《戰國時代的秦國銅器》，《文物參考資料》1957 年第 8 期。

李學勤：《新中國的青銅器研究》，《文物》1979 年第 10 期。

李學勤：《商代的四風與四時》，《中州學刊》1985 年第 5 期。

李學勤：《藁城臺西青銅器的分析》，《中原文物》1986 年第 1 期。

李學勤：《西周筮數陶罐的研究》，《人文雜誌》1990 年第 6 期。

李学勤：《論香港大灣新出牙璋及有關問題》，《南方文物》1992 年第 1 期。

李學勤：《論古越閣所藏三件青銅器》，《文物》1994 年第 4 期。

李學勤：《皿方罍研究》，《文博》2001 年第 5 期。

李學勤：《齊侯壺的年代與史事》，《中華文史論叢》2006 年第 2 期。

梁彥民：《長頸圓体卣与提梁壺——谈青铜器形制演进、名称与功能的变化》，《中原文物》2007 年第 5 期。

遼寧省文物考古研究所、朝陽市龍城區博物館：《遼寧朝陽市半拉山紅山文化墓地的發掘》，《考古》2017 年第 2 期。

林巳奈夫：《殷、西周時代禮器の類別と用法》，《東方學報》1981 年第 35 期。

林沄：《豊豐辨》，《古文字研究》1985 年第 12 期。

林沄：《古代的酒杯》，《中國典籍與文化》1995 年第 4 期。

劉式今：《河南省禹縣谷水河遺址發掘簡報》，《中原文物》1977 年第 2 期。

劉雨：《西周金文中的祭祖禮》，《考古學報》1989 年第 4 期。

劉雨：《殷周青銅器上的特殊銘刻》，《故宮博物院院刊》1999 年第

4 期。

劉昭瑞：《爵、尊、卣、鋬的定名和用途杂议》，《文物》1991 年第
　　3 期。

劉子亮：《玉液滿斟：再論弗利爾美術館藏洛陽金村玉杯》，《美成
　　在久》2019 年第 6 期。

陸錫興：《論明代玉圭制度》，《南方文物》2017 年第 3 期。

呂靜：《耳杯及其功用新考》，《湖南省博物館館刊》，第十四輯。

呂昕娓：《試析紅山文化玉禮器》，《赤峰學院學報》（漢文哲學社會
　　科學版）2011 年第 12 期。

馬承源：《漫談戰國青銅器上的畫像》，《文物》1961 年第 10 期。

馬海玉：《紅山文化玉璧創型理念及其功能研究》，《赤峰學院學報》
　　2019 年第 9 期。

馬軍霞：《略論商周時期青銅卣的起源問題——以罐形卣為例》，
　　《考古與文物》2010 年第 2 期。

馬薇廎：《從彝銘所見彝器之名稱》，《中國文字》，第 42 冊。

馬曉風：《簡論薛尚功的金石學研究》，《華夏考古》2012 年第 1 期。

裴書研：《青銅提梁壺與卣之界定》，《考古與文物》2013 年第 6 期。

喬輝：《聶崇義〈三禮圖〉編撰體例考索》，《貴州大學學報》（社會
　　科學版）2015 年第 5 期。

喬輝：《楊甲〈六經圖〉之禮圖考論》，《南京師範大學文學院學報》
　　2016 年第 3 期。

喬輝、駱瑞鶴：《聶崇義〈三禮圖集註〉指瑕四則》，《廣西社會科
　　學》2014 年第 7 期。

喬秀岩、葉純芳：《聶崇義〈三禮圖〉版本印象》，《版本目録學研
　　究》2014 年第 00 期。

裘錫圭：《史牆盤銘解釋》，《文物》1978 年第 3 期。

裘錫圭：《翼城大河口西周墓地出土鳥形盉銘文解釋》，《中國史研
　　究》2012 年第 3 期。

裘錫圭、朱德熙：《平山中山王墓銅器銘文的初步研究》，《文物》

1979 年第 1 期。

屈萬里：《兕觥問題重探》，《中央研究院歷史語言研究所集刊》，第 43 本第四分。

陝西周原考古隊：《陝西扶風莊白一號西周青銅器窖藏發掘簡報》，《文物》1978 年第 3 期。

沈薇、李修松：《祼禮與實物資料中的"瓚"》，《中原文物》2014 年第 5 期。

蘇強：《試論殷商時期的鳥獸形青銅酒器》，《收藏家》2010 年第 10 期。

孫機：《古文物中所見之犀牛》，《文物》1982 年第 8 期。

孫機：《論西安何家村出土的瑪瑙獸首杯》，《文物》1991 年第 6 期。

孫機：《説爵》，《文物》2019 年第 5 期。

孫慶偉：《周代祼禮的新證據》，《中原文物》2005 年第 1 期。

孫慶偉：《出土資料所見的西周禮儀用玉》，《南方文物》2007 年第 1 期。

孫慶偉：《西周玉圭及相關問題的初步研究》，《文物世界》2000 年第 2 期。

孫慶偉：《晉侯墓地出土玉器研究札記》，《華夏考古》1999 年第 1 期。

孫慶偉：《〈考工記·玉人〉的考古學研究》，《考古學研究》2000 年第 00 期。

孫慶偉：《周代金文所見用玉事例研究》，《古代文明》2004 年第 00 期。

孫慶偉：《周代祭祀及用玉三題》，《古代文明》2003 年第 00 期。

唐蘭：《從河南鄭州出土的商代前期青銅器談起》，《文物》1973 年第 7 期。

陶正剛、李奉山：《山西省潞城縣潞河戰國墓》，《文物》1986 年第 6 期。

汪遵國、郁厚本、尤振堯：《江蘇六合程橋東周墓》，《考古》1965

年第 3 期。

汪遵國：《良渚文化"玉斂葬"述略》，《文物》1984 年第 2 期。

王鍔：《宋聶崇義〈新定三禮圖〉的價值和整理》，《孔子研究》
　　2008 年第 2 期。

王帥：《略論考古發現中的青銅斗形器——兼説伯公父爵与"用獻用
　　酌"之禮》，《古代文明》2008 年第 4 期。

王小盾：《裸禮及其彝器的來源》（一/二），《南昌大學學報》1999
　　年第 1 期/第 2 期。

王永波：《耜形端刃器的起源、定名和用途》，《考古學報》2002 年
　　第 2 期。

吳鎮烽：《獣器銘文考釋》，《考古與文物》2006 年第 6 期。

吳鎮烽：《内史亳豐同的初步研究》，《考古與文物》2010 年第 2 期。

夏鼐：《商代玉器的分類、定名和用途》，《考古》1983 年第 5 期。

謝青山、楊紹舜：《山西呂梁縣石樓鎮又發現銅器》，《文物》1960
　　年第 7 期。

解希恭：《太原東太堡出土的漢代銅器》，《文物》1962 年第 1 期。

徐中舒：《説尊彝》，《歷史語言研究所集刊》，中華書局，第七冊，
　　1987 年版。

閻步克：《禮書"五爵"的稱謂原理：容量化器名》，《史學月刊》
　　2019 年第 7 期。

閻步克：《由〈三禮圖〉中的雀杯爵推論"爵名三遷，爵有四形"》，
　　《北京大學學報》（哲學社會科學版）2019 年第 6 期。

閻步克：《東周禮書所見玉爵辨》，《史學月刊》2020 年第 7 期。

閻步克：《削觚・觚名・觚棱——先秦禮器觚片論》，《北京大學學
　　報》（哲學社會科學版）2020 年第 6 期。

嚴志斌：《小臣𤰒玉柄形器詮釋》，《江漢考古》2015 年第 4 期。

嚴志斌：《薛國故城出土鳥形杯小議》，《考古》2018 年第 2 期。

楊殿珣、容庚：《宋代金石佚書目》，《考古》1926 年第 4 期。

楊秀清、付山泉：《新鄉市博物館藏商代青銅酒器》，《文博》1988

年第 5 期。

楊益民、郭怡、馬穎、王昌燧、謝堯亭：《出土青銅酒器殘留物分析的嘗試》，《南方文物》2008 年第 1 期。

姚朔民：《"具乃貝玉"新説》，《中國史研究》2002 年第 2 期。

殷慧、張攀利：《百年來中國禮教思想研究綜述與展望》，《東南大學學報》（哲學社會科學版）2022 年第 1 期。

殷瑋璋：《記北京琉璃河遺址出土的西周漆器》，《考古》1984 年第 5 期。

殷志強：《紅山、良渚文化玉器的比較研究》，《北方文物》1988 年第 1 期。

袁泉：《器用宜稱：宋以降國朝禮器中的鼎制之變》，《華夏考古》2020 年第 6 期。

詹鄞鑫：《釋甲骨文"彝"字》，《北京大學學報》（哲學社會科學版）1986 年第 2 期。

張昌平：《論濟南大辛莊遺址 M139 新出青銅器》，《江漢考古》2011 年第 1 期。

張昌平：《關於重現的陳侯壺》，《文物》2015 年第 3 期。

張飛龍、吳昊：《先秦漆器的重要考古發現 I 夏商至西周時期》，《中國生漆》2017 年第 4 期。

張光裕：《從新見材料談〈儀禮〉飲酒禮中之醴柶及所用酒器問題》，《文物》2013 年第 12 期。

張文：《爵、斝銅柱考——兼論禘禮中用尸、用器問題》，《西部考古》2006 年。

張辛：《器與尊彝名義説》，《黃盛璋先生八秩華誕紀念文集》，中國教育文化出版社 2005 年版。

張辛：《禮與禮器》，《考古學研究》2003 年。

張增午::《商周青銅觥觚初論》，《故宮博物院院刊》1994 年第 3 期。

張政烺：《庚壺釋文》，《出土文獻研究》，第 1 輯，1985 年版。

周南泉：《論中國古代的圭——古玉研究之三》，《故宮博物院院刊》1992 年第 3 期。

周南泉：《玉璜綜論——古玉研究之六》，《故宮博物院院刊》1996 年第 3 期。

周亞：《晉韋父盤與盤盉組合的相關問題》，《文物》2004 年第 2 期。

周亞：《伯游父諸器芻議》，《上海博物館集刊》2005 年版。

《嵌綠松石象牙杯》，《歷史評論》2020 年第 2 期。

《渦紋雙耳彩陶罐》，《中國國家博物館館刊》2011 年第 6 期。

《穀紋玉環》，《中国国家博物馆馆刊》2016 年第 9 期。

三　學位論文

董珊：《戰國題銘與工官制度》，博士學位論文，北京大學，2004 年。

李立新：《甲骨文中所見祭名研究》，博士學位論文，中國社會科學院，2003 年。

岳連建：《商末周初青銅容器的整理與斷代研究》，博士學位論文，陝西師範大學，2014 年。

張雁勇：《〈周禮〉天子宗廟祭祀研究》，博士學位論文，吉林大學，2016 年。

索　引

出版後記

近年來深感"時光飛逝"這四個字的真實，人生彷彿從某一個時間節點開始做加速運動。總覺得自己剛畢業沒多久，待今年重新動手修改博士論文，才意識到不知不覺間兩年已過。

此篇論文自 2020 年初開題，於 2021 年歷經預答辯、外審、答辯，並參加優秀博士論文評選。求學期間最重要的兩年在忙碌中轉瞬即逝，好在付出的辛苦沒有白費，最終總算收穫了讓自己滿意的結果。隨後我入職清華大學出土文獻研究與保護中心，從事博士後研究，在與中心老師們交流的過程中，萌生了出版博士論文的念頭。

每次回想起論文撰寫過程，總會由衷感激我的博士導師劉玉才教授。我自認為算不上聰敏之人，對學術研究雖有熱情，但能力有限，唯有將勤補拙。博士論文構思期間，老師支持我採用非傳統的"跨學科"方式進行研究，鼓勵我拓寬思路，嘗試從不同角度探討各學科存在的疑難問題，將器物、文獻、文字融會貫通。在之後的研究過程中，我逐漸發覺，老師強調的"拓寬思路"和"融會貫通"這兩點，支撐著我解決了論文中大部分難題。而我也從這一過程中，深切體會到多角度邏輯思維方式對學術研究的重要性。日前得知我的論文即將出版，劉老師又在百忙之中為本書賜序，老師字裡行間的包容和鼓勵，令我彷彿又回到了讀書時的日子。

在論文開題、預答辯和正式答辯過程中，很多老師對本書的內容或結構提供了重要參考意見。有時僅是寥寥數語，卻可有效調整我混沌的思路。感謝北京大學張劍、常森、程蘇東、王麗萍、張麗娟、楊忠、安平秋、廖可斌、顧永新、楊海崢諸位老師，以及人民大學徐建委老師和社科院考古所趙超老師。另外想藉此機會感謝我的碩士導師徐剛老師，碩士期間的學習，奠定了我在古文字和古器物研究方面的基礎。彼時我尚且懵懂無知，研究思路毫無章法，徐老師的耐心指導，讓我逐漸摸索到了學術的門徑。

從碩士到博士後，我從古文字跨到古文獻專業，繼而又重新找回了做古文字研究的樂趣。這一來一回的過程中，我的研究思路和看待問題的角度都已經發生很大變化。盡管每次都會經歷一段思路調整期，頗有一種抽離原有思維模式，在遠方一角審視自己過往研究的感覺。但是只要順利渡過這段時間，便會如脫胎換骨，獲益良多。在此特別感謝我的博士後導師黃德寬教授對我的教導和大力支持，自我進站以來，黃老師不僅鼓勵我申請項目和出版論文，更時常指導我在古文字研究中需要注意的問題，使我彌補了許多之前學習中的不足。出土文獻中心馬楠老師更在我計劃申請項目時，為我提供頗多建議，並對拙作涉及的若干禮學問題與我多次交流，糾正了文中個別欠妥的觀點，衷心感謝馬老師的幫助。

2022 年 6 月申請此項目時，各校均處於封閉狀態，提交材料困難重重，一時間茫然無措，幾欲放棄。最終，我在北大和清華多位老師、同學的幫助下，總算順利完成申請。時隔許久，我仍十分感激博士同門趙兵兵師弟，和出土文獻中心孫立、辛繼紅、袁婧三位老師及李潔瓊師姐的幫助。

感謝國家社會科學基金後期資助暨優秀博士論文項目為本書出版提供資助，感謝中國社會科學出版社郭鵬編輯為拙作付出的辛勞。

感謝我的父母一直以來對我無條件的支持和信任，從小到大，他們從未要求我大富大貴，也不在意我能否飛黃騰達，只希望我能做自己真正喜歡的事。如今我即將出版人生中的第一本書，在我看來，這本書並不僅是我的研究成果，更代表著我喜歡做的事。

李卿蔚

2023 年 10 月